中國歷代書目題跋叢書

傅增湘 撰

藏園群書題記

下

書潛自署

上海古籍出版社

藏園羣書題記卷第十五　集部五

宋别集類　三

明正德本渭南文集跋※

放翁詩集世傳有宋嚴州本，爲海内孤帙，見蕘圃《百宋一廛賦》，今已歸余家矣。其文集有溧陽刊本，尚未出於人間。此正德本爲汪大章官浙江按察僉事時所刻，蓋合詩文彙編以傳者也。據自序言，以壬申巡行山陰，得《渭南文集》，原本多訛闕，附以手録，至不成字。迺屬郡守梁君喬等爲倡，正訛補缺，梓而行之。觀其所言，似所據者殆合刻本、鈔本而校輯以成是編也。

全集五十二卷，卷一至第四十二爲文，卷四十三至第五十一爲詩，卷五十二爲詞。取汲古閣本核之，文之編次大略相同，惟此本詩祇九卷，遺佚正多，殆即序中所言「翁長於詩，而集未之備，再求善本而不可得」者也。本書半葉十行，行二十一字，白口，四周雙闌，篇中語涉朝廷皆空一格，是其源亦出宋刻也。故人章式之君曾假去校勘，謂其亦有勝於汲古本者。此本傳世頗稀，近代藏書家惟瞿、丁二目有之，據《丁目》言，《宋史》列傳後有梁喬跋，此本已失去，然《瞿目》所藏亦缺汪大章序，則此猶善於彼也。余别有萬曆本，卷次與此相同，正從此本翻雕，則陳邦瞻刻於閩中者也。

第余有不可解者，《渭南文集》弘治壬戌有無錫華珵活字本，據言得溧陽學宫本摹而傳之，其集之命名及次第皆出放翁遺意，是《渭南文集》真本斷推此刻。汪氏刊此集爲正德癸酉，其間相距祇十一年，紹興、梁溪地非遼阻，汪氏與張省元謀傳此刻，勤加搜訪，何以竟未見及華本？汲汲刊傳，就所得者以意編輯，其謬戾最甚者以詩羼入其中也。蓋放翁嘗言，「劍南」乃詩家事，不可施於文，故别名「渭南。」今以詩附入，大悖放翁遺旨，況其詩又祇得十之一二耶！使得早見華本，寧有此失哉！

此書爲鬱華閣故物，書衣標題皆意園手蹟，蓋當時亦以爲罕祕可珍矣。卷前鈐有「游」字印，乃李小石爲拓留其文，以資雅玩。小石别有識語。庚辰五月杪，藏園識。

明萬曆本渭南文集跋※

此萬曆刊本，五十二卷，半葉十行，行二十二字，白口，四周單闌，提行空格仍存古本之式。其編次則自卷一至四十一爲文，卷四十二爲《天彭牡丹譜》，以下古今體詩九卷，詞一卷，其次第與正德本同，蓋即從紹興郡齋本翻刻者也。各卷詩後偶有評隲，細審之乃劉辰翁之語，蓋此九卷之詩即據澗谷、須溪選本前後二集全部收入，於《劍南詩稿》固未之見也。卷首録正德癸酉汪大章序，丁氏《善本書室志》於正德本之外亦著此本，言《宋史》列傳前有高安陳邦瞻序，此本佚去，設非《丁志》識之，不知爲陳氏所覆板也。庚辰五月藏園。

明嘉靖本放翁詩選前後集跋※

放翁詩爲南宋大家，當時與尤遂初、楊誠齋、范石湖齊名，《劍南詩稿》既出，以卷帙繁重，傳播未廣，故坊肆選本同時争出，盛行於世，今所傳者，如羅澗谷、劉須溪二家皆是也。此本澗谷精選十卷題爲前集，須溪精選八卷題爲後集。附别集一卷，爲蜀人劉景寅所輯，其詩皆取諸方虚谷《瀛奎律髓》中，爲二選所遺者也。版式半葉十一行，行二十字，黑口，四周雙闌，首葉選人名下題「莆澹峯黄漳仲瀾重刊。」前集卷首有大德辛卯羅憼序，又弘治十年吴郡楊循吉序，後有弘治丁巳蜀劉景寅跋，又嘉靖十三年甲午知宜黄縣事莆黄漳跋。此本前二册爲莫丈楚生所贈，有「獨山莫氏藏書」、「銅井文房」各印。後二册得之滬市，有

「張士珩」、「楚寶」二印。楚生爲三世舊交，楚寶爲戊子同年，其人皆墓有宿草，撫卷懷人，不禁感喟交集矣！

按羅、劉二氏皆生於南宋之季，其選詩也，當時必各已刊行，但宋刻今不可見耳。據劉景寅跋，其合梓也，始於元之坊肆，然至弘治時，劉氏已言「抄録漸出，而印本罕見，其後雖獲舊梓於杭，而歲久書敝，字復多誤，嗣乃授同年餘杭尹冉君孝隆翻刻之」，此選本合刻流傳之大略也。其後又三十八年，至嘉靖甲午而黄氏又鋟梓於宜黄，即此本是也。考《四庫總目》，此選本亦經著録，所見爲紀文達家藏本，以跋文斷爛，竟莫審其出於何人。以近時書目考之，錢唐《丁氏志》所載爲弘治本，《四部叢刊》所印亦然，以羅選中尚存圈點評語也。《瞿氏目》所載爲嘉靖覆本，與余此帙正同，其羅選中圈點已去，衹存評語矣。最可疑者，兩人各自爲選，而前、後集中乃無一首複出，《丁志》謂當是元時書坊併刻時所芟，即前、後集之目亦坊估所追題，此説庶幾近之。

顧余重有感者，放翁碩學高名，身歷六朝，傳詩萬首，其遺稿又得賢子編輯刊行，寧假羅、劉二氏之選以爲重！且其抉擇既未必精純，而篇章亦衹存什一，學者或且以市估射利之作視之。然以余觀之，則二家選録其爲功於放翁者乃甚鉅。溯自宋元以來，《劍南詩稿》以卷帙繁重，刊本浸就殘佚，惟恃傳抄以延一線。觀於正德時汪大章刻《渭南文集》，欲兼收《詩稿》，訪尋越郡，遺稿無存，僅就所得，編爲九卷，附諸《文集》之後。然余取其篇目而詳核之，乃知此九卷之詩全取諸此選前、後二集及别集之内。由是觀之，汲古閣本未出以前，世人欲誦劍南詩者，幾於舍是選之外莫由窺見矣。且不獨此也，毛子晉既得宋刊殘本，乃合抄本校訂付梓，以復八十五卷之舊。然其後斧季於逸稿之外又續添遺詩二十首，考其取資，亦在此選本之内。可知自宋末以逮明季，數百年間，放翁詩稿之傳，其絶續之機，實賴此選本之一再覆刊，得以久延其緒。故其選擇雖未爲精審，而異代相沿莫之能廢者，職是故耳。《四庫總目》於《劍南詩稿》之外兼録此選本者，其所見亦卓絶矣哉！庚辰六月朔，藏園老人揮汗記。

明嘉靖本頤菴居士集跋※

《頤菴居士集》二卷，宋四明劉應時良佐撰，嘉靖乙酉刊本，半葉九行，行十五字。前有陸游、楊萬里二序，後有劉允卿跋，又都穆跋。

按：此集刻於《知不足齋叢書》内，兹以明刊校之，開卷陸序即脱誤四字，如：「舍此一法」，脱「舍」字；「良佐平生」，「生」誤「先」字。其詞意乃迥異。全書衹二十葉，而改定至二十餘字，又補得《西郊》七絶一首。鮑刻脱去此詩，乃改題「三首」爲「二首」，殊可詫怪。佚詩及都氏跋録於左方：

西郊

誰人躍馬出西郊，野水瀰瀰漲路坳。好似吟哦方得句，時時指點舉鞭梢。

書頤庵先生集後

宋南渡詩人稱范至能、陸務觀、楊廷秀、尤延之爲大家，范、陸、與尤皆吴産，若至能則又余之鄉先生也。當時四明劉先生良佐與至能、務觀唱酬，極蒙賞識，故務觀序先生之詩，而廷秀復爲序之，此可以觀先生矣。先生十七世孫允卿以名進士知太倉州，携先生之詩自隨，近俾余校正重刻於梓。先是弘治間，允卿之兄刑部正郎世臣常托其同年友朱君君佐刻之新安，未見行世。故尚寶卿伯雨允卿姪也，曩在京師與余同僚，亦嘗有志於此，會陞官未幾而没，而今乃成於允卿。噫！斯集也，豈直可與四公之詩並傳，後之人欲知劉氏之文獻者，必將於是而有考焉。嘉靖乙酉清明日，大僕少卿吴人都穆敬書。

宋刊殘本客亭類稿跋※

《客亭類稿》，宋楊冠卿撰，宋刊巾箱本，卷數不詳，存四六編四卷，雜著編三卷，古律編二卷，諸老先生惠答客亭書啓編一卷，凡十卷。半葉十一行，每行十八字，白口，四周雙闌，每卷標書名大字占雙行，下題「江陵楊冠卿夢錫。」以閣本校之，編次頗有差異。四六編之三至六，雜著編之一、二、三，閣本爲卷七、八、九。古律編之一、二，閣本爲卷十一、十二、十三。蓋古律首卷閣本析爲二卷也，而惠答書啓編一卷閣本竟删去之。據《提要》言，所據爲浙江采進巾箱小字本，與此本正同。第館臣檢《永樂大典》所收牋、表、詞重爲編訂，於是有增、有併、有省，成爲十四卷，而宋刊面目遂渺然不可復識矣。

此本前後卷缺佚，篇中字迹亦多剥蝕不完，然取閣本對勘，改正凡二百三十六字。其中胡，虜、夷、狄等字例爲館臣易以他詞，甚者如卷七雜著編「蔽氈毳於陳梁，扇腥風於嵩少」二句更與删落，避忌謹畏，可云至矣。余甲子歲初度日獲此於述古堂書坊，其時周少樸前輩及朱君幼平均有題記，兹咸録左方。至收藏有「雲莊張氏鑑藏」朱文一印，則不知誰氏矣。

沅叔同年癖嗜古籍，校勘學極精，今之黄蕘圃、顧澗蘋也。近得宋本《客亭類稿》殘卷，雖間有剥蝕，而古澤黝然，非同近玩。每卷首均有大字題行客亭類稿某某編，若四六、雜著、樂府之屬，署名則曰「江陵楊冠卿夢錫。」今《四庫》輯本，體式悉易其舊，又將《諸老先生惠答客亭書啓編》汰去，因避時忌，字句多有删改，非見此本末由知宋刻真面矣。沅叔每歲生日輒得宋本書一若，部循次爲例，將與百宋比富不難，書此當祝。甲子冬十月，泊叟周樹模識。

宋楊冠卿《客亭類稿》，《四庫》著録者乃據舊刊巾箱本，復從《永樂大典》搜輯補綴，釐爲十四卷，而以書啓一卷附之。其家世仕履亦略考見大概。此宋刻殘本，每半葉十一行，行十八字，四周雙邊，字體方勁精美，不分卷數，其所缺者按之《四庫》本爲一、二、十、十二、十四各卷，而《大典》所收諸篇不與，疑《四庫》所據當即此本。藏園主人去年初度得宋本《楚辭辨證》，今歲兹辰復獲此書，信乎古緣不淺也。甲子九月上浣，翼盦朱文鈞識。

校明弘治本石屛詩集跋※

《石屛詩集》十卷，宋戴復古著。明弘治陽城太守宋鑑刻本，半葉九行，行十九字，黑口，四周雙闌。前有弘治十年邑人謝鐸序，又趙汝騰、吴子良、樓鑰、包恢、趙以夫、趙汝談、真德秀、王埜、倪祖義、趙蕃、姚鏞、鞏豐、楊汝明諸人舊序，至正戊戌貢師泰序。首冠以東臯子詩，末附宋人戴漁村等二十七家詩。後有西充馬金跋、十世孫鏞跋。蓋馬氏得舊寫本，又從戴氏裔孫鏞得家藏板本，編成十卷，付太守宋鑑傳刻者也。

《台州叢書》以《石屏集》冠首，然所據乃長塘鮑氏鈔本，故奪誤仍所不免。余以此刻勘之，如卷一《紀真德秀奏事》詩二三聯補佚詩三句。卷三《題思齋》後補《張子明永齋》詩、《謝項子宜》詩、《題姪昺東野農歌》詩凡五律三首，連小序止脱一葉。又《投江西曾憲》詩補第二首及《臨江小泊》、《寄鄭潤甫》、《趙丞話舊》、《謝蕭相伯》半首諸詩，亦脱一葉。其他字句訛失賴以糾正者，亦多至數百事。蓋緣自明以來，板刻流傳頗有殘佚，晚印時遂有缺葉，後人不獲窺見原版初印，無從補訂，故相沿至今不改。

余初見此帙於文友書肆，其缺翻皆完，故得以從事斠誦。嗣見海虞瞿氏所藏，經蕘圃手跋兩通，珍詡甚至。然檢其卷中所缺之詩，乃更不止此兩葉，可知古書必以初開完善者爲貴。今人得一舊刊，不求其端，不訊其末，而欣欣然自珍爲創獲，徒鶩虚名而不知真賞，良足歎也。癸酉七月初九日，藏園手記。

校宋本南軒先生文集跋

宋刊本《南軒先生文集》存卷五至三十二，凡二十八卷，舊爲清宮所藏，《天禄琳琅》前、後目未經著録，今圖書館檢出，庋存於壽安宮。每半葉十行，每行十七字，白口，左右雙闌。前有朱子行書序，半葉七行。貞、桓、敦、擴皆缺末筆。刊工姓名列板心下方，有鄭春、江漢、江浩、方中、方淳、方茂、方忠、徐大中諸人。有「曲阿孫氏七峯山房圖籍私篆」長方朱文大印，「朱文石史」、「青霞館」、「曲阿孫仲子」朱文各印。昔人以卷二十九至三十二剜改爲第一至第四，以充全帙，當時典籍者竟未之察也。

余請於圖書館，持蜀中翻華刻本對勘，凡八日而畢。補卷五《自西園登山》五律一首，卷十一《敬齋記》一首，卷十《道州重建濂溪周先生祠堂記》脱文二十四行，卷三十答《陳平甫書》中條答五則。其文字詳略視世行本迥異者，爲《潭州重修嶽麓書院記》、《經世紀年序》、《孟子講義序》、《胡子知言序》各篇。其餘奪文訛字，殆不可計，余别撰校記存之，此不贅述也。丁卯七月十二日，藏園居士記。時逭暑暘臺山清水院中。

校鈔本山房集跋※

宋周南仲撰《山房集》，《宋史·藝文志》爲五卷，《書録解題》則爲二十卷，又後集二十卷，《四庫總目》謂《宋志》爲脱誤。此本前集八卷，後稿一卷，乃從《永樂大典》中輯成者，僅當原集四之一耳。輯成後《四庫》著録，未經刊行，惟近時《涵芬樓祕笈》據鈔本排印傳播，第字句奪誤閎多，黄茅白葦，彌望皆是。

近頃北平館趙萬里君自南中搜得四庫館原稿本，因假歸校勘，改訂殆千餘事，補文九首。蓋青詞疏文之類爲當時奉命所删削，經解一首，緣中多觸忌之語，故不得不概從刊落也。余嘗言凡《大典》輯出之書苦無别本可校，若能得館中初録原本，未經館臣潤色者，其視後來流傳聚珍、七閣之本必有佳勝可尋。今以趙君新收諸集證之，則余言益可自信矣。兹將删落文九首補録於新本卷尾，而著其目於此。其文字脱譌彌甚者，亦舉其大要，附著一二焉。

卷二補文二首：《開啓疏》、《功德疏》。

卷三補文六首：《陽間水府龍宫水陸齋疏文》、《玉皇大帝水陸齋疏文》、《送昭明歸祠宇疏文》、《安奉歸廟疏文》、《水陸齋疏文》、又《水陸齋疏文》。

卷四補經解一首：「昔者禹抑洪水而天下平」至「聖人之徒也。」

補正脱譌舉要於後：

卷五《跋犖洛行記後》「要之無故不應」句下補「淹泊武昌如此其久非嘗有意外又不應」十六字；《黄平甫墓誌銘》「瞞取官物」句下補「平甫掠治之且日吏告屬官專捽小吏去將歸罪列僚」二十一字。

卷六策問「問增益君德」條「《書》固嘗曰舜闢四」下補「門矣自遐邇而獻言者何不載於二典耶《詩》嘗言先」二十一字。

卷八雜記「呂援」條「杭人有云：脱通換通，罪過陳通；換對著對，罪過王貴」、「有云」下四句新本皆脱。

校宋寫本楊太后宮詞跋※

宋《楊太后宮詞》五十首，毛氏緑君亭刊本，後彙入《詩詞雜俎》中，附有潛夫跋語，子晉亦識其末，謂友人所寄少室山人手訂祕本，因與《宣和詞》合梓之。然其原本後人固未之見也。嗣雲間古倪園沈氏覆刻之，言借士禮居本翻行，楮墨精麗，爲世寶貴。頃檢篋藏，得影刊宋人寫本一帙，乃友人瞿良士所貽，蓋良士近歲於吳門收得刻板十二番，重爲脩治印行者。其板不審爲何時何人所梓，然筆意樸拙，雅近燉煌經卷，要出宋人手蹟無疑。因發興取緑君亭本校讀一通，其字句乃頗有歧異。如「比使」寫本作「北使」，第一首。「亭臺」作「庭臺」，十一。「瑶觥」作「摇觥」，十九。「娟娟午月」作「西月」，十九。「争爲」作「曾爲」，二十。「紫殿」作「紫燕」，二十一。「宸裏」作「宸衷」，二十七。「背打」作「肯作」，三十三。「小除」作「小池」，四十七。其字或爲傳誤，或可兩通，猶可言也。最異者如：第十九首「管絃聲韻一齊喧」，毛本作「宛轉餘音出紫垣」；四十三首「個個争先獻壽杯」，毛本作「人人争獻萬年杯」；四十八首「一朝紅蕊□新艷」，毛本作「將見紅葩鬥新艷」；意近而詞迥不同，殊難索解。既而詳諷之，乃悟各句音節與全首相拗，毛氏必爲調叶聲調之故，從而更易之，可謂勇於奮筆，悍然不顧者矣。又第四十六首「小小宫娥近水居，嬌眉秀額映清渠」，其「嬌眉秀額」所以狀宫娥之韶麗，毛氏乃改爲「雕楣繡額」，則指所居之地而言，風趣索然，寧不貽點金成鐵之誚耶？夫汲古刊書久稱世業，咸推善本，且又親見宋人原帙，乃輒逞私臆，輕改古書，竟訛失至此，則其他之梨棗紛綸，連車塞棟者，又豈堪盡信耶！沈刻附有校記，上舉訛異各條咸在其列，標云「朱校」，是竹垞固曾見此本矣。惜沈氏未能詳述原委，致令後人無由考見得失，余故臚陳竄改之故，披示本來面目，以存其真，非敢翹前人之失以自矜也。甲戌五月望日，記於藏園。

鈔本翠微南征録跋※

華子西集世間久無傳本，清初黄俞邰自史館鈔出，付邑人郎趙客刊之。然郎本亦頗罕覯，至光緒之季，貴池劉世珩乃重校付梓，列之《秋浦雙忠集》，由是子西遺集始得廣傳於世。學者誦其詩文，因以考其忠節，未嘗不動高山景行之思焉。

此舊鈔本十卷，以字跡定之，當爲清初人所録，觀其次第行款，必係從明嘉靖刊本所出也。余昔年於南中得郎刻本，後又見鮑渌飲、勞季言兩家校本，取郎刻對勘之，差異之處頗多，蓋郎氏就鈔本重編，輕改舊第，又展轉鈔傳，頗病訛失。遂依鮑、勞二氏本校之，改訂凡數百字，其《上皇帝書》奪文尤多。其後劉氏重梓，曾假余校本悉爲糾正，學者稱善，垂爲定本。今覩此鈔帙，以余前校證之，一一都合，其《上皇帝書》中脱文此本咸在，而原所闕字亦未妄加增補，以視郎本，遠出其上。異字既多，舊觀未改，良足珍也。辛巳十一月廿八日，藏園記。

明正德本宋寶章閣直學士忠惠鐵庵方公文集跋※

宋方大琮撰，四十五卷，明正德刊本。題「廣西按察司按察使族孫良永校正」、「廣東布政司右參政族孫良節編刊」。半葉十行，行十九字，大黑口，四周雙闌，版心字數及刊工人名皆用白文。前有正德七年壬申鳳山見素子林俊序，正德八年癸酉南海張詡廷實序。按《皕宋樓藏書志》，前尚有劉克莊序，此本失之。

考《鐵庵集》《四庫總目》著録爲三十七卷，浙江鮑士恭所進。此本乃四十五卷，較《四庫》本多八卷。按《提要》云原集久佚，此乃族孫良節，良永蒐輯，已非全帙。則鮑氏所進即此正德刊本，何致卷數歧出至此。意當時必失去末册，故所存止此耳。此外張金吾、瞿鏞所藏鈔本皆稱三十六卷，陸心源藏鈔本二十六卷，大抵多緣殘佚而致誤也。此書刊本不多覯，惟丁氏善本書室、陸氏皕宋樓有之。此本有「澹生堂藏書記」、「曠翁手識子孫永寶」、「山陰祁氏藏書之章」各印，蓋寓山園舊物也。其各卷次第詳列左方，以資參證焉。

卷一至三奏議，卷四進故事，卷五奏申，卷六外制，卷七表，卷八至十二啓，卷十三尺牘，卷十四至二十五書，卷二十六賦，卷二十七論，卷二十八策，卷二十九、三十策問，卷三十一詩，卷三十二記，卷三十三文，卷三十四序，卷三十五銘，卷三十六説，卷三十七題跋，卷三十八祝文，卷三十九詞，卷四十祭文，卷四十一墓誌銘，卷四十二奏劄，卷四十三表箋，卷四十四啓，卷四十五劄。

檢末卷中各文，其四十二以下多代人所作，故其門類與前複出耳。

明萬曆本宋學士徐文惠公存稿跋※

宋豐城徐經孫仲立撰，凡五卷，卷一奏疏、表，卷二講章，卷三雜著，卷四詩詞，卷五誌銘，附録爲當時詔誥、墓表、史志列傳、時人贈詩。萬曆刻本，題「裔孫鑒梓」，前有萬曆甲寅十一世孫鑒序，即鑑巡按福建時所刻，次十二世孫即登序。卷首有「閩中徐惟起藏書記」朱文印，惟起名𤊹，又字興公，萬曆時人，則此爲梓成最初之印本矣。此外有「鄭氏注韓居珍藏記」、「鄭杰之印」、「晉安蔣絢臣家藏書」、「陳克綬」「脩竹臥雲軒藏書」、「世德堂印」諸印記，亦皆閩中人士，以收藏典籍著名者也。

按：此集《四庫全書總目》據衍聖公家藏本著録，題爲《炬山存稿》。《提要》言前後無序跋，祇附録有劉克莊先集序一篇。今觀兩序，咸言檢世譜得遠祖集，因讐校卒業，付之殺青，僅得五卷。自非殫力搜索，即此寥寥篇什，猶軼逸莫收，可知遺稿久亡，至鑑等始爲之輯録。是公集自以此刻爲最早，館臣所見《矩山存稿》者，必後人從此本鈔出，而逸其序、跋、附録，以致莫悉其原委耳。經孫詩淺率不足存，文則氣舒以達，要以忠直敢言，聲振朝列，故其文以人重，其他文亦殊少雅裁耳。

明活字印本雪磯叢稿跋※

樂聲遠集，宋刻久湮，明正統時其後裔名韶者編次付梓，周洪謨爲序行之。第正統本亦不可得，故諸家書目皆以抄本著録。至近世，石門顧脩乃刻入《羣賢小集》中，其所從出亦即韶所編集者也。此活字排印本，半葉十行，行二十一字，字體拙陋，排版亦頗粗疏，其字之模形與《欒城集》頗相似，在明代未知屬於何時，然其出於正統以後則可決也。

取讀畫齋本校之，篇題次第皆合，惟讀畫齋本偶有差訛，可據此正之。如《紫霞洞歌》

「一呼開仙扃」，「仙」不誤「先」；《贈江華尉熊伯巖》不脱「尉」字；《謁李梅亭詩》「大地精靈浮筆下」，不缺「浮」字。若詳加對勘，佳勝當不尠也。此活字本，雖鐫字未精，然極爲罕覯，正統本既不可見，得此本亦足珍矣。卷首鈐有明善堂、安樂堂二印，又有季滄葦二印。

辛巳十二月二日藏園記。

校舊鈔本雪坡姚舍人文集跋※

《姚舍人文集》五十卷，舊寫本，半葉十行，行十八字，提行空格，俱仍舊式，是從宋本傳録者。有「朱彝尊錫鬯父」白文印「某會里朱氏潛采堂藏書」朱文印。考陸氏《皕宋樓藏書志》有鈔本一部，亦題竹垞舊藏，或所儲非止一帙歟？《八十卷樓書目》著録有影宋本，言提行格式，猶出宋槧之遺。目中不記行款，然要其同出一源無疑也。此帙爲臨清徐梧生家遺書，流入燕市，因假得，取胡氏《豫章叢書》新刊本校誦一過，凡改定一千零二十七字，而卷首歷官告詞、癸丑廷對策試官評語三則尚不與焉。蓋胡氏所據者爲文淵閣《四庫》本，此爲從子國學生龍起所編原本，視展轉移録者較爲可信。兹舉其誤失之大者略著於左，俾究心豫章文獻者得所取資焉。丁卯十月二十五日，沅叔記於藏園。

卷首：歷官告詞六篇，胡本失載，其目列後：

《初授承事郎簽書平江軍節判誥詞》、《召除祕書省校書郎告詞》、《再除祕書省正字誥詞》、《再除校書郎兼沂王府教授誥詞》、《除本官兼太子舍人誥詞》、《贈祖誥詞》。

卷七：《癸丑廷對策》後試官評語胡本失載，補録如左：

初考：議論本於學識，憂愛發於忠誠，洋洋萬言，得奏對體。一上　臣經孫。

覆考：以求士以文不若教士以道立説，一筆萬言，水湧山出，盡掃拘拘讇讇之習。張、程奥旨，晁、董偉對，賈、陸忠言，皆具此篇。臣良貴。

詳定：規模正大，詞氣懇切，所答聖問八條，皆有議論，援據的確，義理精到，非講明理學，該博傳記者，未易到此，奇才也。宜備掄元之選。臣焴臣彬之臣夢鼎

卷十三：《送王仲安歸武昌》詩末聯「何日鵲烏喜，北風鴻雁歸。」胡本誤作「何日同携手，抱琴對月揮。」

卷十四：《題西湖竹閣寺》末聯「已占雨亭涼坐足，再須登閣倚闌干。」胡本作「微雨初添涼坐足，試登傑閣倚闌干。」《和劉月湖縣尉》末句「還肯同登道閫不？」胡本作「誰識淵源問魯鄒。」《題吕氏宜老堂》首句「此句清不著珠璣」，胡本作「北堂無事笑含頤。」

卷十五：《次韻黃東野》第六句「似讀晴煙暖霧詩」，下有「未識黃先聞有『晚煙晴帶濕，春霧暖生香』之句。」凡小注十八字，胡本無之。《奉餞萬安贊府兄長之官》前首末句「飛鴞連翩遇順風」，胡本作「儒吏風流詠滿筒」。《和趙提刑》詩第二首首聯「擘脯鈎鱸倩老瓶，離腸那肯話酸淒」，胡本作「花下銜盃手白攜，驪歌何必語酸淒」；又，第二聯下有「蜀人又得閬州主簿」小注八字，胡本無之。《再和張公望韻》末句「願拜推敲一字詩」，胡本作「欲問柴桑六月時」。《西山庵居》詩第二句「謝天放我出紅塵」，胡本作「角巾南□憶鱸蓴」。《訪郭德甫》胡本作《題郭氏梅莊松壑竹澗昆玉》「厚德深栽培」下有「情周思孔子，志伊學顏回」二句；「明年詔書近」下有「競踏黃花槐，造榜正此天，桂籍浮香催。鵰鶚相聯飛，燕雀更願陪」五句，胡本無之。「近」下即接「鵰鶚相追陪」。

卷十八：《題墨梅風煙雪月水石蘭竹八軸》詩「生意不窮看轉新」句下有「祇看幽韻自堪玩，莫道無香真可嘆。清香已在杳默中，暗起芬芳浮鼻觀」四句，胡本無之。《賀趙宰美任生子》「驪珠在掌梟在舄」下有「慶事方新殊渥重，周公爲父伯禽子。清廟明堂要棟梁，長城傳魁取衣鉢。天生奇才須大用」五句，胡本無之，而有「家之喬梓國之棟」一句。《訪李興伯不遇》詩「刲羊忽逢伯仁母」下有「談饌乃有襄陽妻。竹窗掛燈見二子，褒已自佳融更偉」三句，胡本無之，而有「肅客雍容見二子」一句；又，末有「王珪他日貴勿疑，不須論客母可知」二句，胡本無之。

卷二十三：《發解謝新昌趙縣判啓》「久塞思通，隨試輒効」下有「雖報罷公闈之旅進，亦常魁天邑之類申」二句，胡本失之。

卷三十八：《朱子雲詩集序》「固不可以卻虜也」句下有「此氣直可以吞虜。氣可以吞虜，是詩亦可以卻虜」十九字，胡本無之。

卷三十九：《苟息論》「太山之死歟抑」下有「鴻毛之死歟吾見其爲鴻毛也死所以成其信而」十九字，胡本無之。

校景泰本謝疊山先生集跋※

廠中文禄堂書坊見景泰五年刊本，十一行，行二十一字，黑口，四周雙闌，題「里生潭石黄溥編」，蓋與《文文山集》同刻者也。前有景泰五年廬陵劉雋克序，言公雜著詩文凡六十四卷藏於家，兵燹無存，御史黄溥采輯散佚，釐爲十六卷刻之。後有溥自序。卷一至卷三爲詩，而詞調附之，卷四至十五爲文，卷十六則附録碑、誌、哀、挽之文。舊爲蔣香生鳳藻藏書。

余篋中無專集，因以《乾坤正氣集》本校之。此集例不録詩詞，故併文爲四卷，次第亦多更改。點勘一過，改訂三百五十七字。其最要者，《程漢翁詩序》一篇凡三百餘字，今本失載，爰鈔附卷末。其今本有而明本無者爲《蔡氏宗譜序》篇，當是後刻時所輯補也。《東山書院記》「其子忠定」下脱「福王嚴事朱文公文公過其廬忠定長子崇憲師之忠定」二十二字；《辛稼軒先生墓記》「六十年」句下脱「來世無特立異行之士爲天下明公論公之疾聲大」二十字；《蕭冰崖詩卷跋尾》脱「歲在癸未清明日，龍虎山敬題卷後」十四字；皆賴明本補完。凡文中今本「皇帝」二字明本皆作「大元」或「朝廷」，或代以二黑圈，意先生原藁如是，以表著其不臣二姓之志，故明本尚仍之。今本逕改爲「皇帝」，則大失先生卻聘之心矣。嗚呼！古今載籍經後人妄意改削，違其本旨，使昔賢含憤於九原者，豈少也哉！庚午閏月，藏園記。

戴松門寫本秋堂集跋※

世好趙君元方新獲此帙，爲嘉興戴光曾手寫，所據爲鮑氏知不足齋校正本，分爲二卷，一詩詞，二文，補遺及墓誌附焉。前有至正四年楊仲弘序，又明江山縣知縣張斗序，萬曆戊子十一世孫復貞序，後二序皆爲《四隱集》作也。按卷中詩文皆柴望所作，而書名乃標題「四隱」，名實殊不相符。疑四人之中惟秋堂所存差爲完整，故録其前二卷文字，而仍襲《四隱》之名耳。

此集明以後久無刊本，近時李振唐刻《宋人集》，始據錢唐丁氏藏鈔本鋟梓。余從元方假得戴本，以校李刻，開卷編次即已大異，卷一文，卷二詩，卷三詩餘，檢各卷篇數，多寡悉同，而字句差譌，賴戴本勘訂者實多。如卷首楊仲弘序乜正至二十餘字，而於仲弘姓名亦均謬誤，其餘訛失亦近百字。蓋振唐勇於傳古，見有遺稿即鋭意授梓，而選本校字未甚經意，其甲、乙、丙、丁四集數十家，余以善本重爲校訂者已得少半。今此集幸覯名家寫本，研朱細讀，盡掃榛蕪，不大足幸耶！此本有道州台衣集目序，梁州鼓吹詞自序二首，皆李本所失載，爰手鈔補入。其張斗、柴復貞二序，裔孫日新跋并附於後，庶此集編刊之原委可以考見焉。

秋堂文字體格殊卑，即盛傳之《謝節齋啓》冗散蕪陋，在宋四六中亦非佳構，詩則沿江湖之餘習，清而近率。特早以上書獲罪，得忠直之名，後値宋亡，遁跡深山，舉世欽其高節，其集之流傳至今，特以人重耳。而蘇幼安撰誌，乃謂詩文馳騁晉魏，駕軼盛唐，未免譽過其實矣。此帙原有松門跋四則，今録存左方。癸未五月十一日，藏園手識，時正移硯雲巖山館之第一日也。

《柴氏四隱集》二卷，宋柴望著，知不足齋鮑氏舊鈔校正本，後附補遺、墓誌，皆淥飲手鈔采録。壬申十二月，光曾手録。

余與鮑丈渌飲交二十餘年矣，余之性愛古書及搜羅前人祕笈，皆與渌飲講習討論。每得異書，彼此借鈔，相與傳觀訂正以爲樂。渌飲老年貧病，且有家累，不通音問經年矣。癸酉五月十日，忽偕夏君儼過余，形神枯槁，索然意盡，新患頭疽雖愈，而窘態日甚，心計日麄。詢以近況，自云「生平以書爲命，今開卷輒忘，精神不能檢束，藏書已散，不復向此中討生活矣。」余聞之酸鼻，送之去。因檢渌飲歸余之書及借鈔之本，内有二册，係渌飲手校前人遺集久假未歸者，共四種，此《秋堂集》則余已録之副本也。既歎渌飲老境之衰，益惜祕書之不可再得，因附記於此。松門戴光曾。

嘉慶癸酉七月，渌飲忽奉特恩，賞給舉人，此異數也。晤於省垣，老病初愈，後福正未有艾。光曾又識。

甲戌七月，聞渌飲已歸道山，此種書籍皆經渌飲手校祕藏而余假録者，不可多得也。光曾。

萬曆本晞髮集跋※

此本爲徐興公就繆氏本重爲編定，而長溪令張蔚然刻之邑中者也。訂爲十卷，卷一至七詩，卷八記、序，卷九、十附録。半葉九行，行十八字。前有萬曆戊午張蔚然序，次吳仕訓、徐㶿、陳鳴鶴、崔世召序，後有郭鳴琳跋。又彙録舊序，則弘治爲儲巏、馮允中，嘉靖爲吳勳、王景象、程煦、繆一鳳，隆慶爲凌琯、邵豐，萬曆爲游朴、繆邦珏、李叔元、真憲時諸人，蓋自弘治十四年唐文載運使刻於揚州，沿及嘉靖、隆慶、萬曆，凡四刻矣。其卷數則自弘治以來或作五卷，或作六卷，皆出後人所輯。

至《四庫》著録，據平湖陸大業本，乃作十卷，而別有《遺集》、《遺續補》共三卷，附以《天地間集》、《西臺慟哭記注》、《冬青樹引注》，其據以編輯者，乃萬曆時歙張氏本。今以兩本合勘，差異之處殊以爲疑。如陸本之《遺集補》一卷，所録爲《續琴操》、《哀江南》，今檢此本已收入卷一樂府後。又，此本卷七爲七言絶句九首，陸本正集無七絶，然《臨安故宫》四首乃在《遺集》中，《島上曲》、《估客吳歌》、《小華陽亭》、《雨中怨》各詩，又收入正集古體中。是輿公此本，陸氏固未之見也，豈以僻在閩海，當時傳播未及吳越中耶？

卷中有「徐惟起印」、「風雅堂印」白文兩印，知爲輿公刻成後自藏初印之本。嗟夫！由萬曆戊午迄今，歷三百二十年，而楮墨明净，觸手如新，無朱墨點污之痕，無蟲魚蠹損之迹，即論版刻精善，已自足貴，况爲名家之所珍藏，昔人之所希覯耶！後人得此書者，展卷之餘，宜知所以護持而珍惜之矣。戊寅七月，藏園記。

明嘉靖刊本黃四如集跋※

宋黃仲元字善甫，號四如，莆田人，唐御史滔十二代孫，咸淳辛未進士，調監瑞安府比較務，未上，公卿争聘爲講師，聲名動一時。德祐丙子，杭都陷，簽書陸秀夫趣赴行都，歷授要職，皆不就。宋亡，歸隱山林，惟以講學爲務，更名淵，字天叟。晚年自叙一生行誼，爲《壽藏志》，爲時傳誦，今載入卷四者是也。此嘉靖丙午刻本，乃裔孫文炳梓於江西者，題「有宋福建莆陽黃仲元四如先生文藁」，半葉十行，行二十字。文内音注、行間標點乃文炳之父木齋所增入，於人名、地名并加括弧以別之，明本中特爲罕見。集凡四卷，附録一卷。標爲卷全。卷一記，卷二序跋，卷三辭説、字訓，卷四墓誌。每卷末附寫書人，卷一爲葉標，卷二爲吴大綸，卷三爲王輻，卷四爲郎文焕。前有像贊，次元至治三禩清源傅定保序，又洪武八年宋濂序。後有咸淳甲戌余謙一序，至治癸亥曹忐陳光庭跋，又男梓識。至羅欽順、羅洪先、尹臺、八代孫鉞世、孫廷宣、九代孫懋恩諸跋，則皆嘉靖授梓時所附也。

按：《四庫總目提要》言：「此本止文四卷，與其子所輯之五卷既不相合，而其曾孫所續輯之十卷亦不在内，是散佚之餘，重爲掇拾成帙，非其舊矣。」以此觀之，《四庫》著録即是本也。然余見《郘亭知見傳本書目》，言曾收得元刊本六卷，有至治癸亥曹忐跋，即其子所編本，惜失去末二卷。而《天一閣書目》又藏有洪武刊十卷本，知元代、明初之本固未嘗絶於天壤，特嘉靖裔孫重輯時未及見耳。顧此本雖非古刻，然傳播亦稀，檢近代書目，惟皕宋樓有之，此外所藏皆傳鈔本。此帙昔年得之廠肆，有「蕉林藏書」一印，識爲真定梁氏遺籍，寧不以罕見爲珍耶！

舊鈔本耕閑集跋

《耕閑集》一卷，宋吴江孫鋭穎叔撰，畊閑老人其别號也。舊寫本，十行十六字。前有至元十八年趙時遠旡近序，次白鹿書院山長沈義甫撰墓誌銘。文尾缺數行。本集凡詩三十首，後補遺詩文三首。趙序及沈誌言，其先出吴大帝之裔，鋭幼穎悟，博學能文，十六領鄉貢，後登咸淳十年王龍澤榜進士，授廬州僉判，值元兵南下，吴越納款，遂掛冠東歸，隱居平望之桑磐村。後有詔起集賢學士承旨，會以疾終，年七十九。是鋭自登第後即隱迹里閭，雖年登大耋，荷新朝優禮，仍抱節以終，固猶宋之遺老也。詩文雖無高致，而平淡清逸，殆如其人。文集散佚不傳，此遺稿數十首乃其友人趙時遠所輯。然即此寥寥短編，近世久無傳本，惟厲樊榭《宋詩紀事》録其《漁父詞》等三首，差免名氏翳如之歎。余新得此集於南中，因撮舉行誼，誌之卷末，使其潛德卓行得附文字之末以傳於奕葉，或亦發微闡幽之一助乎！甲戌立冬日藏園老人書。

校鈔本則堂集跋※

《家鉉翁文集》二十卷亡佚已久，乾隆時從《永樂大典》中輯出，定爲六卷，收入《四庫全書》，未嘗刊版行世。惟集中諸文多羈北以後所作，官行都以前之文則絶少概見也。余從文津閣中鈔出，頗有訛舛，苦無别本可校。頃趙君斐雲自南中搜得四庫館當日原編清本，每册均鈐有翰林院大官印，因以所録閣本携入頤和園中，坐湖西臨河殿對校一過，凡改正一百一十八字。其卷第先後及文字篇數一切皆同，惟字句小有參差耳。異時刊蜀賢文集可據以審定也。辛未九月二十一日，藏園記。

校舊鈔本紫巖詩選跋※

《紫巖于先生詩選》三卷，舊鈔本，八行，行十八字，題「蘭谿于石著，門人吴師道選。」前有仁山金履祥序，目録後録有沈廷芳跋，尾葉有趙輯寧跋。原缺第二十四、三十五兩葉。

余以光緒己丑栅川于氏刻本校讀一過，刻本亦分三卷，而次第不盡相同，所缺兩葉刻本有之，全書凡改訂五百二十有七字，其差異最甚者，如《感遇》詩「羣囂競紛紜」一聯在

「迂闊誰復採」句下。《路旁女》詩「空爲少年誤」句下鈔本多「去之忽相失，零源在中路」一聯。《白沙昭利廟》題下鈔本多小注四十七字。正訛補遺，其佳勝遠出刻本上。然亦有刻本有而鈔本無者，如《詠孔明》七言絶句一首、《答吴子真》詩「易可以明吾道之消息，詩可以觀吾道之盛衰」二句。至紫巖自序，吴、沈序及吴師道、吴履、朱惟嘉、徐原、程南賓、柳果、蘇伯衡、蕭民諸跋，鈔本亦不載。意鈔本所據爲吴氏摘選初刻本，故不録洪武諸序跋，若自序及師道跋，則偶脱失耳。

按：此本舊藏錢唐丁氏，詳見《善本書室藏書志》，余所獲者乃陳乃乾從丁本影寫者也。考沈椒園、趙素門跋語，知沈氏之書爲汪容甫所投贈，旋歸杭董浦，趙氏從董浦傳録，又假知不足齋本覆勘焉。是書迭經前輩珍藏，展轉校録，流傳有緒，可爲增重。顧柵川後裔己丑校刊亦經邑人徐孟球、汪朝銓詳悉勘正，且從錢唐丁氏假録副本，而得失異同乃差違若是，殊不可解。及覆檢《丁目》，方知善本室中原藏有兩帙，其移寫者爲天福山房鈔本，此椒園藏本固祕惜未出以相示也。詳著於此，俾覽者勿以爲疑焉可耳。

刻古逸民先生集跋

《古逸民先生集》，宋汪懋遠著，近世久無刊本，《四庫全書》亦未著録，其後阮文達曾以寫本進呈，然外間傳録者仍罕覯。余昔年於滬市得一本，出自繆氏藝風堂，爲趙氏存素堂所鈔，末有誠夫手跋，言主講龍城書院時，於史文忠家檢得此集，命男錕録之。卷首鈐有「古鹽馬氏笏齋珍藏之印」、「結一廬藏書記」各章，可知前輩傳授源流，特爲珍重，非徒以文字之足稱，亦緣其行誼高逸爲足尚也。考錢唐丁氏《善本書志》亦載録是集，有鮑以文跋，言姚君古香得之親串亂帙中，首得借鈔，好事者因得傳録，杭城乃有數本。是當日訪尋之艱可以概見矣。

余私念百餘年來所傳之祕册，若不急爲傳播，或竟湮没而不彰，是深負古人露鈔雪纂之勤，因取趙本重録付刊。惟授梓之始，詳勘趙本，奪失弘多，苦無别本可以是正，輟工數月。嗣檢阮氏進呈原本，尚存於宫中宛委别藏，特浼趙君斐雲携樣本入宫對勘，凡改訂若干字，補詩二首，余復從《新安文獻志》中補《上李侯》四言詩一章。第卷中尚有缺字十餘，阮本亦同，竟無由補全。然視趙氏沿襲差訛之弊，掃除一清，固已差爲可誦矣。

又按，此書黄氏《千頃堂書目》作五卷，阮氏進本分爲三卷，鮑氏本亦然。今考先生子淮琛嘗刻詩五卷，見於趙東山撰行狀者，今已不存。後人雖分詩與文各爲一卷，而綴以附録，然決非原本之舊。余所得趙氏本未分卷第，似較近古，姑遵從之。倘異時維琛原刻出世，當更爲鏤版以行也。丙子十月識。

金別集類

舊鈔本滹南集跋※

此舊鈔本四卷爲知不足齋所藏，十行二十字，後附《詩話》三卷，有「知不足齋鮑以文藏書」朱文大印。卷中校籤極多，不著名氏，書衣有題識十一行，余審爲劉燕庭筆蹟。茲録如左：

金王若虚撰。若虚字從之，自號慵夫，藁城人，事蹟具《金史·藝文傳》。集四十五卷，《四庫》著録本凡《五經辨惑》二卷，《論語辨惑》五卷，《孟子辨惑》一卷，《史記辨惑》十一卷，《諸史辨惑》二卷，《新唐書辨》三卷，《君事實辨》二卷，《臣事實辨》三卷，《議論辨惑》一卷，《著述辨惑》一卷，《雜辨》一卷，《文辨》四卷，《詩話》三卷，雜文及詩五卷，共四十五卷，與《千頃堂書目》所載卷數合，即王鶚序云藁城令董彦明與其丞趙壽卿倡議募工所刻之本也。此本前有李冶、彭應龍、王鶚、王復翁四序，而僅載詩、賦、雜文，亦止四卷，且詩皆《中州集》所選者，目略有不同。《詩話》三卷附於後。《提要》云，原本第三卷惟《論語辨惑序》一篇，《總論》一篇，與他卷多寡懸殊。此本

《序》在第一卷，《論》在第三卷，是後人以《辨惑》等各自爲書，而專取詩文别釐爲此本，非有缺佚也。

按：此本詩集四卷，即全集中之卷四十至四十五，劉氏所云「專取詩文别釐爲此本者」，其説誠是矣。顧於此本之來源則未能深考也。余檢丁氏《善本書室藏書志》，亦有四卷本，據目録所載，爲秀野草堂藏本。而宋賓王又藉文瑞樓本較之，是此書金氏、顧氏皆有四卷本，其源固已古矣。特未詳編次爲何人，有無刊本耳。近年雕刻流傳者爲海豐吴仲懌所校，其所據則爲淡生堂寫本，經繡谷亭考訂藏弆，前後題識凡五六則。余己巳冬月以重金得之申江肆中，歸而取吴氏本對勘，文字編次一一都合，偶有差誤，仲懌復躬自詳訂，可云善本。今以此四卷本校之，則每篇中輒改定數字，有舊本沿誤者，有吴誤改者，而咸賴是本補正之。然則此雖單行之本，而拾遺糾繆，匡正實多，未可以其晚出而忽視之耳。辛未六月初四日藏園漫志。

明弘治李瀚刊本遺山先生文集跋※

《遺山先生文集》四十卷，張德輝編，明弘治十二年戊午刻本，半葉十行，行十九字，黑口，左右雙闌。前有沁水李瀚序，言曾以家藏本詩集刻於汝州，其詩文全集屢更兵燹，秪存鈔本，而魯魚亥豕，漫不可讀，近始得善本於太僕儲公静夫，喜副宿志，乃與天下後世共之云云。序後附儲巏手簡，略言前得祕本於今禮部程公，録而藏之，今借初本再校，一二訛缺處無他本可證。其傳、誌、題贈諸作乃於他集中輯録者，請併刻之。即後之附録一卷也。其舊序有徐世隆、李治中統三年。二首，舊跋有王鶚、杜仁傑二首，亦併刻焉。卷末又有弘治己未翰林院編脩靳貴後序，言「太僕愛其文，嘗手爲讐校，故視他本爲善。侍御李君叔淵出按河南，始命太康楊令溥録之，而屬方伯徐公用和、仰公進卿刻梓以傳」云。據此始知刻書者實爲徐、仰二君，叔淵不過爲之倡率，今則人秪知爲李瀚本矣。

按：叔淵所刻《遺山詩集》二十卷余曾獲一帙，欲求詩文全集本渺不可得。嗣於吳門得之，乃僅存其半，而序目及首卷又爲舊鈔補入，然鈔帙中鈐有竹垞老人一印，知其缺失已在順、康之際。丙辰歲南游，晤沈乙盦於海日樓，語及此書，乙盦言篋中正有弘治殘本，未知其存卷能否相合。又數日，於書叢中掇拾而出，持以相示，不特缺卷可補，且紙幅印工宛然如一，蓋正是一帙而分析者。豐城劍合，樂昌鏡圓，相與歡欣歎異者久之。其後，余以梅南書屋本《後山詩注》、高麗本《山谷外集》與君易此書及萬曆洗墨池本《薛濤詩》而歸，此亦書林之一段公案也。乙盦於授書之日亦略誌其原季於卷末，茲並録於左方。庚辰五月二十六日，藏園老人識。

此沁水李叔淵弘治戊午刻本也。其佳處具施北研《元詩注》中，惜前二十卷闕焉不完。辛亥之冬，書估有以詩集來者，刻印尚在此前，疑是汝州本或元刻。欲購以配，價昂，不可得也。宣統丙辰，傅沅叔得潛采堂所藏李氏刻本前二十卷，舉以相示，紙色册裝，若合符節。蓋此即潛采藏書，不知何年分散，前後二十年，余在廠市得其半，而沅叔於滬市得其半也。他日當以歸傅，爲延津之合，相從歲久，顧未忍遽别耳。寐叟。

張石洲刊本元遺山集跋※

《遺山先生集》據李冶、王鶚序跋，言東平嚴忠傑刻之，其時爲中統壬戌歲。然此本久不傳，各家目録咸未著録。其次爲弘治李瀚，先刊詩集二十卷，嗣又刊全集四十卷。據儲太僕手簡，言得祕本於禮部程公，録而藏之，李氏即據以墨版。是所得亦鈔本，仍未見中統本也。第弘治本傳世極稀，康熙時無錫華希閔據以覆刊，白云重加校訂，然原本中之缺葉、缺字亦未能補完也。張石舟以州里後學，鋭意釐正，訛文脱簡，勤加蒐討，缺者補之，誤者訂之。更據他書增輯集外詩十九首，文四首，益以遺山所著《續夷堅志》四卷，《新樂府》五卷，及翁氏、凌氏、施氏三《年譜》附於後。其附録一卷，補載一卷迭經儲氏、華氏、施氏、先後采輯，石舟更爲增補以附益之。稿成，獨力自任剞劂，凡五年蕆功，時爲道光庚戌。蓋遺山遺著五百年來至此乃蔚然萃爲鉅觀，其致力可謂勤且卓矣。

第有不可解者，石舟自序稱，近日坊肆有新刻遺山集本，乃某太守從臾坊賈據華氏本刻之蘇州者，舊缺《御史張君墓表》、《陽曲令周君墓表》、《鄧州新倉記》各半葉，葉各三百餘字，皆補完之，微勞亦不可没云。余别藏有道光丁未刻本，爲定襄李鎔經所刻，即石舟所稱爲某太守者。檢李氏原序，言百餘年間，華氏版已不存，友人勸余捐俸重鋟。適余去官，携華氏本至京師，壽陽尚書祁淳甫先生命速刊刻。平定張君石舟藏有元人刻本，覆取其書重加讐校，以百金畀坊間，助其費而授之梓。石舟尚藏有《年譜》及施氏《詩注》、《續夷堅志》，當嗣刻云。以此觀之，似李氏翻刻時曾與石舟相聞。且石舟久客祁氏幕中，自謂元集輯訂後曾有募商版行之舉，不審當時李太守何以不取石舟校本，而必以翻刻委諸坊賈耶？抑石舟鄙夷其人，不屑與謀耶？且李氏重刻實在京師文貴堂，又非蘇州也。又石舟謂《張御史墓表》等三首缺文各補三百餘字，余取而觀之，則大謬不然。三文中惟《陽曲令周君墓表》補碑首「君諱鼎」至「遷陽曲令」凡三百七十字，此文幸得完成。其《中順大夫張君墓碑》原缺一葉，又銘詞末行，依然如故。至《鄧州新倉記》自弘治以來並無缺文，以李太守本對核之，與李、華兩刻無一字差異。既無脱佚，何所庸其補耶？今觀石舟自刻之陽泉山莊本，於《中順大夫張君墓碑》脱葉亦於句下注明「下缺」，設李太守既經補完，石舟甯不采取之耶？余頗訝石舟生平於校輯元集勤蒐博采，可謂翔實淹賅，於《鄧州新倉記》有無缺文甯有不悉，而貿然以補佚之功歸之太守，抑又何耶？以余揣之，太守取石舟元本覆校之説，要是讏言，以石舟既未藏有元本，且序文更明言中統本不可見也。太守所翻華本，石舟亦祇據傳聞，未得親見，故其所刺舉舛繆至於如此也。李太守本刻於道光二十七年，陽泉山莊本刻於道光三十年，相距祇三年，兩人自序皆互述及之，然其事乃若相謀若不相謀，殊令人索解不得也。至光緒七年又有讀書山房翻石舟本，前有知郡事方戊昌序，言石舟刊板今三十年，訪之平定，詢之京都，已無存者，因捐錢三百萬刻置秀容書院中，其附録、補載、三《年譜》皆仍其舊，《新樂府》、《夷堅志》亦附刻焉。然其行款已非陽泉山莊之舊矣。石舟本十二行二十三字。李太守本十一行二十字。方氏本十行二十二字。

按：《遺山集》弘治李瀚刊四十卷本爲後來華氏、張氏各刻之祖，近時影印，流傳廣遠，人多見之，無煩贅述矣。惟李瀚同時别刻有《詩集》二十卷，寫刻視《文集》爲工，余曾藏有一帙，不知者咸以爲元刊。余頗疑施國祁所言瞑琴山館藏元至正本即是刻也。至《遺山樂府》余收有朝鮮明弘治本，分上、中、下三卷，朱古微前輩曾假校焉，刻入《彊村叢書》中。嗣陶氏涉園又就原本翻刻，其字句視五卷本殊有異同。因述元集源流附及之，俾後來得以考見焉。

金刊磻溪集跋

《磻溪集》，長春真人丘處機撰，金刊本，半葉九行，每行十七字，白口，左右雙闌，版心記磻溪一、二等字。前有大定丙午五月中條山玉峰老人胡光謙序，序文行書半葉七行，字仿顔平原，體格端嚴，鎸工亦古勁，語涉金廷，皆提行空格。詩中所紀歲月，至大安己巳，刻梓當在大安之初矣。標題曰「棲霞長春子丘神仙磻溪集」，蓋長春以送重陽子歸殯終南，因樂秦隴之風，居磻溪者六年。按《水經注》：磻溪水「出南山兹谷，乘高激流，注於溪中。溪中有泉，謂之兹泉。泉水潭積，自成淵渚。即《吕氏春秋》所謂太公釣兹泉也。」「石壁深高，幽隍邃密，林障秀阻，人迹罕交」云。集中詠磻溪者凡十數見，意者喜其幽勝，久而不忘，故題集名以寄意耳。其稱神仙者，亦弟子尊崇其師所署。《元史》本傳言，幼時相者許爲神仙宗伯，是神仙之名久爲世人所推奉，不始於元太祖稱之也。

按正統《道藏》《磻溪集》列號在友一至友六，分爲六卷。實就此三卷本而析之，惟第三、四卷次第略有參差耳。詩皆入元以前所作，取《道藏》本校之，於篇章初無增損，而字句乃大有差殊，增改多至數百十字。詩句下原附音釋或自注，《道藏》本皆芟去。凡詞多注原名，如《無俗念》十二首下注云：「亦名《酹江月》」，乃悉刊落不存。又，詩詞題下偶加小序，如《明昌甲寅九月福山建黄醮籙詩》、《世宗皇帝挽詞》、《滿庭芳》第三首、《謝鄉人爲葬先塋》、《望蓬萊》、《贈王喬二生》、《悟南柯》第一首、《記喬生簪菊》第二首、《贈裴滿序》中，略志年月事實，可以考見生平行事，交游踪跡，《道藏》本或竟删除，或竟爲節略，均失本真。賴有金時刊本得以校補其缺失，足見古本之可珍矣。最可異者，卷三《沁園春》六首，《道藏》本改爲卷五。前三首爲《示衆》，第四首爲《心通》，第五首爲《讚佛》，第六首爲《九日作朝真醮》，今《道藏》本於《讚佛》一首獨不刊載，似後人不欲爲釋教頌揚，有意芟薙之，所見抑何隘耶！

又按：本傳云：金宋之季俱遣使來召，不赴。今考本集卷一有《世宗皇帝挽詞》，其小引云：「臣處機以大定戊申春二月自終南召赴闕下，待詔於天長闕，後五月十八日召見於長松島。秋七月十日再召見。中秋，得旨，許放還山。」卷又載《進呈世宗皇帝詩》一首，是在金時固已馳傳千里，揚名九重矣。景濂脩史，秖據國史載己卯歲元太祖乃鑾之詔，而於三十年前金世宗長松島之召見乃闕略不書，得此可訂正《元史》之失，斯尤足貴也。惟《道藏》本卷首大定丙午胡光謙序後又有大定丁未平陽毛麾序、泰和丙寅武定軍節度使移剌霖序、泰和戊辰翰林學士知制誥兼國子監司業安東陳大任序，此本秖存胡序，而後三首皆不載。余意原本必已彙刊，或緣流傳歲遠，不免損佚，非有他也。

此本各卷鈐章有「沈與文印」、「姑餘山人」、「毛氏子晉」、「汲古主人」、「乾學之印」、

「健菴」、「東武劉喜海燕庭所藏」、「燕庭藏書」諸印記，知是書歷藏沈氏野竹齋、毛氏汲古閣、徐氏傳是樓，其後歸於劉氏味經書屋，然檢之汲古、傳是二家藏目，皆不見著録，自劉氏以後未知流落何所。己未歲，忽出現於隆福寺帶經書坊，亟屬徐君森玉與江西詩派本《東萊詩集》同收得之。翊年庚申携至南中舉示寐叟。時方創議重刻正統《道藏》，時詣長春故宫，訪觀主陳毓坤，籌商調取藏經，分期影出之策。而無意獲此孤本祕籍，寐叟遂謂此書應時而出，與君大有仙緣。雖一時興到之言，亦可云奇遇矣。其後宗人治薌繼掌邦教，東海老人慨斥鉅貲，森玉更爲奔馳南北，羣策羣力，奮厲辛勤，迄於丙寅，而全藏經典告成。凡印行一百五十部，流布於四方，傳播及於海外諸國。千秋之盛業，竟假余手而成，以附名於不朽，寧非幸哉！辛巳三月朔，蜀南傅增湘識，時居萬壽山麓之清華軒。

錢氏《補藝文志》：《道藏》七千四百餘卷，披雲子刻於平陽府。余嘗考披雲姓宋，爲長春弟子，而其刻在金元之間，實爲明藏祖本。沂叔方倡刻《道藏》，而得此金本《磻溪集》，爲《道藏》未收之本，應時而出，若俾增入《藏》中，仙緣爲不淺也。長春曾栖真關隴，故披雲後駐關中，蓋承磻溪之緒。詩中又有進呈世宗皇帝詩，則在金時已名動九重，可與史傳金宋之季，皆嘗遣使來召語相譜。《錢志》有《磻溪集》六卷。

庚申二月，寐叟借讀識。

藏園羣書題記卷第十六　集部六

元别集類

牧萊脞語跋※

《牧萊脞語》二十卷，《二稿》八卷，宋茶陵古迂陳仁子同倩所著，余假周君叔弢本傳録者也。題「門人李懋宣揚廷輯」，卷一、二賦，三騷辭，四封事，五書，六記，七序，八至十論，十一、十二策，十三題跋，十四頌、銘、箴、贊，十五雜著，十六文，十七問答，十八傳，十九講議，二十碑。前有余恁、王夢應、鄧光薦、蕭龍友諸人序。《二稿》題門人「譚以則伯可輯」，卷一賦，二至四記，五至七序，八題跋，附以銘贊。

按：此集《四庫》未著録，惟附之《存目》中，《提要》譏其好爲大言，而所作殊猥濫。又以《南岳賦》爲時人所稱，至方之馬、班，而略舉數語，實庸陋已甚。余往時未見此書，觀《提要》之言，疑館臣或故爲苛論。嗣聞叔弢收得舊本，私意宋元遺集傳世本稀，縱文字未盡精純，而遺聞故記，宜可資爲考訂。因屬寫官録此副本，置之敝篋，已十餘年。頃以補録《後山集》序，披檢及之，粗觀一過，蕪詞濫語，充盈篇軸，塵容俗狀，縈繞筆端。時或偶騁詞華，自矜新穎，而學步效顰，愈形其陋，纖仄詭瑣，覽之欲噦。蓋其人爲學究之流，不脱鄉曲之習，或以選集刊書之故，爲坊肆所推，故其遺集得以流傳。所輯之書如《文選補遺》、《四庫》亦收録，以備一格，所刊之書如《六臣文選》、《陳後山集》，今日尚傳其本。惟其識見既卑，文字復劣，全集之中，黄茅白葦，彌望皆然，無可悦目。余嘗歎南宋人集以侈盈卷帙，珷玉雜陳，如王炎午《生祭文丞相文》頗爲一時傳誦，及取其《吾汶藁》觀之，則他文咸不相類，甚至婚書俗札亦厠其中，可謂不幸而傳者矣。然要未有一無可取，如仁子此集之甚者也。即題跋各卷亦皆膚詞駕説，絶無詳徵博引可資後人考證之文。是即著述等身又何足貴！始歎《四庫》屏棄不收，良爲卓識，而余之殷勤鈔白，轉爲多事矣。辛巳展褉日，傅增湘書於藏園。

按：集中之文字多署紀元年號，於宋則有咸淳、德祐，於元則有至元、元貞、大德。其於至元辛卯誅桑哥也，則撰《誅大奸頌》；於至元庚寅詔免儒人差役也，則上《儒户免役頌》。是仁子入元代已三十餘年矣，雖未入仕於朝，然已歌頌功德，不在遺逸之列，應改入元代。《提要》題作宋人，殆未及詳考耶！藏園老人同日又題。

元刊邵秋堂集跋

本書題《秋堂邵先生文集》，存卷二至卷五，皆四、五古詩及五、七言律詩，前後俱佚，不審爲何人，版式則半葉十行，每行十六字，黑口，四周雙闌。詩筆淺率無足觀，鎸工尚樸厚。有「敬德堂藏書印」、「晉府書畫之印」、「姜氏圖書」朱文三印。前歲世好劉君翰臣自淮南來，持以相贈。遍考諸書，均不得其名字及仕歷，趙君斐雲助余搜訪者數月，亦無以報。頃閱王漁洋《居易録》，乃曾見及此書，其言曰：「《邵秋堂集》二卷至五卷，殘本，内府書也。詩古今體皆淺俚不成家，亦不知其名氏何許人。卷中有與鮮于伯機倡和詩。」是漁洋所見即此帙也。此書光緒末年始自内閣大庫散出，未審漁洋當時何由見之。以此觀之，雖屬殘册，海内恐亦無第二本矣。

余詳檢卷中，上某官詩云：「早年曾望青宫選」，自注：「乙卯年，莊靖先生薦名王府。後有旨，令恭勤脩進。」是少年曾見賞於李用章矣。其詩題可考見者，中統三年赴平陽分揀，至元七年以歲貢隨牒到府，十一年掾中書兵、刑部，二十一年省掾得代聽除。中間又有婺州宣慰司倒解、袁州買絲、及衢州、豫章、濟南諸詩。大抵秋堂本屬晉人，自平陽分揀後，官南中者十餘年，後入爲中書省掾，年已六十餘，其仕歷可考知者大抵如此。又集中有《呈則堂先生》及《和麻徵君蒿醬詩韻》，《中州集》有麻原詩，用韻正合。是秋堂且得友家鉉翁、麻九疇，頗與勝流往還，不特共伯機酬倡也。自昔文人學士畢世勤勤，恒以身後之名爲急，故文章之事或手自刊定，或鄭重付託，冀得依附青雲，傳諸後世。今秋堂之詩歷年數百，閱世三朝，幸逃水火蟲鼠之劫，存此殘編，蓋亦幾於可傳矣，而文字殘缺，名字翳如，後人雖欲登諸藝苑，而苦於無可稱述，僅儕諸子虛烏有之間，斯亦足以流連而慨歎矣。壬申立冬後日，自清水院歸記之。

鈔本月屋樵吟跋※

元天台黄庚撰，余昔年見舊鈔本，録存此帙，分爲四卷，卷一五言律九十首，卷二七言律一百二十五首，卷三七言絶句一百九十二首，卷四古風長短句九首，前有自序。考諸家書目，如錢氏《敏求記》、黄氏《千頃堂目》、張氏《愛日精廬志》、《浙江采輯遺書目》皆是本也。別一本題曰《月屋漫藁》，《四庫》著録，通爲一卷，王漁洋所見即此本，余近日得汪氏屐硯齋鈔本及劉燕庭、謝珊嶠鈔校本，亦復相同。然余取汪氏屐硯齋本與篋藏四卷《樵吟》對勘，則汪本之詩溢出甚多，五律增五首，七律增七首，七絶增十二首，五、七古增二十六首，然《樵吟》所有而《漫稿》不載者，凡五律一首，七律一首，七絶十三首，五、七古六首。

至於兩本文字差異，又不可勝計。余就《樵吟》本校改於行間，其所溢各詩則分體别鈔，以補入之，庶盡取兩本之長彙於一帙，或星甫之詩得此較爲賅備也。余合而觀之，意當時必兩本並傳，至明成化中《漫稿》乃有張楧校刻之本，而《樵吟》獨以鈔帙流傳，數百年來，訖無人爲之彙訂而補正之，故參差錯出如是。

至其詩體卑弱，漁洋《居易録》論其庸下無足取，而《四庫總目》乃録其警句數聯，謂其風致婉約，猶具晚唐一體，而議漁洋爲詆之太甚。然平心論之，即館臣所舉諸聯，未未見有清遒雋妙之致，要亦濡染當時風尚，輕淺率易，未能脱江湖末派之習耳。辛巳九月十六日，藏園記。

明初刊剡源先生文集跋※

《剡源集》刊本今世所行者以萬曆辛巳戴洵重刻者爲最舊，其所據者出於四明周儀所重輯。當時欲求洪武初宋景濂所序刻於太學二十八卷之本，已渺不可見，況萬曆至今又閲四百年，求周氏之本亦復艱得。道光二十年，上海郁氏刊此集於《宜稼堂叢書》中，仍以萬曆本爲依據，文字頗有譌謬，學者病焉。昔年余游南中，得沈炳垣手校本，於郁氏新刻糾摘不遺餘力，譌者訂之，奪者補之，朱紫燦然，爽心悦目。然循其所自，祇見梨洲之文鈔刊本及何義門假毛斧季之舊藏鈔本而已，於萬曆以前雕鐫之帙仍不可復覩也。

頃者，友人偶招小飲，兼觀其家藏舊籍，忽見《剡源文集》舊刊六卷，鈔白二册。其刊本半葉十行，每行二十字，細黑口，左右雙闌，版心上方記字數若干，上魚尾下記詩卷幾，版式寛展，中縫亦闊，字仿松雪體，結構方整而筆致秀勁，饒有元雕之風，雖序跋不存，然望而決爲洪武初年太學始刊之本。覯此異書，欣逾望外，因從主人丐歸，詳加披覽。卷首標「剡源先生文集」，然一至六卷皆詩也。首録自序一首，卷一七言古詩二十六首，卷二七言古詩二十三首，卷三五言古詩四十九首，卷四五言近體五十九首，卷五七言近體五十一首，卷六七言絶句六十八首，後附一葉，刊七古一首。詩之篇數約及今本之半，然六卷之中各體俱備，是詩集已無缺佚，可知洪武初刊其存詩祇有此數也。

取郁刻對勘，差誤之字幾於無篇無之，詩題目亦時有不同。其訛脱最甚者莫如《九日自遣》詩。原題取滿、城、風、雨、近、重、陽爲韻，各賦一詩。郁刻佚去五首，祇存末二首，第七首題作「七陽字」三字，殊不成文，然尚可推見沿誤之由。其第六首題爲《送官歸作》，則是别造一題，與詩意絶不相關，尤可怪詫者也。此詩自萬曆刊本已然，其沿訛固已久矣。昔黄蕘圃言，潛溪舊刻，前明神廟時已無從購得，訪問城東顧五癡家，曾蓄一舊刻本，未知即潛溪所序而梓之者否？舊已遺諸友人，而友人已下世，卒難索覓，爲之慨然。嗟夫！溯洪武以訖今日，駸駸垂六百年，前代如周羽可、戴愚齋之所訪尋，近世如趙億孫、黄蕘圃之所想望，欲求得原本初刊而訖莫能償其願，而余乃無意而獲詩集之全，不圖垂老之年，有此奇遇，足慰余頻年三校之勞矣。

至舊鈔二册，不分卷第，其殘篇僅存者爲記十九篇、序十三篇、雜説二篇、賦一篇、銘二篇、贊五篇、祭文七篇、書題二十一篇、啓劄五篇、疏六篇、行述一篇、墓誌銘十篇、講義二十篇。以今本校之，訂補猶多。如《損庵記》改正三十餘字，《拂雲樓記》改正四十餘字，《先天觀記》原缺之字皆已補完，《祭徐母文》補篇首三十七字，講義中《謙尊而光》篇補脱文一行二十字，《子路人告之以有過》篇補脱文二十八字，《説命惟學遜志務時敏》篇補脱文一行二十一字。其最要者《贊蘭石》第一首，《萬秀才入道疏》、《孫叔和墓誌銘》，此三篇皆今本所未收，尤爲可貴。余生平所見《剡源集》舊寫本有朱翼庵所藏清初鈔本，海源閣所藏明善堂舊鈔本，涵芬樓所藏耕心堂明鈔本，曾先後假觀，校録於新刻本上。然皆不若此本之善，以字句糾正既多，且有佚文可補，雖畸零殘帙，固當與洪武初刊同其珍異也。

余生平於元代大家如張雲莊、劉中庵、蘇滋溪諸人文集，皆經手勘，而於帥初之文尤所深嗜。宋景濂嘗云，「濂學文於黄文獻公，公於宋季詞章之士樂道不已者，惟剡源戴先生爲然。」又謂「先生之文，新而不刻，清而不露，如晴巒出雲，姿態橫逸，」其欽服也至矣。

顧俠君《元詩選》小傳言,「宋季文章萎薾」,「帥初慨然以振起斯文爲己任,其學博而肆,其文清深雅潔,化朽腐爲神奇」,「尤自祕重,不妄許與。至元、大德間,東南之士以文章大家名重一時,帥初一人而已。」何義門評論古人撰述,多所抨摘,獨稱「帥初爲學自六經百氏無不貫穿,而得之《莊》、《騷》者爲深,文格尤近子厚,其間亦似蘇門者,所從出均也」。「綵筆妙吻,宋季以來莫有匹敵,宜乎伯長所專師,晉卿所深推矣。」綜觀諸家之論,其文品之高潔可知。

惟其文集出於周氏重輯,展轉傳繕,誤失閎多,雖經何義門、朱竹垞、曹秋岳、鮑淥飲先後録存勘正,而風庭難掃,雪案徒勤。及郁氏以鮑本開雕,幸得廣傳於世,沈氏曉滄病其譌謬,特采舊校之文,以正新刊之失,丹墨紛綸,榛蕪少薙。洎余收得沈本,勤加展誦,乃知拾補之功雖盡,而待正之處尚多。於是博訪旁諮,南北所見,凡有三本,更就沈校,重事披尋,琯律頻更,丹鉛粗畢,與之符同者十之六七,彌其罅漏者十之三四,紬繹之餘,私自矜許,意謂搜討無遺,庶幾正定可傳矣。今乃忽逢孤本,兼補佚篇,既喜得舉世不見之書,更以完前人未竟之緒,古緣幸結,夙願得償,欣慰何似!昔顔黄門云:「不盡見天下書,不得輕下雌黄」,余於剡源之文凡涉歷十有七年,廣羅異本,至再至三,訖於今兹,續有創獲,拾遺補墜,粗竟前功。然其中疑文滯義,待於參證者甚多,正不敢以偶有得而自詡也。爰詳述源流，誌諸卷末，後之讀此校本者，其諒余苦心乎？辛巳十一月二十五日，藏園老人識。

校本剡源集跋

此《剡源集》三十卷，郁泰峯所刊也，桐鄉沈君曉滄取何義門校本手録於上。原缺卷二十五至二十八，共四卷，余從廠市配完。復假得涵芬樓藏明耕心堂鈔殘本補校二十五、六兩卷，假朱翼庵藏本補校二十七、八兩卷，此書遂爲全璧矣。泰峯刻此書時得鮑以文藏鈔本，經朱竹垞、曹秋岳兩家遞藏，鮑氏又手加校勘，遂據以入木。今觀沈氏所録義門校筆，則郁氏新本，烏焉帝虎，觸目皆是，余又以涵芬樓明鈔本及朱翼庵藏本校補數卷，改訂又復不少，以此知掃葉拂塵，其事正未易言也。沈氏校字外兼及評點，所録爲黄梨洲、何義門二家，沈氏又自以其意評隲之，擇持精審，於觀覽頗便。兹録沈氏跋三則及何氏跋二則於左，俾後之覽者得悉其源流所自云。沈氏名炳垣，浙江桐鄉人，官松江海防同知，與錢警石爲至戚，《曝書雜記》中曾及其人。其手校書至夥，陳君乃乾曾得其所校《讀史方輿紀要》，糾正閎多，欲從之假録，匆匆頻年，尚未遑及也。

道光辛丑三月，余因公赴上海，門人郁泰峯以此見贈，又三月三日裝訂訖，炳垣識。

泰峯刊此書板行已四年矣。甲辰仲冬，復得吳郡黄蕘圃、雲間張柳村所藏本，二書均以硃筆録何義門先生評校，讀義門自跋，校《文集》時未嘗見《詩集》也。今觀《詩集》評校語，與《文集》一色筆墨，其爲義門所校無疑。按黄氏本除何校外，又據梨洲先生所刊《文鈔》及他所見本並以校入。張氏本録何校外，間附硃、墨、藍三筆簽條，其云「垂記」者，則柳村太守已出也。義門所校本即泰峯所據以刊之本，其中增删字句，是正謬誤處不少。因將黄、張兩本中校改字句重録於此書上，而不復著校者姓氏，以兩本所校非一本，注非一手也。其有他本筆誤而黄氏據以校者，或古今字異而義本通同者，今悉删去，以省煩複。録既畢，因誌其大略於此。時道光乙巳冬十月二十又七日，桐鄉沈炳垣書於上海海防新署之華著身室，時年六十有二。

集中圈點，何氏用朱筆，梨洲《文鈔》用墨筆，其紫筆則垣僭爲之。間有管見，參考附注於上，隨筆書之。炳垣又記。

始余病此集謬訛不可讀，遇藏書者必問嘗蓄善本與否。康熙庚寅，始從隱湖毛十丈借得嘉靖以前舊抄一册，爲文祇六十五篇，分甲、乙、丙、丁四卷。以校新刊，則《唐畫西域圖記》一篇後半幅脱去二百六十餘字，其他賴以改正處甚多。集中文爲新刻所逸者凡十二篇，復補録焉。毛丈憐余校之勤也，云家有剡源詩，亦舊抄，將并以借我，乃書以志喜。焯。

帥初爲學，自六經百氏，無不貫穿，而得之《莊》、《騷》者爲深，文格尤近子厚，其間似蘇門者，所從出均也。能從容於窘步，萌茁於枯條，若高山大川之觀，桑麻菽粟之用。乃其所少，則賦才者殊，而亦遭遇變故，無自發耶！然綵筆妙吻，宋季以來，莫有匹敵，宜乎伯長所專師，晉卿所深推矣。康熙辛巳二月，何焯題於陽羨舟次。

五月游吴門，得此校本於來青閣中，佚其四卷。二十五至二十八。嗣檢《涵芬樓書目》，有《剡源集》明寫本，因假以北行。發册視之，則殘帙，衹得十六卷，而佚卷有二在其中。校過二十五、六二卷，各補脱文一行。因鼓興勘其餘卷，所訂正者又數百字，大抵與何校合者十之五六，而出何校外亦二三焉。泰峯刻此集時校讐頗爲精審，而遺漏尚如此之多，則未能搜集衆本故也。然百年以前舟車艱阻，聞見因之壅蔽，藏書家又多以珍祕爲心，安能以今日之輪軌通馳、都市萃積，郵假便捷歸咎於昔人哉！書此以誌吾幸。乙丑六月初三日傅增湘記。

余既撮録題記訖，忽在廠市覩明善堂鈔本剡源文、詩各一册。文係摘録之本，略勘初無異同，詩則專采五、七言律、絶，爲全集之二十九、三十兩卷，取以對勘，其異字出沈校外者改訂凡七八十字。原書係從金亦陶手寫本傳出，後附亦陶跋，兹附於左方，知前輩於昔賢著述苦心珍護，良足起人欽挹也。增湘又記。

亦陶金先生跋：

人之性情不同，故其嗜好亦異。如文王之昌歜，曾皙之羊棗，屈到之芰，淵明之酒，嵇康之鍛，李納之奕，荀奉倩之婦，王子猷之竹，范汗王之梅，元章之石，劉邕之痂皆是也。余賦性最淡，一切世人所熱中奔競者，舉無所顧，獨好書。然家貧，授徒以糊其口，安得有餘貲買書？勢不得不從友人借抄，所謂少好抄書，老而彌篤者矣。然亦用以耗壯心，送餘年耳，非欲以矜博覽，誇收藏也。歲己未，嘉禾曹侍郎秋嶽先生過余草堂，亟稱元人戴帥初先生之文，許抄以寄我。會余客他郡者數年，歸訊先生，則已爲古人矣。於是帥初之名時來胸中，或形諸夢寐。今年始獲借閱此本，如飢者得異饌，飽飫美滿，欣慰無已也。但係抄本，舛譌最夥，姑録存之，俟再購以校。按《宋遺民廣録》，帥初諱表元，慶元奉化人，咸淳中登進士乙科，教授建康，以恩轉文林郎、户部。會國變，携家避鄞郡。兵定歸四明，不仕。家素貧，不事生産，逃竄之餘，無以糊口，授徒賣文，日手一編不輟，從榆林剡源家焉。年六十二，執政薦之，拜信州教授，再調婺州，辭。年六十七卒。著《剡源集》行世。戊辰新秋，拙脩居士金侃并志。

鈔本山村遺稿跋※

仇仁近在宋咸淳間以詩鳴，與白珽齊名，乾隆御題《金淵集》所謂「宋末元初鳴以詩，早年仇白已名馳」是也。《金淵集》六卷，《四庫》開館時從《大典》中輯出，得登祕閣。顧其集皆分教京口時所編，而初刻之詩，經牟巘、方鳳、戴表元作序者，久亡佚不存，世所傳遺稿，皆從手書墨蹟及他書所載采拾而成，此册亦即明清以來相傳蒐輯之本也。

凡詩一百三十四首，雜著六首。以乾隆庚申項夢昶刻本核之，較此本增詩十首，然如《題虎溪三笑圖》此本有第二首，而項刻無之，至雜文雖僅存寥寥數篇，然其中《山中白雲詞叙》、《跋思陵書》、《跋李西臺書》、《題求志齋》四首，項刻亦皆失載，是其蒐采之勤，視刻本固已優矣。

此册昨歲得之滬市，爲松江韓渌卿家舊物，楷書精雅，朱筆校字尤清美，書衣舊題王隨菴巽公所藏，然余詳玩之，卷中「松齋」、「文殊師利弟子」、「静觀樓印」、「隨菴道人」及「黄絹幼婦」、「消摇游」、「吾師老莊」、「閑官養不才」凡印記十餘，皆義門所常用者，檢余舊藏何校《史通》，其鈐章無不悉合，可知此集必爲義門所鈔，其行間朱字則爲義門手筆無疑矣。余懼後人以無款識而妄生疑揣，故特表而出之，俾來者知所珍惜焉。戊寅六月二日書，時大雨初止，夜漏已三下矣。藏園老人記。

校元刊静修先生文集跋※

《静修先生文集》世傳以至順庚午宗文堂刊二十二卷本爲最古。余辛亥游吴門，顧鶴逸適獲此本，以余愛好之，遂舉以相貽。嗣又於吴門獲明成化時藩府刊二十八卷本，題《劉文靖公文集》，前有成化己亥序。其二十六、七卷爲《先世雜事紀》，附録書、疏、祭、挽、碑、表等文十八首。卷二十八爲《考異》，未知所據異文爲何本也。

今以王氏《畿輔叢書》本校宗文堂本，王本有而元本無者爲雜著四首，書後、題跋三首，書九首，疏一首，祭吊二首，贊四首，賦三首，凡文二十六首；五古五首，七古二首，雜言三首，五律十二首，七律三十首，五絶二首，七絶二十九首，凡詩八十三首。元本有而王本無者，《樂府》一卷三十二首，《書王維集後》一首。

至訂正之字，殆逾千百，舉其最甚者如：七絶中《書李渤聯德高蹈圖》，王本録十一首，元本録五首，而詞衹有一句相同者；七律中《秋日有感》一首有三句不同；《黑馬酒》一首全首均不同。余頗疑元時别有官刊本，而明成化所刊即從此出。緣成化本前載有元至正九年己丑江南浙西道肅政廉訪司牒文，可以推知也。宗文堂本則坊賈所刊，故文字詳略、卷帙次第均有不同，詞句亦因之迥異。然則昔人謂二十二卷本多於永樂三十卷者，殆不足信也。成化本視宗文堂本文爲多，而視《畿輔叢書》本爲少。惟畿輔本校刻時，於宗文堂本、永樂本、四庫本均未之見，僅據萬曆十六年方義壯容城刊本而增訂之，故《樂府》全卷不收，而文字差異又如此其甚，致足惜也。

校四庫館鈔本雙溪醉隱集跋※

此集元耶律鑄撰。鑄爲文正公之子，憲宗朝三入中書，文章勛業皆足跐美玉泉。顧《湛然居士集》世有傳本，獨鑄集久佚無存。乾隆時，四庫館開，采輯《永樂大典》，得其詩文如干篇，編爲六卷，著録於文淵閣，而武英殿刊書，其集獨未之及。光緒中葉，李芍農侍郎收得傳本，喜其中多述塞外地理、燕都故實，手加箋釋，付順德龍氏，刊入《知服齋叢書》，由是鑄集乃傳於時。然魯魚帝虎，既滋沿襲之訛；疑義奪文，復無別本可校，學者深用歉然。歲在丁卯，偶謁樊雲門前輩，言篋中有宋、元人集百許册，皆乾隆時寫本，爲法梧門詩龕故物。因請觀之，凡宋人三十二家，元人二十三家，咸由《大典》輯出，即《陶廬雜録》所記得諸廟市四庫館之副本也。其中適有此集，因假歸，與新刻對勘，五日之間，丹黃略竟，補脱訂譌，凡得六百五十三字，補佚詩《不如歸去》七絶一首。

其舛繆最鉅者，爲卷一《龍和宮賦》、《獨醉園三臺賦》、《四癡子賦》三篇，其中詞旨多不相聯屬，新刻注云：「疑有訛脱」。今以舊鈔校之，乃知此卷有三葉前後乖錯，故文字糾紛，互相混亂，不可董理。迨一一更正，忽爾疑滯冰釋，若撥積霧而覩蒼旻，爲之愉快無已。

余嘗謂凡《大典》輯録之書，往往明知其繆紊，而苦無舊本可資校正。然舊本既不可得，儻得初輯底本，則尋繹文字，恒勝於武英之聚珍、文淵所著録。蓋以其未經館臣之更訂，寫官之傳訛，去古未遠，面目猶未全失。余頻年所校，如《舊五代史》、《雪山集》、《山房集》、《敝帚稿略》等，皆補正不尠，斯亦可以推見矣。又頗聞當時奉敕蒐檢《大典》，程限嚴急，纂脩官不盡精能，視爲奉行故事，以致遺漏滋多。即以此集言之，今北平館中所存《大典》新舊寫本，爲册祇二百有餘，然偶爾披尋，見所引《雙溪醉隱集》其詩詞多出今本之外。趙君斐雲嘗就所得詩四首、詞三首、文一首別鈔成册，持以相示，余因録存，附之此本，後異時儻有重刊兹集者，曷廣肆尋求，悉心補訂，勿謂珊網之外，遂無遺珠也。

又按：余所見詩龕藏本書爲八卷，今閣本及新刻皆爲六卷，文字相同，而卷第已易，諒經館臣重訂，非有他也。戊寅閏月之望，藏園識。

洪武本楚國文憲公雪樓程先生文集跋※

元《程雪樓文集》三十卷，洪武二十八年與耕書堂刊本，半葉十三行，行二十二字，黑口，左右雙闌。前至正丙戌歐陽玄草書序，次至正甲午李好文序，次洪武丙子江陵熊釗序，序後有「至正癸卯中春雪樓諸孫世京謹録刊行」一行，次《元史》本傳，次世京編録《年譜》，次揭奚斯撰《行狀》，危素撰《神道碑銘》，趙孟頫《晉錫堂記》、歐陽玄、許有壬、黃溍、李好文、成遵、李士瞻撰《像贊》，又徐驥、張起巖、虞集、揭汯、貢奎、韓凖詩詞。自《行狀》以下皆附録。末有「至正丙午日長至，諸孫集賢脩撰奉議大夫世京重編」一行。目録一卷，一至九《玉堂類稿》，十《奏議存稿》，十一、十二、十三記，十四、十五序、引，十六至二十二碑銘，二十三銘、箴、贊、説、祭文、祝文、書啓，二十四、五題跋雜著，二十六至三十詩，樂府附卷末。目録及卷首題「奉直大夫、祕書監著作郎、男大本輯録，翰林侍講學士、中奉大夫、知制誥、同脩國史、同知經筵事、門生揭奚斯校正。」後有洪武辛未秋宜陽彭從吉跋，言文憲文集本有四十五卷，至正戊戌，揭汯重定爲三十卷。值戊申革命，劉氏書肆被兵燹，其後廿卷携歸盱江，又四十餘年，乃繡梓得完。故序文及附録世京所記二行皆在元代至正，而熊釗、彭從吉序跋已遲至洪武季年也。余自十五年前，歲在庚申，以南游黃山，道出白下，獲此本於狀元境書肆，缺第二十五至三十，凡六卷。適近歲陶君蘭泉覆刻洪武本，既成，乃從文友書坊搜得舊紙一百餘番，屬蘭泉檢所缺各卷摹印補入。雕本既精雅絕倫，紙墨復古香馣靄，泯然無迹，驟視之幾可亂真。女媧煉石之功，天孫織錦之巧，可云躊躇滿志矣。原書鈐有「武陵曾氏」、「曾氏受恬」、「墨香閣圖書」、「培閒」、「鄭氏子西圖書」，其人皆無考。

按雪樓本名文海，避武宗諱，以字行。其集題「雪樓」者，以郢州有「白雪樓」，嘗以名所寓，故世稱「雪樓先生」。少與吳文正公同門，世祖召見香殿，試以筆札，遂供職翰林，擢御史中丞，旋拜行臺御史。薦趙孟頫等二十餘人，咸列清要。大德八年再拜翰林學士，進承旨。延祐三年以病去官。生平在翰林臺省最久，故集中《玉堂類稿》多至九卷。其爲文閎雅博大，有開國之風，虞文靖謂宋季士習卑陋，以時文相尚；或病其陳腐，則以奇險相高。公之在朝，以平易正大之學，振文風，作士氣，今代古文之盛，實自公倡之。今觀其集中所存，與秋澗、草廬固堪伯仲也。

洪武刻本傳世極尠，藏家多視與宋、元同珍。余生平所見者凡數帙，初見一部於柯鳳蓀前輩許，言爲海源閣舊藏，以纂輯《新元史》得以假閱；陶君蘭泉客滬上，曾獲一部，當時與盛杏孫宫保争購，卒以計取之，即近年覆刻之底本也；鐵琴銅劍樓瞿氏、皕宋樓陸氏各有一部，余咸得寓目；愛日精廬張氏目所載則鈔補三卷，今不知屬於何氏；丁氏善本書室所藏爲影寫洪武本，此外則并鈔本亦不多覯矣。蘭泉獨能揮斥千金，取原刻摹印以傳，俾鉅製鴻篇，人人得以快覩，其爲功於藝林顧不偉哉！乙亥五月二十三日，藏園老人記。時方病足，不出户已三日矣。

鈔本漢泉漫藁跋※

《漢泉漫藁》十卷，元曹伯啓撰，舊寫本，標題爲「漢泉曹文貞公詩集」，下署「文林郎江南諸道行御史臺管勾男復亨類集，國子生浚儀胡益編」。本書半葉十行，行二十字。卷一至九爲古今體詩，卷十爲樂府，後録一卷則碑、贊、哀、祭、挽詞附之。末有至元後戊寅特進上卿玄教大宗師吴全節跋，蓋道流也。據總目，前有御史臺咨文、太常謚議及歐陽玄等三序，而本書無之，當是失於鈔載耳。首葉有「翰林院印」滿漢篆文大官印，書衣有木記，文曰「乾隆三十九年正月，江蘇巡撫薩載送到蔣曾瑩家藏曹文貞詩集壹部，計書壹本」。卷中有「重光」、「子宣」二印，又「詩龕書畫」印，是此書舊爲蔣子宣收藏，《四庫》開館時，其嗣曾瑩取以進呈，不知何時乃歸於法梧門詩龕中。按《四庫》告成後，有詔各省進書仍發還其家，然或官吏延未奉行，或遠道不能請領，其書移儲翰林院中，久之遂散落坊肆。今日官私所收《四庫》底本往往而遇，職此故也。

考此書自元以後迄無刊本，近時涵芬樓得金亦陶手寫本，印入《祕笈》，乃稍稍流傳。然其書僅存前五卷，且奪文錯簡，彌望皆是，金氏自跋亦謂蠹蝕破壞，多所闕訛。余昔年曾見汲古閣影寫元刊九行本，精麗絶倫，惜祇存卷六至十。嗣又見湘人王培初藏舊鈔本，審是出於元刊，頗爲完備，因取以校金氏本，自訂正舛謬外，補缺文九葉，爲詩二十三首，更增逸詩六首。乃就汲古本摹寫後五卷，其前五卷則據王本照元刊行款補録之，蓋歷十餘年搜訪之勤，僅而獲完，是兹集之希覯可知矣。

此帙爲友人吴門徐君姜盦所藏，審其標題，固亦源於元本，而姜盦又曾得汲古殘卷手加勘定，惟前半無舊本可參，脱誤一仍其舊，不敢以意改正，斯慎之至也。壬申三月，姜盦抱騎省之戚，肅書馳使，邀余至津沽爲之題主，瀕行持此見貽。余與姜盦昔年同客津門節幕，文讌往還，殆無虚日。鼎革後，僑寓夷市，復衡宇相望，賞奇抽祕，意氣夙投。頻歲喜收古書，多蓄名人鈔校善本，余所獲見者，有吴兔牀手校《容齋五筆》、《柳河東集》，咸稱珍祕。雅嗜校讐，丹鉛點勘，時相質證，知余勤搜宋元人專集，而雙鑑樓著録此書獨無舊本，其用意肫摯，至可感也。異時當取篋中録本互爲斠訂，並補寫卷端牒文、謚議諸篇，俾成完璧，以期無負良友殷勤付屬之雅焉。立夏前一日，藏園記。

清刊本知非堂稿跋※

余昨歲董理手校羣書，補撰題記，檢及鈔本《太虛先生集》，其《詩稿》六卷，曾據曹倦圃本校正，而《外稿》獨無他本可勘，私意欲得刊本，以資參證，而終不可致。今春，友人徐森玉自南來，爲移家計，盡鬻其藏籍。時余方園居，未之知也，及返城訊之，則悉爲廠賈分携俱盡矣。一日謝君剛主袖書過訪，披函視之，正刻本《知非堂稿》，且語余曰：「此森玉舊藏，趙斐雲見之，謂此爲公所夙求者，故敢以奉。」余感其意，欣然受之。發册諦觀，則《詩稿》六卷，《外稿》四卷，秩然咸具。取前校本核之，卷三《鄱陽除夕》等六詩固宛然具存，惟卷四《羅士從真一酒歌》闕十八字，卷六《昨夜》七絶闕八字，與他本同。然卷中勝異之字與倦圃本多合，知其付梓時所據亦舊本也。第此本前後無序跋，未知爲何時鋟梓，以刊工審之，當爲道、咸間鄉人所刻，故刊印殊形陋率。然此集自元明以後未有覆雕，且《四庫》著録祇存詩六卷，而遺《外稿》未收，前賢遺著得此流傳於世，良足幸矣。癸未四月下浣，沅叔清華軒識。

鈔本知非堂稿跋※

《知非堂稿》元何中太虛著，《四庫》著録者爲六卷，此小學齋鈔本，凡十一卷，前六卷爲詩集，與《四庫》本同，後五卷爲文集及附録，即《提要》所稱之《外稿》，前人合併寫爲十一卷，而没其《外稿》之名，於義例殊乖違矣。卷前有延祐庚申太虛自序，次列至順二年吴澄序，元統二年揭曼碩序，洪武丙子黄德民序，永樂二年孫諓序，鈔楷甚工而筆迹不舊，要是百年前傳録者。

卷中時有訛奪，適甲戌歲北平圖書館收得曹倦圃鈔本，余假出就此本勘正一過。開卷吴草廬序文字乃大有差殊。卷三五律中補《鄱陽除夕》、《行樂》、《辛亥元夕》、《送吴主簿之官石埭》、《贈仲元》、《别唐仲謙》，凡詩六首。卷四《羅士從真一酒歌》字句多有闕失，據曹本悉爲補完，通計二十餘字。其他訂正譌謬尚難僂數。從此太虛之詩差爲完善可誦矣。惟文稿四卷别無善本可資參證，殊足憾耳。聞此集近代曾經鋟梓，而流播甚稀，訪尋不易，姑識於此，他日庶幾一遇，校定其異同，得以竟此全功，亦一快也。壬午冬十月，藏園老人記，距校曹本時正十年矣。

校本知非堂稿跋

余舊藏何太虛《知非堂稿》十一卷，爲小學樓藏舊鈔本，嘗欲從事校勘，苦無舊本可據，閣置頻年。前日北平館善本庫中見曹倦圃家鈔《詩集》六卷，因假得手勘一通，訂譌補脱凡三百餘字。如：卷二《樟樹鎮五公寺》詩，其末尚有「移晷始知歸，生烟滿林晚」二句；卷四《羅士從真一酒歌》缺文十八，字皆賴以補完。其最甚者，卷三《登蛾眉亭》後，有《鄱陽湖中除夕》一首，《行樂》一首，《辛亥元夕》一首，《送吴士溥》一首，《贈李仲元》一首，《别唐仲謙》一首，爲余藏本所無，而倦圃本則完然具存，蓋洪武丙子、永樂乙丑兩次雕板，其書久爲罕覯，惟恃展轉傳鈔，以緜延一線。於是大者奪葉，小者誤文，謬種沿襲，數百年於兹。設非曹氏留此副録，學者雖欲從事考訂，將何所據依耶！

余嘗謂古人著述，其幸而留貽至今者，必賴後人爲之護持而傳播之，使其精神照耀於天壤。至其傳播之方，則刊刻爲上，鈔録次之；或力有未逮，則校其文字異同，以竢來者。此史公所謂「藏之名山，傳之其人」，區區之意竊有慕焉。倦圃藏書至富，所刊《學海類編》録取至數百種，皆世不經見之書，然其鈔帙存世者乃絶少。此集雖寥寥數卷，而刊謬正訛，有功於古人者至偉，故特表而出之，庶覽者知所寶愛，以無負昔賢露鈔雪纂之勤耳。

按文淵閣著録本祇六卷，余此本乃十一卷，其後五卷爲文集，與自序所言十七卷者不合，疑出其孫雅言所纂輯，已非原本之舊。然視閣本已爲完具，雖傳録之本亦良足珍矣。

甲戌嘉平月，藏園老人識。

校録既竟，連日披覽《永樂大典》，得《賀程承旨啓》一首，《寄程承旨五言排律》一首，皆集中所無，因録附卷末，可知公之文字遺佚正多也。沅叔又識。

鈔本劉文簡公集跋※

元劉敏中撰《中菴集》，文淵閣著録者爲二十卷，《提要》言原本已佚，今從《永樂大典》所載蒐羅裒輯，以類編次，故與原本不能符也。然閣本輯成亦未刊行，余從文津閣本寫存一帙，以資瀏覽。嗣聞北京圖書館中收得元刊本，爲元統二年公之壻魏誼刻於杭州者，黑口，密行，細字，半葉十一行，行二十一字，每卷後有「錢唐葉森校正」一行。余從守和假得，以閣本校勘，閲時半載，粗完文集十六卷，詩詞未暇著筆而南運之議起。中途輟業，深用歎嗟，束置高閣，倏已踰年。今夏斐雲趙君來園閑話，言及此書廠肆忽有舊寫本，因屬物色得之，而前後篇葉蠹損已甚，爰付工繕治，越百日而始成。展卷審觀，雖行格變易，而篇第如舊，實由元本而傳，以目録核之，各體文增至八十二篇，詩溢出三之二，詞溢出十之八。以此觀之，凡古人著述，百世之後欲網羅放失，以復其舊觀，蓋戛戛乎其難矣哉！至兩本之異同得失，異時丹鉛既輟，當别爲文以誌之。己卯八月二十四日，藏園記。

明本道園學古録跋※

嘗觀金華黄溍序《道園遺藁》，言《道園學古録》爲公手所編定，而楊椿序則謂公季子翁歸與公門人之所編，今建寧板行者是也。及證以李本《學古録後序》知本實與翁歸同任編輯之役，則此集爲公身後所編，而黄氏之言爲誤記也。今世行本爲《在朝稿》二十卷，《應制録》六卷，《歸田稿》一十八卷，《方外稿》六卷，共爲五十卷，與本之言正合。元代至正建寧初刊本傳世殊少，此本爲明景泰覆刊，半葉十三行，行二十三字，黑口，四周雙闌，行格一仍元板之舊。目後有重增目録一葉，所增詩文於題下注已見某卷，今據目以索之，而各卷并未録入，其故莫能詳也。

道園爲吾蜀世家，道德文章，冠絶一代。登朝後，歷成均、谷臺、經筵、史館，皆禁近清華之職。致仕後，僑寓臨川垂二十載，優游老壽，大德以還，推爲耆宿。其所著述，多關朝章國故及名賢勳舊之遺蹟。黄溍謂公所爲文無慮萬編，而此集所載不啻十之三四。然今觀集中諸文，閎深淹雅，蔚然鉅觀，要在秋澗、雪樓、清容、牧菴諸公之上。《四庫提要》推其「陶鑄羣材，不減廬陵之在北宋」，洵非溢美也。

據諸家藏目，此本爲景泰七年崑山知縣鄭逵刻於東禪寺者，前有蘄陽鄭逵序，歐陽玄序，又致劉伯温書，及葉盛跋。余兹帙皆失去，豈肆賈撤去將以充元刊耶！收藏有「謝楨」、「提月」、「載軒」諸印，未審其人。别有「體仁」白文印，疑爲劉公戡故物，竢更考之。丁丑六月二十九日，大雨連宵，枯坐危城，檢藏書及此，遂略述梗概，時距盧溝變起已匝月矣。藏園老人識。

覆刻元至正本道園遺藁跋※

《道園遺藁》六卷，從孫堪輯公遺詩七百餘篇，而吴江金氏伯祥爲之刊傳者也。字蹟婉秀，仿松雪體，爲伯祥子鏐所書。顧傳本無多，近代藏書家自惟錢唐丁氏、湖州陸氏有之，德化李椒微師亦藏有兩帙，此外不多覯焉。余昔年得影元本於繆藝風家，蓋從士禮居藏本摹出者，喜其精湛明麗，因取原本上板，浼同年董授經大理爲之督刊。刊成，以藍印本郵示，其鐫工精良，筆致疏秀，眎原書纖微畢肖，閱之爽心悦目，洵可喜也。

原本半葉十一行，每行十七字，黑口，左右雙闌。前有至正二十年金華黄溍序，次至正己亥眉山楊椿序，次綱目。後有至正十四年從孫堪識語十二行。第六卷樂府後附《鳴鶴餘音》，蓋道園和馮尊師而作，爲《蘇武慢》十二首，《無俗念》一首也。按楊氏序及堪識語，知輯録此集在《學古録》、《翰林珠玉》版行以後，楊氏并謂所得諸篇皆二集所無。然余以目録詳核之，各卷之詩與《學古録》誠無重複，然見於《翰林珠玉》者，至三十五首，其中字句足糾正《翰林珠玉》之譌誤正復不尠。如《金人出塞圖》尘脱「掛免懸狼何足説」一句，可知堪之積年討訪，多見公親筆，較之孫氏彙刊，自爲精審足信矣。

有元一代詩家，以虞、楊、范、揭并稱，然道園學術深博，法度精嚴，自謂如漢廷老吏，豈仲弘之「百戰健兒」，曼碩之「簪花美女」所可同年而語耶！說見《南村輟耕録》。翁覃溪閣學嗜讀公詩，嘗擷録《學古録》中之詩，鈔爲八卷，又徧取《類藁》、《遺藁》及書畫題詠之作，得一千一百二十餘篇，輯爲補遺二卷，曾賓谷爲刻而傳之，由是公之詩得彙成鉅編，以供後人之玩索。惜所輯金石碑版，爲《文集》補遺者，未能同時付梓，深爲足惜。然此亦吾鄉後人之責耳。又聞道光間吾蜀孫氏重刻《學古録》，曾搜輯遺文十六卷，因亂未及刊布，其藁本或尚存其家。異時旋蜀，當博訪之。丁丑六月二十九日，識於池北書堂。

覆雕元本翰林珠玉跋※

余既刻《道園遺稿》成，因思《翰林珠玉》亦爲虞詩之别本，且其書罕秘，世少流傳，爰假得元刊善本，影寫以授諸梓。自乙亥開雕，凡摹繕校刻及補佚訂訛之事皆陶君心如任之，經歷三載，至今歲四月而始訖功，噫，可謂艱矣。

按：元刊本舊爲沈乙盦所藏，二十年前余親見其獲諸滬肆者，半葉十一行，每行二十字，黑口，左右雙闌，卷首書名大字占雙行，上加「新編」二字，次行題「儒學學正孫存吾如山家塾刊」，三行題「邵菴虞集伯生父全集」，凡分六卷，卷一四言、五言古詩，卷二七言古詩，卷三五言律詩，卷四七言律詩，卷五五言絶句，卷六七言絶句。每類《歸田稿》之詩加標題以別之。昔人謂此編所録有《學古録》及《遺稿》所未載者，余因取此目詳核之，其詩爲《學古録》所不載者凡三十一題，然四言内《畫魚》一首，五古内《哀陳童子》、《題許愿夫抗雲樓》二首，七古内《出塞圖》、《題上都崇真宫壁》二首，五律内《秋山圖》、《名酒》、《次馬少監韻》、《贈阿魯灰游甌越》、《寄段惟德憲副》五首，七律内《送朱生南歸》、《自仁壽回成都》、《送李通甫》、《張志甫八十》、《送韓伯高浙西憲》、《王氏孝義詩》、《寄僉憲馬叔惠》、《大都香山寺圖》、《爲馬照磨題香山圖》、《送常伯昂午節》、《與趙伯高飲》、《題胡仙伯活死人窩》、《時録判齊山吟卷》十三首，七絶内《青山白雲圖》、《書竹》、《僧巨然畫》、《留題龍門寺後》二首、《寄斡克莊僉憲》、《戈叔義墨竹》、《惠白氎》、《寄王録事》九首，皆見於《遺稿》中。惟五律之《黄筌詩意圖》，七律之《用鎦無作韻》爲兩集所不收耳。至《丁氏善本書志》言《趙千里出塞圖》、《董元待渡圖》二首爲《遺稿》失載者，不知此二詩固仍在《學古録》中，但列之《應制録》，後人未詳檢也。考《道園遺稿》有眉山楊椿序，言《學古録》版行後，湖海好事者復輯公詩爲一編，與《學古録》所載時有得失。當即指孫存吾此編而言。孫氏所輯尚有《元風雅》一書，此編款式大題標「翰林珠玉」，而「邵菴全集」一行乃以小字刊於後。余頗疑其選刊者決非一家，第今日惟邵菴獨傳耳。

余付刊時，先假沈氏藏本倩良工精摹上版，迨刊成校勘，乃知卷四七律自《送許有孚赴湖廣》以下至《午節與趙伯高飲》凡六十題，又卷六七絶自「夏篁瑯玕冷於水」《無題》起，至《題龍門寺》，凡五十題，其詩皆缺。細審實由元本脱葉，取繆藝風及北平館藏鈔本驗之，其兩處所缺正同，知流傳散佚固已久矣。嗣檢《鐵琴銅劍樓書目》有舊鈔本，乃馳書瞿鳳起世講，屬其取家藏本補寫此缺葉數十番相寄。及鈔稿郵至，依仿元板補寫增入，而行格不能適合，又未可臆改以就之，徘徊莫決者累月。已而思及碕宋樓本今尚存於日本静嘉文庫，適心如昨歲從董授經同年游日本，因屬持往，取原書校正。心如至東京，更以託之東友長澤君，影寫缺葉以歸，并爲逐卷讐勘一過。於是積年之疑滯爲之疏解，傳本之訛奪咸得補完，中心愉暢者累日。

此本鈐有「晉府書畫之印」、「安樂堂藏書記」，今皆摹雕以存其真。卷中文字與《學古録》、《道園遺稿》多有差異，讀者比而參證之，自可論定其得失，不勞余之詞費矣。至丁氏《善本書志》載有禦兒呂氏寫本，目録下有「己酉秦川章氏元祐刊」一行，爲陸、沈兩本所無，知此書元代尚別有刊本，今已不可得見，亦毋庸置論焉。歲在丁丑六月二十九日，傅增湘識於藏園。

輯本丹邱集手稿跋※

甲戌正月，廠市春游，獲此册於土地祠冷攤，審爲君直同年輯本手稿，其各條下添注書名則藝風老人筆也。其後遜菴中丞付梓，即據此爲底本，而略事增輯，蓋仍經藝風手定，故視此初藁較有倫次焉。惟卷中所采詩賦題跋出於《寶繪録》者十居七八，張氏泰階作贋鼎以炫人耳目，故專撰此書以證之，其黎邱之技盡人而知之，卷中詩文凡不見於他書者，咸絶不足信，君直乃悉數收入，毋乃失於矜慎乎！

是書輯於光緒壬寅，距今已三十有三年，當時京朝士大夫優閑無事，相與評書讀畫，考古訂文，駸駸步武乾、嘉之盛。而君以高才碩學，精鑑珍賞，尤爲獨出冠時。今手撫遺編，其流風餘韻，殊令人慨慕於無已也。

辛亥以後，余頻游吳門，或即主君家，偶得異書，輒就君質正。景祐本《史記》、《三國志單注》二書特爲君所奇賞。其跋《史記》與沈乙盦異論，跋興文署《通鑑》補柯鳳孫疏失，下筆千百言，持辨斷斷，不爲苟同。其它孤本祕籍，爲君手識者尚十數種。洎丙寅、丁卯間重至金閶，頗有采獲，而君已前歿。啓篋摩挲，惘惘如有所失。鍾期既逝，伯牙碎琴，古今殆有同情。感逝傷懷，聊記於此，傳示忠兒，知寥寥短册，爲前輩手澤所留，庶後世珍護，俾勿失墜云。甲戌九月，藏園記。

《題曹君直溪堂讌别圖》二絶録一：麗娃祠畔雨如塵，惜别傷離酒幾巡。行住皆難費商略，柳絲送客掛留人。

《題顧鶴逸爲君直作山水卷》四絶録二：同輩傳人復幾人，鈺與君直、鶴逸皆同治乙丑生。一爲雲瓿一西津。此生已分流離老，猶念家山一愴神。大好園林仿玉山，隱君高格更誰攀。勘書寄我新圖畫，鈺《四當齋勘書圖》亦鶴逸畫贈。此卷常留天地間。

藏園主人得曹君直舍人輯藁，鄭重裝庋，懷舊之念篤矣。録曩時爲君直作短句以志同感。歲乙亥六月廿三日，霜根學人長洲章鈺北池寓齋記。

元刻揭曼碩詩集跋※

《揭曼碩詩集》刻本以元至元三卷本爲最古，然徧檢諸家藏書目録，皆屬舊鈔，如錢氏《讀書敏求記》、張氏《愛日精廬藏書志》皆從元刻傳録者，張芙川家則從元刻校勘者，而至元初刊竟無人見及。余昔年於海上見芙川所藏明鈔本，有李申耆、黄廷鑑、季錫疇諸家手跋，皆歎爲罕祕，珍惜甚至，則元刻之罕覯益可知矣。

此本余十五年前於廠肆無意獲之，半葉十行，每行十九字，黑口，四周雙闌，字仿松雪體，婉秀有致，間有補刻，則神氣板滯矣。卷首題「門生前進士燮理溥化校録」，目録前有「至元庚辰季春日新堂印行」一行，諸家藏目以爲在目後者，皆人誤也。惜卷三後闕失七番，余據影元本手寫補之，自元至元庚辰，至今歲己卯，凡歷三朝，十周甲子，正六百年，而余以垂暮之齡，幸目力未衰，得弄其柔翰，以奏媧皇鍊石之功。後之得吾書者，庶鑑此炳燭之明，差免抱殘之憾，勤勤護守，俾毋壞失，則余之露鈔雪纂爲不徒勞也乎。己卯五月下浣，藏園記。

影鈔元本揭曼碩詩集跋※

曼碩詩集惟汲古閣《元詩四大家》本傳世最廣，子晉跋未言其源所出，以余考之，乃據燮理溥化校録本也。余藏此舊鈔即從元本影出，取兩本對勘之，卷一、二次第相同，惟至卷三中毛刻溢出三十首，然鈔本後有補遺詩十數葉，言從張芙川藏叢書堂鈔本補録者，以此推知毛本所據必即此本，嗣見鈔本各詩，乃插補於末卷中耳。第有不可解者，此本卷三《題張使君詩》卷後有《登祝融峯贈星上人》、《送何太虚南歸》、《憶昨》四首三題，而毛刻乃遺之，豈所見元本缺此二番耶？

此本鈔楷尚工雅，當爲嘉、道間人手筆，半葉十行，行十九字，各卷前均題「門生前進士燮理溥化校録」，目録前有「至元庚辰日新堂印行」一行。前人以朱筆校正，詩中缺字亦均補完，蓋所據亦舊鈔也。按錢氏《讀書敏求記》載舊鈔本，稱伊人從至元庚辰刻傳録，與余此本正同。愛日精廬藏影寫本，亦出元刻。至《海虞瞿氏目》，有此三卷本，謂據釋道源所題定爲元鈔，視遵王本爲勝，余未目覩，不敢定其甲乙也。

又按：《瞿目》載元本范機德詩，爲至元庚辰益友書堂新刊，與揭詩正同年所刻，當是書坊同時合雕范、揭二集者也。余别藏有舊鈔曼碩詩二卷本，題「四明王浩校正」者，又正德刊六卷本，爲九世從孫富文輯録者，當别識之。己卯三月二十日藏園記。

陳仲遵校舊鈔本元音獨步揭文安公詩集跋※

此本二卷，分古、近體爲次，末附補遺詩七首，標題上冠以「元音獨步」四字，下題「元進士門生燮理溥化集録，明黄岡令四明王浩校正」二行，舊鈔本，半葉十行，行十七字。前有《元音獨步序》，爲正德辛巳建業子書，略謂詩多遺亡，世不全見，今自其門人所集者類而爲若干篇，分五、七言及絶、律，釐爲二卷云云。是此詩乃王次川就燮理溥化所輯而選録爲此帙，非其全也。序後録《元史》本傳及梁寅説，次川又識數行於後。卷中經陳仲遵以朱筆校過，卷二内缺葉一番亦手鈔補完，卷末記云：「嘉慶乙亥春正九日，借蕘翁所藏養拙齋本校，并補闕葉一葉於卷首。西畇居士。」

此帙所收詩篇雖不全備，然持校豫章新刻，乃訂正字句至夥，且《題明皇出游圖》、《題李安中白翎雀》二首竟不載入八卷中，即續集亦遺之，可知古本相傳自有佳勝，不必以不全爲憾。蓋鈔筆既古舊，又爲西畇手校，可爲曼碩詩之善本，洵足寶也。鈐有「仲遵」、「西畇」、「三槐一葉」、「吳興包子莊藏書畫金石之記」、「包虎臣菣」諸印。考丁氏《善本書志》亦載此本，然未經名人點勘及名家藏印，蓋遜此遠矣。憶共和初元在上海覯明鈔本，爲張芙川舊藏，有李申耆、黄蕘六、季錫疇諸人手跋，盛稱此本，歎爲罕祕，當時以索價太高，不及收入行篋，思之輒爲悵惘。近年乃於廠市獲此帙，視小嫏嬛福地所藏堪居伯仲之間，披撿及此，欣然誌之。己卯四月，藏園老人。

明揭富文刻本揭文安公文集跋※

揭曼碩詩今世所傳者卷數各殊。有三卷本，爲元至元庚辰刊，門人燮理溥化所校録者。有二卷本，爲明四明王浩所校正，而題以「元音獨步」者，余皆先後收得之。最後獲此六卷本，爲九世孫富文所輯，以正德庚辰刻於家塾，距至元初刻三周甲子，正一百八十年矣。其書半葉九行，行二十字。自序言，元刻以年久蠹癖，缺者甚多，訪得邑人孫緝續編詩集十卷，又取散見《光嶽英華》、《皇元風雅》、《元音獨步》各書，靡不旁搜遍采，審其真贋而去取之，編輯成帙，壽梓以傳云云。可知揭詩以此本爲最備，各卷凡列五百三十八題，視汲古閣所刻祇一百七十六題，其數增兩倍有奇，蒐輯之勤，網羅之富，可以見矣。其後隆慶時刻有八卷本，近時胡肅堂據以刻入《豫章叢書》中，又續增詩一卷，通計前後補入三十餘首，曼碩遺詩乃燦然大備。繼事者固易爲功歟！然據此本以校胡刻，改訂字句乃正多，且有數詩爲所佚而未收者，豈胡氏於此刻固未嘗寓目耶？兹本雖鐫刻未爲精善，而流播較少，殊爲罕覯，徧檢各家藏目，惟陸氏皕宋樓有之，今已流出海外，物稀爲貴，似此寧不足珍耶！歲在己卯三月，藏園老人識。

明天順本揭文安公文粹跋※

壬午仲冬，余至津門，叔弢以新收明本《揭文安公文粹》見示。此本失去前序，卷首祇存《元史》本傳及目録，未審爲何時所刊，然考同治壬申半畝園本，前有天順沈淙序，則此本爲天順刊可知。

刊本半葉十一行，行二十字，黑口，四周雙闌。全書不分卷，凡録文五十七首。卷中朱筆評校審爲何義門手筆。余假歸，以半畝園本對勘一過，其篇數次第一一相同，訂正凡二百二十字。舉其最著者如《與尚書右丞書》「則士必樂爲用」下奪「士樂爲用」一句，《撫州靈感廟記》「兹神亦無窮」作「兹神亦與山爲無窮」，《仙茅述》末「述以傳之」下奪「作仙茅述」一句，《樂丘碑》「亦曰出老眀氏」下奪「老眀氏」三字，《送劉旌德序》文首奪「凡爲進士有謁於余者，余必有以告之，余亦忝進士之名也。至於」二十五字，皆脱誤顯然，幸獲此本爲之補正。其他佚文譌字尚難以備述。

《揭文安文集》余於戊辰春曾見謙牧堂鈔本，庚午夏又見鮑渌飲校本，皆先後校於《豫章叢書》本上，異同之處至多。今以天順本核之，大抵皆合，惟上所舉脱文五條祇《劉旌德序》曾經補訂，餘四條兩鈔本皆無之，以此知校勘之未易言而舊本之彌可貴也。至義門評語，鮑校本亦有之，余既以移録矣，今獲觀真跡，又重録之於半畝園本上。甲申正月十日，企驎軒識。

校豫章叢書本揭文安公詩文集跋

胡肅堂侍御校刻《揭文安公詩集》八卷，續集一卷，《文集》九卷，後跋言得隆慶本

《詩集》八卷，宋賓王校抄本九卷，又續詩一卷，合而刻之，又以天順本《文粹》、正德本揭富文編詩互校異同，差成完書云云。余生平所見曼碩詩有元刊本，有舊鈔本，有正德刊本，文則有謙牧堂鈔本，鮑以文校本，天順《文粹》本，何義門校《文粹》本，因發憤手勘一通。

《詩集》改正之字殆逾數百，詩句差異者，如卷四《送薛玄卿》詩末聯「若見漁人應問我，玉京涼月夜蕭蕭。」鈔本作「未必故山安隱逸，海天涼月夜蕭蕭。」小注脱漏者，如卷八《過何得之故居》五首自注，脱者三處，凡五十餘字。詩章逸失者，如卷八《題信上人春蘭秋蕙》詩奪去第三、四首，又《題明皇出游圖》七古一首、《題李安中白翎雀》長短句一首、《寄題武寛則湖山堂》七古一首。其詩多見於揭富文輯本中，而胡氏竟爾失載，豈跋中第舉其名，而未親見其書耶？

文集則先取校謙牧堂抄本，後得鮑渌飲校本，又覆勘一過。近又復見天順刊《文粹》，經何義門評校者，其中《送劉旌德序》乃以真跡校過，頗有異字，《劉福墓誌銘》末段文字不同者至五十餘字，疑爲初稿與定本之别，亦咸移録之，訂正胡刻之訛誤亦數百字。甲申正月初十日，企驎軒識。

校翠寒集跋※

《翠寒集》三卷，元人宋無子虛著。此明刊本，半葉十行，行十八字，大黑口，四周雙闌。前有元貞乙未吴興趙孟頫序，延祐庚申海粟馮子振序，次居維赤奮若晉陵鄧光薦序，次至元丙子子虛自序。惟此本失去刊書序跋，致雕版時地殊無可考。其鎸工雖未爲精，而饒有古致，以意斷之，或在天順、成化之際乎？

余取汲古閣本校之，則差異殊多。汲古本不分卷，而此本分三卷，一也。汲古本衹趙、馮二序，而此本多鄧光薦一序，二也。至詩之次第篇什，兩本悉同，而以此本校汲古閣本，則訂譌補佚至一百五十餘字；且《三高祠》及《羅嗊曲》題下皆有小引，而汲古閣本無之，三也。是毛本授梓時固未及見此本矣。

考此集《四庫》著録爲一卷，近代諸家書目亦作一卷。《千頃堂書目》作八卷。錢氏《讀書敏求記》則載爲六卷，且謂此六卷乃成化張習所刊。第檢《愛日精廬續志》，載有元刊本，亦作六卷，則遵王之説蓋不可信。或遵王未見元刻，其所藏者適爲企翔刻本，以卷數與通行本有殊，遂斷爲張氏所分耳。然循遵王所言推之，知此集又有企翔刻本矣。惟歷世緜遠，古籍散亡，匪獨元刊不可復見，即張氏所梓亦少人知，留此毛本，孤行於世，設非余親見此明刻，又烏知毛本差譌如是之甚哉！

余既遍考各家書目，知《翠寒集》有一卷、三卷、六卷、八卷之不同，而揣其實初無以異也。《千頃目》所載八卷本，余頗疑「八」爲「六」字之誤，以他氏並無此説也。至元刊六卷本，雖未覩原書，然其篇什必與一卷三卷者相同。蓋古來刻詩多分體爲次，如五言古、七言古、五言律、七言律、五言絶、七言絶，每體各自爲卷，則正符六卷之數。元刊之分爲六卷，當不外此，緣子虚之詩傳世祇有此數，以一卷改編三卷之例推之，可知六卷之本乃編次之法不同，非於篇什有所增益也。姑懸此説，倘他日獲見元刻，庶可證余言之不謬乎！

第有不可解者，此本前有鄧光薦序，爲毛氏汲古閣本所無，然余檢《皕宋樓藏書志》中明初刊本《啽囈集》考之，其卷首亦有鄧序，校其文字，前後符同者十之九，中幅及篇末述及《啽囈集》處略有删易，似改文以就題者。中父縱腹儉，何至以一文分冠二集？意者此刻出於坊肆，將《啽囈》之序删改，以置諸《翠寒》之首。不知《愛日續志》元刊《翠寒集》六卷、《啽囈集》一卷，於其下先録錢良右序，後又標題《鄧光薦啽囈集序》一行，是鄧序非爲《翠寒》作明矣。無端弄此狡獪，以誑惑後人，徒見其作僞心勞而已。兹仍録鄧序於汲古閣本之首，以俟明達者之鑑察焉。藏園。

元刊金華黄先生文集跋※

世傳黄文獻集以題《金華黄先生文集》者爲佳本，其卷以文字與題《黄文獻公集》者頗有不同。余昔年得此集殘册，爲卷十四至十六，昨秋文友堂收得殘本一册，持以歸余，爲卷八至十二，與舊藏差相銜接，通存八卷，得全集五分之一。其書風摧雨浥，古色黝然，望而識爲内閣大庫之蠹餘。余喜其所存者適爲碑、記、序各類，多有資考證之文，乃合裝而庋之。各卷缺佚五葉，據元刊手寫補入，凡三夕而訖事。

按：虞山瞿氏藏有此書，中缺十餘卷，竟無元刊可以鈔補。近者，涵芬樓取此本印入《四部叢刊》，凡瞿氏所缺者，假諸上元宗氏及日本静嘉堂文庫，幸而得完。可知此刻流傳絶罕，此雖戔戔數卷，後之人幸毋以殘編斷簡而輕視之，庶無負余露鈔雪纂之苦心乎！歲在壬午元月十日，藏園老人書於企驎軒。

校明鈔吴正傳先生文集跋※

元吴師道著，舊名《蘭陰山房類稿》，《四庫全書》著録據兩淮鹽運政採進本，名《吴禮部集》，以所任之官題之，此則以字題之耳。明鈔，藍格，綿紙，半葉十三行，行二十二字，卷十七後有「侍書洪壽錄」小字一行。卷末有康熙十七年宛陵杜楚題識，言從其裔孫貞源處借讀，又有甲戌五月偶影居士朱筆跋，言從其後人吳秀才易處假所藏家稿校過，是此本原爲其裔孫所藏，又得其家稿本校之，則循流溯源，較歷來傳録者彌可信也。

爰取胡氏《續金華叢書》本校之，分卷次第大體不異，惟明刻第一、第二、第十一、第十二、第十四各卷均附補遺，鈔本則詩文咸列本卷中，知原本固未遺失，緣展轉傳寫而脱失耳。全書就新刻校勘，補賦一編，改正增補凡一千六百餘字。第一卷開卷爲《弔鵾夷子賦》，次爲《憶知賦》，又次爲《嶧山賦》。新刻則以《嶧山賦》爲首，《弔鵾夷子賦》列入補遺中，而《憶知賦》竟爾逸去，殊可詫也。

按：此書祇宋樓有元刊本，十六行二十四字。據黄蕘圃跋云，原書本有夾籤，爲傳録者竄改之處，觀此可見寫本改易舊觀，實從此出，卷首序缺半葉，卷十四脱第十八葉。今此本竟體完整，未嘗有缺，則不出此元刊本明矣。胡刻所據爲八千卷樓丁氏本，其第十四卷《送梁仲庸御史序》以下六篇前後互羼，無可校正，假愛日精廬鈔本校之，視丁本轉少文十數首。兹本卷十四各文燦然明具，更勝於張、丁諸本矣。余意蕘圃所藏元刊實爲海内孤帙，故一切鈔本皆從兹出。元本既有脱葉，而歷次傳録訛謬又加甚焉，於是考其缺佚而增補遺，不知其原稿固無此也。此本出自原稿，又得家藏本校定，不獨在各鈔本之上，抑更在元刻之上。書之貴得祖本，良有以夫！

收藏有「鳴野山房」、「重遠書樓」、「邵晉涵印」、「文淵閣校理」諸印。鳴野山房爲山陰沈燦霞西藏印，又經邵二雲收藏，良足珍重。其重遠書樓則無可考矣。

其文字脱失彌甚者抄録如下：

卷一，《病假自秋徂冬雜言》，「雁雝雝而南游」下脱「猿啾啾兮夜鳴，天慘慘其無色」十二字。

卷二，《和張子長見寄》詩，「安知竟濩落」下脱「三一凄無聞，閉門陋巷居。植杖東臯耘，聖道有真樂。功心信徒勤」二十五字。

卷四，《雪中簡吴子彦》「祇愁歲晏舍我別」下脱「且伎相伴談寒燈」七字。

卷八，《先天觀》題注下脱「有門曰粟中，泉曰丹鼎，臺曰飛鶴，橋曰桃花流水」十九字。

卷九，《春日雜書》詩，注末脱「正建德梅花寺僧也」八字。刻本作「止建德」，「梅山寺僧四首」更别行書之，誤作題目，於是雜書之後四首詩屬之梅山寺僧矣。

卷十七，《東峰亭記後題》「爲之者不已也」下脱「則足以發笑而貽譏爾」九字。

又，《陳氏鳳髓集後題》末脱注二行，文曰：「因閲縉雲馮時亨集，有跋承之草堂集云云，知昔人亦有爲此者，多不傳耳。」

校明鈔本蘇伯脩滋溪文藁書後※

伯脩《文藁》三十卷，其屬掾高明、葛元哲二人所類次也。别有詩集七卷，今世不傳。此集有至正十一年趙汸序，至順元年馬祖常跋，至正元年陳旅跋，元版絶少流傳，曾見莫楚生藏殘本五卷，此外各家著録多屬鈔本。近歲湖州張氏適園乃有傳刻。辛未歲，徐東海得明寫本，又鋟諸木。五百年來罕傳之籍，今不越十年乃有南、北兩刻，抑何幸耶！

昨歲緣事赴津沽，於德化李椒微師架上見有明寫本，半葉十行，行二十字，與元刊正合。文中提行空格悉存舊式，當從元版傳録者。有「白隄錢聽默經眼」、「彭氏知聖道齋」印記，因假得載歸，以徐刻對勘，凡删乙增改，通部得九百八十字。徐氏刻書序稱，得明鈔本於張文襄家，又以他本詳校，乃付諸梓，而仍不免訛謬，則屏轉沿襲之失居其半，而校勘時臆改之失亦居其半也。如《馬祖常墓誌銘》，原作「官名有馬，因以立氏」，校者不審其義，改作「司馬」，不知其祖錫里思吉，金季爲鳳翔兵馬判官，不得稱司馬也。適園所刊據丁雨生藏本，别以盧抱經本對勘，而主其事者爲藝風老人，故奪失差少。然卷二十七《乞差官録囚》一疏，其末佚文仍付闕如，恐不得元刊初印終無由補訂矣。行將以此本呈東海公，録爲校記，附刊於後，庶不辜余從事丹鉛之苦心乎。

《四庫提要》稱天爵詞華淹雅，根柢深厚，蔚然爲元代作者。今觀其集中傳、狀、碑、誌之文至百餘篇，一時名儒如劉因、齊履謙、袁桷、馬祖常、曹伯啓、宋褧、傅與礪、安熙、王結諸人皆在焉。合觀所撰《國朝名臣事略》，則本傳所稱「身任一代文獻之寄」者，洵非虛譽。集中附《三史質疑》二十五則，於金代事蹟辨述爲詳，有裨史乘。如所紀宇文虛中仕金貴顯，爲裁定一切制度，及撰册立宋高宗文，後以譏訕權貴而死；施宜生仕金爲翰林學士，以風疾致仕，並無使宋漏言被誅之事；皆他書所未及，足糾正宋人野史之謬説。至題范偉可訪祖墓詩，言范蜀公墓在許州襄城縣房保村，則又吾輩談蜀故者所未聞也。

余嘗謂元人別集今所存者凡一百七十六家，然求其文章爾雅，有關國故者，自雲莊、剡源、牧菴、秋澗、雪樓、清容、中菴外，如滋溪之學術深淳，芭孕閎富，殆難其匹。昔馬伯庸試國子員，拔天爵文第一，謂其讀經稽古，文有法度，當負斯文之任於十年後。其衡鑑之精，如歐陽公之於蘇文忠，然其所試《碣石賦》今已不傳。陳衆仲言，伯脩爲御史四月，所上章疏已四十有五。今集中祇存十九編，是伯脩之文，遺佚者正多矣。附志於此，冀後人得以補輯焉。甲戌正月十七日。

校舊鈔本近光集扈從集跋※

《近光集》三卷、《扈從集》一卷，元周伯琦撰。伯琦以至元六年由國史館編修擢翰林脩撰，知制誥，直經筵，因彙次庚辰至乙酉數年所爲詩，題曰《近光集》。又編至正十二年壬辰扈行上京途中往返詩爲《扈從集》。前有虞集序，伯琦又自爲兩集序。後有賈祥麟跋，言全集未遑詮次，預以是集鋟傳。是此集元時即已付刊，然流傳極鮮，未聞有以元刊著録者。惟《皕宋目録》載有明刊本，亦不詳何時所刻，其餘各家所有皆舊鈔也。余閲肆二十餘年，並傳鈔本亦未之覯，乃就文津閣傳録副本，而譌謬盈紙，兼有缺葉，莫由勘正，第取其顯然差失者隨文更定而已。

頃於廠中得一舊本，審知爲海源閣故物，鈐有「謙牧堂藏書記」，半葉九行，行十八字，提行空格尚沿舊式，知從元本鈔出者。因取新録本對校，開卷書名即題《周翰林近光集》，與閣本迥異。核閲既竟，凡改正五百餘字，焉烏帝虎，塵穢一清，已自可喜，其尤要者，則缺詩咸得補正也。考卷三尾《至正辛卯禮闈紀事》詩第三首末，閣本注「原缺」二字，謙牧堂本則原詩四首完然具存，其下又有《鳳麟榜紀事》詩三首，《清華亭雅集》詩一首，皆閣本所無也。尤可詫者，《題右丞相寫墨竹》詩後尚有《仲冬詔行錢幣》、《奉旨寫至正》兩題字有缺失。七律各一首，《元日大雪》五律二首。詩中字多剥蝕，閣本則併題目與殘詩悉予刊落矣。今將缺詩録之左方，世有喜誦伯琦集者，可據以補入也。嗚呼！昔賢遺著，其存於今者，千百之一二耳，此戔戔者，或幾經水火蠹蝕之餘，幸而得傳，而斷爛缺殘不可董理者又往往而是焉，斯亦大可哀矣。掇拾而整齊之，使古人之精神炯然長耀於文字之表，寧非吾輩之責耶！庚午孟冬，藏園校畢記。

缺詩補録如左：

朱卷如山品第公，英髦脱穎策奇功。一時龍虎風雲會，四海菁莪雨露同。人物古今需世用，文衡高下與神通。官聯盡是相知舊，此會難逢賴治隆。

禮闈半月得從容，料峭春寒似早冬。警夜每聞三弄角，論文直到五更鐘。雁來遠路驚流景，草茁閑庭失舊蹤。得士共爲天下賀，明朝揭榜醉黄封。

二月十二日禮闈揭榜，傳宣張宴，各賜衣幣。榜魁曰李國鳳、趙麟，號鳳麟榜。又有三家兄弟聯中，號棣鄂榜，皆前所未見也。賦詩紀事三首

昔聞士榜稱龍虎，今見魁名得鳳麟。五色文章鳴治世，百年禮樂際昌辰。蹌蹌堯閣惟空紀，濯濯周郊亦漫陳。豈似英才能瑞國，羽儀仁趾作王臣。

蟾宫折桂幾如期，棣鄂聯芳世所稀。恩牓高懸多上慶，文昌雙照一門輝。雲津

駕浪龍三躍，露塔題名雁並飛。迭奏壎篪召和氣，友于皃負老萊衣。

峨峨鐵鷹啓嚴封，奕奕貂蟬振土風。賓造又逢三載盛，拔尤遂得百人雄。上尊錫燕恩深露，文幣頒衣色射虹。杞李臺萊皆在選，皇恩地厚與天崇。

左司瀟洒樂芳辰，邀客同留半日春。小院桃嬌風淡淡，曲塘柳暗水粼粼。杯行到手寧辭醉，歌徹亭雲各動神。華髮相逢情獨厚，東山緑野迹俱陳。

影洪武本蛻菴詩跋※

潞國公張翥《蛻菴詩》四卷，衡山釋大杍北山編集，前有豫章沙門蒲菴來復序，後有洪武十年冬天界善世禪寺住持釋宗泐跋，半葉十三行，每行二十四字，筆蹟上雅，紙墨明湛，蓋就洪武刊版摹出，故精麗如此也。

壬子、癸丑間，盛意園祭酒遺書散出，余從景樸孫都護許得舊刊數十部，其中蛻菴、蒲菴二詩皆在焉。蛻菴詩正爲洪武原鐫，字體圓渾，初印精善，絶可愛翫。時同年董綬金大理酷嗜元人集部，見而好之，堅欲割讓，誼不容已，因與《陳剛中集》、《蒲菴集》輟以歸之，然私衷殊耿耿耳。其後綬金不能終守，遂以歸涉園陶君蘭泉，今世上流傳影刊本即蘭泉從意園本精鈔鋟梓者也。

頃迫歲闌，藻玉堂主人王芷舲持此帙相眎。時國難方亟，連日海上交鋒，飛機翔於雲霄，短兵接於衢巷，烽火倉皇，人情洶激，余中情激越，寧有好懷耽玩卷帙！第頻年積想，一旦欣逢，如舊夢之重温，恍故人之復遇，怦然於中，殆不能已，不見中郎，得見虎賁亦慰情於聊勝矣。卷中有「黄丕烈印」、「海源閣」、「宋存書室」、「以增私印」、「楊子伯子」、「臣紹和印」、「彦合珍玩」諸印，知爲海源閣舊物。然檢《楹書隅録》，載舊鈔本，經蕘圃手校，有跋。此帙僅鈐蕘翁一印，而無校語題跋，知楊氏入目爲别一本也。此影寫本，審其紙墨古澹，神氣静穆，當屬清初席、錢諸家所爲，雖卷首毛氏一印爲市估所加，第其時代要相去不遠，疑此亦黄氏所藏之複本，因無校筆，遂未著録。余見海源閣藏書，凡古刻名鈔未經入目者正多，或爲編目時所偶遺，或爲編目後所續獲，均不可知，正不必以不見於《楹書隅録》而致疑也。壬申元日，書於藏園之長春室。

貢禮部玩齋集殘鈔本跋※

《玩齋集》十卷，元宛陵貢師泰著，明會稽沈性編，舊寫本，半葉十三行，行二十四字，密行細書，猶是天順本舊式，惜祇存第九、第十兩卷。前有會稽楊維楨、邯鄲趙贄、桐川錢用壬、上虞謝肅、山東李國鳳、金華王禕、青陽余闕、新安程文各序，次《年譜》，次《紀年録》，次《元史》本傳，次揭汯撰碑銘。卷末有《詩文拾遺》一卷，附沈性跋六行，又黄溍後序一首，又失名後跋一首。朱筆識此跋爲李尚書默所作。乾隆戊戌，吳騫手跋十六行，記此帙流傳源委至悉，兹録左方。卷中朱筆校訂各條則皆朱巢飲所記也。收藏印記有「曹文埴印」、「薺原」、「朱自恒印」、「兔牀過眼」、「臣騫」、「葵里」諸章。

按：《玩齋集》爲其門人謝肅、朱鐩、劉中所編，凡十二卷，至正乙未，迺穆泰、楊絅、桂郁、鄭貫等刻梓以傳。今元刊久不傳於世，此沈性編定本，乃明天順初元性守寧國時，從其孫武欽訪得殘稿，又博求之世家名勝所傳，彙而録之，仍分爲十二卷，刻之學宫。然近代藏書目，如八千卷樓丁氏、皕宋樓陸氏皆載有天順本，所傳咸祇十卷，未審何緣致誤，豈析《紀年録》、《拾遺》爲二卷而併計之耶。顧沈氏重刊近代亦不多覯，流傳於世者，惟乾隆乙未南湖書塾所鐫之本，其源實出於沈氏也。

兹取此舊鈔殘帙對勘，卷前之《年譜》、《紀年録》固已失載，卷九佚去《重脩定水教宗報德禪寺碑》一首。别有《佛智普惠禪師碑》，鈔本有目無文。尤足詫者，卷十自《處士夏濬墓誌銘》以下凡二十一首，南湖本皆不載，而《拾遺》中又增出七律六首。不意此寥寥殘卷，而訂遺補闕，乃至數十首之多，爲之快慰無已。

考南湖本爲貢氏裔孫，所刻鈔本爲朱巢飲所藏，兩姓皆家於小桃源，而余藏此南湖本亦正有小桃源朱氏家藏一印，疑貢氏刻集時，其原本適浥損十數番，乃循而梓之，而朱氏同居一鄉，近在咫尺，而竟不知訪尋舊本以彌其闕，斯亦理之所不可解者也。至其少承父奎家學，長而受業吴澄，又與名人虞、揭同游，文字爾雅深厚，《四庫總目提要》已推爲挺然晚秀，更無俟余之揚榷矣。乙亥正月二十日，藏園老人識。

補闕佚文詩列目如左：

佛智普惠禪師碑　重脩定水教忠報德禪寺之碑　元故處士夏君墓誌銘　湖州路儒學正潘君墓誌銘　孫元實墓誌銘　宣慰副使僉都元帥府事上騎都尉河南郡伯丘君墓誌銘　福建等處鹽運使司判官張君墓誌銘　贈承直郎國子監丞鄭君墓誌銘　黄詢饒墓誌銘　東陽曾君墓誌銘故中奉大夫江南諸道行御史臺治書侍御史劉公壙誌銘　臨清御河運糧萬户府經歷鄧君墓誌銘　袁隱君墓誌銘　故承直郎福建道宣慰使司都元帥府經歷高君墓誌銘　故朝散大夫僉海北海南道肅政廉訪司事楊君墓誌銘　安仁縣太君蔡氏權厝誌　故張母夫人權厝誌　朱夫人韓氏墓誌銘　徐母葉氏墓誌銘　贈天台郡王氏墓誌銘　李夫人茅氏墓誌銘　婺源程夫人墓碣銘　甌寧縣太君彭氏墓誌銘　龍泉縣君潘氏墓誌銘　贈奉訓大夫中書兵部郎中飛騎尉天台縣男張君墓表　會飲香巖寺次李治書韻三首　燕濳春樓次廉院使韻　晚歸香

巖寺二首

吴騫手跋録後：

貢尚書《玩齋集》十卷，嘗刻於宣城。此鈔本逸其前八卷，吾友巢飲朱君所藏也。尚書元末避地小桃源，爲寧遠令公師，且迎其孥於家，生乎吾養，死乎吾葬，至於今，尚書丘墓與夫春秋祀事，皆小桃源之朱世掌弗替。而其賢者又往往喜讀尚書之書，刻本不得，則轉相傳録，雖殘編斷衺，寶之若天球大貝，如巢飲斯編是也。自尚書之殁，迄今已四百有餘歲，而朱氏敬其師猶若此，何其篤也！昔揚子雲既殁，弟子侯芭葬而喪之，世都其義。以今視古，奚翅過之。《大雅》云：「無言不讐，無德不報。」寧遠之後，魁儒碩士，代不乏人，天之所以報之者，良不爲薄矣。巢飲爲寧遠嫡係，爲人温然儒雅，好學不倦，有先民之榘矱，時方祭酒予家，因獲借讀是編，不禁有觸而題其後，以爲修弟子職者勸。乾隆戊戌九月晦日，休寧後學吴騫書於小桐溪之愚谷。

鈔本丁鶴年詩集跋※

舊寫本《丁鶴年集》不分卷，出徐梧生監丞家。詩分體爲次第，後附四言銘五首，末有鶴年兄吉雅謨丁、弟愛理沙及表兄吳惟善之詩爲附録。前有戴良序，虎丘澹居老人至仁跋，後有烏斯道《丁孝子傳》。題「拙修居士校録」，有「金侃之印」、「四飛山人」兩印，審其筆迹，確爲金亦陶手寫，拙修意其别號也。收藏有「謙牧堂藏書記」、「兼牧堂書畫記」、「禮邸珍玩」各印記。

余以《藝海珠塵》本校之，凡改定一百四十七字。舉其要者言之，如：《貽醫士樂孟傑》五古，原缺十三字；《送鐵佛寺盟監長老》五言排律，原缺四字；《獨松庵》七律，原缺三字；皆賴鈔本補完。《次先兄題竹》五絶，末二句「無人知苦節，落日下長安」，與吉雅謨丁原詩末二句正同，今校鈔本，則原詩乃作「但存清白在，日日是平安」也。又，刊本七律中《寄滑伯仁》、《寄宋無逸》、《寄彦常》、《贈李全真》四首，鈔本不載，而鈔本《自詠》十律後，别有《次小孤山》、《題風雨歸舟圖》、《奉次虞侍講見貽韻》七律，刊本乃無之，今亦補録於後。

考鶴年詩傳世有數本，一爲明初刊，十行二十一字，分四卷：一曰《海巢集》，二曰《哀思集》，三曰《方外集》，四曰續集，後附其兄弟等三人詩。顧千里得之，以贈黄蕘圃，蕘圃定爲元刊本，刻入《琳瑯祕室叢書》。余友人陳援菴以詩中歲月考之，其《夢得先妣墓》詩作於乙未，實洪武十二年，其他涉明初者甚多，列爲四證，以糾其失，且訂正戴九靈序「至正甲午」爲「丙午」之誤，其説至爲詳碻不易。然明初刻書猶有元代風氣，收藏家往往誤認，非獨此一集也。一爲正統刊本，分三卷，亦十行二十一字，後有楊士奇跋，曾見於沈乙盦許。一爲陳西昀鈔本，分三卷，曾校録於《琳瑯祕室》本。一爲此金氏鈔本，不分卷。一爲《藝海珠塵》本，亦分三卷。正統本未得校勘，不知其異同若何。明初本詩最少，凡佚五古一首，七古二首，五律十一首，七律二十九首。陳本首卷亦題《海巢集》，而次第迴然不同。《珠塵》本與陳本次第首數均同，而二三卷分卷則異；陳本分七古、七律、絶句爲第二卷，分四言五首爲第三卷，珠塵本則七古、七律爲第二卷，七言排律、七言絶句、銘、及附録三人詩爲第三卷。至金本詩之首數與陳本略同，而缺《寄滑伯仁》等七律三首，以五古、七古、五律、七律、五排、七排、絶句爲次，不分卷第，與諸本皆不同；其字句異於明初本者，與陳本盡同。以此推之，金本與陳本同出一源，第未審分體不分卷爲金氏重編歟？抑更有所出也。大抵明初本刻最早，正統本重刻更搜輯佚詩以補之，於字句大有訂正。於是後來金、陳兩鈔本皆從茲而出，余雖未得正統本細核，然推其大較，固如此也。至《珠塵》本雖與陳本次第同，而分卷既殊，字句復奪誤弘多，且遺七律三首，疑吳泉之所輯録，非别據舊本也。己巳舊臘八日，藏園記。

校淡生堂鈔本華彦清黄楊集跋※

《黄楊集》三卷，《補遺》一卷，入《四庫存目》中，世傳者惟同治甲戌其二十世孫翼綸重修本，有元時陳方、陳謙、吕偉文，明時俞貞木、文寵光、陳繼儒諸序。又明隆慶二年裔孫察後跋。據翼綸跋語，稱其集始刻於元至正十一年，再刻洪武丁卯，其後隆慶戊辰、崇禎辛巳，又相繼重刻。嘉慶丙辰，族人宏源因板燬，又覆刻之，今所傳者即其遞修補之本也。

北京圖書館藏淡生堂鈔本，不分卷，前有成化十八年文成彭華序，爲刻本所無，因取以對勘，則淡生堂本所溢出者，爲七絶四十六首，七律一百八首，七古五首，五絶四首，五律四十首，五排一首，五古五首，詞三首，祭文二首，都二百十四首。尤可異者，其各卷題目相同者，而字句往往大異，有一詩而增易至數聯者，幾於改不勝改矣。案彭華序，稱仲子公愷收拾遺藁，僅得其半，門人吕偉文亟請鋟梓；翁之玄孫守方旁搜徧購，又得若干篇，考定完補，重刻以傳。是今世所行者，爲公愷初刻之本，淡生堂所録者爲守方重輯之本，故相去懸絶乃如此也。第有不可解者，守方重輯者，刻於成化，其後隆慶、崇禎嗣有重鋟，顧何以不取守方本，而因仍公愷未完之本，豈當時求成化本已不可復得耶？嗚呼！文之傳否，與傳之早暮，疑有數存乎其間。彦清高懷至性，四丁才賢，可云趾美，而遺稿叢殘，僅傳其半。雖有賢孫，賡續完輯，然終未廣流傳。設非祁氏録此副本，俾後人得據而勘之，則此殘缺不完之本，將與世而終古矣。然則收藏家與校勘家其爲功於古人豈不偉歟！

朝鮮古刊本牧隱文稿詩稿跋※

元高麗李穡著，爲文稿二十卷，詩稿三十五卷，半葉十行二十字，白口，四周雙闌。前有永樂二年秋七月門人純忠翊戴佐命功臣、正憲大夫、參贊議政府事、判刑曹事、寶文閣大提學、知經筵春秋成均館、世子左賓客吉昌君權近序，又永樂二年甲申五月重午日門人正憲大夫、知議政府事、判工曹事、集賢殿大提學、知經筵春秋成均館事李詹序。次《年譜》，次贈官教，次權近撰《行狀》，次河崙撰《神道碑》。

案：穡字穎叔，號牧隱，忠清道韓州人，生於天歷元年，卒於洪武二十九年，封韓山伯，謚文靖。至正十三年癸巳，以書狀官赴京師，次年登進士第，時掌試者爲歐陽玄、王思誠、杜秉彝諸公，勅授應奉翰林文字、承仕郎、同知制誥、兼國史院編修官。洪武二十一年，以賀正使入朝京師。凡再入中朝，漸濡文教，在彼國位躋上相，久掌成均，以性理詞章之學倡導後進，蓋李益齋之後推穡爲耆碩矣。其集中國藏書家未登著録，余得此於徐梧生監丞家，經東武劉氏、吴縣潘氏、順德鄧氏遞藏，視《益齋亂稿》爲罕祕矣。

校花谿集跋

《花谿集》三卷，元沈夢麟撰，其玄孫江西按察司僉事清刻於瑞州，編定者按察使同邑陸珩，校正者副使吴瓊，爲時則弘治丁巳也。顧刻本世不多覯，宣統庚戌，沈子敦司寇傳録日本舊帙，刻入《枕碧樓叢書》中，沈氏又别撰校記一卷附其後，然細審之，則烏焉、魚魯仍觸目皆是。

頃從文友堂見舊寫本，九行十八字，各卷仍題陸珩、吴瓊編校兩行，是所據亦爲明弘治本，字跡頗舊，當爲乾隆時所鈔。因取沈刻勘讀一過，卷一《西湖房中》詩，尾補「從兹至華髮，恩情諒無嫌」一聯。卷二《李判簿璉寺相見》詩「如聆鸞鳳音」下補「徵求匪我私，撫寄乃其心。淪茗留我飲，賦詩案我吟」兩聯。卷三《和邵山人過字韻》詩，「中年鄉國」下補「黄麐合，長夏江村緑樹多。擬與賀公同結」十七字。共餘改正增訂者二百二十一字。惟卷一《清平山賦》後沈刻原缺十四行，謂當是脱賦一篇，今鈔本並不空缺，未知明本果否如此，疑莫能明也。同年董綬金大理最喜元代人著述，此集原據日本鈔本即從綬金得之，嗣校記所引甬上徐柳泉鈔本亦爲其搜訪所得，異時當别録此校本寄之，俾據以覆刊，得竟掃葉拂塵之功，亦一快事歟！戊辰八月晦日，書潛偶記。

鈔本韓山人詩集跋※

《韓山人詩集》二册，續集二册，不分卷，明初吳郡韓奕公望著，舊寫本，九行十九字。前有永樂七年太子少師姚廣孝序。後有永樂己丑翰林院典籍吳郡梁用行跋，又坦菴釋行可跋，又永樂七年太醫院御醫淮南蔣用文跋。附洪武甲子王賓撰《壽藏記》，永樂六年文淵閣脩書副總裁太醫院御醫浦江趙友同撰《行狀》。續集前有永樂九年趙友同序，録《姑蘇志》小傳。收藏有「鮑以文藏書記」、「知不足齋鮑氏以文藏書」、「知不足齋鮑氏正本」各印。護葉有朱筆跋語云：「雍正歲己丑長夏，借得先輩毛子晋鈔本細校一遍，共添改旁書七十又九字。七夕，後學蓮涇王聞遠識，時年六十有七。」

按：公望號蒙菴，爲魏公十一世孫，其家南渡後來居於杭，祖性卿，爲馬步軍副總管，自杭遷蘇。五世祖轉運使諱某，始貨熟藥，人稱爲「韓府藥局」，子孫遂爲世業。公望自幼穎悟，年十五爲詩文已純雅可觀，繼而潛心性理，既又聞金華朱彦脩以醫鳴東南，因走集其門，盡得朱氏之傳。以其術授諸弟，咸有名。弟夷，永樂初召赴京，授太醫院御醫。公望徜徉山水，隱居不仕，尤避遠權勢。郡守姚善嘗偕王賓詣之，公望泛小舟入太湖，善歎曰：「韓先生所謂名可得聞，身不可得而見也。」事載《姑蘇志》中。其詩雖無深思奥力，而沖夷澹遠，宛如其人。姚少師評其所作，謂「幽婉無塵，可居晉、唐作者之間」。晚歲以目眚，自營壽藏支硎山碧琳泉上，依其父瑩，王賓爲文記之，今附存集中。《詩集》爲弟公達付梓，續集則其孫萃類而成，於永樂九年刊行，趙友同爲之序。今刊本世不多覯，此從汲古閣鈔出，流傳極罕，又經王聞遠手勘終卷，可謂祕册矣。世有求吳中文獻者，曷取而傳播之，亦發微闡幽之一助也。藏園雨窗記。時甲戌中元節。

題殘本聽雪先生集※

《聽雪先生集》十五卷，元王實撰，舊寫本，存卷五、卷六、卷十一至十五，凡七卷。其卷五爲雜著，餘各卷皆詩也。據本集標題，實字安節，無錫人，官臨江路同知，事迹别無可徵，洪武《無錫志》亦不載其人。文中有《上總兵官右轄書》，又有從事軍旅之語，知其曾置身兵間。詩中有貽危太樸、周伯温、鐂伯温詩什，知其嘗入京師，與當代名輩往還。其所著年代自延祐、至治以至至元、至正，則其人已在元季矣。卷六尾有崇禎四年仲春十二世孫以敬拜録一行，詩文亦間有附注歲月、事實及采録所自，似由其後人搜採成卷。然編次無法，雜著卷内銘、頌、序、説之外兼録詩詞，卷十四祇聯句一首，卷十五祇七言排律一首，亦頗乖恒例，大率隨手輯録，未遑詳加董理也。卷末附有通判尹璠復華梅心柬，言「偶從隱士朱榮老得安節先生《東吳小集》二册，是貴治先賢遺墨，合付王氏子孫。今承復書，以舉人王宥言，是有賢子孫能守也」。所謂王宥，即署名編次之六世孫也。按光緒《無錫金匱合志·藝文志》内有王實《雲峯樵唱》，一名《東吳小稿》，又王實《聽雪集》，是《東吳小稿》與《聽雪集》决非一書，後人欲存此事，故綴諸此集之末。然《聽雪集》之名僅賴此志以存於目，特未審何自得之，倘若邑中尚有全帙，則拾遺補闕之功正有賴於後賢耳。

此帙乃東友田中子祥自東京郵至，蓋亦昔年收書中國時所得，余偶於文友書坊見之，適味雲同年姻家物色鄉賢遺著，因屬留此殘本，以竢異時尋訪焉。余觀尹璠書，言「安節先生大名在宇宙，不可泯滅」，則其人已非碌碌者。然顧氏《元詩選》三集所録至三百家，癸集所補又二千餘家，而安節之集不與焉。以秀野之博攬窮搜，而兹集竟未遑寓目，其流傳之罕祕可知矣。然則此雖寥寥殘簡，又寧不足珍耶！

味雲既收是書，屬爲之考訂見聞，既慙譾陋，志乘亦復空疏，於安節仕歷苦難詳稽，祇就篇章推衍得其大要，頗似舉子之對空策，徒貽笑端而已。庚辰三月十一日，藏園識。

藏園羣書題記卷第十七　集部七

明別集類　明遺民附

洪武本宋學士文粹跋※

此《宋學士文粹》爲劉誠意所選，前有洪武八年乙卯自序，言《文粹》共十卷而詩居其一。又二年丁巳，門人鄭濟乃跋而刻之。版式精妙無倫，在元明間最爲罕覯。每版半葉十六行，每行二十七字，黑口，左右雙闌，中縫極闊，字體疏勁古雅，是學人之筆，非鈔胥所能夢見，鎸工尤精湛絶俗，宜與宋元本等量齊觀也。

余舊聞莫世丈楚生言，宋文憲集以《文粹》最爲罕祕，且字畫精緻，亦非尋常元刊可及，心慕已久。嗣游吴門，楚生語及近於書友李子東許偶見殘本，因屬踪跡之，良久，郵致而來，開函展玩，驚喜逾常，行密如檣，字細於豆，古香馣藹，燦目襲心，洵可爲篋中之奇珍祕玩矣。惟刊本衹有卷一之五，余夙知楚生丈許藏有全帙，遂假以北來，然其刻本亦僅存上半部，卷六至十及補遺一卷仍屬舊鈔，因浼世好喬君大壯、王君麟伯及書記三人按其行格各分寫一卷，俾成完璧。二君皆雅嗜詞翰，筆法俊麗，而大壯尤秀異入古，今書中第四卷凡十六翻一萬二千餘言皆大壯所書也。

余嘗觀古來官署及私家摹刻書籍，多選名家工書之人繕寫開版，故其筆法體格足爲後人楷模。生平所見若宋本《施、顧注東坡先生詩》爲傅穉丁書，元本《茅山志》爲張雨手書，《吳淵穎集》爲宋璲手書，故後人珍異尤遠過常刻。今考此書後跋，知全書爲當時及門之士分繕而成，其可考者爲鄭濟、鄭洧、劉剛、林静、樓璉、方孝孺六人，皆一時知名之士，宜其𦂳麗之趣騰溢行間，所謂「松風水月未足比其清華，仙露明珠詎能方其朗潤」，以此書當之，殆無愧色。而余幸得當代名筆補綴其殘佚，既可與前人媲美，更足爲古書增重，其歡喜讚歎之情非毫楮所能宣矣。

按：明之中葉此書別有刊本，余於廠市文德堂及上海肆上各見一帙，其版爲粗黑口，十一行二十字，字體及寫刻頗爲疏率，疑正、嘉以前所刻，視此真有霄壤之分。至洪武本惟張氏《愛日精廬藏書續志》有之，載有林鹿原手跋。然張氏所藏即莫氏所藏之本，而此兩帙皆僅存前半，殊可怪詫。惟張氏所藏尚有《續文粹》十卷，爲建文三年辛巳所刊，余曾偶一寓目，其行格視此爲疏。楚生殁後，楹書散亡，此本未知流落何許，思之愴然不怡。

鹿原跋語稱，《文粹》爲劉誠意所選定，《續文粹》爲其門人方正學輩所選定，而《續文粹》尤貴於世，則以正學與同門劉剛、林静、樓璉手自繕寫而刊於浦江鄭氏義門書塾也。今按余藏本跋語，則門人方正學等分繕鋟梓正是此書，鹿原屬之《續文粹》者蓋觀之未審耳。兹取鄭濟原跋録之左方，俾後世讀文憲文者得以考見其原委焉。

又按：鹿原跋謂：「曩受業汪堯峰先生之門，爲編録所爲文，時未見學士《文粹》也，因家有《黄文獻公集》，爲門人宋璲所寫，字畫行款皆精緻，因倣其式以呈。後見《文粹》，其書字畫端謹，與《黄文獻集》相似，恍見諸君子聚録一堂，而佩服欽承之意隱約毫素間」云云。今林氏手書《堯峰文鈔》固已家有其書，世咸推爲精妙，豈知其發軔之始因倣《淵穎集》而成，而宋璲之繕雕《淵穎集》又實仿諸門人分寫其先集而作，然則此書實爲弟子手書師集之嚆矢。壬申入伏第一日，揮汗記於藏園。

鄭濟跋録左：

右翰林學士承旨潛溪宋先生《文粹》一十卷，青田劉公伯温丈之所選定也。濟及洧約同門之士劉剛、林静、樓璉、方孝孺相與繕寫成書，用紙一百五十四番，以字計之一十二萬二千有奇，於是命刊工十人鋟梓以傳。自今年夏五月十七日起手，至七月九日畢工，凡歷五十二日云。先生平生著述頗多，其已刻行世者《潛溪集》四十卷、

《羅山集》五卷、《龍門子》三卷;其未刻者《翰苑集》四十卷,歸田以來所著《芝園集》尚未分卷。在禁林時見諸辭翰多係大製作,竊意劉丈選之或有所遺,尚俟來者續編,以附其後。惟先生受知聖主,輔導東宮,名滿天下,文傳四夷,則不待區區之所贊頌云。洪武丁巳七月十日,門人鄭濟謹記。

洪武本密庵稿書後※

明謝肅《密庵集》,文淵閣著録者爲八卷本,據《提要》言,自《永樂大典》中輯録而成,蓋原本亡佚久矣。余辛未殘臘,於厰肆得覯此洪武刊本,驚爲罕祕,亟以善價收之。已而與夏閏枝前輩晤談,知其亦藏有十卷本,其付梓則已在天啓五年,余爲作緣,俾歸之北平館庫。夫以乾隆全盛之日,徵書詔下,海内圖書鱗集館閣,《提要》即云傳本久稀,藏書家罕著於録,而余乃於無意中同時並獲兩帙,斯亦奇矣。

原書半葉十二行,行二十二字,黑口,四周雙闌,密行細書,猶有元時風範。卷首有「門人始甯任守禮校正,沛郡劉翼南編次」二行,以劉序考之,其鋟梓之日爲洪武三十一年戊寅,距密菴之殁已十餘年。凡詩五卷,卷以天干爲第,文之卷帙亦如之,自甲至癸,都爲卷十。洎天啓重刊,雖仍存天干之字,然已徑改爲卷一至卷十,非舊式也。

密庵受學貢玩齋尚書，故所作古文詞格律具有法程，戴九靈盛稱其紀行詩追蹤少陵，可以正史之訛謬，補志之缺略，爲文尤高出時輩，有古作者之遺風。生平博學負氣，既不得志於有司，遂遍游西北山水，盤桓於齊、魯、燕、趙、晉、魏之郊，感今懷古，文氣益以壯盛。嘗與唐肅齊名，稱「會稽二肅」。洪武中葉後任閩憲，風裁峻整，劾布政使薛大昉不職，實於法；出按漳、泉，有移文驅虎之異，是其懷負閎奇，不徒以文字傳世。然終以坐事被逮，爲土囊壓死獄中，誦其文者亦可悲其遇矣。

至遺集流傳，先後凡有三刻：初刻於本邑，爲洪武戊寅，即此本也；冉刻於錫山，爲隆慶己巳；三刻於粤中，爲天啓乙丑，北平館所收者是也。顧有不可解者，據從孫瑜序言，原刻板藏縣庫，四方學士，宦游過此者，求索無虚日，不一二年，板即刓敝漫滅。是其流布於遠近者，計不下千百帙，乃至隆慶初元師嚴重梓時，舉家藏舊帙，旁索親友故家，而殘文缺字，參互校訂，竟無由補完，以致空楮墨釘，彌望皆是，展卷之餘，横生荆棘。余藏此本前數卷漫漶之處亦多，因取天啓本互勘，略加訂正。兩本皆脱失者，更就閲文津閣本補之，其無可取證者，咸付闕如，第亦衹餘十一耳。此本前有汪鏞題識一首，文字簡略，少所發明。别有從孫瑜、玄孫讜、六世孫師嚴、七世孫偉諸跋，録之卷端，非此本所宜有。然於此書重刻之源流藉以考見，亦足存也。兹以閣本檢核所佚詩文，詳列其目於後。然此本無而閣本有者，亦得詩二首，不知輯《大典》時於何取之，疑莫能明矣。乙亥七月二十五日，識於萬壽山之邵窩。

文津閣本佚詩文目：

佚詩目：

嬿婉詞　題宋徽宗畫犬　送夏副樞　自君之出矣三章　發應天府　濟江　次淮安　悲海上髑髏　至濰城　渡洰洱　入章丘　次莒州　發太原　鴉兒溝以上五言古詩。　和張員外　清衣洞天歌　春江漁者畫舍歌　越東畫舍歌　下相歌　汾河魚　送鍾伯震　雲壑圖歌　壽李太史　題望雲軒以上歌行。　送劉用章郎中　弔齊女墓　望海門　過秦門　寄楊胡二守以上五言律。　送錢匏菴參政五言長律。　長慶寺賞牡丹　題赤水洞天　奉和太尉康里公　萬壽寺樓　送古弟忠歸上虞　臨濠　霸王營　送蔡參軍　答沈元昭縣尹　呈錢匏菴參軍　送陳副樞　眺靈巖上方諸山　入閶門　泊福山　治書文公奉詔求賢　寄武昌舍弟忠　濰揚道中　泛江　鎮江多景樓　劉坦之先生選詩　登湖陽諸山　送舍弟二首　游見李湖山　登蘿岩五首　送薛文舉赴京都　美餘姚知州董伯賢　送姪太五往臨濠　賦大丹　賦抑言　感燕　送唐知府還朝　送舍弟原臣　過積慶菴　壽貝彥中　寄舍弟忠　題王節卷　題瑤

臺秋印圖　送王元臣赴教官之召　送戴允言赴教官之召　呂梁　過耐牢坡　早發南宮　井陘　太谷月夜書懷　至太原　自太谷上太原　平晉道中　廣武山　登長子縣城樓　至澤州　大赦後閩憲書懷　送喻湯佐之文昌主簿　送朱止善知福州至鎮江　九月十八日天壽聖節　復職閩憲　玉山道中　登南台山　岳王墓和馬令　五月六日馬蹶傷左足　懷新湖陳庭豫隱者　詠荔枝　獄中作以上七言律。　壽張知縣　詠茉莉　泊蕭山　題陳敬德棘鵲圖　楊柳枝五首　題孫子廟壁　淮陰絶句題謝太傅像　題姮娥圖　題東坡像　題巫峽瀟湘圖　和張員外柳花詞十首　題漁舟横笛圖　送汪約齋往雲南　題荔枝圖二首　入漳州　出漳州　別妻以上七言絶句。

佚文目：

小瀟湘記　上虞縣海堤記　樗舍記　天光雲影軒記　望雲軒記　送毛子賢侍親序　孝女朱娥詩序　選詩補注序　萊衣堂詩序　和陶詩集序　趙才魯醫序　送陳九成還海門學官序　送徐志敏覲親序　送許季琮還成均序　送何德如赴京師序　故慶元路王學正墓誌銘　餘姚周處士墓誌銘　梓林先生墓誌銘　柳節婦傳劉處士行狀　劉先生行述　題黃仲華遺安卷後　禡旗文　告先聖文　祭先考後山

墓　寒食在治所寓祭文　祭朱文公文　祭蔡忠惠公文　施氏平軒銘　勸農文

凡詩一百三十六首文三十首

閣本有而明本無者詩二首：

雨中獨坐有懷滎陽道中用灰字韻　將赴滎陽留別

舊鈔本緑苔軒詩集跋※

詩凡六卷，錫山錢子正撰，族孫錢公善編輯。舊鈔本，半葉十二行，行二十二字，首七律，次七絶，次五律、五絶，次五古，次七古，與常例差有不同。前有洪武二十四年耐軒王達善序，王亦同邑人。其卷首標題爲「錫山錢氏三華集」。按《三華集》者，正統中錢公善合刻子正及弟子義及族子仲益三人之詩也。今所得者祇《緑苔集》一種，其子義之《種菊菴集》、仲益之《錦樹集》尚所未見。子正名蒙，以字行，洪武初知韓城縣，其事别無可考，或於邑中求之，當可得其梗概。其詩隨意抒寫，既無深意，又乏雋才，殊少合作，惟古體差爲清健耳。

考明詩總集以虞山、竹垞二家網羅最富，然於子正之詩均未入選，惟近時陳松山《明詩紀事》始甄采及之，録其《贈術士張柏庭》七律一首，其流傳之罕可知。此本密行細字，且中多闕文，是從正統原刻鈔出者，物罕見珍，寧不足重耶！子正生於元明之間，迄今已五百餘年，其詩意趣澹遠，則人品之清逸可見。談梁溪文獻者宜思有以表彰之，無使其人沈埋於枯蟫朽蠹之中，斯亦幸矣。己卯八月十二日，藏園老人識。

汲古閣刊本滄螺集跋

孫大雅《滄螺集》爲都玄敬所校勘，徐直夫所授梓，時爲弘治丙辰歲，即此集之第一刻本。然其書稀覯，余訪書四十年，訖未之見。此毛氏刻本，即從弘治本出，字體樸厚，板式古雅，與汲古他刻殊不類，余意其格式亦仿弘治本也。汲古閣所刊别集多在叢刻中，其單行者惟元之《牧濳集》、明初之《清江碧嶂集》及此集而已。然此三集者，以傳世無多，故購求亦匪易。余生平喜收汲古閣刻書，大率略備，圓至、伯原二集夙已得之，獨《滄螺集》求之積年，幸見一帙，卒爲他人所先，常引以爲憾。兹垂老乃復獲之，亦可謂有古緣矣。此集卷三後有「吴門韓壽春繕寫」一行，每卷均記「虞山後學毛晉訂」一行，爲唐人、元人集所未有，知子晉於此集特爲珍視，故慎重將事，字畫精謹如是也。近時有巾箱本，乃光緒己丑金武祥刊於廣州，編入《金粟叢書》内，附有補遺，凡得佚文七首。金氏所據爲舊鈔本，後訪得汲古本乃校正付梓，前有曹禾序一首，則金氏録自《常州志》者也。癸未冬月，藏園識。

成化本高太史大全集跋※

此《大全集》題「南州徐庸用理編」，黑口本，半葉十一行，行二十字，四周雙闌。前録《缶鳴集》胡翰序，又王褘、謝徽、周立序，及季迪自序。立序後附戴溪王益識語，謂《缶鳴集》永樂初周公禮始刻，詩一千首；至景泰初徐用理重刻，詩二千首；用理以板付益，乃增太史公并周君序於前，李志光傳於後云云。是《大全集》者，乃徐氏就《缶鳴集》而增編者也。後有成化五年海虞高德跋，言是集爲吾邑劉宗文助刊，歲久字畫漫滅，厥胤以則慮其湮泯，重行劄補，以廣其傳。可知此本即景泰所刊，至成化時而重加脩板者。蓋由成化五年上溯景泰初，其間不過二十年，則此本仍應題爲景泰刻可也。各卷有常熟錢允言、錢允輝、陳原錫、劉宗文，崑山王宗器諸人助刊題名。其字體、刊工、板式與張習所刻《眉菴》、《北郭》、《静居》三集相類。張刻三集余舊有之，今合以青丘，吴門四傑咸有善本，寧非快事耶！此本正、嘉間有覆刻，頗爲精整，第已改爲白口。吴佩伯曾假此本對勘，正誤二百餘字，補脱四十一字，補缺一百九十三字。景泰至正、嘉不及百年，而一經翻刻，其譌奪乃至此，則此本之珍祕罕傳，益足重矣。

此書余得之秀水莊氏，爲金元功舊藏。佩伯既校竟，録其異同，分簽於各卷中，復爲跋於卷後，前歲余更浼姻家李直繩制府以小篆標題其書衣。今佩伯下世殆及二十年，直繩前歲亦忽奄逝，親知彫落，展卷生凄，而自顧頽老之身，浮湛於亂世，而莫知所屆，不亦大可哀哉！戊寅春，藏園識。

又按：汪鈍翁題《槎軒集》，謂先生之詩，《缶鳴集》總千有一首，合《槎軒集》、《姑蘇雜詠》共得一千八百四十餘首，徐氏本雖名「大全」，而實軼去者多云。今考此本王益跋云，景泰初徐用理重刻，詩二千首。是《大全集》所收篇數自較他本爲多。余通檢全集，共收詩一千七百六十九首，鈍翁之言或未足爲據，異時當訪《槎軒》、《缶鳴》兩集以核對之，其佚去與否，庶可灼然共見耳。沅叔又記。

題吳佩伯校高太史大全集※

此青丘《大全集》爲明嘉靖刻本，涵芬樓印入《四部叢刊》者，即屬此刻，而乃題爲景泰本，誤也。景泰所刻爲黑口，半葉十一行，行二十字，此則白口，十行，行二十字，行格迥異，然亦從景泰本出，第訛奪實多耳。余舊藏有景泰本，爲金元功舊藏，二十年前保山吳佩伯曾假去，取嘉靖本對勘，云佳勝之處極多。今日得覯此本，闌上標舉異文，卷中有偶能題識數行，乃知佩伯昔時所校者即是帙也。墓木已拱，遺編星散，覽之感悼，涕淚彌襟矣。

披閲一過，異字乃不勝枚舉。其犖犖大者如，卷八《太白》三章下增《送顧使君》一首；卷十四《黄澹翁墓碣》下原空十行，今補入六言四韻詩一首，但失題。卷十二五律《流螢》下補《北山雲霽圖》一首，《就陳卿飲酒》下補《送海虞李倩君》一首；卷十八《金徵士玫見過》補入第二首，其下《陽城田家》以後增詩十三首；又卷十四中《虎丘聯句》、卷十五中《咏梅次衍師詩》二處墨釘，景泰本皆不缺。可見景泰本之佳，而嘉靖覆刻之多所差失也。然此本亦間有詩數首爲景泰本所無者，其五律、七絶内次第亦頗有參差，意當日覆木時以景泰本爲祖，而更以己意竄亂之。明人刻書多好逞私變古，相習成風，寧足爲此刻責耶！

戊寅六月六日，藏園老人識。

明張習刊本眉菴集跋

成化本《眉菴集》十二卷，爲吴郡張習所刻吴門四家之一，癸丑歲余得之蘇州鳴琴室楊叟馥堂之手。同年董授經大理喜其有黄蕘翁手跋，并明嘉靖王玉芝題字，愛不釋手，因以歸之，不數年，又展轉以歸於陶君蘭泉，聞之輒爲悵惘。近歲薄游南中，又見企翱此集刻本，兼有《静居》、《北郭》二家，因急收入篋。既慰珠還，兼欣璧合，於眉菴信有宿緣矣。

按：孟載本吾蜀嘉州人，據古渝江朝宗序，教授鄭鋼曾爲刊行。今鄭氏本已不可得見，傳世者當以張刻爲最舊，次則爲萬曆陳邦瞻校訂本。余嘗取兩本粗事校閲，知陳本脱誤弘多。如：陳本卷二《終月灣秋影》詩，張本此下尚有《贈蕭處士别》、《哭翟好問》二首，則陳本於卷末奪去一葉又二行矣。又，各卷詩後往往有旁注，如：卷一《望新淦城》下云：「以上仕江西作」；《瀟湘八景》下云：「右使湖南作」；卷二《聞蟾》下云：「以上在吴中作」；卷七《贈道士徐介之》下云：「以上在金陵并句曲作」；《送沈自誠任武康縣丞》下云：「以上赴河南途中作」；《和宋大參對雪》下云：「以上在山西作」；卷八《梅花夢》下云：「以上元末在吴中作」；《梅杏桃李》詩下云：「右仕在京并閑居秣陵江畔作」；如此者凡數十則，皆於孟載出處事迹攸關，陳本悉爲芟落，殊不可解。其他字句違異者，尚難縷述。則陳本所標爲校訂，要未足信。學者讀孟載之詩，試取企翺此本而勘之，知不徒以版刻之古，傳世之稀爲足珍矣。丙子三月暮，藏園記。

明張習刊本静居集跋※

《静居集》六卷，明弘治辛亥刊本，半葉十一行，行二十一字，黑口，四周雙闌，亦企翺張氏所刊明初四家之一也。前有弘治元年盱江左贊序，末有張習後志，及童冀所譔墓銘。

鈐有「鵝湖世家」、「顧炯之印」、「玉函山房藏書」、「南齊孝子裔孫遂徵私印」各印，與《眉菴》、《北郭》二集同獲於滬肆。

余取豫章新雕本對勘一過，是正極多。舉其大者言之。如：卷一《擬古》第三首，「庭前有佳樹」以下别爲一章，第五首「薄游上東門」以下亦别爲一章；《娟净軒》及《倪雲林畫》二詩缺文二十九字，賴明本得以補完；《高郵城》詩「兩櫟不容髮」下，補「豈暇慮殺傷，一朝謗書行，將殞兵亦亡，喈哉三里城」四句。至分卷次第尤爲迥異，文淵閣著録爲四卷，豫章本因之；此本原編六卷，卷一五言古體，卷二樂府歌行，卷三七言古體、長短句，卷四五言律，卷五七言律，卷六五言、六言、七言絶句，咸依各體以爲卷第，不似後來之但取篇葉齊等，任意歸併也。明人刻書，往往師心自用，不顧義例，勇於改編，此集之變易舊式實始於陳邦瞻之覆刻。迨張本傳世既稀，後人遂不知原編之爲六卷，良足慨矣。丙子三月杪，識於暘臺清水院。

明張習刊本北郭集跋

徐布政幼文，其先亦蜀人，由毘陵徙吳門，以卜居城北望齊門外，故集以《北郭》爲名。此集爲企翱所編，刻於成化二十三年丁未，蓋在刻《眉菴集》之後，《静居集》之前，行格同式，所鈐印記亦正相同。分卷爲十，前有成化丙午吳興閔珪序，末有張習自跋。按：文淵閣著録本爲六卷，所據乃陳邦瞻重刊本，《提要》謂其前後無序跋，已非習所編之舊式，知企翱原本，二百年前已爲罕覯矣。考吕敏跋幼文《惠山圖》云：幼文所製樂府詩文若干卷，籤題《悟澈集》，今已不可得，未審企翱編集時曾見及否耶！又李日華《六硯齋三筆》録幼文《泰山紀游》三詩，雄奇高渾，雅近唐音。今檢集中，乃無此詩，然則幼文所作，散佚不存者正多矣。

昔人評明初四家詩，言幼文詞彩遒麗，風神凄朗，才不及高、楊、張，而蹈規中矩，亦自善用其短。然余觀其《晉冀紀行》詩十四章，筆力堅勁，法度謹嚴，力矯元季綺靡之習。竹垞謂其詩法耆然，森有紀律，長編險韻，極其熨帖，頗有類皮、陸者。余深以爲知言。竊謂幼文所作，上宜與季迪雁行，下視楊、張，或猶勝之。世之論者，得毋以余爲鄉人左袒耶！丙子閏月識。

張習刊本明初三家集跋

《眉菴集》十二卷，明姑蘇楊基撰，附《補遺》，前有成化二十一年廣東市舶提舉前翰林院侍讀學士古渝江朝宗序，成化乙巳同邑張習跋；《静居集》六卷，明潯陽張羽撰，前有弘治改元廣東右布政使盱江左贊序，弘治辛亥張習後跋，附録一葉；《北郭集》十卷，明吳郡徐賁撰，前有成化丙午都察院右僉都御史吳興閔珪序，成化丁未同郡張習跋；半葉十一行，每行二十一字，黑口，四周雙闌，三種版式同。收藏有「鵝湖世家」、「愛竹主人」、「玉函山房」、「司馬氏」、「華樵」、「顧渚之印」、「顧炯之印」、「山陰道上人家」、「南齊孝子裔孫遂微私印」各印。《静居集》左贊序後有明崇禎五年顧渚跋，《眉菴集》江朝宗序及卷一一至五葉明人鈔補，《北郭集》卷七第二葉爲王聞遠手鈔補入。

按：張習字企翺，嗜刻書，多密行細字，號稱精雅，爲世所重。余所見者，如《韋蘇州集》、《僑吳集》、《夷白齋集》、《雁門集》皆致佳。此明人集尚有高青丘之《槎軒集》，合爲明初四大家，企翺爲廣東僉憲時所刊。高、楊、徐皆吳人，張籍潯陽，而僑居吳中，故當時稱爲吳中四家，以擬唐初四子焉。其搜輯之勤，詳企翺諸集後跋。然歷年久遠，傳世絶稀。余昔年在吳閶得楊氏《眉菴集》，爲周香嚴所藏，黄蕘圃手跋，董綬金同年見而悦之，强以他書易去。昨歲徐梧生遺書中聞有張刊《静居集》，急蹤跡之，已爲朱翼菴收得。因假歸，以豫章新刊本校之，改訂至二百字，始知昔人推爲佳槧，良非虚語。此本所存祗三家，然高集尚有別本可校，雖非完帙，要自足珍，特以重值收之。至萬曆時陳邦瞻刊本，則《静居集》改爲四卷，《北郭集》改爲六卷，非復張氏之舊第，其舛誤正不勝糾矣。觀顧氏跋語，知在明季已爲珍重，况迄今更三百年，文籍毁蕩之餘，而巍然僅存，余乃無意獲之，寧不爲之愉快耶！頃携至東邦，寒雨連朝，適有小極，客邸無憀，披函展玩，行篋無書可檢，追憶所得，聊記於此。至藏印各家，未能盡悉者，竢歸國補録焉。己巳九月二十四日，沅叔記於日本京都柊家旅館。

跋明弘治金蘭館活字本西菴集※

《西菴集》十卷，明孫蕡撰。蕡字仲衍，廣東南海人，事蹟具《明史·文苑傳》。此活字本，半葉十行，行二十一字，板心上方有「弘治癸亥金蘭館刻」八字。前有弘治十六年吴郡張習序，據言舊藏《西菴集》一帙，諸體稍備，校其亥豕，釐爲十卷。是知此集即習所編，因就吴中排印之，當爲蕡詩最古之本矣。

按文淵閣著録此書爲九卷，《四庫提要》言詩八卷、文一卷，題「姑蘇葉初春選」，其卷第視此不符。余頃假得葉本覽之，乃萬曆時所刊，有蔡汝賢序。因以兩本互核，葉本詩凡八卷，其前七卷次第略同，惟取此本卷七中《朝雲》、《琪林夜宿》二篇别出爲卷八，又增入《祭竈文》等四首爲卷九，其於各卷詩什初無去取，而標爲選本，何耶？且不獨此也，此本七言律詩二卷，活字本爲卷八、九，萬曆本爲卷五、六，以萬曆本詳校，不特詞句大有差殊，且篇什更爲懸絶。因手勘終卷，此本有而萬曆本無者多至九十一首。是此本不僅以稀見爲珍，其墜簡遺篇足以補閣本之闕失，爲尤足貴也。或疑七律所少近百篇，安知非葉氏選録所遺，何所據而謂之闕失？然余徧稽各卷，凡五、七言古詩以及歌行、樂府、近體之屬，以二本相校，篇章未嘗減削，何獨於七律嚴加芟汰？其爲原本所無斷可知矣。蓋葉氏亦知所得未爲完帙，故特題選本以掩其迹耳。設非親見，寧不爲所欺耶！考黄佐撰蕢傳，言詩集爲門人黎貞所編，未言其曾付刊梓。余意張氏在弘治時，距洪武僅百年，其篋藏舊帙或黎氏原編，故篇什視他本爲備。惟以活字排印，傳布較稀，至萬曆時已不可得，祇就展轉鈔帙取以付梓，致有此失耳。至葉本之詩爲此本所無者，有七律二首，七絶二首，其據何本補入不可詳矣。

同年董君綬經癖古嗜書，與余雅同好尚，頃者不惜重金獲此書於廠肆，持以相示。余生平於金蘭館活字本惟見《范石湖集》，尚有闕卷，爲李椒微先生所得，至《西菴集》則向未聞知，披玩數日，鄭重歸之。已而心識其異，不能釋然於懷，因復爲一瓻之請。由是旁參羣籍，肆志丹鉛，乃於兩本之異同，灼然共見，設非重加考覽，寧知其含奇藴寳乃至如此耶！余嘗謂凡得古書，廣羅衆本，尋討源流，博觀詳審，方能辨其良楛。若忽忽過眼，如皮相觀人，鮮不失之交臂。近世南北以藏書名者正不乏人，然具能讀書者殆不多觀，偶有所觸，聊於此發之。歲在庚辰三月既望，傅增湘識於藏園。

校永樂本蚓竅集跋※

《蚓竅集》十卷，明永樂元年刊本，題「雲間管時敏撰，西域丁鶴年評」，半葉十行，行二十字，黑口，四周雙闌，卷中有評語及圈點。前有洪武三十一年楚府教授廬陵吳勤序，次永樂元年楚府右長史山陰胡粹中序。又《全菴記》一篇，爲安成周子冶譔，蓋時敏官楚府右長史，年七十致仕，賜地於江夏縣東三十里之長樂村黄屯山，因築全菴其間，以記上恩焉。

余曩從朱翼菴許假閲此集，因録副本。適北平館中新收永樂原刊，爰取以校之，凡改訂二百單五字，其吳勤序及《全菴記》爲鈔本所無者，并録存焉。原帙經何義門收藏，其「士風清嘉」、「越溪草堂」皆何氏印。又「小謨觴館」一印，審爲山左于氏。卷中缺葉二篇爲義門手寫，卷末《題張子正桃花春鳥圖》七絶一首亦義門補鈔。此集自永樂後未嘗翻雕，原刻傳世尤鮮，余生所覯此爲第二本也。

校明初刊本袁海叟集跋※

《海叟集》四卷，明華亭袁凱撰。據《郘亭書目》載，有天順張璞本、弘治本、正德本、隆慶何玄之活字本、萬曆張所望本，然各本余皆未得見，今世所行者獨上海曹氏城書室刻本耳。十年前在南中得舊鈔《在野集》，不分卷，爲屐硯齋所傳録，後有汪文柏跋語。其詩視通行本爲少，以校曹刻，頗有異處，別爲跋以誌其概。

頃趙斐雲來訪藏園，出舊刊本見示，半葉十行，行二十一字，版心三黑口，四周雙闌，刊工極爲粗率，然古致盎然，決非成、弘以後所及。據嘉靖中董宜陽序言，海叟手訂全集，國初刻於張氏者久毀。何玄之活字本序亦謂其集舊刻於祥澤張氏，歲久不傳。今覩兹帙，其筆致疏古，刀法樸拙，猶是正統以前風氣。考袁氏集大順時所刻者名《在野集》，爲朱應祥評選，衹有二卷。嗣有正德陸文裕京師刻本，名《瓦缶集》，亦非完本。此本卷帙完備而鎸雕古樸，可斷爲祥澤張氏所刻，決無疑義。夫以盛明之際李獻吉、何大復、陸子淵諸人所夢想而不得見者，而余乃無意而覯之，抑何幸耶！其後隆慶庚午何玄之以活字印行，即據此本，蓋得之於張西谷家，亦自云喜出望外者也。

余既考定此本爲袁氏集最初之刻，因取曹本手勘一過，次第略同，惟《與倪元鎮飲》、《聞誅索羅鐵木兒》二首此本列五古中，曹本別添五言排律以收之；《鄒園十詠》此本列五律，曹本入五古；《江上送高起夫》此本列七律，曹本入七古。其餘篇章前後微有參差。至字句異處，多與原本注一作某合，然出於曹本之外者亦頗不尠，蓋曹本出於萬曆本，並及見何氏活字本，故與此本恒相近也。

海叟詩取法少陵，氣體特爲清健，何仲默至推爲國朝第一，李賓之、陸子淵、王元美、何元朗皆盛稱之。程孟陽至謂自宋元以來學杜未有如叟之自然，緣其氣骨高騫，絶去雕飾。松圓詩格與之相近，故欽服尤摯。叟以《白燕詩》爲鐵崖所賞，雅負時名，而李獻吉乃謂《白燕詩》最下最傳。李舒章謂海叟如三吳解事子弟，頗有游涉，未登堂奥。宋轅文謂景文秀不及季迪，健不及伯温，而體格莊雅，時見逸思，故獨爲仲默所推許。朱竹垞亦云：合諸體觀之則不及季迪、伯温尚遠，何仲默推爲國初之冠，似非篤論。然平情論之，如胡元瑞言，氣骨出高、楊上，才情勿如；蔣仲舒言，雖未登大雅之堂，實已超宋人之乘；其評隲允當，似爲得之，祇緣仲默推崇太過，故致後來諸人之抨擊耳。錢牧翁選《歷朝詩集》，頗持門户之見，甄録最爲矜嚴，而列叟詩於劉誠意之後，高季迪之前，入選至三百四首，視全集三分有二而赢，至以老杜法脈歸之，謂空同諸公全不解此，則三百年來固早有定論矣。

又按：曹炳曾序稱，公集有《在野集》、《瓦缶集》、《既晦集》諸名。《四庫提要》因之。然余考《在野集》今尚有傳鈔之本，《瓦缶集》見於萬曆本林有麟序，即董宜陽所言陸儼山急於流布因編爲别本者是也。惟《既晦集》羌無故實，頗用爲疑。及詳檢之，乃知實由讀李獻吉序文斷句偶誤，以致此失耳。序云：「叟名行既晦，集亦罕存。」蓋隱指公佯狂自晦而言，曹氏句讀未審，遂有「前此陸文裕刻《瓦缶》、《既晦》集」之言，館臣沿譌踵謬，復誤「晦」作「悔」，又有何、李更爲删定，刊《瓦缶集》、《既悔集》之説，寧非笑端！兹考而正之，俾誦公詩者知惟《海叟集》特爲全帙，其他《在野》、《瓦缶》兩集皆屬選輯之本，此外更無《既悔集》之名也。

按：楊廉夫《改過齋記》述公昂然長、癯然清，言議風猋可畏。《明史稿·文苑傳》稱公博學有才辯，議論飈發。《列朝詩集小傳》亦謂其平生負慬譎，有才辯。是公之初出，其才氣横溢，殆不可一世。及爲御史，以慮囚奏對忤旨，太祖心銜之，惶懼託癲疾歸，而上猶使人詗之，卒以佯狂得免於禍。陸文裕《金臺紀聞》言，凱一日趨朝，過金水橋，詭得風疾。太祖命以木鑽鑽之，忍死不爲動。歸田後以鐵索鎖項，自毁形骸。太祖每念之曰：「東海走却大鰻鱺，何處尋得。」遣使即其家起之，凱對使者唱《月兒高》一曲，使者復命，以爲凱誠瘋矣，遂置之。又傳聞告歸後，背戴方巾，倒騎烏犍，往來峯泖間。潛使家人以炒麵攪沙糖從竹筒出，狀類豬、犬矢，遍布籬根水涯，自匍匐往取食之。太祖使人覘之，以爲食不潔矣。嗚呼！公負軼世之才，事雄猜之主，雖得罪放歸，猶遣使偵刺，不憚於懷，卒以毁形自汙，躬食不潔，風狂浪迹，僅而得免，其際遇蹇屯，良可傷歎。顧其豪縱瓌奇之氣無所輸寫，乃一於詩發之，故其詩野逸高淡，疏蕩傲兀，往往得老杜興會。觀集中《古意》二十首、《苦寒行》、《荒園》、《題葛洪移家》、《題三味軒》、《楊白花》諸詩，皆感憤遥深，隱攄胸臆。而集外所傳《題四皓圖》及《詠蚊》二詩尤譏切深至，豈公陰有畏忌而有意刊落之歟？曹一士序公集，言明祖用法嚴峻，寵眷如潛溪，卒以貶死。吴之高、楊、張、徐半由文字構禍。叟佯狂自廢，匿跡消聲，其所自定，殆必有大滿己意而不得已而悉從删薙者，洵可謂知叟之深矣。癸酉二月二十五日，藏園居士識。

鈔本在野集跋※

明初袁景文詩稿其自定者名《海叟集》，刻於祥澤張氏。其版久燬，世不多覯。天順中朱氏鳳岐手自選録，並爲之評點，付楊傳刻之，而張璞爲之序。緣公以疾告歸，終老田野，故以《在野》爲名，詩凡一百二十有六篇。正德元年，鄢陵劉君捐俸重刻於山東，有陳鎬撰序以行。逮嘉靖八年，劉之子詵於南都得海叟全集，以前時選本見遺者半，乃録遺别刻，於是更有補刊《在野集》之舉。此景文《在野集》先後刊行之大略也。近時丁氏善本書室藏有淡生堂鈔本二卷，題張璞校選、朱應祥評點，知從正德本録出，於全集删落正多也。

前歲在申江，適四明盧氏抱經樓藏書散出，余收得《在野集》二帙，分體而不分卷，烏絲闌格，版心有「扆硯齋」三字，審爲新安汪柯庭家鈔本，卷尾有汪文柏手跋八行。爰檢曹氏本讐勘一過，鈔本始五言古詩，其前琴操、樂府、四言三類均闕，蓋歲久遺佚矣。其餘逐卷校之，曹刻有而鈔本無者凡四十七首，而五古中之《題四皓圖》、七古中之《詠蚊》、七絶中之《題李息齋竹卷》曹刻本乃皆失載。其它字句多所訂正，往往出曹本所注一作某之外。余綜觀前後，更證以柯庭題識，知此本既非朱應祥評選之本，董宜陽序言「烟樹微茫獨倚闌，故國飄零事已非」二句爲朱氏妄改者。今檢此本，固未嘗改也。亦非嘉靖時劉詵補録之本，乃汪氏取諸本彙輯而重爲釐定者，其編定旨趣，篇數多寡，柯庭固自言之矣。至曹刻所無之三詩，其《題李息齋竹卷》一首爲題圖酬酢之作，名家多不欲存，意汪氏或於書畫跋中得之。至《題四皓圖》及《詠蚊》二首，意含譏切，海叟手定之稿削而不録，殆非無意乎？

夫景文藴穎異之才，馳文藻之譽，而一言忤主，不恤佯狂自穢以終其身，觀於孝陵「東海走却大鰻魚」之語，則九重猜忌之念未嘗一日忘，設非狂歌窮竄，食穢自甘，早與青丘同罹腰領之禍。嗚呼！誦危行言遜之訓，君子身值危亂之朝，庶宜知所自處乎？檢此本校於甲子年三月二十五日，時方游杭州，寓湖上許汲侯安巢者一日。前塵夢影，匆匆遂已十年，故人早逝，墓木已拱，葬楊梅嶺上。而余亦侵尋頹暮，目擊兵戈，蜷伏嚴城，惟以丹鉛遣日。吁！可慨矣。

明嘉靖本巽隱程先生文集跋※

明桐鄉程本立撰，集凡四卷，第一、二爲詩集，第三、四爲文集，巽隱其別號也。曾孫山編定，弘治乙丑桐鄉令李廷梧爲之序，嘉靖初南溪吴德翼僉憲於閩，乃付諸梓，即此本也。半葉十行，行二十字，白口，單闌，書名標於板心上方。前有嘉靖元年雲南布政使司左參政古閩杜庭梠序，後附事狀略一首。每卷題「賜進士嘉興吴昂編輯，同郡庠生馬准校正」二行。收藏有「葛雲薛印」、「履坦氏」、「廣清净寺畏菴初陽之印」、「時寅父」諸印。

按《巽隱集》《檇李遺書》中有之，顧祇文集，且不分卷，惟康熙己亥桐鄉金星軺曾編輯《全集》付刊，凡詩文各二卷，蓋與《貝清江集》同時授梓者，板心有「燕翼堂」三字。然余取金本與此明本對勘，則編次殊不同。明本詩以年代爲先後，如家居時、擢秦府禮官時、改周府禮官時、謫雲南時、寓京師時，各分次第。文集亦然。金本則詩文皆分體編次，題下間有小注，則加附考以明之，惟《和貝惟學登小孤山》、《題劉中雲海蓬萊軒》詩二首，《重題同壽堂記》、《朱節婦傳》、《御史箴》文三首，明刻無之，而别鈔以附於後，蓋後人據金本以補入者也。金本有星軺序及孫唐華序，皆不言所據爲何本，然余頗疑星軺付梓時實未見明刻也。觀卷中《題夢彩堂卷》七律《寄嵩盟倅》七絶，其原題各附有自注，金刻咸佚去，意嘉靖初鐫之本至康熙時已爲罕覯，顧余乃無意獲之，寧不什襲珍儲，矜爲祕笈乎！癸酉閏月二十五日，藏園老人揮汗記。

鈔本逃虚類稿跋※

舊鈔本，不分卷，半葉十行，行二十一字，前有自序，題壬辰冬十一月，蓋永樂十年也。後附總目：第一賦、頌，三。第二記，十一。第三碑、塔銘，四。第四表、墓銘，二。第五序，十二。第六讚、銘、説，十六。第七雜著，八。第八傳、行狀、祭文，八。第九書、題跋，九。第十疏。二十一。按《四庫總目》著録《逃虚子集》十一卷，《類稿補遺》八卷，此本文以類次，約當十卷之數，與《四庫》不符。然《提要》云廣孝「所著初名《獨庵集》，殁後吴人合刻其詩文，曰《逃虚子集》」。今卷首標名曰《逃虚類稾》，次行題《獨菴稾》，首尾完具，是即初刻之《獨菴集》矣。收藏有「謙牧堂藏書記」、「兼牧堂書畫記」、「韓氏家藏」、「玉雨堂印」、「黄時起印」、「聞興」各印。此書未見刻本，因録其原序於後。序中所指斥程、朱謬誕逐條剖析之文，則見所著《道餘録》，别有刊本也。

余曩爲僧時，值元季兵亂，年近三十，從遇庵和尚於徑山習禪學。暇則披閲内外典籍，以資才識，因觀《河南二程先生遺書》及新安晦庵朱先生《語録》。三先生皆生趙宋，傳聖人千載不傳之學，可謂間世之英傑，爲世之真儒也。三先生因輔名教，惟以攘斥佛、老爲心。太史公曰：「世之學老子者絀儒學，儒學亦絀老子。道不同，不相爲謀。」古今共然，奚足怪乎。三先生既爲斯文宗主，後學之師範，雖曰攘斥佛、老，必當據理，至公無私，則人心服焉。三先生因不多探佛書，不知佛之底藴，一以私意出邪詖之辭，枉抑太過，世人之心，亦多不平，况宗其學者哉。《二程先生遺書》中有二十八條，晦庵先生《語録》中有二十一條，極爲謬誕，余不揣，乃爲逐條據理一一剖析，豈敢言與三先生辯也，不得已也，亦非佞於佛也。藁成，藏於巾笥中有年。今冬十月，余自公退，因檢故紙得此藁，即浄寫成帙，目曰《獨庵藁》，置之几案間。士君子有過余覽是編者，知我罪我，其在兹乎！壬辰冬十一月長至日，逃虚子叙。

按《士禮居題跋》有《逃虚子詩集》十卷，續一卷，乃刻本，第未著爲何時所刻耳。又言得一舊鈔《逃虚類藁》録副，與《詩集》合。應是蕘圃於《類藁》亦未見刻本也。

鈔本盤谷集跋※

集凡十卷，明青田劉廌著，舊寫本，半葉十二行，行二十四字。卷一至六詩，卷七至十文。前有門人同里陳谷序，此集即谷所編。詩以古、近體爲次，文則存序、記二體爲多，其他傳、誌、論、跋祇存數首，附諸末卷之後耳。

考麐字士端，文成公之孫，江西右參政璉之子，虞山《列朝詩集小傳》所謂小誠意者是也。麐以洪武二十三年襲封，明年緣叔璟事連累，貶秩歸里。後於三十一年以事謫戍甘肅，甫三月而太祖崩，赦還。歷建文、永樂兩朝，咸以奉親守墓，辭召不出。麐初歸里，築室於舊宅之西，雞山之下，以其山水盤旋，名以盤谷。其集遂以此爲名。别有《盤谷倡和集》二卷，此本已闕佚矣。詩托體不高，而韻致疏朗，惟以抒寫情懷、逍遥山水爲主，殊少精警之作。有《盤谷八詠》，列雞山、龜峯、北塢、西崗、三巒、雙澗、松磯、竹逕諸勝。所往還者，亦多隱士、藝人及方外之流，與京朝宦達殊少唱酬，惟謫戍隴右，乃有《肅府應教》及張掖、酒泉、邠、涼諸作。就其文字觀之，知其志行澹静，絶無貴游紈綺之習。且珪璧初膺，即絓文網，益復深虞禍機，終身遁跡。觀其居京師思舊隱詩，有「何當上書歸田里，依舊林泉樂太初」之句，知其襲爵之初已決潛耕之志，急流勇退，亦可謂世族之賢雋矣。

集中序記諸作多述鄉里賢士事蹟，足資考證。麐嘗從學於秦府紀善、麗水黄石樓，究心濂洛之學，故其論事析理，頗多樸實精粹之言，非明人矜才騁辯、虚憍炫耀輩可同日而語也。

明鈔楊名父早朝詩殘本跋※

《柳塘楊先生早朝詩》三卷，明楊子器名父撰，明寫本，小楷絶精湛，即前後印章亦撫摹工細，疑當時備以付梓者也。惜歲久殘缺，衹存卷一五頁，卷二二頁，卷三五頁，前錢仁夫序三葉，後子器跋一葉。

按：子器字名父，浙江慈谿人，成化丁未進士，知崑山、高平、常熟三縣，擢吏部主事，歷員外、郎中，出爲湖廣參議，遷河南左布政使。此詩爲官吏部時所作，故跋後鈐「天官大夫」印。都公《談纂》載名父爲詩敏捷，下筆數百言不屬草。日，與楊君謙同會，名父濡毫立成數律，君謙曰：「君之才敏捷，堪奉使外國，足以驚倒夷人。」名父曰：「吾詩不行於中國，僅可駭番人乎？」今觀此帙，《早朝詩》五律、七絶、七律，每卷各一百首，皆工麗可誦。然則君謙雖戲言，亦足見其才思之富贍矣。

正德本匏翁家藏集跋※

此吴文定公集，明正德三年其子奭刊本，半葉十二行，行二十四字，白口，四周單闌。

余昔年南游吴門，獲此殘帙，久置篋中。後陶蘭泉適有殘本，舉以相贈，遂補其缺卷十有一,又補目録二卷。仍缺卷三十六至三十九,更以鈔本足之,其中有缺葉者,亦依陶本鈔入,截長補短,裝成二十四册。憶得書至此已閲十餘年,始爲完書,可謂艱矣。

全集凡七十七卷,内詩三十卷,詩餘附之,文四十七卷,末附遺文六首。前有正德三年李東陽序,稱「公之没,其子中書舍人奭刻梓于家」。又正德四年王鏊序。二序皆言詩三十卷,不分體製,以年月先後爲序;文四十卷,則分體彙載,總爲七十卷,與刻本七十七卷不合。《四庫提要》謂其後七卷出於其子奭等所附益,然觀其卷第,七十卷後爲墓表,接前卷墓誌銘,既令有所增補,亦是分體加入後溢出者,疑莫能明矣。

匏翁詩雍容大雅,逸致清裁,西涯之外,當爲首屈。文丁事雕琢,而體裁典重,一洗當時矜夸矯厲之習。陳松山前輩稱其詩「體擅臺閣之華,氣含川澤之秀」,余謂文亦何獨不然。此固其品學之醇,亦由遭際承平,致身清顯,故文字皆爲和雅之音,殊令人增慕於無已也。

明野竹齋刊本何氏集跋※

此何仲默景明集,嘉靖初野竹齋刻本,凡二十六卷,半葉十行,行十八字。前有嘉靖三年唐龍序,卷一至三辭、賦,卷四四言古詩,卷五、六樂府,卷七、八題《使集》,卷九至十三題《家集》，卷十四至二十題《京集》，卷二十一題《秦集》，卷二十二文集、題《内篇》，卷二十三至二十六題《外篇》。

考仲默集明代刻本頗多，袁璨所刻爲三十七卷，《天一閣書目》著録者是也。《四庫》著録爲三十八卷，未注明何本，然萬曆丁丑南海陳堂所刻正三十八卷，則《四庫》所據當即陳氏刻也。此二十六卷本亦有兩刻，沈氏抱經樓藏嘉靖刻本，行款與此本同，然版心有「義陽書院」四字及刊工姓名，前有嘉靖十年王廷相序，後此刻七年，或就此本覆刻耶！葉郎園《藏書志》言二十六卷本刻於潞州，其刻在先生生前，此言殊失。考此本唐龍序作於嘉靖三年，言「何子既没，張子收其逸稿，訪康子於滸西之野而共揚榷之」。是此本爲仲默没後最初刻本明矣。

仲默詩神清骨秀，上追漢魏，下薄初唐，自是一代作手，有明以來諸家評詩者贊譽殆不容口，更無假爲之稱述。然倡言復古，過爲高論，遂不免後來之抨擊。至其謂古詩之法亡於謝，古文之法亡於韓，尤類蚍蜉撼樹，太不自量矣。故錢虞山引其説而痛斥之，謂其「大言無當，矯誣輕毁，弘、正以後謬繆之學，皆仲默繆論有以啓之」，其辭固非偏激也。余藏此本録有評論點識，不審爲何人之筆，其中標舉名什固多，而指摘疵瑕更不遺餘力，凡累句膚詞，或爲竄易字句，或爲刺舉謬失，使人心目爲開，類出於名家之手。獨其評點衹及卷十八而止，未能終篇，良足惜也。庚辰十月，藏園識。

萬曆本楊升庵集跋※

此《太史升庵文集》萬曆壬午蜀中刊本，爲從子有仁編輯，凡八十一卷，半葉十行，行二十字，白口，四周單闌。前有四川巡按御史平原宋仕序，沔陽陳文燭序，後有蔡汝賢跋，跋後有四川布政司監榜吏袁九思等三人、繕寫吏李文洛等十一人姓名。據蔡氏跋言，「萬曆乙亥冬出守西川，與沔陽陳玉叔謀刻升庵集，不果。辛巳再入蜀，自先生從子益所公得家本數種，删重複，萃菁英，始壬午之春，而竣於仲秋」。是始終其事者實爲布政蔡氏。《四庫總目提要》以爲巡撫張士佩所訂者，蓋據宋仕序言其議發之濾濱張公也。本集自卷一至四十爲文與詩，其卷四十一以後則取《丹鉛總録》、《譚苑醍醐》、《卮言》諸書彙輯而類次之爲四十一卷，《提要》稱其分類排纂，較易檢尋，視《丹鉛總録》亦有條理。然以雜考隨識之書屬之文集，於體例殊乖，似不若别立一名，標爲附録之爲當也。余取《丹鉛總録》核之，此集天文一門，凡五十條，其見《丹鉛總録》中天文類者九條，其餘或採之他書，或取之别類，條理頗爲清晰，釐定之功要不可没焉。

升庵博學閎才，高視一代，於李、何諸子外别樹一幟，胡元瑞稱其摭六朝之秀，薛考功至躋之四傑之倫，固非過譽。第才氣横溢，時有騁博嗜奇之過。沈歸愚以其過於穠麗，失穆如清風之旨，亦屬平情之論。文則體格彬雅，猶存古法，蓋含濡典籍，澤古功深，如王謝子弟，哺啜風流，與當時險僻艱澀之流而侈言復古者固有間矣。升庵博聞强識，有明一代罕與抗手。其輯《全蜀藝文志》以二十八日而成，蒐采鴻富，蔚然鉅觀。余仿其例編兩宋蜀文，垂及十年而尚不克就，乃歎公之才固非常人所及也。或謂其恃才騁辯，考證疏舛，致來陳耀文《正楊》之譏。然公久謫蠻荒，地僻少書，誤記自所不免，偶然差失，寧可過爲苛責耶！余披觀大略，略事亭平，固非爲鄉賢左袒也。庚辰九月十九日，藏園老人識於石齋。

跋升庵草書詩※

此《升庵詩》四册，爲公以行草自書所作詩，凡古近體詩一百五十餘首，分爲五卷。前有萬曆丙午巴郡楊芳序，後有嶺右張文熙跋。據跋言，曩購此帙於燕中，司馬楊公乃以其摹本付之剞劂。是此本出於翻刻，其原本雕於何時何地不可詳矣。

書爲半葉六行，行十一、二、三字不等，字大幾及寸，結構宛然，而鋒穎浸失，神韻已差，則由再度摹雕，僅存形似耳。文熙跋言，運腕藏鋒，入眉山三昧，楊氏亦云然。以余觀之，坡公之外，似參以君謨筆法。余藏先生墨蹟有秋社小啓一幅，筆力沈着而丰神雋拔，勝此遠矣。《藝苑卮言》謂公謫滇中，有東山之癖，諸夷酋欲得其詩翰，不可，乃以精白綾作裓，遺諸伎服之，使酒間乞書，公欣然命筆，醉墨淋漓裾袖。酋重賞伎女，購歸裝潢成卷。公後知之，便以爲快，其風流放佚殆有所託而然歟？公翰墨傳世殊稀，式古堂卞氏著録有禹碑歌、石馬泉亭、崇聖寺詩帖數事，因覽此編而彙誌之，異時或庶幾一遇乎！庚辰十月一日，藏園。

明嘉靖本蔡孔目林屋集南館集跋※

明吳縣蔡羽著《林屋集》二十卷詩、文各十卷。《南館集》十三卷，詩五卷，文八卷。嘉靖刻本，半葉十二行，行二十字。《林屋集》有自序一首，《南館集》末有「嘉靖癸卯孟夏刊」一行，後有嘉靖己酉門人陳宏策跋，言《林屋集》爲門人刻行，《南館集》則没後爲郡守南岷王公所刊，板藏郡齋，戊申歲宏策乃加讐校，與《林屋集》合行云。

按：羽字九逵，世居洞庭西山，自號林屋山人，又稱左虚子，以太學生赴選調，天官卿雅知其名，奏授南京翰林院孔目，居三年致仕歸，故晚年所作題爲《南館集》。羽高自標許，爲文法先秦、兩漢，爲詩求遠出魏、晉，薄少陵爲不足法，李時遠有蚍蜉撼樹之譏。錢牧齋選《列朝詩》，力爲解喻，謂當時李獻吉以學杜雄壓海内，鼠竊剽賊，靡然成風，羽不欲訟言攻之，而借口於少陵，俾撏撦割剥之徒無所憑藉，此立言之微旨也。謂其詩早歲微尚纖縟，既而滌除靡曼，歸於雅馴，晚更沈著，時出奇麗，見者謂長吉不過。故選録所作至一百二十餘首，蓋所以稱許者至矣。然竹垞《静志居詩話》乃痛事詆訶，言「所自詡爲建安、西京者，今觀其集，篇無妍辭，句無警策。」又言「詩賦八百餘首，文二百首，恒河之沙，鉤金安在？牧齋曲爲解嘲，其誰信諸！」其辭偏激，亦未免過當。平心論之，九逵爲文力求矯俗，而體薄氣孱，洞庭諸記，稱爲傑構，然較之柳州，尚遠不逮。詩筆沖雅，體格秀整，王弇州評其詩如灌莽中薔薇，汀際小鳥，亦許其嫣然有致。陳松山前輩《明詩紀事》言「採掇菁華，亦是六朝人佳製」，其論似爲得之。

惟《太湖備考》據陶周望所言，九逵有三間齋，己處其中，縛藁爲人，令腰膝可屈伸，朝課《易》，夕課《四書》，自爲解，置傳注几旁，每開卷輒大詬曰某甲謬甚，叱童子牽藁人跽而杖之。又置大鏡南面，遇著書得意，輒正衣冠向鏡北面拜，譽其影曰：「易洞先生爾言何妙，吾今拜先生矣。」生平以善《易》自負，故稱「易洞」也。其狂誕乃至如是。夫自古文人不遇，其憤抑之情時不免爲時俗所駭怪，九逵高才績學，早有盛名，爲程文以應有司，閲四十年而不售，咤傺無聊，與世或迕。余觀集中文字，初無嫉時悖禮之辭，周望所言，乃得之天王寺僧澄源，或者傳聞之過。意彼疏狂自放，亦同時祝希哲、張夢晉、唐子畏之流，其怪僻當不若所言之甚耳。俗語不實,流爲丹青,余特爲辨而明之,庶幾流言止於智者也。庚辰九月十二日,沅叔書於昆明湖上清華軒。

明本鹿裘石室集跋※

辛亥之冬,余犯雪獨游杭州,於何長兒書肆選取殘書數十種,捆置三巨簏,載以北還,此梅禹金集亦其一也。後十餘年,聞北平圖書館新收禹金全集,乃假出屬寫官逐卷鈔補,遂爲全書。然卷首序跋不存,詩亦時有缺葉,猶未爲賅備也。全書凡七十五卷,内分詩集二十五卷,文集二十五卷,别有文集十五卷,則皆書啓尺牘之屬也。鈔補者詩五卷,文六卷,啓牘九卷,鈔成合裝四函,分訂三十二册焉。

考禹金生於世族,幼有才名,屢試不第,遂棄舉業,肆力詩文,名列弇州四十子之一。生平撰著最富,《文紀》、《詩乘》,裒然巨編,流播海内。其餘若《古樂府苑》、《唐樂苑》、《書記洞詮》、《李杜詩鈔》、《宣乘翼》、《青泥蓮花記》、《才鬼記》、《才幻記》、《才神記》、《女士集》、《嚼噓臚志》、《玉合記》、《長命縷》、《崑崙奴傳奇》諸書又數百卷,高才博學,震耀當時。顧其詩文則囿於風氣,不能自振。歐大任稱其「五古蒼然骨立,七言馳驟樂府,時極少陵之致,近體雅麗,可中宫商」。王寅亦言禹金「選律具才,風格恪守,奇宕時作,乖僻不生」。皆未免阿其所好。惟錢虞山言其詩「宗法李、何，雖游獵漢、魏、三唐，終不出近代風調」。評隲較允。至其尺簡，别爲專集，多至十餘卷，此則馳騖聲華，標榜氣類，尤爲有明中葉以後之陋習，存之徒以供後人之嗤點耳。

又按：《四庫・存目》此集二十卷，凡分《庚辛草》四卷、《與玄草》八卷、《予寧草》八卷，以各集自序觀之，此三集皆少壯時所作，《提要》譏其「委曲諧俗」，「所作止此」。其實禹金才華贍博，風骨開張，集中亦不乏佳篇，館臣未觀全集，而遽加貶抑之辭，亦非持平之論也。庚辰九月廿六日，藏園老人識於企驎軒。

明趙府冰玉堂本四溟山人全集跋※

此謝四溟全集二十四卷，爲明趙府刊本，半葉十行，行二十字，版心有「趙府冰玉堂」五字。前有嘉靖二十六年丁未趙王枕易道人序，次萬曆二十四年丙申趙王恒易道人續刻序，次嘉靖庚戌東郡蘇祐序，次萬曆二十三年河南布政司參議蒲坂張泰徵續刻全集序，次河南按察僉事安肅邢雲路序。後有右長史東郡蘇潢跋，長史陳養才跋，甲辰六月布衣程兆相跋。

按：四溟集文淵閣著録者十卷，爲萬曆壬子臨清州知州盛以進所刻，蓋得趙邸舊本重爲補訂者，其《詩家直説》析入《存目》爲一卷。此本詩二十卷，《詩家直説》四卷，皆視《四庫》所録多至一倍，實爲四溟集最足之本。兹統以前後序跋考之，嘉靖時趙王枕易道人所刻者爲《四溟旅人稿》，凡四卷。萬曆時趙王恒易道人合《游燕》、《適晉》等稿續成全集，距初刻時五十年矣。然此集傳播十年，以掛漏甚多，又屬丁君子裕詳加討覈，訂其魯魚，詮其錯亂，得字數千有奇，重付剞劂，可稱善本云。是此本爲萬曆三十二年甲辰重刊之本矣。

按：茂秦詩格律謹嚴，工力深厚，五律句響而字穩，宛然唐音，自是一代作手。陳卧子、朱竹垞、沈歸愚、李申耆論及明詩，皆推重之。錢虞山録嘉靖七子之詩，仍以茂秦爲首，而同時李于鱗、王元美顧深加詆訾，旋以議論不合，遂爾絶交，至削其名於五子、七子之列。迄於後世，公論既定，茂秦之詩與人自足長存天壤，寧藉五子、七子之名以爲重！亦徒自形其識見之卑隘而已。大抵明代士大夫騖聲華，尚意氣，黨同伐異，成爲風尚。茂秦眇然一布衣，高踞於公卿之上，諸人固深以爲嫌。矧復嘗持高論，動相刻責，其寧能隱忍以終日哉！覩茂秦以救盧柟事，其《感懷詩》有「長存排難意，遂有泛交情」之句，李滄溟、張龍岡聞之皆以「泛交」句引爲深憾，所謂文字生瑕疵者。顧茂秦雖見擯於諸人，而北地諸藩争相延致，趙王所以尊禮之者尤爲隆異，至累世弗衰。虞山謂諸人雖惡之，要不能窮其所往，亦足爲韋布伸眉矣。潘之恒《亘史》載萬曆癸酉冬，茂秦從關中還，過鄴，趙王宴之，使姬人賈扣獨奏琵琶，歌茂秦所製《竹枝詞》，闋終令賈姬出拜，茂秦更上新《竹枝詞》十四闋，姬按而譜之，不失毫髮。元夕便殿奏伎，酒闌送客，即備盛禮以賈姬歸之。及茂秦卒於大名，姬率二子奉柩大寺之旁，每月操琵琶一曲，歌茂秦《竹枝詞》，必痛絶而罷。已乃以千金裝付二子返葬，自破樂器，歸老於闤闠間。嗚呼！趙王之賢，賈姬之義，其事皆度越恒流。余論茂秦詩而連類及之者，匪獨侈爲美談，亦代茂秦伸知己之感。彼長安諸人，恃轂冕以陵寒素者，宜其有「泛交」之詠矣。

余此帙得於秀水莊氏，全書皆經朱筆評點，去取極嚴，於字句疵累指摘抨彈，不稍假藉，塗抹之外，或加改竄。舉其甚者言之，如七古中《冬夜過李仲西別業》一首删去六句，改易四十六字。七律中《李明府凌秋入覲》一首改至七句三十八字，居然清健易觀，大勝原作。茂秦詩以五律最擅勝場，集中所存凡七卷，都八百餘首，朱筆入選者衹七十八首，標舉發揮，至爲允協，眉間評語，亦極精審。《詩家直説》四卷評斷尤詳，全書共四百十六條，所取者衹九十一條，凡所駁詰，皆窮源竟委言之，持議極爲深透。闌外行間，朱丹爛然，盈篇溢幅，殆黄蕘圃所謂火棗兒糕，其用力可云勤至矣。必爲名家手筆，惜不知爲誰氏。兹取所論五律、絶各説録附於後，願與大雅共參證之。庚辰十月初三日，識於頤和園清華軒，藏園。

茂秦以五律擅場，厥有二種：規模盛唐者似其少作，聲調高亮，格律老蒼，屬對精工，章法完密，似趙承旨之書，文待詔之畫，人工精到，微乏丰神。雋句新情，篇中所少，卷首登載，大體皆然。其所删者，則緣平調之中加以率易，益不足觀矣。至於中年，漸就頹放，寫懷潦倒，欲法少陵，而筆謝沉雄，思殊深曲。又復不加矜琢，動愛清疎，僅類中唐，不臻杜境。頹唐衰颯，未免纖卑，顧神到之時，亦饒姿態。高亮不如曩作，而幽勝覺有微長。二種之間，瑕瑜互見。夫詩家上乘，生動爲先，少陵擅場，此其祕享，即盛唐王、岑，初唐沈、宋，何勿皆然！顧惟工穩之餘，天才敏秀，乃能以笙簧之雅奏，譜脆滑之新聲，是俊逸清新，正高亮老蒼之進境也。茂秦當日必以此判爲二種，改絃易轍，分軌迴轅，遂使兩法不兼，並成偏至，豈不惜哉！雖然，其引繩執矩，結構裁成，即何、李尚須就斤，更非于鱗、元美所能及也。

茂秦五排全首，氣雍容爾雅，深得唐人風範，而琢句翻不甚工，又時多平調，使聲響不遒，以是全璧爲少，要其功力不爲不深也。

五絕工於選意，洵足擅場，深固纏綿，淺亦凄楚，白何、李未能臻是境，此爲不祧矣。

七絶取意不遥，遺詞復靡，襲晚唐之衰響，都無可觀。

萬曆本快雪堂集跋※

明秀水馮夢禎開之著，凡六十四卷，萬曆刊本，九行十八字，行格疏朗，字大悦目，明刻中別爲一體。前有大泌山人李維楨、黄汝亨、門生朱之蕃、顧起元、丁元薦序，又門人朱鷺別序，序後列校刻、助刻友人門人姓名，蓋公身後其子驥子等以遺集屬黄貞父儀部爲醵貲校刊於金陵者也。全集自序、碑、誌、狀、疏、記、贊、跋三十一卷，尺牘十三卷，語録一卷，漫録一卷，日記十七卷，詩二卷。

嘗觀錢虞山爲開之墓誌銘，稱「其爲文穿穴解故，擺落畦逕，含咀英華，匠心獨妙」，與同年沈懋孝、屠隆「以文字意氣相豪」，「聲華籍甚」。其爲南祭酒也，「文章譽望，學者以爲高人朗士，秀出天外，不可梯接」，「風流弘長，衣被海内」，宜其才氣踔厲，辭采縱横，不可一世矣。今覽集中之文，多隨意抒寫，初無閎深警策之作，視所稱揚者，乃遠不逮。且率酬應之文，黄茅白葦，彌望皆是。尺牘、日記，絶少精理名言，而連篇累卷，使人厭觀。其漫録一卷多述鬼神怪異，近於俗談俚説，登之集中，尤爲白檝其書。《四庫提要》謂「所作皆喜於疏快」，「隨意所如，無復古人矩矱」，非苛論也。詩二卷則特爲秀出，登臨諸什，頗欲追踪陶謝。竹垞《静志居詩話》言其詩「不蹈時習，五古能盤硬語，尤見意匠經營，同譜沈君典、屠緯真皆不能及也。」以余論之，開之清才雅度，迥出時流，其爲南司成時，振起士風，重校勘南雍史籍，大有功於文教。其遺集若嚴披精揀，捃摭菁英，當有可觀。今之濫收博取，卷帙雖富，榛莽未鋤，斯亦後人之過耳。

此本爲余二十年前在南中所收，卷中鈐有「陸鍾輝印」、「渟川」、「汪喜孫印」、「揚州汪喜孫孟慈甫印」、「問禮堂圖書」各印，迭經名家藏弆，流傳有緒，亦足珍也。庚辰九月廿六日，藏園。

跋崇禎本澹生堂全集※

明祁承㸁撰，二十一卷，崇禎刻本。前有陳繼儒、范允臨序。又萬曆丙午宣城梅鼎祚，丁未華亭張鼒，戊申楚黄張濤、吴人馮時可、梁谿鄒迪光、四明范汝梓、長洲姚希孟、武陵楊嗣昌，天啓丙寅祥符張元佐、淇園孫徵蘭、唐焕各舊序　卷一至六詩，卷七、八序，卷九跋、引、題書後，卷十奏疏、議、策問，卷十一至十三記，卷十四讀書志，卷十五傳、誌銘、墓表、行實、誄、贊、祝文，卷十六雜著，卷十七、八尺牘，卷十九至二十一吏牘。

按：承㸁字爾光，山陰人，萬曆甲辰進士，歷官江西右參政。子駿佳、豸佳、熊佳、彪佳皆才賢，而彪佳尤有盛名。其藏書之室曰淡生堂，多舊鈔祕本，流傳至今，爲世寶重。其鈔書版心下有「淡生堂鈔藏」五字，薄皮紙，淺緑闌，鈐「淡生堂經籍印」，取以校勘，往往與時本絶異。此文集亦不恒見，卷十四爲讀書記，其中《藏書訓約》、《藏書訓略》繆藝風曾刊入《藕香零拾》，别有《庚申整書小記》，附略例四則，蓋藏書目録之序例也。讀書雜記十二則爲隨時瀏覽略記其梗概，亦陳氏《解題》之類。卷十一爲《密園前後記》，觀其《淡生堂記》、《卧讀書庋記》、《快讀齋記》、《小嫏嬛記》諸篇，其沈酣典籍，怡志林泉，與余有同嗜焉。因别録存之。卷十二有《數馬記》、《出白門曆》、《江行曆》、《歸航録》、《戊午曆》、《己未曆》，皆南北行途日記，中述吴門、甬東、剡中、錢塘訪書之事甚悉。《戊午曆》中言輯《兩浙著作考》，半載而成，今其書顧不傳，殊可惜也。

此帙舊爲涉園陶氏所藏，頃與他書同斥去，流入文友堂書坊。懸值過高，力不能收，因假置案頭者半月，略事披覽，而記其大要於此，俾後之得是書者知其罕覯而勤加護持也。辛未八月二十日，燈下記。

萬曆本雪浪松寥吴裝三集跋※

《雪浪詩》一卷，《吴裝詩》一卷，《松寥詩》一卷，明嘉定程嘉燧孟陽撰。孟陽有《松圓偈庵集》二卷，《松圓浪淘集》十八卷，《耦耕詩集》三卷，文集二卷，爲《嘉定四先生集》之一，此三卷則早年單行本也。《雪浪詩》半葉十行，行十七字，板心題「玄暢堂」三字，前有庚申秋嘉定唐時升序。《松寥詩》半葉八行，行十五字，前有辛酉孟陽自序，板心題「泠風臺」三字。《吳裝詩》半葉七行，行十二字，後有婁堅跋，板心題「偈菴」二字。三集寫刻古雅，審爲孟陽手書上版者。據孟陽所述，自丙午者曰《雪浪》，自甲寅者曰《松寥》，志其晚遇禪老，皈心空寂云云。蓋雪浪爲禪友所居，松寥則焦山僧寺齋閣也。

考王漁洋《筆記》言：「新安汪洪度于鼎寄程孟陽手書《松寥》、《吳裝》、《雪浪》等集三種，萬曆中刻於長治，甚工。」即此本也。然檢唐序，題庚申秋，則已爲泰昌元年，殆漁洋誤記耳。至刻此書者爲方方叔，孟陽之鄉人，時升序曾述及之。此本極罕覯，又重爲孟陽手書，筆力古秀，雕鐫精湛，良足珍重。按：刊書以撰人手書上版者，聞見所及，當以周密之《草窗韻語》爲始。其書楷法瘦勁，雕工精善，風格與公謹無異，當是自書上版者。書藏友人蔣君孟蘋許，特爲珍重，至以「密韻」名其樓。明時則有《楊升庵詩》四卷，以手書行草上版，曩在滬上見鄭君振鐸藏一本，余亦藏一帙，則萬曆時所復刻也。此本步武前人，亦稱佳槧，其後鄭燮之《板橋集》、江聲之篆書《尚書集注音疏》、《尚書經師系表》、張敦仁之《通鑑補識誤》，咸以自著之書，手寫授梓，楮墨精良，爲版刻別開生面，爲世所寶貴，其亦聞楊、程之風而興起者歟？

以三集之詩，證以《松圓浪淘集》目録，《松寥詩》爲卷十四，《雪浪詩》爲卷九，《吴裝詩》爲卷十六。然此刻《雪浪詩》實兼有《遇琴》、《春湖》、《荆雲》、《春帆》諸集詩在内，《松寥詩》亦兼有《雪江》集詩在内，惟《吴裝》一卷與集本粗合，然編次首數亦有出入。意此三册爲先刊之本，刊定全集時，又重經編輯，故不特詩篇互有增減，即字句亦多所改定也。

孟陽詩清麗温婉，可矯王、李諸人粗獷膚廓之病，在明季可自成一家。牧齋以暮年交契之深，力爲推許，謂其精熟李杜，七律似隨州，七古似眉山，至援遺山《中州集》之例，謚曰「松圓詩老」。然崇獎太甚，以致攻者四起：朱竹垞斥其格卑才庸，乃三家村夫子伎倆；邵子湘摘其累句，詆其穢褻俚俗，幾於體無完膚；或又謂其纖詞浮語，僅比于陳仲醇。此皆因攻擊虞山，遂遷怒於孟陽耳。平心論之，孟陽才力微弱，然體度秀逸，尚不失晚唐風格。善夫沈歸愚之言曰：「孟陽自有真詩，勿因牧齋之過許，而毛舉其疵以掩之」，斯爲篤論矣。

鈔本張蒼水詩文集跋

此舊鈔本，余昔年得之杭州書坊，其筆蹟非一人，似就稿本編輯，分任繕録而成者也。

通爲二册，不分卷，上册首《記言》一篇，紀公被執就義始末，次徐孚遠、姜宸英序，莫邑秦州跋，皆爲《奇零草》而作也。詩以體分，首四言，次五古，次七古，次五律，次七律，次五絶，次七絶，以詩餘終之。下册首《神道碑銘》，全祖望撰，後有左輔跋，乃以刻本訂入，次《北征録》，次爲文集，以序、疏、啓、書、論、記、檄、祭文爲次，後附吴三桂《上康熙皇帝書》二首，注云：「相傳此書爲公代作」，然三桂反距公殁已久矣。卷末有嚴、姚二氏跋，録如左：

道光八年九月，鐵橋散人嚴可均讀於富春之雙桂舫館舍。

讀張忠烈公書，得其遺意，不獨明季以來之大忠大義足爲後世法，而孝弟謹信之道亦得以輝映前賢，惜未付梓，以永其傳，爲大憾也！姚椿識。

余考全謝山撰公神道碑，言丙戌以前文字皆無存者，今所存者《奇零草》，甲辰六月以前之作也，《冰槎集》其雜文也，《北征録》己亥紀事之編也，《采薇吟》則散軍以後之作，而蒙難諸詩附焉，共爲八卷云云。又按：原稿公被執時以付防守卒史丙，而宜興人徐堯章欲從丙購之，不可得，乃録副以歸。今檢閲此帙，分體編詩下注「甲子至甲辰止」，其他詩亦有注，《采薇吟》及被執後作者當即《奇零草》之原本也。詩多感舊憂時之作，氣概英偉，讀之使人悲壯。其宫詞十首，爲指斥興朝而作。「春官昨進新儀注，大禮躬逢太后婚」一首尤爲人所傳誦。文凡三十七首，而《奇零草》、《冰槎集》皆有自序。綜全集而觀之，公之志事略可見矣。

余嘗謂明季自南都失陷，江海之間，義師數動，倡義諸人歷時最久而百折不回者，當以蒼水張公爲最偉。己亥北征之役，率舟師入長江，掠金焦，上據蕪湖，連收徽、寧、池、太四府，三州，二十四縣，軍威遠揚，人心傾向。使延平從公之計，扼守鎮江以觀時變，其事正未可知。而乃聞敗先遁，功敗垂成，公亦間關入浙，僅以身免。棲遲三載，延平既卒，魯王旋殞，乃解兵遁跡於南田之懸嶴，久之，竟爲奸人所篡取。余往時游雁蕩，取道海門，與蔣君叔南行浙海間，舟過大佛頭，叔南指以示余，言懸嶴叢木，深險絶人，即公雙猿守舍之所，因爲詩以吊公。及入西湖，又拜公墓於南屏之麓。公絶命詞中有句云：「日月雙懸于氏墓，乾坤半壁岳家祠」。今葬忠骨於岳祠、于墓之間，又勒「山色好」三字於石，取義成仁，媲美文山，公亦可以無憾矣。聞海上近年有新刊公集者，未知視此本異同奚若？異時當訪求而手勘之，以垂爲定本焉。辛巳三月十二日，藏園老人手識。

天問閣文集跋

吾鄉達縣李研齋先生少負奇材，喜言兵事，爲孝廉時，即能捍衛鄉里。崇禎癸未始登第。選庶吉士，屢上書陳戰守大略。南都建，授御史。後起兵浙東，與張煌言等圖恢復，諸寨奉爲盟主。兵敗，流轉海上，翁洲潰後，亡命江淮間，旋見獲，羈於江寧。復逸去，遍走南北，晚乃居毘陵以終。智略瓌瑋，才辯縱横，洵晚明之奇傑也。其文集嘉慶中族孫進士淑爲刻於里中，歲久板刻刓敝，印本罕傳。余所見者爲趙撝叔刻本，在《鶴齋叢書》中，祇存三卷，而有目無文又居其半焉。近歲劉翰怡京卿得同甲劉行道輯本，刻入《求恕齋叢書》，凡爲文一百五十五篇，編成四卷，雖散佚尚多，然視趙氏所得已爲侈矣。

余暇時取兩本對校之，乃知劉本篇帙雖富，然其中奪文佚簡，賴趙本補正者頗多。《宛平朱公廟碑》、《王僉事世琮傳》二篇劉本既失收，其《甲申廷臣傳》中溢出劉本外者，凡王家彦、孟兆祥等二十五人。此外有目而無文者，又得十一首，亦可爲異日搜訪之資也。

研齋意識高奇，才氣横溢，以身逢國變，戎馬半生，故其爲文，駿利鋒發，雄鋭無前。於裁論軍國，評隲人物，時有偏激之病，然勝國遺聞，言之翔實，可據爲史乘之資；與友人論文諸書，深痛有明一代文章之病，鋭以起衰扶弊爲心，其持論尤多切摯，亦可謂豪傑之士矣。嗟夫！桑海崎嶇，遺稿散逸，江湖流浪，踪迹隱淪，三百年來，鄉里後生匪特研齋之文字莫由窺觀，即其姓名亦幾有不能稱舉者。網羅放失，重訂遺編，使昔賢忠義大節，得同簡册以流傳，斯亦吾輩後死之責乎！丁丑七月二日藏園老人識。

兹取趙刻補正兹本各節臚列如左：

甲申廷臣傳：

范景文傳　「黄道周廷」以下補缺文一百十七字。

倪元璐傳　傳首補二百三十七字，下接「不然乎」句。

施邦曜傳　「害民之官」下補一百九十三字。

吴麟徵傳　「蓋指首輔」句以下文字詳略不同。傳尾「厲色奪路」下補三百三十四字。

汪　偉傳　「尊而不親」下補八十六字。

王　章傳　傳首補一百三十六字。

金　鉉傳　「彝憲之私」下補三百十一字。

總論　「其後南都白」上補一百二十八行，凡二千五百五十七字。

又補各傳如下：

王家彦　孟兆祥　凌義渠　申佳胤　吴甘來　彭琯　俞志虞　趙譔　王鍾彦

徐有聲　周之茂　孟章明　劉有瀾　宋天顯　于騰蛟　姚誠　高攀桂　張體道

閻汝茂　徐蘭芝　孟兆祥妻等　印瑜　周鳳翔　魏學濂　顧鎔

有目無文各題：

朱羽南傳　太學生趙士璜傳　章都督傳　文鶯傳　妙聰傳　夏老姑傳　小桃源胡氏傳　密雲女子傳　打龍記　海市記　答唐海門論佛書

嚴悔菴評點亭林詩文集跋※

此潘次耕原刻本，余戊申之秋以銀幣八圓得於杭州書坊，坊賈重爲嚴修能芳椒堂物，故索值較昂。護葉有修能手跋數行，時爲嘉慶丙子，訖今已一百二十餘年矣。各卷詩文間加以圈點，其考辨評定之語，皆就所聞見，以朱墨筆識之眉上。文集中凡十七條，詩集中凡十一條，大抵以考證人物爲多，蓋披閱之際，隨意所在而略誌之，非專事評點，故未嘗徧及也。惟卷六《讀隋書》一首，其上有乙亥識語，言「竹汀先生謂此爲《文獻通考》之文，次耕誤收之，今本無此篇，以他文易之」。翊年丙子又識言，「頃見一本，此文已刊去，補刻《顧與治詩序》、《方月斯詩草序》二篇，蓋先生芟汰之作也」。據此則亭林集本先後大有異同。憶葉奂彬嘗語余，自來古書多考版刻，不知新書亦當研究版刻，正此類也。異時當聚新舊諸本參會而通校之，其文字出入或不秖此區區耳。卷首有「清風涇陶松谷家藏本」、「奎藻堂陶氏收藏」二印。辛巳三月杪，後學傅增湘識於藏園。

南雷文案跋※

梨洲先生文集名《南雷文案》，凡十卷，附壽序十一首，列爲外卷；續刻爲《吾悔集》四卷，三刻爲《撰杖集》二卷；後有《南雷詩歷》三卷，《子劉子行狀》二卷；其子百家《學箕初稿》附。尚有《蜀山集》一種，則未之見也。余往時在杭州收得續刻以下各種，今春在廠市又得《文案》十卷，乃合裝而藏之。近世《四部叢刊》所印即此本也。

按：梨洲先生晚年綜合各集，手自抉擇，取丁敬禮之言，題曰《南雷文定》，凡前集十一卷，後集四卷，三集三卷，四集四卷，康熙二十七年靳氏治荆爲之梓行。然自《文定》大行而《文案》遂爲世所稀見。今取兩本合而勘之，其《文定》之文增於《文案》者一百十九首，而《文案》之文不見於《文定》者至七十三首，蓋凡例自言「除其不必存者三分之一也」。

今觀删去諸文，多有闕史乘之作，若聽其堙滅，亦良足惜矣。其删汰大旨，已見先生所撰《作文三戒》中，所謂「三戒」者，即「戒當道之文」、「戒代筆之文」、「戒應酬之文」是也。今《文案》中並無代人作者，然應酬之作、與當道書柬實未能免，其删去以符宿志宜矣。若其中遺逸傳誌，頗存桑海舊聞，而亦概歸芟薙，則以據事而書，不免干觸時忌，或爲新朝所不容。此格於當時形勢，事出不已，後人所宜深諒者也。

余固是有感者，集中有《七怪》一篇，《續師説》一篇，爲𢿜正時弊而作，足以樹人心風俗之坊。《七怪》之首即斥志士逃禪，其言曰：「不欲爲異姓之臣者，且甘爲異姓之子矣。」又曰：「龐勛復出而爲常通，黄巢再現而爲雪竇，亡國之大夫更欲求名於出世，則盗賊之歸而已矣。」次論學者，謂「昔之學者，學道者也；今之學者，學罵者也。矜氣節者則罵爲標榜；志經世者則罵爲功利；讀書作文者則罵爲玩物喪志；留心政事者則罵爲俗吏；接庸僧數輩，則罵考亭爲不足學；讀艾千子定待之尾，則罵象山、陽明爲禪學矣」。「逐志罵其學誤主，東林罵其黨亡國」。其《續師説》曰：「今世以無忌憚相高，代筆門客，張口輒罵歐、曾；兔園蒙師，摇筆即毁朱、陸；古人姓氏，道聽未審，議論其學術文章已累幅見於坊書矣。乳兒粉子，輕儇淺躁，動欲越過前人。抗然自命，世無孔子，不當在弟子之列。蓋不特恥爲弟子，相率而恥不爲師，吁，其可怪也！若是，則師之爲道，人心之蟊賊也」。其言激切深痛，殆皆有爲而發。

夫新舊絶續之交，習尚之澆訛，言論之龐雜，横騖别驅，其弊必至於此，先生所言，寧爲過甚！存之正足以扶世教而振羣蒙。然皆毅然削稿而不恤，或以其辭氣陵厲，非學道人所宜出耶？嗚呼！以先生之碩學耆年，羣倫宗仰，而身丁喪亂，猶復深自歛抑如此。後人遭逢世變，身寄危邦，跼地蹐天，動與禍會，試觀先生之事，則於言行之際宜知所自處矣。壬午十月初六日，藏園老人識。

清別集類

石園全集跋※

《石園全集》凡三十卷，文水李梅公元鼎著，清康熙四十 年其子李振祺、振裕刊本。卷一至十詩集，每卷各題一名：卷十一、二名《倡和初集》，則夫人遠山同作者也；卷十三、四名《隨草》；卷十五爲《詩餘》，則遠山所作；卷十六名《鏡閣新聲》，亦夫婦倡和之詩；卷十七名《隨草續編》；卷十八名《亦園嗣響》，又爲遠山之詩詞；十九至二十二爲遺詩；二十三至三十爲文集，題曰《灌硯齋文稿》；其編次參錯，於義例未愜。全集有宋犖序，詩集有熊文舉、朱徽、黎元寬、文德翼、陳宏緒、薛正平、薛更生各序，又有蕭世瑋、嚴調御、聞啓祥、劉同叔序，《倡和初集》有錢謙益、熊文舉序，《介園嗣響》有彭士望、朱徽序，《灌硯齋文藁》有施閏章、鄒祗謨序。

按：元鼎爲户部尚書李振裕之父，順治時歷官至兵部左侍郎，妻朱中楣字遠山，爲明藩府之女，夙有才名。此集前有進書奏記一通，云：「康熙四十二年少詹事陳元龍傳奉毓慶宫手諭：『大司農李振裕曾進其父梅公詩集，昨皇父深贊其詩品爲當代第一流，因命閲看，甚爲快心。』又諭：『其母亦工詩，有「婦解吟詩子讀書」句，急欲得其專集一讀。可即向司農覓寄塞外。倘以閨詩不便相示，即以此意諭及，無妨也。』振裕遵旨，敬將《石園詩集》一部裝潢，授元龍轉進云。」振裕亦有《進遺集表》一首，冠於册首。夫以閨閣之謳吟，乃上荷廟堂之宣索，此千古奇遇，可爲玉臺詩史中留一佳話矣。其《隨草》中有《遊天主堂》詩五律十三韻，工麗可誦。前有小序，紀堂中景物，異時談燕京勝蹟者，庶可取資也。

又，元鼎文集題曰「灌研齋」，以家藏有灌嬰廟瓦硯。硯形五瓣，若梅花，色如金粟藏經紙，中邊血斑翡翠隱起，似出土銅，叩之作金玉聲。洪容齋守贛時獲於雩廟左池，事載《續筆》中，亦文房之雅供也。附識之以廣異聞焉。癸未二月三日，江安傅增湘識於長春室。

士礼居鈔本吴梅村詩箋注跋

《梅村詩集》十二卷，舊寫本，程穆衡迓亭原箋，楊學沆匏堂補注，《詩餘》、《詩話》附後。《詩話》未注。前有穆衡自序，學沆補注弁言，次穆衡所撰《婁東耆舊傳》，次《詩箋》凡例十八則。後有穆衡《詩餘》序，又《詩箋》後跋。末有戴光曾跋一則，黄丕烈手跋一則。此書向未刊行，蕘圃蓋假戴松門手寫本迻録者也。每卷後有松門題識一二行，每册書衣蕘圃咸加標識，卷中訛舛字句亦經蕘圃校改，著於闌上。首册書衣並有同治癸丑守吾氏手跋，余别藏他書有守吾印記，蓋其人爲陳姓也。

按：梅村詩舊聞有錢湘靈評本，頻年詢訪，未之見也。惟靳价人《集覽》本乃孤行於世，幾於家有其書。然梅村身閲桑海，出處情緒多可憫傷，故其詩觸事抒懷，含情隱約。若徒賞其詞采豐華，音節淒麗，而不悉其身世之源委，時事之遷流，則託興深微，莫由窺見，其於知人論世之旨，去之遠矣。靳注大率詳於詮釋詞句，羅列典故，而於事實多從闕略，閲者憾焉。此程氏箋本，余辛亥歲獲於秀水莊氏，藏之篋笥，未以示人，頃始檢出，重付裝褙。瀏覽數四，其詩分年編次，其箋詳紀事蹟，而於詞旨典實多付闕如。蓋迓亭自序固言「先生之集固未許剳中者得窺其崖略，而索解所難，正不在此也」。至匏堂補注附於詩後，專釋詞典，實爲迓亭所不屑，所謂可已而不已者乎？閲者當自得之，無假余之喋喋爲也。辛未九月二十四日，藏園居士記。

《梅村詩箋》十二卷，我少時興會偶至，率爾所成，雖不無掛漏，然旁無蚍蜉之助，襞數百家，條貫脈絡，絲髮不亂，可云體大思精矣。往仕京師，出前序示同人，以爲不減劉孝標，弗數徐庾以下，豈愛我過，非妄嘆耳。此本揮汗書得，往往有沾漬處，後世讀之，當不啻手澤之痛。乙丑二月春，勞發，兩髀如醋浸，不能行立，援筆記此。鶴市迓亭氏又跋。

《梅村詩箋》成於戊午，越六年甲子録一本，前跋所謂揮汗書者是也。壬午春，舟行遇盜劫，捕緝得賊，衣裝書籍多亡失，獨此編若默有呵護之者。念書無副本，昔人謂至險可虞，東坡所以碇宿海中，夜起對星河而嘆也。因取原本分散各類，依年編次，自甲申冬至乙酉春，多有俗務縈牽，乘間理翰，復書此本，益以《詩餘》，爲十三卷。時年已六十有四，精神日衰，目愈昏，幾不成字。榆影風燭，能有幾時？著書滿屋，再欲清録他種，力不能爲已！開椷披讀，不勝泫然。

右吳祭酒《詩話》一卷，乙未歲余讀書胥江之感德菴，祭酒元孫翔洽時僑寓廣陵甥館，過從頗密，見其篋中攜此帙，蓋先生手書稿本，中多改竄，有塗乙不可辨者，余譯而讀之，不無帝虎之訛。抄《詩箋》竟，用以附諸集後焉。小鐵山人楊學沆跋。

讀梅村詩，非箋不易解，箋非眼極明、學極博、具知人論世之識無當也。余愛讀梅村先生詩，曩於鮑丈廷博處得某氏批本，又閱靳氏所刊《吴詩集覽》，採録之，間附鄙見，並注於原集上。客游東蜀，存於家。同游鄭子師愈於汴省録得此本，爲婁東程氏箋，誠善本也。原集分體，此則編年，一善也。靳氏注應詳者多略，此則詳簡得宜，二善也。靳氏書晚出，且竊取他人語附會之，此箋成於康熙戊午，去梅村時未遠，又同里，見聞多確，三善也。亟手録副本，越半載始竟。他日歸，出前手注本，校其異同得失而折中之，有力則刊以傳，庶不没箋者苦心，而讀者亦得其要矣。嘉慶丙寅春三月十又八日，檇李戴光曾記於興化客樓。

歲辛未閏三月三日，有事至嘉興，因訪戴君松門於吴涇橋。松門素愛好古，圖書滿家，余造訪之夕，挑燈茶話，祕笈徧搜。松門以此書相示，余愛之甚，遂乞歸，展讀一過，知實勝於靳箋，爲其注時事多所發明也。録此爲副，書中寫誤及原有脱落，未盡改正，願以異日。鈔畢粗對一次，時中秋前三日，黄丕烈識於求古居。

之溪老生集書後※

瀘州先著撰，凡詩八卷，詞三卷，皆手輯付梓者。詩卷一、二曰《嚴許集》，以曾爲嚴克宏所許也。卷三、四曰《藥裹集》，卷五、六曰《藥裹後集》，卷七、八曰《藥裹續集》，皆養痾江鄉之作。詞題曰《勸影堂詞集》。前後無序跋，刻於何時何地，皆不可知，惟《藥裹集》識語題「庚辰九月」，《勸影詞》識語題「壬辰四月」，考其時，當在康熙四五十年之後矣。

著字蠲齋，一字遷甫，《全蜀詩鈔》孫桐生輯。言字渭求，《國朝詩鐸》張應昌輯。又謂字染庵，晚號盍旦子，博學多聞，工詩及詞，輯有《詞潔》六卷行世，爲詞林所重。先氏爲吾瀘舊族，宋代頗有聞人，著生平事蹟不可考見，惟知其娶妻朱氏，爲朱福兹晉之妹，以客游江南，遂卜居金陵以終，故他書有載其籍隸江寧者。桑海之際，吾蜀人士以道遠阻兵，不得還鄉者，所在多有，如新繁之費密、李長祥，夔州之唐甄，皆以晚年留滯不歸，風流文采，照耀江淮，而述益都耆舊者，或轉不能舉其姓氏，噫，可歎也！今以卷十各詩證之，其暮年踪迹似不出吴越間，所往還者有梅勿庵、儲六雅、何義門、顧秀野諸人，於當時仕宦顯貴絶少酬贈，則其孤懷高趣，是可欽矣。

此集以楷書入梓，寫刻俱極精雅，世不經見。憶昔年晤繆藝風於海上，諄諄舉是集以相託，嗣是南北搜訪，踰二十年，丙子冬乃獲此本於廠肆，而藝風下世已久矣。集中五七古詩最爲擅場，氣健詞豐，揮灑自如，而自來選家如孫氏之《全蜀詩》、張氏之《詩鐸》及《晚晴簃詩匯》咸未甄采，且皆不著其詩集之名，疑此集行世本稀，諸家尋訪不得，故未及見其全編也。夫鄉賢名集固已足珍，矧其爲舉世難逢之本，一旦得而有之，其爲深藏祕惜，宜何如耶！然異時吾鄉人士倘有嗜學耽奇，鋭志刊傳，爲古人續命者，吾又不欲私自祕惜矣。己卯八月，後學傅增湘識。

朱竹坨騰笑集跋※

竹坨先生詩文初刻之本有二，一爲《竹坨文類》，一爲《騰笑集》，余皆先後得之。此集凡八卷，彙通籍以後所作，刻之京師。前有自序，爲康熙二十五年在掌院牛鈕彈劾左官之後，題曰《騰笑》，用《北山移文》之語藉以自嘲也。舊爲馮柳東太史所藏，有題識三則，譏其爲率爾酬應之作。以余觀之，《游大房》諸篇風格騫舉，可梢名作，詠物諸題尤精麗可喜，即題圖送客亦多名章雋句，又安可輕議也。書經前人朱墨點抹，眉間朱筆識語，如言「蔡修撰貌果風流」，「宋牧仲果以白炭相贈」，似屬同時流輩之語，第莫考爲誰氏耳。昔聞繆藝風言，此本之詩，晚年編集，頗多改易，且有不載入《全集》者。此集眉評亦偶及之。

異時當取而對勘，庶以見前輩矜慎之旨也。

此刻傳本較稀，柳東得此於梁珠淵茂才，事在百年以前，已言「舊本絶尠」。余此帙獲之嘉興忻虞卿家，鈐有「嘉興忻虞卿三十年精力所聚」一印。書友李寶泉南下訪書，爲言虞卿年逾六十，生平喜收書，於鄉先輩撰述搜訪尤勤，多得精鈔祕校本，寶泉以三千金捆載以去。瀕行，主人避面不出，詗之，則獨坐空堂，嚮壁飲泣矣。昔牧齋跋宋刻兩《漢書》，謂去書之日殊難爲懷，有李後主去國，揮淚對宫娥之慨。若忻君者嗜書如命，宜其悽惶惜别，情不自禁矣。其後寶泉載書北來，余略取畸零小帙，其餘若全謝山五校《水經注》稿本、管芷湘手鈔羣書數十册，皆以歸之天津圖書館，使得公諸當世，傳之久遠，庶足少慰虞卿生平搜採之雅意耳。偶憶舊事，附志於此，俾後人知戔戔一集，其流轉授受之跡足以生人慨慕，而其人之姓氏庶幾得附竹垞以傳，此區區之微旨也。歲在壬午嘉平月，江安傅增湘識於企麟軒。

馮柳東識語三則録後：

此卷類酬應之作，率意而書，各得所願而去。心平氣和，無復江潭憔萃時，罷官後作差勝之。老柳。

竹翁《文類》有二，其題布衣朱某爲前刻，其一疑在《騰笑》後，天一閣有藏本，余未之見也。晚年手定爲全集，改從編年。今其手定稿在余處，以朱筆編分甲子，多有與時事不符者。蓋當時約略爲之，初不料楊注之考核，其多齟齬固宜矣。此本從梁珠淵假得。乙未秋題。

此卷得之梁珠淵茂才，舊刻絶尠，中多《全集》未刊之作，今盡採入外集。往見王金浦案頭有注本，尚存其家，不著名氏，大約菜畦藝藿諸君筆也。庚寅夏記。

鈔本觀物草廬焚餘稿跋

此潘力田先生詩集也，存古近體詩三百八十四首，以詩體爲次，不分卷第，卷末有「康熙戊申歲秋日録於鶩湖僧舍」，當是先生罹禍以後朋舊傳録之本。前有當湖盧仲山《康熙癸卯苕中獄事紀》一首，同邑吳□題詩十七首，所以傷悼者甚至。先生著述如《今樂府》、《松陵文獻》、《國史攷異》皆已授梓，獨詩稿未見傳刻，其弟次耕亦不聞爲之掇拾，豈有所避忌而然耶？抑身後散佚者多，留以竢續訪耶？

先生一代奇才，生有異禀，早棄舉業，肆力於學，雜家術數，靡不貫通，與吳赤溟同纂《明史》，錢牧齋、顧亭林皆舉藏書以資之。觀吳氏題詩，有「本紀煌煌一一編，八書年表亦粗全」之句，則先生所自任者固已差具，乃身被奇禍，而史稿飄零，莫由收拾，真足惜也！己卯十月傅增湘識。

方百川先生經義跋※

右《方百川經義》二册，張君庾樓所貽也。全書不分卷，首《大學》，次《論語》，次《中庸》，次《孟子》，凡爲文六十八首，方敏恪所編刊，前有敏恪序及凡例四則，楷書大帙，寫刻精雅，頗宜老眼。余獲之欣喜逾望，携入御園，張燈披誦，一夕而畢，如温舊夢，如逢故人。蓋自戊戌春闈以後，於此事荒廢不習久矣。憶庚寅肄業蓮池時，聞桐城吳先生言，凡習舉業，勿隨時尚，遵循正軌，宜法二方。余緣是選録二家文各數十首，朝夕諷誦，稍得領會其旨。今檢百川此本，如「貨悖而入」二句、「長國家而務時用者」一章、「道之以德」三句、「儀封人請見」一章、「齊景公有馬千駟」一章、「苟有用我者」一章、「吾猶及史之闕文也」一章、「夫天未欲平治天下也」五句，凡諸題之文，皆當日口沫手胝，百回不厭者也。仲兄學淵於二方中尤深嗜百川，心摹力追，深入顯出，極爲吳先生所激賞。時兄頻躓秋闈，余嘗諷之曰：「兄取法於此，品則尚矣，其如聲希味淡不入時人目何？」兄夷然不顧。翊年得遇知音，舉於京兆甲辰科，以經義冠場，高捷南宮。吾兄資性高邁，務學專至，好爲深湛之思，所作往往獨造精微，要與百川爲近，至不肯自詘以諧俗，其天性然也。喜讀古子書，莊、列、荀、韓，多手加點勘。余之篤嗜校讎，實兄有以啓之。平居沈默寡言，而好研求經世有用之學，窮極源流，斷以實論。攖疾早逝，未獲抒其素藴，其遭際亦類百川，良足悲矣！

夫時文取士，久爲世詬，科目既廢，知者益鮮。然此爲空疏無學末流之弊則然耳。試取百川之文，潛心而玩味之，凡所取材，皆羣經之精液，周秦諸子之名言。名理之精，氣息之古，語脈之真，詞章之潔，視若平澹無奇，實幾經錘鍊而出。其學《史記》、韓、歐諸作，讀之忘其爲八股之文。法脈上接成、弘，下視天、崇諸家，大有純駁之辨，非讀破萬卷、洞徹羣情者，豈能辦此。若此者其無忝經義之名也乎？

余嘗考傳記，言百川幼有大志，讀《左氏》、《太史公書》，凡言兵事者集録而斷其成敗。王崑繩、戴南山、朱字绿負經世略，時就與辨論。百川嘿無言，退謂望溪曰：「諸君口譚最賢，非真憂天下者。」是其抱負閎偉，非徒以制義名家也。設天假之年，其成就當不在望溪下。惜生平著述於臨歿時悉自焚燬，僅存《廣師説》一篇，韓文懿推爲雖退之莫能尚，是其學問亦可見一斑矣。辛巳三月六日江安傅增湘識於清華軒。

前跋既竟，余因庾樓兹書之惠而别有感焉。余自壬子入都，即以鋭意收書爲事，耳目之所及，足迹之所經，古寺冷攤，時有奇遇，故家舊邸，亦得窺觀。由是奇書祕册，半入庫藏，積月累年，日以充溢。一時同好者，争與賞奇析異，意興飛騰。丹鉛校勘，約爲課程，瓻酒往還，時得通假。郵筒之使，交影在途；文醼之歡，清譚徹旦。藏園歲暮祭書之典，與會者常數十君。或發爲咏歌，或題諸典籍，風流勝概，傳播長安。同時輩流犖犖可紀者，自德化夫子以次，如董誦芬、章茗理、鄧正闇、吴松鄰、袁寒雲、吴偶能、陶涉園、朱翼厂諸公，皆能窮蒐博採，家富萬籤，常契古歡，得脩雅誼。歲月不居，忽忽已三十年，屈指前游，惟誦芬同年巍然尚在，餘則先後凋零，有人往風微之感。其締交差晚而往還邃密者，爲吴興徐森玉、吴江沈无夢及庚樓年兄，所謂藏園三友是也。是三君者，識力精能，見聞廣博，頻年搜討，貺我實多。或偶逢罕祕，爲目所未經，或創獲珍奇，而力不克舉，相與流傳鈔白，校定丹黄，時補佚文，共商舊學。緣斯密契，遂訂久要，風誼相期，載歷年祀。邇來暮景侵尋，知交寥落，自維情緒，非復曩時，惟此素心，長共晨夕。何意棋枰忽改，蹤迹遂暌。森玉以護持古物，轉徙滇黔，無夢以出謀稻粱，栖遲海嶠，惟余與庚樓留滯舊京，以金馬之陸沈，作窮魚之呴沫。祇自閉門而却掃，未嘗閱肆以探尋。承惠兹徧，觸余舊緒。嗚呼！是戔戔者，在人視之，等於斷爛之朝報、過時之日曆，而余得之，重爲孤行之祕録、斷種之奇書矣。辛巳三月七日，藏園再識。

杭氏道古堂鈔本補史亭賸稿跋※

南宫邢君新獲各書，余春分日既詳記於册矣。翌日，贊庭又送一函至，披帙視之，則昨歲暮所得之杭大宗遺稿也。書凡六種，曰《鴻詞所業》三卷，曰《經進講義》一卷，曰《史記考證》七卷，曰《禮經質疑》一卷，曰《經史質疑》一卷，曰《三國志補注》六卷。前有趙一清序，又曾孫福烺跋。兹録之左方，俾後人可以考見源流焉。原書寫本，烏絲闌，十行，行二十四字，版心下方有「道古堂鈔本」五字，蓋即其曾孫福烺所録也。

堇浦杭太史，余垂髫友也，好讀書，余家小山堂藏書亦棟，堇浦從余先徵君借觀，過目輒記憶。時則前輩符藥林、全謝山、厲太鴻、吳尺鳧諸君子昕夕過從，辨難今古，而堇浦啓奥旨，闡鴻詞，磊落奇偉，頡頏其間，知其經術文章誠有不可一世者。皇上御極之元年，堇浦以名孝廉薦預大科，廷對稱旨，與劉、沈巨公同入史館，翱翔蘭省，卓卓爲士林望。未幾歸鄉里，名益震，望下風而願從者日益衆。堇浦乃輯道古堂詩、文集各數十萬言，其詞典以純，其氣宏以放，既以巍然大觀矣。余方閒居小山堂注釋《水經》，偶獲創解，輒示堇浦，堇浦亦以其心所得者示余，復續得其《補史亭賸稿》十九卷，皆全集所未發而尤可傳者。噫！堇浦與余交數十年矣。憶自符藥林前輩高軒雅集，釃酒論文，何其盛歟！今日簡册摩挲，倡予和汝，每懷疇昔，感慨係之。且堇浦家貧，續集既輯，仍不能刊，其惋惜更何如也？爰序其事，以俟後之君子。乾隆五十八年六月之朔，東潛趙一清拜識。

先曾祖一生勤學，方中乙科，即膺分校之聘，旋登詞館，入直武英殿校勘經史，充三禮館纂修官。及歸田里，一意著書，所纂《道古堂詩集》已刊而行世，外集又十數種，已刊成者七種。此《補史亭賸稿》六種，凡十九卷，家寒未能付梓，而終不敢有所遺棄，暇即手鈔，今年已成四分矣。自慚負米奉親，頻年奔走，仍有飢寒交迫，不能一意手鈔，惟期再將《續禮記集説》百卷暨《兩漢書疏證》一百卷鈔録，呈於當代大君子，藉以久傳，亦幸甚矣。曾孫福烺謹誌。

《鴻詞所業》上、中、下三卷。上卷《萬寶告成賦》，乃浙江總督程元章薦舉後在浙會考之題，余別有《浙江鴻詞試帖》二册，即載此文，當別爲文以記之。次載《五六天地之中合賦》、《黄鍾爲萬事根本論》，爲廷試之題。餘則經説、史論九首。

《經進講義》一卷，爲在翰苑時所撰，《詩·周頌》、《周禮·天官》、《禮記·樂記》、《書·皋陶謨》，凡四則。

《經史質疑》一卷，記門人之問答，有楊綸、李宗樹、李夔班、李光烈、李若珠、馮成章、朱聯兆、陳介特、麥參常、羅鼎臣諸人。

《禮經質疑》一卷，亦記門人問答，有馮成章、李光烈、鄔汝龍、李若珠、李夔班、陳詮、楊綸、陳介特、周乾矩、羅鼎臣、陳璉、陳玉章、陳在簡、謝得清諸人。

《史記考證》七卷。按：此即武英殿本附録之考證也，取殿本核之，其中各條具在，但未注名者居其半，得此可以判晰之。前有杭氏小跋録後：

有明萬曆中，刊《十三經》、《二十一史》於南、北國子監。南監之本，大小不倫，世遂以此本爲貴，其間訛闕不可指數。聖天子廣同文之化，一新天下之耳目，申巽以命儒臣，重加校勘，條其同異，附於各卷之後。桐城方侍郎苞以余名上聞，總裁其事者華亭張尚書照也。就余商榷，虚心採納，竭駑鈍以答之，《考證》所由作也。既余以狂言獲譴，天府之藏，無由再得窺見，同年天台齊侍郎惠寄三册，而史記儼然在焉。一再覽觀，如逢故物，辛苦所存，不忍捐棄，録而存之，其名　仍武英殿之舊。同事此書者，長白德侍郎齡、昌平陳詹尹浩、歸安孫編修人龍，均有議論，不敢闌入，恐獵美也。乾隆十年龍集乙丑四月朔書。

《三國志補注》六卷。按：此書近時已有刊本，暇時當覓得校之，未知尚有脱佚否？

按：右書六種，《史記考證》、《三國志補注》皆有刻本，其《質疑》二書考證精確，多有可存。贊庭鋭志刻書，於前人遺著訪輯至勤，當縱臾付梓，以公當世也。又按：大宗所著《續禮記集説》一百卷，其原稿藏上海涵芬樓，今有活字本行世，而《兩漢書疏證》則流落何許，不可知矣。其《補史亭》爲補《金史》而作，聞其遺稿今爲燕京大學訪得，尚未之見也。甲戌二月十七日，自津沽歸記，藏園。

朱少河雜著稿本跋※

少河名錫庚，笥河先生長子，好學博文，能世其家，余曾於舊籍中時見其題識，而文集獨未之見。近獲鈔本一册，封面篆書「少河雜著」四字，爲張淥卿詡所題，朱格，十行，格心有「樸存山房」四字，爲文二十六首，凡序四首，書四首，考辨三首，記一首，行狀一首，書事二首，題跋書後十一首，行間改竄甚多，皆少河手迹，又有劉燕庭評校及吳山尊題字，蓋即其原稿本也。

案：笥河先生博通典籍，收藏閎富，少河承其家學，於版本、校讐，皆有心得。今觀集中諸文，如《李善注文選刊本源流考》、《山海經書後》、《校正風俗通義跋》、《顧亭林手鈔斜川集跋》，咸能源委通貫，考證詳明。其《古籍過眼録》前後兩序，述其家藏書始末，於書林掌故有關，蓋笥河先生積三十年之久，所藏凡三萬卷，其時都中舊家如青箱堂王氏、楝亭曹氏、長白敷槎氏藏書散出，多爲所得，凡舊刊祕籍，咸外間不易見之本。然其後先生以奉使久在外省，家中所藏爲友朋借觀，僮僕竊出者，散失過半，迨至少河兄弟析産時，所存僅二十簏。少河乃拾取故簏之存者，又追憶舊藏，於舊版祕鈔每種詳其來由，考其同異，以所存十不及一，不堪著録，因題曰《古籍過眼録》云。余頻年閱肆，所見朱氏藏書，不下數十種，皆鈐有「大興朱氏竹君藏書」、「椒花吟舫」、「錫庚閱目」諸印，往往附少河題識，此當屬簏中遺物。惟《過眼録》不見傳本，恐隨蠹屑蟫灰以俱盡矣。

按此集每文題下均記干支歲月，起嘉慶十七年壬申，訖道光七年丁亥，凡歷十有六年，祇得文二十六首。以文中自述考之，少河官山西，以庚午歲被劾罷歸，年甫五十，不復再出，惟以讀書纂述爲事，是平日撰述著必多。顧今日所傳祇此戔戔一册，觀其按年編録，各體咸備，又不類缺殘者。余意此必爲晚年手定之本，蓋在丁亥時年已六十有五，其《與阮芸臺書》有「錫庚近復逃禪，實緣年力衰頽，既不克窮老著書，不妨藉是爲養心之地」之語，是其晚年已不復留情文字，故録其可存，祇有此數耳。然就此而觀其學行，亦可見其梗概矣。

抑余又有感者，觀其《與張理庵書》述及家藏書籍，言「自顧年齒漸頹，頓易素志，前此矜矜焉唯恐不能守，今苦汲汲焉唯恐不能散，第欲散之得其所，實難其人」。是其藏書及身已預爲付託之計，第不知後此歸之何人。嗟夫！雲烟過眼，聚散何常，特以兩世所儲，坐擁萬籤，并此區區目録，亦不得流傳於後，惟藉此遺文尚可稍窺其厓略，斯亦足以歎喟者矣。當世不乏耽書嗜古之人，倘能刊梓以傳，俾少河青箱世守之心稍白於後世，則余將再拜以呈，不敢私爲祕册也。壬午九月十五日，藏園識。

目録附後：

朱少河先生雜著目録：

與阮伯元閣學論脩儒林傳書　書所鈔蔡琇手藏名人書畫册子題跋後　書明周端孝先生血疏貼黄刊本後　故太僕寺少卿先從兄行狀　先大夫文集後序　先大父手鈔斜川集書後　兩張生書事　笥河文集遺編書後　先大夫南巡賦書後　李善注文選諸家刊本源流考　明吳康齋軼事辯誣　與阮制軍書　先曾祖中書公以下合族祭田記　古籍過眼録序　古籍過眼録後序　性命古訓書後　辨空谷上人尚直尚理二編立言之非　葉東卿所藏顧亭林先生手鈔斜川集跋尾　貞烈趙二姑紀事　答章抒思貽遠書　書紫栢尊者跋雪菴大師所書八大人覺經後　與張理菴書　讀山海經書後　山海經箋疏跋尾　先大夫校正風俗通義並補逸編録成帙敬書卷尾　研録山房詩集序

朱錫庚字少河，竹君先生之長子也。朱氏椒花吟舫藏書甚富，其遺籍流傳於外者，多有少河手跋，余在廠市見之屢矣，而文集顧未之見。昨歲於朱允欽遺書中搜得此册，正爲少河稿本。文凡二十七篇，中言其家藏書事甚悉，其餘多有關學術掌故之文。余懼其久而失傳也，爰公諸世，異時有續刻《畿輔叢書》者，取而壽諸梓，斯尤所企禱者也。癸未五月下浣，藏園居士識於甕山西麓。

鈔本張氏愛日精廬文鈔跋※

舊寫本不分卷。首頁殘損，失去標題，以文考之，知爲張金吾所著，因爲補題此名。原藏繆藝風前輩家，余從其喆嗣子壽得之。卷中録文二十篇。月霄所存決不止此，其刊行與否亦不可知。茲標其目於左。海虞近多賢達之士，刊行典籍，相師成風，儻有搜采鄉邦文獻者，當録副以詒之。

釋冕　釋弁　相鼠説　木瓜説　黍離説　揚之水説　伐檀説　蒹葭説　菁菁者莪説　殷人貴富説　康誥説　季冬始漁解　貴黍賤稷解　虞鄉續記序　金文最序　宋槧經典釋文殘本跋　宋蜀大字本月令跋　影寫宋刊本北山小集跋　覆褚仙根問禘郊宗祖書　上受業師黄琴六先生論古文書

藏園羣書題記卷第十八　集部八

總集類・叢編

明本六朝詩集跋※

此集彙刻六朝人詩，凡二十四家。前有嘉靖癸卯薛應旂序，祗泛論詩之大旨，而不言爲何人所編，所據爲何本也。版式半葉十行，行十八字，其行格與書棚本同，雕鐫雅飭，尚存古式。序尾有「毘陵陳奎刊」小字一行。所録諸家爲梁武帝一卷，梁簡文帝二卷，梁宣帝一卷，梁元帝一卷，後周明帝一卷，陳後主一卷，陳煬帝一卷，陳思王四卷，阮嗣宗三卷，嵇中散一卷，陸士衡七卷，陸士龍四卷，謝康樂一卷，謝惠連一卷，謝宣城五卷，鮑照八卷，江文通四卷，何水部二卷，陰常侍一卷，王子淵一卷，劉孝綽一卷，劉孝威一卷，沈約一卷，庾開府二卷，凡二十四家，共五十五卷。此書傳世無多，各家簿録殊爲罕見，惟《絳雲樓書目》有之，近時則杭州丁氏《善本書室志》亦著於録。所録諸家祗有賦、詩，無文，其中如阮嗣宗、謝宣城、何水部、陰常侍皆與世傳宋本卷數合；陳思王、嵇中散、鮑明遠、江文通及二陸各家，其詩之卷數亦與世行本不異；若康樂、惠連二集，則據宋刻《三謝詩》采入，並非其全；庾開府集既不載其賦，其詩視今世傳本六卷者多寡懸絶，知其遺佚尤多。至如梁宣帝祇詩六首，後周明帝祇詩二首，寥寥短帙，而亦虚占一卷，以足二十四家之數，可知原編者多由旁收雜纂而成，初無主旨，故於六朝名家如安仁、延年、貞白、孝穆之屬，轉致見遺，其甄采未爲允協也。然唐以前專集存於世者，舊刻頗稀，得此彙刻古本，藉以參訂異同，其爲功亦閎矣。

余舊收此集於廠肆，中闕陰、何、王三家。嗣聞鄧孝先同年藏有此書，因假得摹寫補之。孝先藏書近歲悉歸之南京國校，丁氏之書久儲於江南官庫。昨冬金陵失陷，備經兵劫，此書存亡殆不可知矣。

前跋方屬藁，適東方館中送閲此集全帙，其前録有咸淳庚午謝枋得叙一首，言録帝王八家以象八節，益以阮籍等十六人，以象二十四氣云。方知此集實宋末坊本，嘉靖時從而覆刊耳。余别有題識，此不贅述。

十家宫詞跋

《三家宫詞》三卷，爲唐王建、蜀花蕊夫人、宋王珪所作；《五家宫詞》五卷，爲晉和凝、宋宋白、張公庠、周彦質、王仲修所作，咸人爲一卷，詩各百首，見於《直齋書録解題》，馬端臨《通考》因之。清初上元倪太史闇公得宋刊《十家宫詞》，梓於八家之外又益以《宣和御製》三卷，《胡偉集句》一卷也。朱竹垞見而録副，以授山東布政司參議胡循齋，鋟木於潞河。嗣胡氏旋京師，仍以刊板歸之竹垞，卷首有康熙二十八年竹垞自序。至乾隆初年，史開基得其版於外舅家，又補其殘蝕以行世，即此本是也。考張宗橚《漁洋詩話》，言倪刻宋本《十家詞》世不多覯，蒿菴先生曾贈余一册，凡四卷。是乾隆時張氏所得已非全帙。此帙鈐有「鮑氏知不足齋藏書」、「天都鮑氏困學齋圖籍」、「袁简齋書畫印」各印，書衣有勞季言題字一行云：「道光乙巳五月購於知不足齋，丹鉛精舍主人記。」《宣和宫詞》後勞氏手寫緑君亭本十首，又補録渌飲跋五行。《王建宫詞》後録楊升菴所補七首，緑君亭本三首。知前輩考訂精勤，護持珍重，皆視爲罕祕之笈矣。

倪氏宋刊原本竹垞撰序已云不可再得，余昔年於廠市見宋刊宣和御製、張公庠、王仲修、周彦質四家宫詞，曾詳考之，乃别爲一殘本，非闇公舊物。當以此本覆勘一過，凡糾正五十餘字，余曾撰有題識，如：張公庠卷中「學士經筵論古今」，此本作「經綸」；「千官傾望柘黄衣」，此本作「拓黄」；「清秋皎月正嬋娟」，此本作「蟬娟」。王仲修卷中「唐裝宫女聽傳宣」，此本作「傳音」；「金盤碧粽裹雕菰」，此本作「雕胡」；「天子觀魚陋魯棠」，此本作「觀魯」；皆顯然譌謬。夫以親見宋本，復經名人爲之鋟梓，而焉烏帝虎尚未能免，可知拂塵掃葉之功正未易言，而吾輩讀書，凡翻雕宋元善本，設遇原刊，更須勤爲董理，慎勿輕信古人，而貽誤後學也。癸酉清明節，藏園書。

影宋本十家宫詞跋※

余舊藏《十家宫詞》，爲康熙時朱竹坨所刊，據原跋言，曾據上元倪闇公所得宋時雕本録副而刊行之。今倪氏宋本既渺不可尋，即朱氏覆雕亦稀如星鳳矣。庚午初夏，秋浦周君叔弢得宋書棚本於廠肆，僅存宣和御製及張公庠、王仲修、周彦質四家。余曾假以對勘朱本，訂正五十餘字，别爲題識以歸之。叔弢復用新法影寫以傳世，讀者固已家有其書。蕴山田君見而愛之，深恐其流播之未廣也，爰取影本以覆諸木。其宋文安等六家，則依余所藏朱本橅摹，以足十家之數。惟《王建宫詞》内標舉各則及卷尾增入諸首咸爲勞巽卿親筆校録，朱氏原本所無也。蕴山校刻既竣，屬爲題識數語，因記其厓略如此，俾來者得以考見焉。時在甲戌四月初吉，藏園居士傅增湘書。

宋書棚本四家宮詞跋※

《宣和御製宫詞》三卷、《張公庠宫詞》一卷、《王仲脩宫詞》一卷、《周彦質宫詞》一卷，宋刊本，半葉十行，每行十八字，白口，左右雙闌，版心記宣和一、二、三，及張詞、王詞、周詞幾。宋諱慎、敦字缺末筆。以版式行格字體審之，決爲書棚本。昔年曾見錢新甫前輩所藏《棠湖詩藁》正是此式，惟卷末有「臨安府棚北大街陳宅書籍鋪印行」小字二行，此本無之，或刊之他卷末，茲帙以殘缺故不及見耳。

考《十家宫詞》共十二卷，内王建、花蕊夫人、王珪各一卷，爲《三家宫詞》，和凝、宋白、張公庠、周彦質、王仲脩各一卷，爲《五家宫詞》，益以《宣和御製》三卷、《胡偉集句》一卷，合爲十家。朱竹垞曾據上元倪闇公所得宋時雕本録副而刊行之。後其版爲史開基得之，又補其殘缺以傳之，即今通行本是也。茲帙所存祇四家，其中張公庠詞題「卷第二」，周彦質詞題「卷第三」，王仲脩詞題「卷第四」，蓋卷第一爲和凝也。取朱刊本校之，標題銜名行款悉仍舊式，然誤字時復不免。如《張公庠詞》，開卷第一句「學士經筵論古今」，朱刊本誤作「經綸」矣。通勘各卷，凡《宣和宫詞》改正二十四字，《張公庠宫詞》改正五字，《王仲脩宫詞》改正十一字，《周彦質宫詞》改正十五字，通計改正得五十五字。

此書各家書目不見著録，倪氏藏本身後旋即散佚，當時竹垞求之已不可得。此本無收藏家印，或疑即闇公故物。然細檢朱刊本空缺之字，如《宣和宫詞》第六十一首「嬌怯畫船推俯」，「俯」下空缺一格，可知闇公本必此處斷爛，故缺文不敢臆補。此本字畫清朗，明爲「岸」字，則非闇公所藏審矣。其餘别有空格數字，宋本乃以墨筆填寫，於考證無關，可不置論。

此帙初見於廠市，蹤迹隱祕，不知出自誰家，一瞥遂不可再覯。其後展轉爲秋浦周君叔弢所獲，議值至千六百金，媵以岳刻《春秋名號歸一圖》、《春秋年表》二册，初印精善，紙色如玉，墨光如漆，蓋相臺《左傳》之首帙也。叔弢嗜書如命，頻年采獲，插架琳瑯。今又收此秘笈，異時撰爲賦詠，殆可與華氏真賞、黄氏宋廛後先競美。爰舉校勘所得，詳誌巔末，俾後來者得以取資焉。庚午五月二十五日藏園居士手記。

明雲栖館本三體宫詞跋※

此明刊《三體宫詞》，昔年得之南中者，卷末有「萬曆甲午晉陵吴氏雲栖館梓」小字兩行，半葉十行，每行十八字，白口，左右雙闌。唐《王建宫詞》百首，蜀《花蕊夫人宫詞》一百首，宋《王歧公宫詞》九十九首。每卷前皆有傳記，下接本書。《花蕊夫人》前爲王安國、吴革題語。遍考各家書目皆不載此本，意刊成後流布未廣也。

篋中適藏有汲古閣初印單行本，爰取以對勘，則三家之中互爲羼雜，如王建詞中雜入王珪十一首，雜入花蕊二十一首，而「奉帚平明金殿開」、「日晚長秋簾外報」、「日映西陵松柏枝」、「淚盡羅巾夢不成」、「黄金捍撥紫檀槽」、「閑吹玉殿昭華管」六首，毛氏所考爲劉夢得、白樂天諸人詩所誤入而刊削者，此本仍載之。花蕊夫人詞中雜入王珪四十六首，雜入王建十三首，而其中「後宫宫女無多少」一首爲毛本所無。王珪詞中雜入王建二十五首，雜入花蕊夫人三十八首，而「翡翠盤龍裝繡領」一首毛本亦無之。夫三家之詞宋人即言其混淆已久，傳鈔雕布各有其源，吴氏所刊必係據一相傳之舊本，究之孰爲是非，要難論定，姑各記於卷，以俟後人之參訂焉。惟毛本誤字甚多，賴此本糾正者王建百首中至二百餘字，餘可推知。

余别有康熙胡氏刊《十家宫詞》本，乃朱竹垞得倪闇公藏本刊據以翻鐫者，取以覆勘，其改訂毛本訛繆之字，吴本與之相同殆十居八九，以此知吴氏根據必爲古本，故其佳勝與宋本相合。後之得吾書者善爲保之，勿徒以罕覯爲足珍也。癸酉三月初八日，藏園記。

明萬玉山居本三體宫詞跋※

《三體宫詞》者王建、花蕊夫人、王珪三家合刊爲一帙者也。半葉十行，每行二十字，白口，左右雙闌。卷尾有「萬曆甲午晉陵吴氏雲栖館梓」二行，字體秀整。余喜其爲家刻善本，以廉値得之。暇時乃取汲古閣刻校讀，異字乃極夥，殊出意外。適張菊生前輩議印《四部叢刊續編》，來函索此書，假以付印，因郵致之。前日忽於文禄堂書坊又覯一帙，板式行格與雲栖館本相同，筆法雕工亦復酷似，惟楮墨精麗乃人勝此本，且卷末有「武陵季子梓於萬玉山居」二行，不意戔戔小詞同時乃有兩刻，而余又幸先後並得寓目，亦足異矣。

顧以兩本對勘，則文字又小有歧異，如王建詞「每遍舞頭分兩向」，萬玉本作「舞過」；「紅耳霜毛趁草眠」，萬玉本作「赴草」；似皆以雲栖本爲勝。乃知兩本雖出同時，然萬玉本實先授梓，吴氏以其本覆諸木，其字之舛誤者又重加訂正，故板刻雖遜其佳麗，而校勘乃特爲精審，是余本雖屬晚出，要當以敝帚自珍耳。

明姜道生刻唐詩三家跋

此明季雲陽姜道生刊本，存義山、君平、致光三家，以詩體分先後，而不析卷數，已大非古來傳本之舊。然義山則直題曰《李商隱詩集》，君平則題《唐駕部侍郎知制誥中書舍人韓君平詩集》，致光則題《唐翰林學士中書舍人韓致光香匳集》，其式猶爲近古，是其源必有所自矣。半葉九行，行二十一字，校勘尚精，譌誤殊少。《君平集》後有「雲陽姜道生重生父校刊，姜志琳明生父仝校」二行，《香匳集》後則道生校刊後爲「新都潘最懋卿父仝校」，《義山集》雖無校刊姓名，而版匡行格斠若畫一，其爲一家所刻，自不待言。第同刊者當不止此三家，惜槧余聞見寡陋，無以知其究竟耳！戊寅二月中旬識。

明蔣孝刊本中唐十二家詩跋

明嘉靖庚戌，毘陵蔣氏惟忠孝以家藏唐人詩集儲光羲以下十二家授梓，既自爲之引，又屬方山薛應旂序之。十二家者：《儲光羲集》五卷，《劉隨州集》十卷，外集一卷，《毘陵集》三卷，《錢起集》十卷，《盧户部集》十卷，《孫集賢集》一卷，《崔補闕集》一卷，《劉賓客集》六卷，《張司業集》六卷，《賈浪仙集》十卷，《王建集》八卷，《李義山集》六卷，通七十七卷。序後有「卧龍橋東三徑主人」牌子，又「毘陵陳奎刻」一行，知其書即刻於常州者也。半葉十行，行二十字，白口，左右雙闌，諸家編次皆分體，前有目録。《儲光羲集》録顧况序，《張司業集》録張洎序，又録正德乙亥河中劉成德序，其它咸無序、跋。按蔣氏自序言，以家藏鈔本付梓，然以諸家集攷之，其儲、錢、王、賈、盧、劉長卿卷數與舊本相符，崔、孫二集無舊本可證，第寥寥數葉，其原編當爲一卷可知。惟《毘陵集》本爲二十卷，今衹録其詩三卷，證以席刻正同，或亦出於舊編。若《劉賓客集》之作六卷，《張籍集》之作五卷，《李義山集》之作六卷，則徧檢古今書目，毫無所據依，疑蔣氏以意爲之編次，殊失矜慎之道矣。然明人勇於傳刻，而標題編次往往輕變古式，殆已習爲風氣，不知其非，於蔣氏又何責焉！

余於十五年前薄游南中，收得此集，祇存八家，市估至刓改序文，別寫總目，以充全帙，然余固心知其非。今各册有「太原氏珍藏」印者皆是也。嗣游廠肆，獲錢、盧、劉賓客三家，可以補其闕遺，而義山一集則訪求積年，終不可獲，功虧一簣，深用悵惘。洎歲在乙丑，作客吴閶，晤葉奂彬同年，談及其家適有此集，慨允以他書相易，因載取以歸。其卷首有「長沙龔氏羣玉山房藏書記」、「野夫所藏」二印。卷末有奂彬手跋四百餘言，謂白文分類本此爲創見，且吴中藏家如藝芸、士禮，多儲舊槧，而毘陵蔣刻獨無一種，其罕覯可知。其言矜詡甚至，然終能割愛相畀，奏鍊石補天之功，竟掘井及泉之力，良足感也！兹詳述其原委，以志良友之高誼焉。

昨歲余清理積篋，因思及此書成功匪易，欲付匠合裝，以資珍護。及窮搜篋底，所得前八家者，乃渺不可尋，意謂如銀杯之羽化矣，爲之憤惋彌日。月前偶詣文友書坊，探其儲室，殘書連架，忽覩及是編，檢視卷中，余當時手記赫然具存，乃憶及昔年緣周君叔弢收得此集，以中多缺番，假余藏本補寫，擱置頻年，都不省記，遂爲店徒等歸入叢殘，束之高閣。一旦得此，如逢故人，喜可知矣。今裝褙既竟，爰記其始末，載入餘紙，留示忠郎，俾知此書自嘉靖刻梓，迄於今日，已越三百八十餘年，傳本之稀，固已如鳳毛麟角，況復自余手中由闕而獲完，既失而復得，涉歷十數星霜，始得宣綾包角，繭紙爲衣，焕然改觀，以陳諸几案。則後人摩挲賞玩之餘，宜如何什襲珍儲，世守勿失，毋負余艱勤搜討之意乎！甲戌重九日，沅叔書於藏園食字齋中。

明浮玉山房刊本唐詩二十六家集跋

此書《四庫》列之《存目》，嘉靖癸丑黄省曾刻本，凡二十六家，爲李嶠、蘇廷碩、虞世南、許敬宗、李頎、王昌齡、崔顥、崔曙、祖詠、常建、嚴武、皇甫冉、皇甫曾、權德輿、李益、司空曙、嚴維、顧況、韓君平、武元衡、李嘉祐、耿湋、秦隱君、郎士元、包何、包佶諸人。李嶠、李頎、皇甫冉、韓君平、武元衡、耿湋皆三卷，蘇廷碩、王昌齡、崔顥、常建、皇甫曾、權德輿、李益、司空曙、嚴維、顧況、李嘉祐、郎士元各二卷，餘則人各一卷，通五十卷。余此本則佚去末四家矣。此刻半葉十行，行十九字，版式疏朗，雕工明净，頗宜老眼。目録後有牌子，爲「嘉靖甲寅首春江夏黄氏刻於浮玉山房」二行。編次以五七言、古近體分列次序，有賦者以賦冠於前。諸家集咸無序跋，亦不言所據爲何本，然余取明朱氏刊《唐百家集》對勘，則編次先後既合，即詩中缺字亦同，則其自朱本選出初、中、唐諸家，覆刻行世，大略可知。其中亦有據活字本者，如《崔顥集》，其次第與朱刻不同，而與活字本合。又《許敬宗集》中《欹器賦》、《竹賦》朱本文中均有脱字，此本咸一一爲之增訂，可知黄氏付梓時亦曾加以校正，亦可謂晚出之善本矣。八月二十二日，抱素書屋識。

總集類·通代

校本文苑英華跋

《文苑英華》一千卷，宋刊之外至明隆慶元年始有刊本。其書半葉十一行，行二十二字，白口，單闌，前有福建巡撫蜀漢塗澤民序，又福建巡按御史姚江胡維新序。書刻於閩中，故序後列福建各官吏銜名四十一行，蓋刊書之議發於巡按，剞劂之費檄取諸公帑，委福州、泉州二郡守及丞倅、儒學經理其事。時戚南塘少保方以總兵鎮閩浙，相與捐廉課工，以督其成，故亦列名於首焉。按胡序言，是書舊有宋刻，然藏之御府，非掌中祕者不獲見，且今亦并逸，諸家所有皆出傳録。則其所據亦繕本也。塗序亦云購得繕本庀梓之。至刻書之役，據胡序言，自嘉靖丙寅六月入閩，始發其議，至於翊歲隆慶丁卯正月而蕆功，僅閱半載，而繡梓以成，其繕校之勤奮，課工之嚴急，非恒人所能奏效。蓋督撫大吏主持於上，郡邑學校分功於下，而南塘少保更以軍法督厲而經畫之，挾萬鈞之力以完此冠世之書，故成功如是其偉且捷也。按周益公序，此書「始雕於嘉泰改元春，至四年秋迄工」，歷時凡三年有半。今重刻之期不踰六月，其功力之遲速，相去遼絶乃如是，殊使人驚歎駭伏於無已也。

顧全書卷帙既富，而程限復嚴，且宋刻在天府既不可窺，所據以入梓者，皆屬近代傳鈔，然傳鈔之本恒出諸王藩府、貴官、富室，取此大書，專供插架，傳寫多委之吏胥，繕成復不加勘正，故隆慶重刊固推盛舉，而殺青倉卒，遺纇孔多。余少年酷嗜唐文，時披此集，往往覽未終篇，榛蕪觸目，輒復掩卷咨嗟。竊謂此煌煌總集，爲一代詞翰之淵海，實百家文集之總龜，自昭明《文選》而下，唐之《芳林要覽》、《碧玉芳林》、《文館詞林》既已湮失不傳，端賴此書與《太平御覽》、《册府元龜》并行於世，多存古來文章故實。惟以文字浩穰，學者苦難遍讀。且自隆慶以後，此本孤行，譌奪滋深，莫從是正，余遂竊有勘定此書之志矣。

宣統之初，偶於會經書坊獲見義門何氏校本，懸價高奇，乃爲劉仲魯前輩所得。嗣假而披觀，乃專取諸家本集轉校此書，非別據舊本以正全書也。共和初元，於坊肆廣搜明時寫本，先後得百許册，去其重複，存八百三十卷，可題爲百衲本。嗣於京師圖書館見宋刊本一百卷，爲内閣大庫舊物，即竭月餘之力校録於刻本上。此即胡氏所謂掌之中祕，不可得見者，余於數百年後匪特目而玩之，更得手而校之，亦云幸矣。庚午歲，見一校本於文友書坊，爲康熙時范氏履平從葉石君校本移録者，丹黄爛然，前後精謹不懈，因以重金購歸。暇時取前校宋刊各卷核之，知其訂正之功仍多未備，蓋葉氏所據亦一鈔本也。其後數年之中，又得見宋刊殘本四帙，余幸分得一帙十卷。緣是忌興勃發，思欲專精鋭意以償夙願。顧以家藏鈔帙既非完書，宋刊所存粗有什一，欲蘄得舊鈔精善正定可信者終不可得。旋聞世好周君叔弢藏有明鈔，其行格與宋刊無異，馳書走訊，慨然見假，嗣知余有志此書，竟割愛相貽。由是篋中有鈔本二，校本一，傳校宋本又百許卷，固已躊躇滿志矣。然以篋藏明本不愜於懷，晚印半涉模糊，補鎸更多訛誤，會邃雅書坊新收仁和王氏藏書，適有隆慶刻新開初印本，楮墨明麗，觸手如新，因毅然斥五百金得之，用儲爲手校之底本。此頻年蒐采鈔本、校本及宋刻、明刻之大略也。

至若校勘始末，可得而言。余自辛、壬桑海之交，幸拋簪組，即嗜丹鉛，二十餘年，雪案螢窗，無時或間，手校之書，爲部以千計，爲卷以萬計，獨於是書，徘徊審顧，頻頻展卷，未遑著筆。一以歷時太久，恐廢於半途。一以舊帙多殘，正艱於搜訪。迨曠歷彌年，諸本咸具，遂屏除百務，肆力此書。始於丙子九月之杪，覽開宗明義之章。始意日竟三卷，經年可以訖工，而人事拘累，作輟不恒，兼以春秋勝日，例作山游，北馬南船，一出輒經旬月，立志不堅，初計遂左。迄於丁丑殘臘之日，僅得五十六卷，玩時愒日，私用自慚。遂鋭意奮起，嚴定課程，自戊寅正月落燈節起，日以二卷爲率。其或偶有參差，則以時之閑冗爲卷之贏縮，日晷不足，則繼以深宵，人事相纏，則避之别館。當其目營心注，客至或忘其酬對，食息常致於愆期。延及仲冬，月琯十更，勘成六百餘卷。適以纂修《綏遠通志》，暫輟此功。今歲正月之杪，重理日課，踰春涉夏，昕夕靡遑，至七月十九日幸而獲竟全功。此九百四十餘卷，歷時四百有五十日，頽景侵尋，情懷牢落，日暮途遠，俛仰咨嗟，幾欲隳廢者數矣。卒以鏃礪矢心，堅持不捨，深凜垂成之戒，私奮炳燭之明，幸藉餘光，卒償始願。古人謂行百里者半九十，豈不信哉！

若夫校訂之序，難以詳言，約其歸趨，可陳梗概。宋本佳勝，無待繁言，館藏之百卷爲卷六百一至七百，首尾銜接，次第井然。其中表、狀、書、疏，閎論高文，頗資釐飭，曾就館藏，校得底本。餘四十卷咸屬詩篇，其中二百六十一至七十之帙爲余所藏，自餘各卷皆先後假得，校於刻本。兹第取而移寫之。至所儲諸本，較其優劣，宜推周本爲甲，以其行格畫一，淵源當出於宋刊；繕寫精嚴，校字亦至爲審慎。故凡宋本所無者，咸以周本爲主，遇有凝滯，則用百衲本參考之。兩本校畢，更用范校本補其疏漏，證其異同。若遇周本所缺，則取據百衲本。兩本皆缺，則傳校於范本。顧范本雖録自石君，而原編既未爲精審，傳校或不免奪遺，故以周本校勘所得，持較范本，每卷輒多所補增，可知周本之善，其去古尚未遼也。

至訂正之事，約分數端：一曰異字也。文本非誤，而義可兩存，故注「一作某」，或「集作某」，「某書作某」，以附於本句下。此類鈔本甚多，而校以刊本，删落者乃居半數。其字率録之眉上，庶免羼雜於行間。

一曰疑字也。形聲相近，時有沿訛，原本於字下旁注「疑」字，或注「疑作某」，明刻率爲逕改，既失本真，或致武斷。今據各本，一準原式，以待討論。

一曰脱訛也。拂塵掃葉，古人所難，況書踰萬番，事出衆手，爲期短迫，難語精詳，其誤於梓人固多，而誤於寫官者寧尠？今之所校，咸列行間，點畫微訛，或就塗本字。其小有差别，或字同而體異者，或不盡正。然每卷往往改正至百許字，已苦腕疲欲脱矣。

一曰脱句、脱行也。單辭隻字，既已筆不勝書，而片語長言，尤復多待掇拾。少者數句，多者連行，全書補正之文至十數字以上者，凡四十有六事，亦云夥矣。

一曰補注也。其文多引原書，如王貞白《御溝水》詩注引《郡閣雅言》以明本事，其文多至百言。李繼密《山南西道節度制》、李商隱《爲濮陽公表》皆有注數十言，事關考證，而刻本刊去不存。今咸依鈔本復之。其他瑣屑，未遑備舉。

一曰錯簡也。卷四百三十二太和七年《册皇太子德音》、卷四百八十三李玄成《賢良策》其中文義混淆，頗難尋繹，核以舊本乃知爲錯簡所亂，一經糾正，頓復舊規。偶有次第紊亂者，如卷五百八十八邵說、李嶠、崔沔四表前後異位，而撰人因之他屬，其誤亦匪細。詩中亦有類此者，不復毛舉也。

一曰脱全篇也。文之脱者，卷四百四十六有《建平公主册文》一首，詩之脱者卷一百五十八有杜甫《九日登梓州城》五律一首，卷一百九十八有柳惲《關山道》、沈佺期《關山月》、庾信《出自薊北門行》各一首，卷二百七十有劉長卿《送皇甫曾赴上都》一首。凡此鉅失，今皆補完，寧非快事。

一曰脱全葉也。卷六百六十七于志寧《諫太子引達支哥入宫書》「人有怨言」句下脱失一葉，其下原有姚珽《上節愍太子書》四首，刻本誤連而下，由是以姚氏之文屬之於于氏矣。然此二葉家藏周本、衲本咸付闕如，即葉校本亦然，幸宋本此卷適存，得以影摹補入，可云意外之獲矣。

一曰補校記也。此書自周益公校正付雕，凡有異字，既分注於篇中，其他殊文旁證，則彙列諸卷尾，更有考證辨明之處，或撮其校語，綴於本篇。明刻於此類校文刊削最甚，今取鈔本增補，每卷多者或至二三百言，朱丹溢幅，殆如火棗兒餻矣。

一曰補撰人也。刻本於題下人名恒多脱失，且一人而連篇入選者，輒以「前人」二字概之。其間偶有漏載，則文存而失其主名，或乙撰而屬之甲氏。今悉爲補正，則讀者省檢閲之勞，選者無誤收之弊矣。

上述諸端，披章檢句，皆依其文字取爲校勘之資，一展卷而得失釐然。然於文字之外，其可校者正多：有宋本墨釘連行而刻本不空行格者；有原本脱落字句而刻本誤爲接連者；有刻本脱文空格，證以鈔本，其空格多寡往往不符者；有鈔本正脱全葉而刻本祇空一二行者；卷四百七李文友《興平縣令制》下。有原本提行别起而刻本誤爲直下連屬者；有原本删而題存，刻本並題亦佚去者。綜此諸端，寧爲細青！余取證諸本，雖未能盡掃榛蕪，而領要探原，固已十得八九，是則差足自慰者也。

按：此書之源流，自來諸家著録皆語焉不詳，其編輯之事雖略見於卷首，至後來頗經校改及繕録、刊雕，歷時甚久，始末終不可尋。今參互考訂，備述於編。

考《宋會要》：太平興國七年九月，帝以諸家文集其數至繁，各擅所長，榛蕪相間，乃命李昉、扈蒙、徐鉉、宋白、賈黄中、吕蒙正、李至、李穆、楊徽之、李範、楊礪、吴淑、吕文仲、胡訂、戰貽慶、杜鎬、舒雅等十七人撮前代文章，以類分之爲千卷。其中詩一百八十卷爲楊徽之所編，以其尤精風雅，特以命之。後以昉、蒙等繼領他任，續命蘇易簡、王祐、范杲與宋白等共成之。雍熙三年十二月書成，號曰《文苑英華》。白等表上云：「席繙經史，堂列縑緗，咀嚼英腴，總覽翹秀，撮其類列，分以部居，使沿泝者得其餘波，慕味者接其妍唱」云。帝覽而善之，詔答曰：「近代以來，斯文浸盛，雖述作甚多，而妍媸不辨。遂令編輯，止取菁英，所謂擿鸞鳳之羽毛，截犀象之牙角。書成來上，實有可觀，宜付史館。」此太宗朝敕編之事實也。

越二十年，真宗謂宰相曰：「今方外學者少書誦讀，不能廣播。《文苑英華》先帝纘次，當擇館閣文學之士校正，與李善《文選》並鏤板頒布，庶有益於學者。」景德四年八月遂令文臣擇前賢文章重加編録，芟繁補闕换易之，卷數如舊，敕摹印頒行。祥符二年十月，命太常博士石待問校勘。十二月，又命張秉、薛映、戚綸、陳彭年覆校。此真宗朝校勘之事實也。然景德刊本不特人所未見，亦世無傳聞。設果有其書，《郡齋讀書志》豈宜不録？周益公序何以不言？疑當時雖有摹印之敕，其後以一再覆校而終未付雕也。

及於南渡，孝宗以祕閣本多舛錯，命周必大校讐以進，淳熙八年正月二十二日以一百十册藏祕閣。此孝宗朝重校之事實也。

然據必大序，言奉詔哀集《皇朝文鑑》，因及《文苑英華》。雖祕閣有本，然舛誤不可讀，俄傳旨取入，遂經乙覽。時御前置校正書籍一二十員，皆書生稍習文墨者，既得此爲課程，往往妄加塗注，繕寫裝飾，付之祕閣。頃嘗屬荆帥范仲藝、均倅丁介稍加校正。晚幸退休，徧求別本，與士友詳議，疑則缺之。原修書時歷年頗多，非出一手，叢脞重複，首尾横決，先後顛倒，不可勝計。今皆正之，詳注諸篇之下。按必大此序作於嘉泰四年，上距淳熙辛丑已二十餘年，是校後藏之祕閣，未曾授梓，遲至二十年後，始據必大重校之本乃以刊布也。又案彭叔夏《文苑英華辨證》序，言益公退老丘園，命以校讐，改訂商搉，用功爲多。因薈萃其説，勒成十卷。其序亦在嘉泰四年冬，與必大之序成於同時。今所存宋本每卷末咸有叔夏校正銜名，是刊本正依叔夏手校可知，而必大序中衹述與士友詳議，未舉叔夏之名，抑又何耶？又，今存宋刊本十卷爲一册，每册後有「景定元年十月二十五日，裝褙臣王潤照管訖」墨書木記一行及「内府文璽」、「御府圖書」、「緝熙殿書籍印」諸章。其書楮墨精麗，確爲御府藏本。考景定初元，距嘉泰刻成時已閲五十七年，何以殺青將近周甲始行進御？惜載記缺失，莫由考證其事，良足歎矣。

自太宗初定天下，雅意文治，詔修三大書，《御覽》、《册府》二書閩、蜀已刊行，惟《文苑英華》書成後又經校改，雖景德四年有與《文選》摹印頒行之敕，然據必大所言，經南渡以前迄未行世，至孝宗時重經乙覽，始成祕閣繕寫校正之本，上溯太平興國敕修之日正閱二百年，其成書若斯之難也。更由淳熙下逮嘉泰初元，又歷二十三年，始有刊本。其刊布也，必大校正於前，叔夏考辨於後，且版幅寬閎，鎸工雅麗，眎世傳《册府》、《御覽》二書特爲精善。似此煌煌鉅編，工艱費廣，當爲官刊之定本，其傳世廣遠可知。然訖於明代，舉世已無完帙，惟恃傳鈔之本粗延其緒，而淆紊奪譌，至於不可釐正。蓋刻本之流傳又若是其艱且久也。

余維唐代文章號爲極盛，三百年中，碩儒英彦，振采揚鑣，不絶於代。《唐書·藝文志》文集著録凡二百餘家，今考文淵閣所存，乃祗七十六家，知其堙沉磨滅者固已多矣。獨賴此書幸存，包藴閎深，可以供人蒐獵。其中鉅製鴻篇，搜采無遺，有爲他書所不見者，有爲本集所見遺者。更有名家文集久已失傳，而輯其佚文，可裒然成帙者，如許敬宗、李嶠、崔融、李華、蕭穎士、孫逖、符載、梁肅諸人皆是也。夫以網羅之廣博，卷帙之豐盈，古來總集之富，殆無以加。然溯其編輯之始，迄於刊布之時，歷南北兩朝二百二十餘年。其始也，幸遇雅意好文之主，朝夕披覽，以倡率綜攬於上；館閣諸臣又多名儒碩彦，得以揚才萃力，以鑑别裁定於下。且其時正值海内初平，盡得諸國文翰、圖籍，如南唐、西蜀之書皆輦入御府，得以恣其探討。此誠千載一時之盛，故成功如是其閎偉也。然以累朝校改之故，緜歷至百餘年，至於寫定付雕，益復彌年曠月。迨至裝成進御，已届景定之初，則賈相秉權，元師大舉，江淮淪陷，國勢阽危，無復昇平文學之暇矣。又歷觀古今藏書目録，未有以宋本《英華》著録者，惟胡維新始言御府有之。以今考之，則所云御府之書即景定四年裝褙之本，藏諸内閣大庫，清季始行檢出。其散溢於外者，余幸分得一臠，此外固未聞有零篇片葉之存。蓋自景定進御以後，凡四朝，六百八十年，歷星霜水火之劫，逭蟲傷鼠竊之餘，幸留貽此一百四十卷之古刊，以供吾徒之點勘，不可謂非奇幸矣。

余既躬此希世之奇遇，足以上傲前人所未見，又惜明刻之沿訛踵謬，孤行天壤，無人董理，私自策厲，引爲己責。適遘丁丑之變，四郊多壘，足跡不出國門，無曩時千里遠游之役，遂得杜門却掃，專心一慮，從事於兹。自維年垂七十，人世榮利久等諸幻夢空花，加之身丁喪亂，視息人間，苟全性命，寧復更懷餘望？即區區微名，亦深自韜晦，以免爲人指目。獨於古籍之緣，校讎之業，深嗜篤好，似挾有生以俱來，如寒之索衣，飢之思食，無一日之可離。倘能乘我餘生，完此大業，庶差免虚生之誚，昔人所謂「不爲無益之事，何以遣有涯之生」者也。尤幸近歲以來，意興雖減而精力尚强，鐙右讎書，研朱細讀，每日率竟千行，細楷動逾數百，連宵徹旦，習以爲常，嚴寒則十指如椎，燀暑則雙睛爲瞀，强自支厲，不敢告疲。家人諷以自休，曾不之恤，即默念何以自苦如此，而亦無以自解。譽我者謂爲不朽之盛事，笑我者斥爲冷淡之生涯，吾惟力行，以踐吾言，獨樂而忘其苦耳，遑議其他哉！

昔時尚論宋賢文儒際遇之隆，以周益公爲最盛，生際休明，典籍文章咸出其手，暫居政地，旋賦退休，得以優閑老壽。生平著述，歷世咸存，如《宋文鑑》、《歐陽文忠集》及《文苑英華》諸書悉經手定，亦流播至今不絶，尤足動人景慕。余學行無似，何敢上企前賢？獨於校定羣書，頗欲以譾薄之材粗有涉獵，故於此書勤勤釐正，鍥而不舍者，竊思繼公之志於百世之下也。考公之奉敕校正也，在官之日有荆帥范仲藝、均倅丁介爲之助，退居之後得鄉貢進士彭叔夏與之商搉，故能成此精博無倫之鉅編。且書既殺青，而彭氏之《辨證》亦同時刊布於世，其嘉惠後學之功寧足計量耶！今余之重校也，取證於諸本，則佚殘謬失難以據依；求助於友朋，則離索分携無從質辨；徒恃一人之力，以完此萬葉之書，非所謂「蚍蜉撼大樹，可笑不自量者」耶？固自知其無能爲役矣。雖然，吾嘗聞諸益公之言矣。其言曰：「校書之法，實事求是，多聞闕疑。」故余之校明本也，凡改訂之字，必據他本以著其異同，有疑誤之端，則待他書以詳爲考證，不欲輕改一字，不敢臆斷一詞。蓋祇有訂譌補逸之功，而詳考博辨之事留以俟後人之論定，如是而已。

抑余更有述者，前輩張君菊生久主上海書館，曾覆印宋刻《太平御覽》行世，近又續議摹印《文苑英華》，以成宋代三大書之舉。其本以宋刻爲主，取明刻補之，聞余有手校此書之事，屬余録其異同，寫成校記，附諸每卷之後。其意固甚盛也，然以余觀之，則其功正非易易矣。夫校記之體與辨證不同，彭氏之書分門别述，引一例以概其餘，或援引他證以糾其失，而於字句瑣屑無庸繁稱遍舉也。校記則不然，誤字必改，奪文必增，疑義必存，次第之移易必舉，題目姓氏之差互必更。其餘如附注校文之漏落失次者，亦在所必釐，記之不厭其詳，斯覽之可以備悉。今綜全書計之，凡增改删乙之字余略誌其數於卷末者，差可得四五萬言，試臚舉字句，申明而表列之，其爲文當十倍而羸。今欲余重輯成編，手録此數十萬言，不特殫精悴力，非頹老所能堪，即以日力計之，恐有頭白汗青之歎。若得其人而分治之，以一人領其事，以四人分其功，約其繁簡，均其難易，盡一人之力三日可畢一卷，則千卷之書四人任之，一年差可訖事。嗚呼！校勘之事難言之矣，鴻編鉅集，千帙萬篇，其功本難卒就。今幸而告成，而輯録之功繁重乃至如此，獨任既不勝其勞，任人又非空言所能舉，惟留此功勤，以俟諸異時之定正耳。吾聞國家文治之盛也，開崇文之館，設校理之官，獻書有褒，訪書有使。或館閣之所無者，就舊家録本進上；聞著述之有益者，牒州郡爲之刊行。是則余之校本固宜扃諸篋笥，他日倘有遺陳農之使，破公庫之錢，爲余傳録刊行者，敬當持囊載簏，傾倒而出之，不復私自祕惜焉。干戈永輯，典籍重光，昇平其可俟乎？余將禱祀以求之矣！己卯九月初八日，藏園老人識。

范履平臨葉石君校本文苑英華跋

宋初勑編之書一曰《太平御覽》，一曰《册府元龜》，一曰《文苑英華》，各一千卷，號爲三大部書。《御覽》自明以後凡數刻，校本亦多，近者東瀛復有宋蜀刻全帙出世；《册府》崇禎刻後曾有翻本，宋刊存者亦當全書之半；惟《英華》祗隆慶時一刻本，三百年來未嘗得見宋刊，惟恃鈔本流傳。近年余收得《英華》宋刊十卷，爲嘉泰四年周益公刊於吉州者，刊工與余藏吉州本《歐陽文忠公集》多有同者。此外寓目者又一百三十卷，篋中别庋明鈔本一部，緣是遂發校勘千卷之興。適聞文友堂書坊收得校本一部，乃商之書坊主人魏經腴，長期假我，爲校勘時核對之資，先後置余几案者三年。昨歲七月，校訂之功告成，乃舉以返之。原書校筆有朱、靛二色，傳録者爲范履平坦，所據爲葉石君手校本，藏書者爲新安程氏。卷末有吴亦清後序，言程氏於虞山旅次，坊人持石君所校《英華》、《廣記》二書求售，僅收得《廣記》，而《英華》已爲虞城歸氏所得。君念不能已，乃别購明刻，從歸氏假石君校本，屬范君代爲傳録之，凡一年而訖事，可謂致力勤而爲功偉矣。前後未有葉氏題識，不審石君據何本以事丹鉛，然以意揣之，其爲鈔本固無可疑也。

顧以余所校者衡之，知石君所校之本尚未爲盡善也。宋刻百四十卷無論矣，即以鈔本他卷言之，亦有余校所有而葉校無之，或葉校少而余校轉多，其差異乃不一而足。未知石君原據本有異耶？抑傳校時奪漏使然也。然余藏兩鈔本皆有佚卷，有數卷兩本皆佚，乃轉得此本轉録，以彌其缺，其助我亦多矣。又，葉氏於全書文字竟體皆加點識，閲之殊爲豁朗。然余重在校字，故於點識不復措意也。

吴序又有跋記數行，則此書後爲休寧金氏所得，故略誌原委於後。金氏名楹，字后淵，審其名氏，其爲金榜之兄弟行歟？

余於光緒之季曾見何義門手校《英華》一部，其校法乃取諸人有本集傳世者，録其異文於此書，非據一別本以通勘全帙也。後爲劉仲魯前輩所收，其楷法精雅，評點謹嚴，良足寶玩。異時當乞千里世兄惠假一觀，誌其大要，庶稍慰余頻年飢渴之思焉。庚辰十一月二十一日，藏園老人識於長春室。

明萬曆本玉臺新詠并續集跋

明代嘉靖己酉，徽郡鄭玄撫以《玉臺新詠》久無刻本，因訪得抄本，據以付梓，閲四十餘年，其版已散佚無存。至萬曆己卯，吴興茅元禎又加校讐，命工重刻之，即此本也。半葉九行，行十八字，字爲吴門徐普所書，略兼行體，筆致婉秀，鎸摹工麗，以版刻言，可云精善。前有新安吴世忠序，摹擬六朝，而詞旨晦澀，似當時風尚如此也。次吴門方大年跋，略述重校之由。續集五卷，即玄撫所選，其體亦略仿前集。孝穆序後有「己卯季秋朔日錢唐袁大道書於心遠樓」小字二行，目録前列名家世序，亦鄭氏所增也。

《四庫提要》論此本紊亂原書次第，今以宋本對勘，如卷一陳琳《飲馬長城窟行》及徐幹《室思》、《情詩》，皆移入卷二之末；卷二宋本原以魏文帝詩居首，此本乃將甄后之詩改題魏武帝，以冠此卷，而阮籍、傅玄、張華、潘岳、石崇、左思諸人之詩二十三首皆移入卷三；宋本卷三以陸機《擬古》七首居首，其第一首爲「西北有高樓」，今檢此本，其第一首之詩，詞句迥别，未審以何人之詩竄易於此，而卷内荀㬪、王徽、謝惠連、劉鑠諸人之詩十二首皆移入卷四；以下各卷，羼雜大率如此，不能悉數。至其題目之妄改，字句之訛失，又不可勝計。不知鄭氏所謂鈔本果何所出，其繆妄至斯而極也！

然自趙寒山宋本未出以前，嘉、萬間人皆諷誦此本，且一刻於鄭氏，再刻於張氏，三刻於茅氏，洎天啓壬戌，又有袁中郎評閲之本更刻於錢塘，踵繆沿訛，傳播海内，曾不知參稽古籍從事正定。明代詩人多不讀書，於此可以概見。至續選之詩，類於蛇足，其得失又不足論矣！戊寅中秋夕，藏園記。

趙氏刻玉臺新詠跋

此書明代有張嗣脩、茅元禎兩家刻本，竄亂改併，盡失舊觀，爲世詬病久矣。崇禎癸酉，吳郡趙均得宋嘉定時陳玉父本，摹刊以傳，一掃歷來之蕪薉，且寫刻精雅，楮墨明湛，當世推爲佳槧，即是本也。其版式半葉十五行，每行三十字，間或增減一字，細黑口，左右雙闌。末卷後録陳玉父跋，趙氏又自爲之跋，略言今本繆誤，全失撰者初心。至字句小異，未可悉呈，苟不精思，雷同相從，轉展傳會，與昔人本恉何與？故今又合同志，詳加對證。是趙氏授梓時，又有所校正也。

宋刻原本，自趙氏身後歸於錢遵王，其後流轉踪迹已不可知。然迄今近三百年，未聞復出於世，則其亡佚已久，故宋槧佳惡，無人能語其詳。乾隆時，紀容舒言見於常熟，紙墨完好，巋然法物。所言殊簡略，且其人非能鑑别古本者，恐即是趙刻耳。然考馮定遠跋云：「已丑歲借得宋刻本校過，宋刻紕繆甚多，趙氏所改得失參半。至於行款，則宋刻參差不一，趙氏已整齊一番，宋刻是麻沙本，故不佳云。」循是觀之，趙氏刻成未久，當時已有異議，至乾隆初年，紀容舒遂有《考異》之作，於宋刻訛繆，多徵引古書，參稽各本，定其非韙，頗爲賅備，不獨爲孝穆之功臣，亦可謂寒山、定遠之諍友矣。余謂宋槧雖未可目覩，然審其版式，其出麻沙坊肆無疑。且其書既出坊刻，則別體訛文，事所恒有，正不必以舊本如是，而曲爲之説，致來「佞宋」之譏。如焦仲卿詩「新婦初來時」句，下脱「小姑始扶牀，今日被驅遣」二句，此等顯然奪失，安能爲宋版諱！平情論之，趙氏輕改宋本固失，馮氏過尊宋本亦未爲得也。

又，趙氏此書鐫工精善，印行時多用佳墨舊楮，遂爾古雅絶倫，於是肆估多撤去寒山跋語，用充宋刊，嗜古者多爲所欺。上自内府，下至公卿家，凡號爲宋本者，審之皆趙刻也。世傳許湞生、徐星伯家皆有宋本，然許氏藏本余昔年見之廠肆，有翁覃谿識語，盛稱其佳，實即趙刻之精印者耳，今藏秋浦周叔弢家，可以取驗。覃谿以鑑賞名家，金石書畫考辨精邃，迥絶常倫，顧於古書，獨非當行，且此書作字多用古體，此明代嘉、萬以後習尚，宋刻絶無此風，此極易曉，而覃谿乃不之辨識，何耶？善本書室有正德本，然其行款仍爲三十行三十字，與趙刻同，鄧君正闇謂即是趙刻，若果爲正德覆宋，則馮、趙諸人校刻此集，時代未遠，寧有不知？此本亦失趙跋，適吴君佩伯訪得完本，摹以見貽。蓋書肆射利，去跋誑人，藏家轉以存跋爲貴也。

自趙氏書出後，歷有清一代，凡考訂、評注，咸依此本，然未聞有好事者爲之重刊，而日本文化十年，乃有昌平學舍之覆本。其槧刻精能，絲毫維肖，幾可亂真，於是肆估又持此以充趙刻，世人或竟不辨。人情詐僞，寧有窮耶！至近歲壬戌，南陵徐氏以宗賢之故，始影寫小宛堂本，付黄岡陶子麟精雕傳世，并參考各本撰爲校記。此本既出，風行一時，從此昌平覆本不得專美於前，且與紀氏《考異》可以並行於世。古書顯晦有時，豈不信哉！

鈔本玉臺新詠跋

此寫本字極古舊，似出清初人手，烏絲闌，半葉十二行，行二十四字，審其篇目次序，與宋刻同，知從趙氏小宛堂本傳録，特未遵其行格耳。趙氏原本刻於崇禎六年，越十年而天下大亂，明社遂墟，此書流布未廣，訪尋不易，故世多傳鈔之本，余頻年閲肆，所覯非一，曾見曹彬侯手録一帙，爲故人吴佩伯以四十金得之，今尚存余家。此本有「李文藻印」、「李生」、「字曰香草」各印，知爲李南澗舊藏，特收之以備一格。卷後有舊人題記一行，云「壬申蠟月得於雲門，李南澗舊物也」。下鈐「僊坪過眼」一章，未審何人，竢更考之。戊寅中秋夕，藏園待月記。

宋本樂府詩集跋※

《樂府詩集》太原郭茂倩編次，凡一百卷，前有目録二卷，宋刊本，半葉十三行，每行二十三字，白口，左右雙闌，版心魚尾下題樂府詩集幾，次記頁數，下記刊工姓名。卷中類目低二格，總題低三格，分題低四格，小序低五格，詩皆頂格。每卷尾空一行標書名，或空二行。避諱至桓字止。宋本闕者，配入元刊十三卷，自卷十九至二十六，又卷九十六至一百；配入影宋寫本八卷，自卷二十七至三十四。

刊工姓名可辨者爲王珍、王亮、王通、王玠、王介、王沔、陳詢、李文、李岳、李古、李恂、李懋、李度、徐杲、徐宗、徐昇、徐顔、朱明、朱禮、朱祥、朱初、周用、周浩、周顔、沈敦、沈紹、時舉、時明、余永、余竑、葛彬、葛珍、包端、黄常、高彦、蔣先、胡杏、程亨、姚臻、趙實、戴全、張圭、駱成、潘民、雷昇、金茂、毛諫、劉忠，凡四十八人。

按：此書無序跋，目後無牌記，未知何時何地所刻。然余以版本審之，當爲南北宋之際杭州官刊本也。以避諱言之，本書避諱極謹，即同音嫌名亦咸缺筆，若非官刊未必嚴敬至此。又桓字已缺末筆，而構字多作㭘，當爲始刻時未避而後始剷去下截者。可知其刻於北宋末而成於南宋初者也。以刊本言之，字體方嚴，而氣息樸厚，猶是浙杭風範。且刊工中王珍、徐杲、徐昇、徐顔、陳詢、姚臻、余永、余竑八人皆見於余所藏宋本《廣韻》中。考《廣韻》監本，刻於杭州，則此書爲同時同地所刻又可以斷言也。至其餘姓名見於他書如八行本《左傳注疏》、《儀禮疏》、兩《漢書》、《唐書》、《國策》、《通典》、《管子》、《世説新語》、

《唐文粹》，皆紹興時所刻。至包端、高彦二人見於紹熙本《禮記正義》，時代太遼，或此書後來補板耳。

卷中藏印凡三家，目録首葉鈐白文印二方，曰「乾學之印」，曰「健菴」。宋本三十六至四十九各卷後鈐陽文藍印一方，曰「季振宜字詵兮號滄葦」。又，卷四十九鈐陽文藍印一方，曰「習古」。卷二十鈐白文滿漢印二方，曰「雲裳」、曰「祖仁」。元本卷一百末葉鈐白文印三方，一曰「東吴葉裕祖仁藏書」，一曰「宋少保石林公二十一世孫裕」，一曰「穫墅堂」。以此考之，宋刊各卷以傳是樓、延令室兩家殘本集成，元本則葉氏所藏。惟補鈔八卷雖依宋刻摹寫，而前後絶無印記，補自誰氏渺無可考，而此書爲何人甓績而成益無由取證矣。

是書見於陳氏《書録解題》，言茂倩爲「侍讀學士勸仲褒之孫」，「有子曰源中、源明，茂倩源中之子也。但未詳其官位所至。」馬端臨《經籍考》因之。《四庫全書提要》據《繫年要録》言茂倩爲侍讀學士郭褒之孫，源中之子，與直齋所言歧出，蓋誤以勸之字爲名耳。近時陸存齋《儀顧堂續跋》詳加考訂，言茂倩字德粲，東平人，通音律，善篆隸，元豐七年爲河南府法曹參軍。祖勸，父源明，字濬亮，初名元賡，字永叔，嘉祐二年進士，官至職方郎中，知單州軍州事。與直齋所言又異。然陸氏所據爲蘇魏公所撰源明墓誌，其爲源明之子必不誤也。第所不解者，茂倩撰輯是書，綜合歷代樂府，起唐虞，迄五代，卷帙累百，體大思精，蔚然鉅製，《提要》稱其解題「徵引浩博，援據精審」，可謂振古之偉業，傳世之鴻編矣。顧何以易世未幾，至作者之生平亦幾於浮沉堙晦而莫從稽考？意者靖康之際剞劂方終，即逢喪亂，流傳因之不廣。其僅存者亦序例缺殘，莫從補綴，如此鉅著，不應前無序例，當由因亂喪失使然耳。遂使知人論世者有名氏翳如之歎。斯亦文儒之厄運矣，豈不重可慨哉！

考是書宋刊本自來藏書家未經著録，惟錢牧翁家有之。此外吴郡欽遠游亦藏一帙，見於陸勅先校本跋語，然其後踪迹無聞焉。汲古閣重刊時，據子晉跋言，自大宗伯錢師榮木樓宋刻手自讐正，九閲月而告成。然其後絳雲一炬，此書早爲六丁取去矣。自毛本行世後，凡至元童萬元本之繆失，如目録、小序率意節略，得以補訂，推爲善本，而宋刊面目舉世無由得見焉。

丁巳季冬，余居太平湖醇王舊邸，一日侵晨，鄉人白堅甫來謁，時余方領邦教，將赴閣議，膏車待發，門者言客挾書來，亟撥冗延見。堅甫搴簾甫入，余迎語之曰：「君所挾必宋版也。」堅甫驚詫殊甚。披卷一視，目眩神移，即是書也。孤本祕籍，欣訝殆出意表。堅甫爲言：「此閻文介公藏書，其子成叔方索高價。」屬與磋商，久之未諧。迄於翊年之春，乃由孫伯恒世兄居間，更媵以李卓吾《焚書》，以千四百金議成，此書遂入余篋，巋然爲雙鑑樓總集之弁冕。其後堅甫訊余曰：「吾蓄疑於心久矣，公操何神術，當日未展卷而能決爲宋版乎？」余答曰：「此易曉耳！方君挾書入門，外無紙裹，余瞥見書衣爲藏經紙背，光采燭目，豈有元明本書而忍護以金粟箋者乎？」堅甫驟然曰：「信如是乎？吾幾疑君能見垣一方矣。」

憶癸丑、甲寅之間，廠市見陸勅先所臨馮定遠校本《樂府詩集》。據勅先跋言，定遠向游牧翁之門，曾借校元本。是其源亦出於榮木樓之宋刻，但惜所校甚略耳。勅先又言，郡人欽遠游以廉價得宋本，斧季頻乞假校，祕不肯出。是牧翁之外又有一宋本矣。陸校本爲袁寒雲公子所得，余適從南中得至元初印一部，爲天一閣舊物，乃從寒雲借出陸校本，迻録一通，糾正差譌，不可勝計，小序補訂尤多。始知子晉所言元刊率意删節者，初非過言，而信宋刊原本之彌足珍貴也。洎余既得宋本，偶取毛刻對勘數卷，亦不免少有異同。如卷一之「蒼龍」，「蒼」作「倉」。「垂穎」，「穎」作「穎」。「栗然」，「栗」作「票」。「齋既潔」，「潔」作「絜」。「爟火」，「爟」作「權」。卷二之「月棲檐」，「檐」作「擔」。「歲月既宴」，「宴」作「晏」。「燿天邑」，「燿」作「耀」。其字亦互有短長，或斧季重校時以意去取耶？敕先亦謂毛本校勘頗詳，而未免引據他書加以臆改。是毛本初未可盡據，若非親見宋本又焉能懸斷其得失耶。

此書自戊午入篋後，扃置祕庫已二十餘年，平日不輕以示人。昨歲季秋偶檢書及之，因思硬黄經殘留遺至八九百年，頗爲珍祕，今用作書衣，多至四十餘番，觸手摩挲，易滋損浥，乃拆出付裱家接連，裝爲雙卷，俾資珍護。原書以年祀深遠，蠹損日增，遂付文友堂書坊，爲覓善工重加裝褙。裝工王仲華者，曾効伎於北平館中，綴補舊籍號爲精良，因以委之。延及殘臘，全部廿有四册脩訂訖事，精整明湛，焕然改觀。余以外護既易去宋殘，非別選精楮不足以示珍儲，因取家藏高麗苔箋加染靛藍，用爲外衣。而時逼歲除，染工遲滯，久不報命。此書以待紙之故，庋存於文友肆中者殆及經月。洎上元節過，王工乃取新染紙持書還家，從容加線，至二十一日易衣訖事，亟思賫回文友肆中，以冀早釋重負。紙封布裹，迫欲携將，忽憶有人方招午飲，幡然遂止。迨賓筵酒罷，更作方城之游，還家已迫曛暮，蹉跎竟日，訖未送還。而文友書肆是夕忽肇焚如之禍，四壁圖書頃刻煨燼，肆主魏笙甫跳身踰屋，幸而獲免，更無暇問及萬卷藏書矣。翌晨此耗傳來，私心惋歎，不圖二十年來嚴扃密鐍之珍，一旦出匣重裝，猝遭壞劫，傍徨繞屋，心急如焚，祇可强作達觀，付之無可如何已耳。踰午趨赴廠市，慰問笙甫於松筠閣中，始悉王工緣事遷延，此書幸逃浩劫，並爲詳語委曲，聞之欣出望外。爰詳述原委，附誌卷末，尚冀後人知此書訪求典守備歷艱虞，相與慎固葆藏，以無忝余諄勤付託之意焉。歲在辛巳二月既望，藏園老人書。

校元刻樂府詩集跋※

此元刻元印本，舊爲范氏天一閣藏書，余丙辰得之吳門書友柳蓉村許，其版式半葉十一行，行二十字，細黑口，左右雙闌，版心上方記字數，桑皮紙，堅潔如新，與後來補版重印者美惡相去懸絶。載歸都門，遂得傳録陸勑先校本。越二年，余收得宋刊本，此帙遂降而居乙。嗣陶君蘭泉聞之，堅乞以此本相讓，因以歸之。其後十餘年，蘭泉藏書將散，余以茲帙手加丹黄，功勤頗至，恐其流落不偶，復爲歸璧之請，還儲雙鑑樓中，又將十年。近以米珠薪桂，長安大不易居，將斥藏書，以爲度歲之資。同年董君授經雅思得此，因慨許奉貽。授經精鑑别，富收藏，嗜古成癖，可爲此書慶得所也。别書之日，爰紀其原委於此，俾後世讀者知區區一書，先後二十餘年已三易其姓，況桑海以還朝市人物之遷改，其什佰於此者，不亦重可歎喟也。己卯十月朔，藏園識。

陸氏題跋及丙辰校書手記附録左方：

丙辰仲冬朔，借定遠本補勘畢，勑先識。

向借馮氏校本勘一過，距今已二十八年矣。頃從毛黼季借得亡友趙靈均馮校本再勘，是正弘多，頗怪向時之麁略太甚也。趙亦出於馮，意馮已蒼本爲全備，定遠特具一工，故前後讐勘詳略碩異耳。此書毛氏刻本遠勝元本，惜乎世無有識之者。丁未冬七日，貽典識。

丁未十二月十一日，嚴寒中又借錢求赤校本訂一過。勑先。

樂府源流莫詳於是書，牧翁先生舊有宋雕本，已久燼於絳雲之炬矣。馮子定遠向游牧翁之門，曾借校元本，邑之校是書者多取衷於馮本。余少時同孫子岷自從定遠借校毛氏刻本，距今已三十年矣。隨以其時稍校此本，亦都不記憶也。惟毛氏刻本亦出之牧翁宋刻，而與馮校本往往不合，蓋馮失之略，毛校頗詳，而未免引據他書加以臆改，宜其相去逕庭也。至他氏校本，多用馮本以勘元刻，取其按圖之易涉筆而已，良不能無遺脱，亦頗踵雜引臆改之弊。甚矣校書之難也。若元本經久缺板，鈔補諸幅，焉烏帝虎，人殊家異，尤無可據，求其定本則又難之難者矣。郡人欽遠游以廉價購得宋本，初未知其佳，自余倩毛子黼季物色嗟賞，遂祕不出，黼季鄭重求假，扃藏愈固，僅得其所校元本，視馮本倍略，且似錯以毛刻而雜引亂真，臆改失據，又豈能無流弊哉。余推其旨，本無意於存真去僞，止以塞一瓻之請耳，然且不敢輕廢。余既與黼季校入趙本，又從葉子石君借得馮氏原校本，已失去前七卷，即其所存，補趙校之闕。復從毛子奏叔假得汲古原校本勘入焉。庶幾諸本具列，以冀少存宋刻之面目也。校畢重彙粹諸家，附入此本。大要馮氏所校即未能詳，而確有可據，今用爲主，俱從朱筆。首七卷馮本既失，聊取趙氏馮校本朱筆勘入，其餘從青筆，以備考索焉。余向怪初校之麄略，而遜趙本爲美備，頃得馮本，讐勘數四，方能悉舉，趙校所及亦才得六七耳。昔人謂校書如拂塵掃葉，真切喻也。余校此書，每本必至再至三，而於馮本尤不憚煩。邢子才謂校書爲愚人，余則真爲愚人矣哉！放筆爲之一笑。己酉孟夏廿有四日，虞山覿菴陸貽典識於山涇老屋。

元刊本《樂府詩集》，汲古本所從出也。嘗見明代印本，多嘉靖補刊之葉，藏書家所著録大抵相同。此本首尾無一補版，蓋在明初未入南雍以前傳摹。辛亥亂後，盗竊天一閣范氏書之一，予見而論價不諧，遂爲柳君蓉邨所得，屬爲審定，因記。甲寅九月，獨山莫棠。

昨歲見寒雲主人收得陸校此本，良爲忻慕，然苦無元本可臨，悵惘而已。二月至南中，於蘇州見此本，喜其元刻初印，無一補板，以重價收之。從主人假陸校原本移録，十許日而畢。原本用朱、青、墨三色筆，兹亦仍之，缺葉手自鈔録，亦間屬内姪凌渭卿補之。然亦有陸本鈔補而此本完善者，則摹印在前，洵如莫楚生丈所云也。丙辰五月朔，江安傅增湘識。

明鈔聲畫集跋※

余昔年游上海，從金誦清肆中收得鈔本《聲畫集》八卷，棉紙，藍格，十行二十字，蓋天一閣所藏書也，扃置笥中近十年矣。頃緣檢閲覆印《楝亭十二種》，其中手校者過半，因發興勘讀。城居已得二卷，携之山中，三日而蕆事。

曹刻舛誤甚多，其最甚者：卷四，潘邠老《題趙大年畫》，本爲二首同韻，曹刻前首脱後三句，後首脱前一句，於是二首併爲一首矣；卷六，蘇子由《題李公麟山莊圖序》，言賦詩二十章，曹刻脱去《雨花岩》一首，祇存十九首矣；卷八，東坡《題趙令晏崔白大圖》後脱失《題黄荃毛翎花蝶圖》二首，吕居仁《題范才元畫軸》詩後脱失汪彦章《題賀水部書畫》斷句五首。其餘改訂之處，每卷少者三十餘字，多者百許字，通八卷中凡改訂四百三十七字，可謂夥矣。篇中構字注「太上御名」，或注「廟諱」，是從宋本鈔出之據。曹刻似亦出於寫本，第其源不若天一閣本之舊耳。

都門入冬以來大風時作，作輒三數日不止，氣候嚴冽，至不敢出户。來山數日，天宇清明，微飆不興，晝則策杖行山，夜則爇燭展卷，心舒夢適，萬慮皆忘。兵戈擾攘中乃獲此清緣勝福，殊非意料所及，然此趣正在松嵐澗雪中，惜無人共相領會耳。乙丑十一月二十二日，記於清泉吟社。是日尋村東溪泉，往返行十許里。

前歲海源閣藏書散出，文友堂書坊收得明鈔本《聲畫集》一帙，其卷八尾兩葉自黄山谷《題鄭防畫筴》以下皆缺佚。及取余此帙核之，此兩葉僅存半截，乃悟海源閣之書實出於此本，其末兩葉因惡其不完而撤去之耳。然則此帙固各本之祖，良足珍矣。壬申二月既望，藏園再識。

明本詩準詩翼跋※

此書題「宋何無適、倪希程編類，明進士沈大忠附葺補注。」萬曆甲申重刻本。十行十八字，白口，雙闌，版心下方記刊工、字數。首載淳祐癸卯金華王柏仲會原序，次有新樂王序，署名爲「青社載璽信父」，次青州守四明沈大忠序。蓋《詩準》卷二後有附録十七葉，乃大忠所增補，而青藩捐禄付梓者。《詩翼》後有嘉靖甲申龍湟山人郝梁跋，亦言刻傳此書。疑嘉靖時郝氏刻於先，至萬曆時，新樂王見沈氏增葺本又覆刻之耳。收藏有「雲間陶氏藏書之印」、「南村草堂校定」、「清風涇」、「陶松谷家藏本」、「南村草堂」、「陶氏家藏善本」、「風谿陶崇質家藏本」諸印。余别藏隆慶本《人物志》，亦有陶氏諸印，未審爲何時人，俟檢府縣志乘考之。

此書余曾見宋刊本，半葉十一行，行十八字，取此本對勘，大體相符，字句微有脱誤。如韻語引《尚書》「儆戒無虞」一則，「罔咈百姓」下，脱三句凡十九字。又，《詩準》卷二，明本自《韻語》起，宋本則自《湯盤銘》起，此其大異也。惟《詩翼》未及假校。宋本今存上海涵芬樓，惜祇各存前二卷耳。

分門纂類唐宋時賢千家詩選後集跋※

影宋寫本，半葉十一行，行二十一字，黑口，左右雙闌，存後集卷三投獻門，卷四慶壽門，卷八餽送門，卷九謝惠門，卷十謝饋送門，凡五卷。每門標題用大字，占雙行，上加黑蓋子，門内分目亦大字，首尾標題下有陰文「後集」二字，詩題上標「唐賢」、「宋賢」、「時賢」三類，亦用白文，此亦閩坊相沿之舊習，它書常有之。

按：宋刊原本楊惺吾得之日本，故卷中多有日人點抹之迹，後歸之徐積餘。此帙乃繆筱珊前輩借徐本影寫者，跋語載於《藝風堂藏書記》中，筱珊歿後，藏書星散，余於陳立炎肆中得之，影摹雖未爲精麗，然楮墨明净，猶具雅風，可資研翫。其宋刊本今已展轉入北京大學藏書樓中矣。

考曹氏所刻《後村千家詩》自時令至昆蟲凡二十二卷爲《前集》。此殘本五卷及曹本末二卷乃後集，余意曹氏授梓時未及見此，或以其殘缺不完而置之，故此後集自宋以後無刊本也。甲申二月二十日，藏園誌。

校後村千家詩選跋※

此《詩選》爲曹楝亭刊本，凡二十二卷，一、二時令，三、四節候，五氣候，六晝夜，七、八、九、十百花，十一竹林，十二、十三天文，十四、十五地理，十六宫室，十七器用，十八音樂，十九禽獸，二十昆蟲，二十一、二十二人品。余假得宋刊本校之，宋本標題下有「前集」二字，曹本無之；宋本至卷二十止，目録存殘葉亦然，曹本乃有人品門二卷。故藝風前輩謂原本前集實止二十卷，其人品二卷乃後集錯入者，疑曹氏所得非全本，爲書估强合，挖去前、後集字，以充全帙。其説頗爲確當，然非得見宋本又何從知其誤耶！曹刻闕字據宋刻補完者五處，藝風已備述之，然各卷譌字賴以改訂，人名脱漏者賴以補正，其佳勝之處尚不能悉舉，惟闕佚者五卷無從訪求，殊足惜耳。甲申二月二十三日，藏園識。

明本光嶽英華詩集跋※

此爲汝南許中麗所編，專選唐、元、明三朝七律詩爲一集，凡十五卷。卷一至三題「有唐」，卷四至十題「大元」，卷十一至十五題「皇明」，皆以二字冠於書名上，下注七言律詩卷之幾。各卷首題「汝南許中麗仲孚編輯，豫章揭軌孟同校正」。半葉十一行，行二十字，黑口，四周雙闌，鎸工古雅，字體橅松雪，猶是元板風格。前有洪武十九年丙寅揭軌序，略言「詩莫盛於唐，唐之後莫盛於元。開元、大歷諸賢，一掃六朝之習；皇慶、延祐作者，悉變宋金之風。仲孚嘗録二代之詩，取其合作者刻之於梓，題曰《光嶽英華》，觀其編次之序，以有元直接盛唐云。」此其選詩之大旨也。序末又言，「既刻一代之詩於環翠亭，又采聖朝治世之音，并刻於後」，是明詩其所續選增入者也。夫元、明間選唐詩者衆矣，選元詩者如《皇元風雅》、《元詩體要》、《元音》、《乾坤清氣》、《正聲類編》、《大雅集》、《元風雅》等，亦不下十數家，若合唐、元爲一爐，專七律之一體，則斯集實爲創作。第所録祇杜少陵專爲一卷，其他每人選一二首，多不越七八首，殊不足盡其所長；元詩六卷，凡取百家，其人頗有稀見者，或足補秀野《元選》之遺耳。

此集始見於焦氏《經籍志》，黄氏《千頃堂書目》亦載之，乾隆時下詔徵書，浙江曾採以進，遂附入《四庫存目》。惟焦、黄二目題作揭軌撰，四庫館所見爲天一閣鈔本，以其祇有七律一體，疑爲缺佚，竟題作殘本，於許中麗籍貫年代，均未詳。蓋咸未得見原刻，而傳鈔者又失去序目，故詞多惝怳也。書自洪武以後不聞再刻，徧檢近代藏書目録，亦未著其名，流傳之罕可知。此本有安樂堂、明善堂二印，舊藏怡王邸中，近時入福山王文敏家。其書雖非佳選，楮墨亦未爲初印，然洪武迄今已五百五十年，歷經名輩珍儲，卷帙完整，爲昔人之所未見，亦並世之所不傳，寧不謂之奇祕耶！誦芬同年夙嗜元人集，余爲訪得於盧氏太史家，爲考其大略原委，詳著於編。且余方撰《乾坤清氣》解題，得見此書，正堪作佳對也。

孟同著籍臨川，當爲文安族人，洪武初舉明經，知新河縣，秩滿歸省，於郡西茅峰下築杏花春雨亭居之，教授生徒。二十五年，命爲江西主考官。明年，召入京，校定《書傳會選》，以宿儒嘗被顧問。書成，再乞歸，遂不復出。此集蓋居家授徒時所校訂也。戊寅中秋日，藏園識。

全上古三代秦漢六朝文跋※

是書光緒丁亥王中丞毓藻刊於廣雅書局，越七年癸巳訖功。據王序言，方柳橋以五百金得嚴氏原稿，點竄塗乙，丹墨紛如，皆廣文手筆。嚴氏自序亦云肆力九年，草創粗定，又肆力十八年，拾遺補闕，整齊畫一，乃克竣事。宜無有異說矣。自俞氏理初有此書實出陽湖孫淵如之說，中丞序斥爲未審，俞氏言同人籖寫粘貼成之，而鐵橋搜輯補正之力至多。未嘗言攘孫之作爲已有也。而楊君惺吾更力闢其說，以爲厚誣。然余歷覽近時諸家所言，則懷此疑者大有人在，不第理初爲然也。

陽湖蔣彤撰《李申耆年譜》，謂道光二年申耆在揚州，館鮑氏，實搜輯此書，五年纂成，凡二部，一以時代先後，一以類相從。《譚復堂日記》謂：在全椒見《吳山尊日記》，言纂輯實出孫伯淵手。而繆筱珊前輩且言，曾在申耆先生後人許見所鈔分類一部，因缺二帙未曾購得。其說非盡子虛。茲將諸家所記備録於後，參觀而互證之，可知是書發議於孫，蕆功於李，而鐵橋與孫星衡實與分纂之列，而出資延聘諸人以舉其事者則鮑氏也。後人疑鐵橋攘孫之作爲己有者固非，鐵橋自謂積二十餘年之久獨力所成者亦未爲實録也。

夫網羅曠代之鉅編，作者三千餘人，積稿至七百餘卷，宜非寒素一人之力所能勝。余意鐵橋以博學鴻才，贊翼盛業，其致力視諸人爲勤，綜萃萬編，以底於成，或出其手訂。然淵如開創之功，申耆總攬之力，星衡助理之勞，與夫鮑氏倡導提挈之盛心，又烏可泯没使無傳於後耶！而鐵橋自序迺絶無一語及之，其總例且云一手讐校，不假衆力，此所以啓來者之疑而致郭氏竊注之譏也。

《李申耆年譜》：「道光二年壬午，先生五十有四。在揚州，館鮑氏，頗有園亭之勝。爲搜輯八代文，上自魏漢，下迄於隋。當嘉慶甲戌、乙亥間，揚州鹽政阿公校刊

《全唐文》，孫觀察星衍預其事。觀察旋與弟星衡、嚴孝廉可均撰集是書而未竟業。鮑氏意欲繕完進呈，故以屬諸先生。」

「纂集《八代全文》成，凡二部。其一以時代前後相次，一則以類相從，分數十門。心該屢書來，爲鮑氏致拳拳。然鮑氏不親取，竟不致也。」

俞理初《癸巳存稿》卷十二：「此嘉慶乙亥以前《全三古周秦三代文》目録也，實陽湖孫淵如觀察之力，時歙鮑氏欲爲刊於揚州而不果。此所收者《史記》至《隋書》、及史注、《文選》、《古文苑》、《文紀》、《百三家集》、《世説注》、《意林》、《北堂書鈔》、《藝文類聚》、《初學記》、《太平御覽》、《開元占經》、兩《高僧傳》、兩《宏明集》、《雲笈七籤》、《金石萃編》，歸安嚴鐵橋廣文同人籤寫裁貼成之。丙子及戊寅兩晤鐵橋於上元皇甫巷，相與檢文及目，因言文已大備。然《文選》顔延年《侍宴曲阿後湖》詩注、《七命》並引《越絶書》伍子胥《水戰兵法内經》，有大翼艘、中翼艘、小翼艘廣長丈尺之文，應補入周伍子胥文。又多引《莊子》，爲今書所無，應彙尋《莊子》逸語，補入莊周文。《太平廣記》載異文記任升之藏鐘山鑛銘，見《唐書》儒學《郭欽悦傳》，言梁大同四年七月十二日己巳任昉得銘，爲東漢建武四年三月十日庚寅葬，閲五百十二年，六千三百十二月，十八萬六千四百二十日而墮。其文奇譎，似《左傳》絳老人，應補入東漢闕名文。《抱朴子》有内、外篇，成書此例不收，其自序則收之。《文選》江文通《詣建平王上書》注引《抱朴子·軍術》，有大將軍用九宫三五之法，文及篇目皆本書所無，應補入晉葛洪文。同人以爲然。丙子鐵橋復搜校古書及金石、稗官，其文真實可據者乃能補至十分之一，又皆記其文所從得者於目録下，可云寶書矣。又爲作者撰小傳，冠於其文之首。道光甲午春夏間，兩次見其本於嚴州鐵橋官舍，歎服其用心。日照許印林州同出所携金石打本，彼此相勘，或改補一兩字，相視大樂。又得見鐵橋《説文翼》十五卷，時商所以使書得傳者，展轉告人而未得其方。己亥春，於江陰李申耆山長處見此目録，爲己亥以前目，又無三古及秦目。然即此本所類聚，能得其時朝制、大典章、山川形勢、沿革、風俗及古人衣物、舟車、飲食好惡之真，已可爲有用之書矣。倘乙亥時鮑氏以淮鹽餘力刊之，漢及隋文亦止於此，因録存此即可自成一書。他日挾此過湖州城東驥邨謁鐵橋，乞其書以補此目，尤易爲力。此目經數寫，如《漢中山靖王聞樂對》，人人能誦者，當時實已入編，而此目遺漏。如此類似，他日從鐵橋目補此時，多留净紙以爲他日快意縱筆地也。己亥二月十三日。」

《譚復堂日記》卷五：「陳鄂士書來，言浙中書局將刻嚴鐵橋《全上古三代漢魏六朝文》，不知能竟此業否。鐵橋以未入全唐文館，發憤編次唐以前文。予在全椒見

《吳山尊日記》手迹，言纂輯實出孫伯淵，鐵橋攘爲己有耳。」

楊惺吾《晦明軒稿》：「嚴氏此書自言用力二十餘年，其《鐵橋漫稿》中答陳碩士書及答徐星伯書言之甚詳。鐵橋没後，其稿爲同縣蔣壆所得，爲編目録，亦未刻，自光緒己卯其子錫仁始刻之，蔣氏刻此目亦頗矜慎，惟嚴氏所爲小傳，皆不注所出。其見正史者，蔣氏爲注之，其隱祕者，大抵即見於所引文原書中，蔣氏憚於翻檢，亦未免留此遺恨。而嚴氏原書展轉歸巴陵方柳橋功惠。又至甲午，黄岡王氏始出資刻於廣州，蓋距嚴氏書成已七十年。顧邇來頗有傳此書本爲孫淵如所纂者，謂其言出自吳山尊。余謂是大不然。嚴氏纂此書當時所與交游者皆知其事，其致徐星伯書欲得《梁永陽王墓志》及隋高麗碑，今此書已有梁墓志文，當是星伯録寄。此志爲海内孤本，今在吳縣潘氏。孫氏《訪碑録》所未載，尤此書爲嚴氏作非孫氏作之切證。嚴氏自言其所撰書借刻他人，良由生本寒素，橐筆依人，不能不有所假借。如《説文校議》、《孔子集語》、《抱朴子》等書本皆嚴氏獨撰，因刻本署孫姚繼氏等名，遂亦自稱同撰。又如《京氏易》原於土復本，《南越志》原於章宗源本，亦自言不諱，其肯攘他人大部如此書，非唯情所不有，亦力所不能。觀《漫稿》中與孫氏書，即淵如也。其婞直不隨人俯仰已可概見。山尊或其平日所侮者，故駕言以之與？山尊與孫氏校《韓非子》、《晏子春秋》皆顧千里書也。至其書之精出，遠出章宗源《隋書經籍志》

上。余嘗因馮氏《詩紀》不注所出，爲考其根源，注其異同，補其遺漏，名曰《古詩存》，成書二百卷，以配嚴氏書，如驂之靳。以篇什浩繁，力不能刊，附記於此，以告來者。」

按諸家所言，知孫、李諸公原輯起漢、魏，迄於隋，故稱《八代全文》。嚴氏又補輯上古、三代、先秦，遂改題今名，其爲功至偉，前古後今，相得益彰。第必自矜創作，謂前無所因，則殊形其隘耳。書潛又記。

明鈔四六叢珠跋※

《聖宋名賢四六叢珠》一百卷，傳明雅宜山人家中寫本，據山人跋，言自吳從明宗丞家假得宋刊本，命兒女輩分鈔，以爲日課，得暇亦欣然自書。雪案螢窗，暝摹晨寫；詩書夙好，翰墨怡情。風雅萃於一門，卷帙長留天地，高風逸韻，展玩之餘，爲慨慕者久之。

按：此書爲建安葉蕡子實所編，蕡曾與魏齊賢同輯《聖宋五百家播芳大全文粹》，亦煌煌鉅帙也。前有慶元丙戌吳奂然序，目録後有「建安陳彦甫刻梓於家塾」一行，當時即鐫於閩中。全書甄録羣書至二百二十四種，網羅名輩至二百一十人，蒐采既閎，取材亦富，叙述翔實，裁對清新，於臨文援用，裨助實多，洵辭苑之淵海，文士之錦囊。獨所録文字，不著姓名，使後來無從引據，良用惜耳。

今建安原刻，久已不存，即傳鈔之本，亦世所罕覯，余徧檢諸家書目，惟天一閣尚存殘本二部，一題《四六叢珠》，葉蕡編，下注「存卷十一至十三、卷十八至二十七，共得十三卷。」一題吴奂然輯，下注云：「存六册。又一部，三册。共得九册。」實則同爲一書，檢記者誤以撰序之人屬之編輯也。核計所存，約得十之二三。又考《浙江採集遺書目》有《四六叢珠彙選》十卷，爲明當塗教諭晉江王明嶅輯，本葉氏原編，取其精語，分聯摘之，以爲臨文遣用之資。《四庫》載入《存目》中。是世人所見者，祇王氏之節本及天一閣之殘本，此本所録，本末完具，洵爲天壤間之孤本，又不徒名家手翰爲足珍矣。辛巳十月，藏園老人識於雲巖山館。

宋本新刊諸儒批點古文集成跋※

此書自元明以來未嘗覆刻，世間所存亦不聞有第二本，《四庫》著録據浙江汪啓淑家所藏，定爲南宋書肆本。今此本目録鈐有「翰林院典籍廳關防」，則當日進呈正屬此帙，是此書爲宋刊孤本矣。余辛亥歲暮，以南北議和，奉使留滯滬上，獲此於蘇估陳金和手。生平收宋刻書至二千餘卷，以此爲發軔之始。出手得雋，頗用自憙，因挾以走謁楊惺吾、沈子培、繆藝風、莫楚生、張菊生諸公，咸相贊賞，各加跋語於卷尾，今録之左方，可覆視也。

書爲廬陵王霆震所編，分十集，凡七十八卷。每集以十干爲紀。甲集六卷，序；乙集八卷，記；丙集七卷，書；丁集九卷，表、奏、劄子；戊集八卷，論；己集八卷，論；庚集八卷，銘；辛集七卷，封事；壬集八卷，圖解辨原；癸集九卷，辯議問答、雜文。半葉十三行，每行二十五字，注雙行同，細黑口，左右雙闌。每集書名下題「前甲」、「前乙」白文小字，次行題「廬陵王霆震亨福選編」，文類上加黑蓋子，所采批注人名、書名悉用白文別之。篇中有批有注，行間有點有擲，有大小黑圓圍。所引批注有西山、迂齋、東萊、松齋、槐堂、敎齋、郎學士諸家，有《古文標準》、《戴溪筆談》、《復齋謾録》、《東塾燕談》、《漁隱叢話》諸書。刻工明湛，點畫圍擲悉臻精妙，宋諱雖不缺筆，然語涉宋帝猶空一格，且以刀法精勁觀之，與元版圓渾者迥異，其爲宋刊固無可疑也。惟乙集卷一、丁集卷九係舊鈔補入，又前丁、前辛兩集細審標題下及版心書名下，皆有補綴痕，余意此兩字必爲「後集」，賈人剜去以彌此闕。《提要》謂後集佚去者，蓋視之未諦耳。更可異者，各集皆序、記、書、論之文，此兩卷忽以章奏之文插入，要爲不倫。此又可斷爲取後集羼補之一證也。中録宋文不傳諸人，《提要》所舉外，又有楊東山、蕭大山、羅畸、鄭諟、葉肅、郭雍、盛均、程昜、韋籌，亦爲罕覯。獨惜入選諸人多有著字及別號者，以致無由考知其人，此亦坊間流行之習，不足深論耳。

至此書流傳之緒，可考見者，初藏汪啓淑家，繼進入四庫館。書成，移歸翰林院。同治時，湘潭袁漱六在清祕堂竊之以出。光緒間，江建霞督湖南學政時得之於袁氏，遂携還吴中，人始有見之者。建霞殁逝，復爲費屺懷所獲。自入余行篋後，詗其蹤迹，知實由桃花塢宅中佚出。此皆會集諸先輩之説，而著其大略如此。若本書可考者，惟建霞一印及屺懷手寫目録半葉而已。嗟夫！清祕舊聞，渺如天上，瑯環福地，猶在人間，此書出自翰苑祇數十年，已歷三氏，其人又皆玉堂舊侶，風流儒雅，照映一時，乃吟賞未終，倏焉易主，摩挲編帙，感愴彌襟，今入予篋笥又二十餘年矣。

前歲曝書，手理及此，爰屬寫官録存副本，因檢《四庫》所修，逐卷詳核，乃知館臣執筆竄易删落之處，殆更僕難終。凡篇中酋、虜、夷、狄、犬、羊等字顯然刺目者，固在所屏除；即稍指斥之文，宋賢章奏，煌煌鉅篇，亦逐段刊落，自數十言及至數百言。如真西山《召除禮侍上殿劄子》删「冠裳禽犢」以下三百二十六字。胡銓《戊申論和劄子》删「犬戎之天下」一段、「被髮左衽」一段，一百八十三字。夫違礙字句去之可也，而忠耿義憤之詞亦剷滅無復留遺，亦已過矣！余乃爲一一董理，改遵原本，俾恢復其舊觀。其每集仍各自爲卷，以矯《四庫》通改次第之失。

余嘗謂《四庫全書》爲吾國典籍之淵海，而編輯之疏失與竄改之謬戾，爲有識所同譏。倘異時重事繕録，要當博采舊刊，訪求原帙，闕者補之，删者復之，妄改者糾正之，庶足垂爲定本。故余之鈔録是書也，不憚煩勞，悉依原槧，盡改官本，亦猶循此志也。方聞宏達，幸亮斯言！壬申十一月朔，書於長春室中。

右《古文集成》前集七十八卷，卷首標「新刊諸儒批點古文集成卷之一」，下著「前甲」陰識二字，次行題「廬陵王霆震亨福選編」。每半葉十三行，行二十五字。按：此書《四庫》著録，據《提要》云，觀其標識名字，「魏徵」猶作「魏證」，而宋人奏議於「朝廷」、「國家」諸字皆空一格，蓋南宋書肆本也。卷端題「新刊諸儒評點」字，凡吕祖謙之《古文關鍵》、真德秀之《文章正宗》、樓昉之《迂齋古文》，一圈一點無不具載，其理宗時所刊乎？守敬按：卷中已稱「朱文公」，又有真西山批點，則刊板當出於理宗之後。凡甲集六卷，乙集八卷，丙集七卷，丁集九卷，戊集八卷，己集八卷，庚集八卷，辛集七卷，壬集八卷，癸集九卷，合爲七十八卷。按獨山莫氏《邵亭知見傳本書目》，言藏湘潭袁漱六家，所載卷數亦同。又稱江編修本即袁本。今此本目録有翰林院印，卷首有江標建霞印，則此即爲《四庫》著録本，當爲海内孤本審矣。頃爲傅沅叔提學所得，屬爲題識，惜客中無書，未能詳考，加以年耄眼昏，書不成字，姑記之如此。壬子四月，鄰蘇老人。時年七十有四。

此書止見《四庫提要》，未見各家書目，止有宋鎸，未見他刻，書亦宋時坊肆編録，選擇固不甚精，避諱亦不甚謹。細讀一卷，敬、桓、玄、徵，一概如字，《提要》舉「魏徵」爲「魏證」亦從他選稗販而來。惟字畫之精勁，圍擲之工整，爲天水舊槧無疑，如以宋諱爲憑，不免失之膠柱。是集出湘潭袁漱六前輩家，流轉金閶，今爲沅叔學使所得，孤本祕笈，何快如之！江陰繆荃孫。

光緒己亥、庚子之際，余僑吴趨，元和江建霞京卿標方削籍里居，嘗以此宋本《古文集成》相視，蓋其督湖南學時得諸湘潭袁氏者，與吾世父邵亭徵君《見知書目》所記合。祥符周季貺先生同觀，爲言是書世無二本，此宋槧實館閣舊書，當時《四庫》據以入録，卷首典簿廳關防宛然也。季貺又言其兄星譽與路小洲、袁漱六輩同官翰林，往往私携館書以出，故此本入袁氏，同朝皆知之。建霞久阨頗窘，又以歸武進費屺懷編修。屺懷曾許余録副，遷延未果。余滯嶺外既十餘年，頃卒還滬瀆，忽於沅叔提學許重見。沅叔新得自吴中估人，裝潢已改，而卷端闕葉實屺懷手書也。同治初，世父邵亭君嘗爲沅叔祖庭勵生先生跋元興文署本《資治通鑑》，去今幾五十年，沅叔復屬題此書。念先世之雅故，感時變之滄桑，欷歔慨歎者更何有於數姓流轉之迹，雲烟過眼之常耶！壬子三月望先三日，獨山莫棠初僧謹書。

沅叔滬上所得書曾植得盡覽焉，宋刊宋印，此爲甲觀。壬子三月借觀題記。

余年來喜購古書，而見聞寡陋，得之難，識之亦不易。辛亥冬，傅沅叔同年來滬上，至涵芬樓觀余所搜得舊籍，因相與討論版本。聚首數月，幾無日不相過從，甚可樂也。沅叔嗜書過於余，嘗躬走蘇、杭、寧、紹，游覽山水之暇，輒詣書肆搜覓叢殘，多有所獲，且爲余購善本不少。一日語余有書估自蘇州來，携有《古文集成》一部，書係宋本，曾藏江建霞前輩許。余亟趣觀，精彩奪目，檢視行款，與《四庫提要》悉相合，凡宋人指斥金源之語均經墨筆删改。宋本書之可貴人誰不知，而當日館臣至不惜點竄其文字，此其故可以想見，留遺至今，尤足動人感喟。急勸沅叔購之，毋令失之交臂。今沅叔將携以北行，余既幸有此眼福及亡友之書得所依託，而又深喜吾良友之得此秘籍以歸也，因書數語以識之。壬子新曆五月一日，海鹽張元濟。

明初刊文章類選跋※

此書爲明慶王㮵所編，見於《四庫·存目》，原本有洪武三十一年凝真子序，言將昔人所集《文選》、《文粹》、《文鑑》、《翰墨全書》、《事文類聚》諸書所載之文類而選之，分五十八體云。考《明史》慶王㮵爲高祖第十六子，好學有文，以洪武二十六年就藩寧夏，三十年始建邸，是編刊此書在建邸以後矣。其書冗雜已甚，甄録全無宗旨，其標目冗碎，義例舛陋，

《提要》譏之是也。大抵其人雅慕文華，而未嘗學問，又以僻居邊外，賓客侍從亦無鄒、枚、應、劉之選，故卷帙雖閎，而蕪陋已甚，流傳五六百年，絶不爲世所重，殊足惜也。

夫選輯文字，不出二途：一則精選古來名作，各體咸備，用爲程式，以啓津梁；一則窮搜博訪，多録罕見之文，以發潛闡幽爲志，網羅遺逸，藉廣流傳。若徒矜博贍，絶少鑑裁，則淮藩所輯之《文翰類選大成》凡一百六十三卷，丹陽賀復徵所輯之《文章辨體彙選》多至八百六卷，咸竭畢生之力，成此鉅編，然學者厭其繁蕪，偶披其目，即已掩卷不觀，徒災及梨棗，供後人覆瓿之用耳。

惟明代宗藩多好文事，雕刻典籍，相習成風。如寧藩之刻道書，周藩之刻詞曲，吉府之刻諸子，秦藩之刻《史記》，唐藩之刻《文選》，余皆及見之。他如晉府之寶賢堂，徽藩之崇德書院，趙府之居敬堂，德藩之最樂軒，遼府之寶訓堂，魯府之承訓書院，皆能覆刻古書，流傳善本。而慶王編刊此書，年代獨早於諸藩，開一代風氣之先，雖其書不足存，而風雅好事，賢於聲色狗馬之玩，亦有足稱者焉。

至此書雕鐫不精，自以寧夏邊遠，難致良工使然。然版式寬展，字體疏朗，尚存元代風範，則時代爲之也。卷首有「恩福堂印」，知曾入英煦齋相國家，亦第以取充架而已，不足言藏書也。然近世知此意者蓋鮮矣。壬午七月，藏園老人識於抱蜀廬。

藏園羣書題記卷第十九　集部九

總集類・斷代

校本唐文粹跋※

《文粹》一書自榆園許氏校訂重刊，世稱善本。其所見者有北宋殘本、紹興本及明代晉藩、徐焴、朱知烊、張大輪、蘇州程氏各本。又以《文苑英華》、《全唐文》、《全唐詩》及諸家别集參合而訂正之，補脱訂訛，其功至大。然余昔年曾見徐司業家藏宋刊本，得假校三卷，其異字與許刻頗多不合，蓋許氏不盡尊宋本也。

前日北平圖書館新收得一校本，謂是張石洲手勘，以余審之，當爲清初人手筆，第有石洲藏印耳。頃游廠市，見徐焴刊本，有朱墨校筆，正補之字至多，首尾無題記，不知何人所爲，亦不著所據爲何本也。再四披尋，祇知墨筆所據爲一宋本耳。因取許刻對勘之，竭三日之力得四十卷，更携餘卷入山中，住清水院者六日，移録百卷，遂以蕆功。

其中十之七八爲許氏已補正者，不更録。第其文字頗有出許刻之外者，如卷二十一，崔尚《桐柏觀頌》末增出「天寶元年太歲壬子三月二日丁未，弟子毘陵道士萬惠超立」二十五字；卷四十二，崔祐甫《貓鼠議》「爲國之用」下有「此鼠有害，亦何愛而曲全之」十一字；卷四十三，韓愈《原道》「則入于墨」下有「不入于墨，則入于老」八字；卷五十一，李邕《曲阜宣聖廟碑》，其官吏題名增「博陵崔調」，在參軍下。「河東裴璿、隴西李紹烈、雁門田公儀、博士南陽樊利貞」，在竇光訓下。「丞河間劉思廉」在施乂下。三十一字；卷九十一，劉禹錫《韋處厚文集序》「夐之八代孫」下增「江陵節度參謀監察御史裏行贈」十三字；卷九十二，裴延翰《樊川文集序》「言文而不及理」下增「是天下無文也」六字。此則許校所遺，而得此文與事方爲完足。其各篇中異字之多，如卷二十三，吕温《凌烟閣功臣贊》改正七十一字，吕温《張荆州畫像記》改正十五字；卷三十一，《神堯南郊受禪文》改正五十四字，陸贄《賜田悦等鐵券文》改正二十五字；卷五，張説《西嶽華山碑》改正三十字；卷五十三，盧藏用《紀信碑》改正四十一字；卷五十四，韋表微《麟臺碑》改正二十九字；卷三十九，元稹《杜甫墓志銘》改正三十七字；卷七十七，李觀《邠寧節度饗軍記》改正二十四字；亦皆許氏所不及者。其餘單詞隻字，殆逾千百，不暇悉舉。以此推之，則許氏竭五年之力，更得譚仲脩、張小雲諸君爲之助，羅致宋元明刊本至十許帙，宜乎精審可傳，而不知其疏漏之處尚多也。嗚呼！煌煌巨帙，渺渺千年，其浩博也如淵海，其繁密也若絲縷，生乎今之世，而欲探索而整齊之，宜其致力艱而收效寡也。然則校勘之學豈易言哉！豈易言哉！

校唐人選唐詩八種跋※

余自壬子季春由滬還津，家居奉親，歲月寬閑，日以丹鉛自課。尤篤好唐賢吟詠，偶見善本，輒奮筆點勘，喜其情韻兼美，可以悦性怡情也。嘗謁德化李椒微夫子，遍觀藏書，適有影宋本《才調集》，楮墨精麗，審爲述古堂舊物，因假得，以汲古本對勘，是爲手校唐選八種之始，凡匝月而畢。嗣見師門有何義門評校唐詩七種，復先後借出。甲寅歲臨《御覽》、《極玄》、《中興間氣》、《搜玉》四集，丙辰歲臨《國秀》、《篋中》、《河岳英靈》三集，其《篋中集》又兼臨楊惺吾校本。時惺吾方以參政來京，與余過從素密，時爲一瓻之借也。八集之中，惟《才調集》祇據宋本正定文字異同，其餘則勘誤之外，兼以評論，加之考訂，並逐篇標點，用明去取之旨，蓋點校並行，何氏家法，故不加甄擇，照録於編。然緣此之故，致力彌勤，朱書細楷，充行溢幅，往往一集未終，而目爲之昏眵，腕爲之欲脱矣。茲取各集大概，分述於後，庶後來得吾書者可以明其旨要焉。戊寅八月十二日，藏園老人識。距校書之日已二十餘年矣。

國秀集三卷

臨何義門評校本。義門謂此集疑後人僞託。

《國秀集》宋時有陳解元本，世未之見，今所傳者，以嘉靖本爲最古，曾見兩本，皆無序跋，其年月不詳，然要是正、嘉間刻工也。其行格似從書棚本出。余藏有明刊大字本，爲九行十五字，則在萬曆以後矣。義門所校未著明爲何本，其訂正不多，然檢所改正處，如祖詠之《題蘇氏別業》，不作「薊門」；褚朝陽詩「飛閣青霞裏」，不作「青雲」；「黄河一帶長」，不作「黄雲」；徐九皋詩「金微映高闕」，不作「金徽」；沈佺期詩「披庭月露微」，不作「開窗」；皆與明本不同，而於義爲長，知其源更古於明刻也。

此集甄取大旨見於樓穎序，所謂「采色相鮮，風流婉麗」者也，顧觀其所選，如李嶠、宋之問、孟浩然諸人，入選都非佳構，至若梁洽、康庭芝、董思恭、鄭審、程彌綸、荆冬倩輩，其詩尤庸陋。義門加以勒帛，殊非苛論。又集序稱始於開元，而義門謂宋之問歿於先天之初，杜審言歿於神龍之季，皆不及明皇之世，頗以爲疑。且隽爲芮挺章所選，序爲樓穎所撰，而集中皆録其詩，《四庫提要》譏其露才揚己，開標榜錮習。第以愚見揣之，亦殊遠於情理。就此兩端論之，則義門以此集爲後人僞託者，其説宜可信也。

篋中集一卷

臨楊惺吾校本。楊氏據日本森立之校《唐詩紀事》本，又據荆公《百家詩選》校。臨義門校本原跋并所佚後序録後：

康熙辛卯，從汲古閣得見舊鈔《篋中集》，後有曾慥端伯、曾豹季貍及明初會稽唐肅、肅之子志淳四跋，脱誤甚多，四跋亦無所見，非佳書也。唯後序爲他本所無，且于逖詩次序與荆公選異同，乃手校一過存之。何焯識。

集中詩皆力迴古風，不雜永明以還格調，所謂獨挺於流俗之中，强攘於已溺之後，真非妄歎也。亦義門筆。後序：

漫士昔在高山，藏山近五千卷，及經迸亂，全家瀼濱，存者不過筐篋。中有季川所遺沈公等雜詩一卷，不忍遺之，遂編次爲《篋中集》。其遺散七十餘首，採奇篇四章，存於集中，爲斯集已。蓋欲顯季川之志尚所存，亦寄季川於諸公下，致之篋中，此而已矣。

聞天一閣有嘉靖本《篋中集》，余未之見。杭州丁氏藏影宋鈔，末有「太廟前尹家書籍鋪刊行」一行，當是與《國秀》、《御覽》諸集同刊者。義門所校爲汲古閣舊鈔本，有唐肅父子跋，則亦明鈔本矣。義門稱其脱誤甚多，然今觀各篇，所正定佳字亦多可取，知披沙固可揀金，瑕瑜豈能相掩耶。況又以荆公《唐百家詩選》參校，寥寥短帙，改正至七十字，致力可云勤摯。

蓋次山此集入選七人，爲詩祇二十四首，而銓擇精嚴，力振古風，盡袪時習。觀其自序，深慨風雅不興，幾及千年，近世作者，更拘聲病，尚形似，流易爲詞，喪於雅正，近歌兒舞女淫惑之聲。其旨趣可以推知。故集中所録，皆情味真摯，氣息淳古之作，盡矯浮華輕綺之風。義門評詩，於唐賢多所詆訶，獨於此集，乃篇篇入選，可知其傾倒之至矣。集中于逖詩，汲古閣本爲《野外行》、《憶季弟》二首，何校鈔本乃爲《酬孟雲卿》、《古别離》二首，與荆公《百家詩選》不合，未知其誤誰屬也。

御覽詩一卷

臨何義門評校本。跋五則録後。

此書又在《間氣集》之下，大抵大歷以還惡詩萃於是矣。丁卯寒夜呵凍書。

此書所采大都意凡文弱，流淡無味，殆可當準勅惡詩耶！

戊子冬日，從錢楚殷借得二馮手校本，視昔年徐氏本又詳加改正。歲月如流，遂二十年，而余於六義仍無所窺，爲可歎耳！

戊辰春日，錢簡臣從其友徐聖階借得前輩魏叔子、馮定遠照宋刻校本，從之改定數處，其可疑者側注於旁。無勇生記。

初余得聖階校本，稍爲改正汲古閣刻訛字，而毛丈斧季堅執虞山前輩皆未嘗有原缺二字校定。康熙戊子，過虞山，趙安成以孫岷自録本見贈，後題云：馮定遠空齋校本本於趙清常，後從半臨堂借臨安本校一過；定遠云，臨安舊刻亦非佳本，姑兩存之。始知聖階非作僞欺人者。次日訪之錢楚殷，楚殷出馮已蒼家寫本，後有定遠觀原缺三字太歲戊寅元宵重勘，是爲大歷間體。然後所疑盡釋，因詳記於卷末，庶後來得余此書者，亦有可徵信也。十月朔日燈下，香案小吏何焯書。

《御覽詩》一卷，凡三十人，二百八十九首，見於陸放翁題跋，今本一與之合，知所傳猶爲古本。其舊題一名《唐歌詩》，一名《選進集》，一名《元和御覽》，蓋當日令狐學士奉敕纂進之編也。宋時有陳解元書籍鋪本，今各家書目皆不載。然據義門跋云，孫岷自曾借半臨堂臨安本校過，所云臨安本者，自是陳解元書籍鋪本，是清初猶有傳者矣。義門先借得魏叔子、馮定遠校本，以校汲古本。二十年後，又從錢楚殷借得二馮手校本，復事補勘，於前校多所改正。余過録之時，於前校用朱筆，後校則用丹筆，庶覽者可以明其先後品評之異旨。顧余覽此集在甲寅閏月，迄今已二十有五年，而於義法聲韻，懵然如昔，與義門殆有同慨耳！

義門於此選深致不滿，至有「準勅惡詩」之譏，其持論未免稍苛。然以憲宗英武，留情詞翰，殆足嗣美文皇。楚厠身禁近，奉命采進，宜準風雅遺規，關於諷刺、鑑戒之作，如杜甫、鮑防、白居易、元稹、韓愈、李紳諸人，以宣上德而通下情。而乃專録此輕艷浮靡之詞，以導上於游佚，其失職甚矣！子晉乃謂其有引嫌避諱之微旨，其説未爲允協也。

極玄集二卷

臨何義門評校本。何氏先校元蔣氏刻姜白石評點本，次校述古堂影宋本。原跋七則録後：

元板建陽蔣氏師文所開雕《極玄集》，其首列序、詩人氏名，次武功自題，次姜白石題識，最後則師文所題。此書雖不爲大佳，然毛氏多臧書，猶云不見白石點本，則世人稀覯可知。因以墨筆對臨斯本，留之篋中。戊辰二月初十日，燈下書。

此書心友借之虎丘一僧，留二日即還之，其字畫頗精緻，元板之善者也。

此書今歸心友，毛丈斧季極重之，從心友借傳一本。此書所採不越大歷以還詩格，然比之《閒氣集》頗多名句，若刊其凡近，風味正似賈長江也。

戊辰春日，閲《姚祕監集》，乃知其生平作詩體源全山於此，雖所詣不爲高深，要不似今人入門便錯雜不倫也。

丁卯十二月初八日閲，此書去取大不可解，詩多寒瘠，唐風由選者而衰！

康熙戊戌十月望，借蔣西谷架上述古堂宋本影鈔《極玄集》勘校，始知戴叔倫詩中亦誤一首，前此所見元板姜白石點本非完書，今後庶幾爲善本矣。焯記。

何氏據述古影宋本補戴叔倫《送謝夷甫宰鄮縣》五律一首，爲汲古本所無。沅叔附記。

此集宋刊本不分卷，然世久不傳，惟述古堂有影宋鈔。元至元五年有建陽蔣易刊本，分爲上、下卷。易字師文，即刻《皇元風雅》三十卷者。此書刻於白鶴書院，附姜白石評點及跋語。明萬曆丁亥有武林邵重生刻本。汲古閣重梓時未言所據何本，然觀其手跋，則姜白石點本子晉實未曾見，其所稱近刻，或即武林邵氏參較者耶？此外虞山瞿氏有又玄齋鈔本，爲明秦西巖手録，然録有蔣易跋，是亦出於建陽本矣。義門校此集於康熙戊辰，先得元本於虎丘僧寺，惟下卷頗有脱葉。嗣越三十年戊戌，又假得述古堂影宋本於蔣西谷家重校，始臻完善。前輩訪書之艱勤如此，吾輩乃坐享其成，良足幸也。

義門於此集評點最爲精密，以前後評語所紀年月衡之，大抵早年披覽多肆抨彈，洎晚歲再閲，心細手和，頗爲平允。故往往評定一詩，而先詆後贊，持論相反；或一字之得失，權衡再三，始定以從某本何字爲勝。如耿湋《早朝》詩，初議其寒儉，後乃贊其「層次如畫，叙早字鈎勒甚清」，絶不迴護前語。諸篇類此者正多。今日環誦終篇，觀其精勤，可以得讀書之法；審其矜慎，可以知進學之功，然後歎余之丹黄矻矻，蓋不爲徒勞矣。

中興間氣集二卷

臨失名人過録何義門評校本，原跋三則録後，又失名過録者跋。

康熙戊戌十月望，以事往南海淀，借宿蔣西谷寓舍，架上有鈔本《唐中興間氣集》、《極玄集》一册，視其行款字數，似從宋雕影寫，問之，乃述古堂故書也。因借歸，呵凍是正，遂成善本。餘兒他日其珍惜之！或更倩善書者重録，尤不負老子一再勘以貽爾曹之意也。焯記。

《中興間氣集》亡友長史曾云，家有元人舊刻，他時見仲友，當訪求精校之。丁丑皋月，承匡塾中雨牕書，焯。

此集所録，詩格卑淺，殊未厭心，殆出一時傳詠，不見全集故耳。若云全昧别裁，則如古調獨推孟雲卿，爲著格律異門論及譜三篇，此中亦有深工，後之憒憒者烏足語及！

是册蓋義門評校祕本，壬寅夏，余弟亮直自京師歸，余得其本渡此。亡何而先生凶問至矣，讀書種子已絶，豈不哀哉！

此集義門亦據述古堂影宋本所校，蓋與《極玄集》同時假之蔣西谷者也。按原本見《述古堂書目》、《讀書敏求記》亦述及之。光緒間，費屺懷同年刻於吳門，亦即此本。然費本所摹有毛子晉、汪閬源兩家藏印，而無遵王印，恐別一影本也。每半葉十行，行十八字，仍棚本之舊式。明嘉靖中刻本行格與宋棚本同，而文字乃大異。余別藏一萬曆本，爲九行十五字，字句與嘉靖本正合。至汲古閣所刊，似從嘉靖本出，故義門以影宋本校之，其差別之處乃繁夥不可悉舉。不獨詞句時有異同，即每人入選者，或首數不符，或別爲一詩。如錢起誤一首，李希仲誤分一首爲二首，李嘉祐誤一首，章八元少一首，戴叔倫多四首、誤一首，皇甫曾誤一首，孟雲卿少二首，皆賴影宋本補正之。又，劉灣評語，毛氏凡得四本皆闕佚，獨此本完具，皇甫冉、李季蘭評語亦詳略大殊。此義門所以矜爲善本，屬後人倍加珍惜也。

若夫采輯之旨，義門深致貶詞，有「詩格卑淺」之譏。然嘗觀鄭守愚詩云，「何事中興高仲武，品題間氣未公心」，可知仲武此編，在當時已有異議，操持選政，求洽羣情，豈易言哉！

按：汲古本舊脱張衆甫、章八元、戴叔倫、鄭常、孟雲卿五人評語，又載叔倫詩一首，鄭常詩三首。康熙戊辰，子晉曾搜得，刊爲《補遺》，附之卷後。義門所校，猶是未補刻之本也。

又按：近時《四部叢刊》印行《中興間氣集》，即屬明嘉靖本，旋審其奪譌太甚，因假余此校本，録爲校記，附印於後。余嘗私怪明人刻書雖未盡精審，然不宜差誤相懸如此，竊意嘉靖翻刻必別爲一宋本，其源流既異，則文字自有差池，無足異也。

河岳英靈集三卷

臨何義門評校本，原跋三則録後：

丁丑仲夏，承筐書塾閲。鄭都官于殷、高二子深致抑揚，然未足爲商周也。焯。

此集所取不越齊梁詩格，但稍汰其靡麗者耳。唐人寶以前，詩人能窺建安門徑者，惟陳拾遺、杜拾遺、李供奉、元容州諸人，集中獨取供奉，又持擇未當。他如常建、王維，則古詩僅能法謝玄暉，近體僅能法何仲元，殆不足以傳建安氣骨也。

此書多取警秀之句，緣情言志，理或未盡。

此集義門所據似是鈔本，故篇中誤字咸未刊正，惟於評點致力耳。其初閲也，在丁卯冬，嗣於丁丑夏又再閲之。初閲用朱筆，再閲用紫筆。余之臨寫，則概用藍筆，第於後閲者注明「紫筆」以別之。前後去取，大有不同，合而觀之，可以覘進詣之淺深矣。殷氏此選，義門亦未饜心，然通觀全帙，入選者已居半數，其辨論格律，闡發旨趣，多直造精微，非明代選家膚論可儗。學者澄心味之，可得詩中三昧矣。

此書有宋本，舊爲莫郘亭家藏，曾影刊以傳。昔年余在南中獲其原本，因以此本詳勘。書分二卷，與《文獻通考》正合，而四庫館臣據俗本三卷著録，以爲寓鍾嶸三品之意，而以「二」字爲誤，良可發噱。宋本序後有《集論》一首，孟浩然詩有《送張子容》一首，均爲汲古本所無。諸家評語中，如崔顥、孟浩然文頗有異，綦毋潛小序尤迥然不同。其他單詞隻字，更難以僂指計，蓋自明代翻刻以後，沿訛襲繆，已匪一日矣。

搜玉小集一卷

臨何義門評校本，原跋二則録後：

此書乃集唐初人詩之不佳者，既鮮氣質，復乏調態，述作之手固將喂鹿，場屋之士亦宜覆瓿也！

此集無疑僞託，唐人《藝文志》自有《搜玉集》十卷，在總集類中。

搜玉之名見於《通志》、《通考》，然與今本撰人録詩之數均不相合。此本經毛氏删併重訂，《四庫提要》頗議其非，以其次第紊亂，參差重出，舊時義例無可尋考也。舊本罕傳，惟明正、嘉間與《篋中》、《間氣》諸集同刻行世。繆藝風前輩藏有此刻，爲馮已蒼手校，馮氏蓋據柳大中鈔本對勘。惜藝風在時未及假讀，深用悵惘。此外則瞿氏有寙菴老人鈔本，其目録尚存胡鵠、崔顥、王翰之名，是猶未經毛氏改訂者，或差存舊觀也。

義門評閲唐選，於此集最爲不滿，所取祇二十一首。如陳拾遺《感遇詩》自足高步一代，此集不取，而録其《白帝懷古》一詩，殊不可解。他如崔湜之《大漠行》、賀朝之《從軍行》、屈同之《燕歌行》、劉希夷之《擣衣篇》、許景先之《折柳篇》、徐晶之《阮公體》、劉希夷之《代白頭吟》，詩格咸卑下，不知何以入録？義門以其書爲俊人僞託，其説宜可信矣。

才調集十卷

校述古堂影宋本。原本爲椒微師所藏，字畫精雅，半葉十行，行十八字。有「虞山錢曾遵王藏書」、「述古堂圖書記」、「錢曾之印」、「遵王」、「錢氏校本」、「求赤讀書記」、「錢孫保印」、「毛晉私印」、「子晉」、「汲古主人」、「雪苑宋氏蘭揮藏書記」、「友竹軒」、「筠」各印記。

按：此影宋本見《述古堂書目》，據《讀書敏求記》所述，則錢氏藏《才調集》三，一爲宋陳解元書籍舖槧本，一爲錢復真家舊鈔本，一爲影寫陳解元書籍鋪本。知椒微師所得正其第三帙也。此書宋以後傳本甚稀，隆慶時沈雨若始刻以行，萬曆時又有覆刻，然爲俗人竄易，繆誤至不可讀。毛子晉彙刊唐選時，覓得善本，參考唐賢舊集，更訂重刊，然未覩宋槧，榛蕪滿幅，未能浄掃也。同時海虞馮已蒼及定遠，篤嗜此集，與葉石君、陸勑先諸人尋求舊本，匡繆正譌，俾臻完善。康熙甲申，新安汪文珍訪諸後人，獲其遺蹟，爲之授梓，並附刊二馮評點，以示學詩之準的。記其先後訪得者，華亭徐文敏家、江右朱文進中尉家宋刊殘本，錢復真、焦弱侯、趙清常、孫研北四家鈔本，改正沈刻至千餘字，其所據依，皆出臨安陳氏書籍鋪本也。三百年來，古籍散亡，以余所聞見，並世未嘗存有宋槧，則此述古摹本殆已孤行於天壤間，而余幸得手披而目覩之，不可謂非奇緣盛福矣！

第摹本亦有差失，如卷一薛能詩題《黄蜀葵》作「蜀黄葵」，劉長卿詩題《赴潤州留别鮑侍御》無「别」字，《次秋浦界青谿館》無「谿」字，似皆顯然奪誤，而馮校一遵之不改，要未爲允愜。是在善讀者之領悟，未可刻舟以求劍也。又聞之椒微師言，義門亦有評校本，惜當時所得祇此七種，未識分析之後流落何歸，附誌於此，以冀有鏡合珠還之日耳！

弘治本松陵集跋

此弘治劉濟民刊本，爲李中耆舊藏，余得之武林書肆，置之篋笥，殆二十餘年矣。日前檢書及之，令工去其襯紙，裝爲一巨册，古意盎然可觀。此帙曾經章君式之假校，卷首有其跋語。毛子晉刻此書，識語謂特購宋刻而副諸墨，式之不信其説，謂所刻即出於此本。然余曾見毛氏影宋本，行格迥不相同，文字亦復小異，嗣爲陶君蘭泉得之，精寫付刊，余爲之序以傳之。是汲古閣實藏有宋刊，特其付梓時未必據以勘定耳。原本十行，行十八字，黑口，左右雙闌，楮墨清朗。昔子晉謂弘治重梓多漫滅，則似此初印精善，固子晉所渴慕而不得見，斯亦足珍矣！

影宋本松陵集序※

《松陵集》世行本以劉濟民弘治壬戌刊本爲最舊，都元敬爲之序，未言出於何本也。汲古閣本據子晉識語，言特購宋刻而副諸棗，第亦未言宋本爲何式也。且文字舛訛，時復不免，故後學之士，恒以未得親覩宋刻爲憾焉。昨歲北平圖書館新收顧千里手校本，筆墨精細，凡字體點畫，悉爲刊正。顧氏所臨爲毛黼季所校宋本，且有初刻與補版二帙，然三百年來，兵戈水火，文籍散亡，其原本已無可追尋矣。憶辛、工之交，曾覯影宋本於藝風老人齋中，摹寫妙麗，鈐有「子晉」小印，知爲黼季所校原本，第當日祇粗記其梗概於《藏園瞥録》中，未遑致力丹鉛，懷思至今，輒爲悵惘。頃陶君蘭泉自津門走訪，以新刊《松陵集》相贈，欣然展誦，考詢源流，乃知所翻雕影宋者，即藝風舊物，從董授經大理展轉而得之者也。余夙喜誦唐人詩集，席刻百家，悉已校定，因亟取毛本，從事斠讀，并假顧校參閱，於是此書荆榛塵穢，爲之廓然一清，因歎黼季、澗薲先後致力之勤，其自詡爲校脩精細，固有由然矣。

玆舉其佳勝之字言之：如卷一，「相望如斥候」不誤「斤堠」；陸《寄皮五百言》。「誰可征弄棟」不誤「作梁棟」。陸《和皮五百言》。卷二，「王樂成虚言」不誤「三樂」；陸《和幽獨居》。「如神語鈞天」不誤「鉤天」。《新竹》。卷三，「由天柱抵霍嶽」不誤「天社」；「干者千數候」，「干」不誤「師」；《太湖詩序》。「凝碧融人睛」不誤「人情」。《入林屋洞》。卷四，「年置一神守之」不脱「年」字；《漁具詩序注》。「君看杖製者」不誤「荷製」；《蓑衣詩》。「一一輸膏粱」不誤「膏粱」。《茶竈詩》。卷五，「遠帆投何處」不誤「遠棹」。陸《和憶洞庭》。卷六，「不待羣芳應有意」不誤「不得」。陸《和辛夷花》。卷七，「茸各有名」，「茸」不誤「石」；陸《和吳中書事》注。「湖自石蓮子也」不誤「茸蓮子」。皮《夏景沖澹詩》注。卷八，「日斜還有白衣來」不誤「日殘」。陸《走筆酬皮》。卷九，「爲勸常娥作意栽」不誤「嫦娥」；陸《白菊詩》。「義帝城中望戟支」不誤「戟枝」。陸《送羊振文》。卷十，「臣言陰靈欺」不誤「陰雲」。陸《平去聲詩》。詞意咸以宋本爲長。其中如「弄棟」出《説文》，「王樂」出《莊子》，顧氏皆歷舉確證以明之。他若雅言古訓，爲俗刻所沿失尤不可殫述，然則宋本之足貴，豈徒惟版刻精雅之足尚乎。

余嘗謂毛氏刻書，富逾萬葉，然其校勘，咸未精審。且有家藏宋板，而付梓多沿俗本者，殊難索解。今以此書考之，子晉既云購得宋刻，黼季又親校宋本，而核其文字，謬失乃與劉濟民本曾無以過，更不得謂鋟木在先，獲宋本在後，爲毛氏左袒也。蘭泉嗜古耽奇，收藏鴻富，傳刻之書，流行遍海内外，世皆以汲古閣推之。第其督校精勤，實有突過毛氏者，謂余不信，試舉涉園此本與汲古書比案而觀，當知余言之非妄許矣！壬申人日，江安傅增湘。

跋宋刊本王荆公唐百家詩選※

王荆公《唐百家詩選》二十卷，分類選録各家之詩，今存卷九至十六，計八卷。宋刊本，每半葉九行，每行二十字，注雙行同，白口，左右雙闌，版心題「唐詩選九」、「唐詩選十」不等，下方記刊工姓名，有王仲、王華、王景、徐岳、陳祐、陳彦、謝興等。宋諱玄、殷、弘、敬、貞、曙、恒、佶皆爲字不成。間有補刊及刓修之葉，如卷十五末葉儲光羲《詒余處士》詩：「市亭忽雲構」，「構」字注「御名」。此書蝶裝廣幅，有水沕痕，無收藏印記，望而識爲内閣大庫佚書，内四卷得之文德韓估，另四卷張君庾樓所貽，素以明活字印本《曹子建集》全帙報之，即嘗印入《四部叢刊》之本也。

案：此書《郡齋讀書志》、《直齋書録解題》皆言就宋次道家藏唐人集一百八家選其佳者，而不明著其爲分類與否。今以各家著録考之，其行世實有二本，一爲分人選録，一爲分類選録。分人本黄蕘圃有宋本，存卷一至十一，半葉十行，行十八字，有楊蟠序，即《百宋一廛賦注》所謂「荆公之百家」者也，今不知在何許。康熙時，商丘宋中丞曾據一宋刊分人本翻雕行世，前有乾道己丑四月望日蘭皋盤谷倪仲傳序。然何義門手校本見《皕宋樓藏書志》。有跋云：「八卷乃祕閣藏書，商丘公從東海司寇家得之。二十卷全者斧季得之吳興鬻書人，鈔本，非宋刻也，書迹類明初人，亦不知與八卷有異同否。商丘喜於復完，不復研覈，但非出於毛之僞造，或真爲荆公之舊耶？」又曰：「余見錢牧翁手校《岑嘉州詩》，上有『荆』字印者，或與此不盡合，此則其可疑者，豈牧翁一時疏略耶！」是商邱所刻當時即有致疑者。以今考之，倪序言：「初得是書於香溪先生家藏之祕，嗣得南昌刻本，惜其字畫漫滅，故鏤版以新其傳」，是商邱傳刊實原倪本，倪本又復淵源有自，第所得之本殘缺，以明鈔補之，遂啓人疑竇耳。然自此刻盛行而舉世幾不知有分類本矣。

顧分類本流傳實稀，惟皕宋樓有殘本，存卷一至五，卷十一至十五，凡十卷，編次全然不同，即《百宋一廛賦注》中所謂「又有分類宋槧殘本，在小讀書堆」者也。其前亦有元符戊寅七月望日章安楊蟠序。余所藏本亦即是刻，其相重各卷，核之類目，正復相符。然有不可解者，楊蟠序言：「細字輕帙，不過出斗酒金而直挾之於懷袖中。」以其詞測之，必爲巾箱本矣。余本則版匡甚高，大字疏朗，豈楊序者爲別一本，而茲刻乃轉録楊序歟？其分人之本，倪氏亦傳自南昌舊本。古人一書而兩本並行，詳略互見者，如《郡齋讀書志》、《名臣言行録》之類甚多，又烏足致疑乎！至義門謂牧翁校《岑嘉州詩》與荆公選不盡合者，是牧翁所據或爲分類本，義門以商邱所刻分人本證之，宜其多所牴牾也。

陸本所存，合之余本，去其複者得十三卷，并鈔類目於後，以資參證。若寫補缺卷，異時當於海東静嘉文庫求之焉。乙丑立春前一日，棘人傅增湘記。

卷一：日、月、雨、雪、雲。　卷二：四時、晨昏、節序、泉石。　卷三：花木、茶菓、蟲魚。　卷四：京闕、省禁、屋室、田園。　卷五：樓隱、歸休。　卷九：投謝、慶賀、酬答。　卷十：僧、道。　卷十一：音樂、書畫、親族、墳廟、城驛、雜詠。　卷十二：古宫樹、古京室、古方國、昔人遺賞、昔人居處。　卷十三：送上。　卷十四：送下。　卷十五：别意、有懷。　卷十六：邊塞、軍旅、射獵。

再跋唐百家詩選※

世傳荆公此選其去取之意多不可得，且李、杜大家皆不見録，即入録者亦鮮長篇，因舉《聞見後録》之言，謂三司吏鈔録移易籤帖所致。今考邵氏書云，晁以道言：王荆公與宋次道同爲羣牧司判官，次道家多唐人詩集，荆公盡即其本擇善者籤帖其上，令吏抄之。吏厭書字多，輒移荆公所取長詩籤置所不取小詩上。荆公性忽略，不復更視。唐人衆詩集以經荆公去取皆廢。今世所謂《唐百家詩選》曰荆公定者，乃羣牧司吏人定也云云。按此説《清波雜志》亦載之，予初未敢遽以爲然。嗣見王氏《聞見近録》云，黄魯直嘗問王荆公：「世謂四家選詩丞相以歐、韓高李太白耶？」荆公曰：「不然。陳和叔嘗問四家之詩，乘間簽示和叔。時書吏適先持杜集來，而和叔遂以其所送先後編集，初無高下也。李、杜自昔齊名者也，何可下之！」魯直歸問和叔，和叔與荆公之説同。今人乃以太白下歐、韓而不可破也。以此事證之，是荆公性本疏忽，選録時隨意籤題，不復爲之次第，則《百家詩選》爲吏人所紿，捨長取短，未暇覆審，致貽後人之譏議。晁氏之説，宜若可信也。庚午閏月，書潛又記。

影宋本分門纂類唐歌詩跋※

影宋本《分門纂類唐歌詩》十一卷，余昔年曾見二部：一即毛氏原影本，有斧季手跋，當時未及購藏，追思常用悒悒；嗣余領故宮圖書館，見内府舊儲《宛委别藏》，乃阮文達進呈《四庫》未收各書，其中正有此書，摹影宋本，特爲精雅。其後博物院將印行《宛委别藏》，屬余選定書目，因以是書加入，孤本祕籍，幸得流傳於世，亦云幸矣。昨歲友人趙東甫來自濟南，携是書鈔本見示，余得披觀累日，楷法清麗，亦清初人從宋本橅摹者。前有曹楝亭手跋一則，亦言源於絳雲樓餘燼，詢其所自，言爲友人暫質之物，因諄屬以異日能爲我致之，竊所願也。已而聞此書已爲大力者得之，私心惘然。前月忽馳函見告，言原書雖不可致，今幸得傳録副本，郵致奉贈。披函展閱，知爲原書主人片雲樓所手繕者，荷良朋之嘉誼，俾夙願之終償，不見中郎，得見虎賁，喜慰之懷，匪可言喻矣。余遂取《宛委别藏》本逐卷對核，則漏失差殊，多出意表。兹略舉異同於下：

阮氏進呈本首卷第一葉目録完具，曹本無之；末葉白居易《暮立》詩後注「下闕」，曹本則尚有項斯《黄州暮愁》詩殘句，一異也。

阮氏本卷二首葉前有目録，曹本無目録；且郭密之《石門山》詩前尚有失題五古六行，卷末以齊己《假山》詩爲止，曹本尚有薛濤《題從生假山》詩殘句，其下更有一葉，爲失題詩三首，張籍、白居易《秋山》詩二首，二異也。

阮本卷四首葉目録下爲張子容《巫山》詩，曹本此卷無目，《巫山》詩前尚有殘詩二行，又《鞠侯》詩五律一首，且全卷行款均不相符，三異也。

阮本卷五首葉前有目七行，下接皮日休《太湖詩序》，曹本則其前尚有皮日休七絶一首，並無目録，蓋此上别有他詩，已佚去矣；《太湖詩序》低四格，阮本則低二格。卷末以張九齡《玄武湖》詩爲止，曹本尚有李白《郎官湖詩序》十四行，四異也。

阮本卷五首李義山《牡丹》詩，前有目一葉又十行，曹本則此卷一葉缺後十行，二葉缺前十行，五異也。

卷九末阮本以王周《金盤草》詩爲止，曹本此下尚有張説《見牧羊人擔青草》詩一首，六異也。

阮本卷十一末以顧況《洞庭孤橘歌》爲止，曹本此下尚有杜甫《病橘》詩五行，此七異也。

匪特此也，其先後次第亦多不合。如《石門》詩一卷阮本列卷二，曹本則在第三；崔塗《泉》詩一卷阮本列卷三，曹本則在第五；張子容《巫山》詩一卷阮本列卷四，曹本則在第二；皮日休《太湖》詩一卷阮本列卷五，曹本則在第四。以山水門類次序論之，則巫山、石門爲山類，自應列前，太湖爲水，應次之，泉、石宜又次之，而阮本乃紊其次第，且動加刊削，殊難索解。

余反覆推尋，乃知阮氏之爲此者，意以書經進御，斷簡殘編，不使覽觀，於是篇章之缺失者則徑删之，目録之不完者以意補之；甚者彌縫殘失，俾充完卷，增損行幅，使接後文；其難於改飾者，則易其行格，别録成帙，徒取整齊畫一之觀，而不惜輕改古本以就之。設非余親見舊本，又烏知其鹵莽滅裂至於如此耶！余初謂《宛委别藏》即經刊播，區區數帙，殆等筌蹄，又豈意留此副本，轉藉以發前人之覆耶！參校粗竟，爰誌其梗概如左，他日報書東甫，知老人得是書乃有新獲，當亦同兹快慰也乎？癸未大雪後三日，企驎軒記。

校宋本唐僧弘秀集跋※

《唐僧弘秀集》余藏本爲汲古閣所刻，然版心無標題，卷末無子晉跋，未審刻於何時，所據爲何本也。明嘉靖時有刻本，頗爲精雅，曾兩見之，以古昂不及收，亦未能取校。舊聞椒微師有宋刊殘本，癸亥歲暮，自津沽假來，因取汲古本手校一過。其書缺第九、十兩卷，又卷首缺二葉，苦無别本可補，方以爲憾。適東坡生日，文友堂主人忽持一宋本見示，首尾完善，喜出望外，急炳燭研朱，一夕而畢。十日之中，兩見宋本，俾完點勘之功，大遂生平之願，余於此書信謂有夙緣矣！

此書爲南宋陳宅書籍鋪刊本，十行十八字。椒微師本爲士禮居故物，詳載《蕘圃藏書題識》，不復贅述。文友堂本爲内府舊藏，李龏序後牌子尚存，文曰「臨安府棚北大街睦親坊南陳解元宅書籍鋪刊行」，檢卷中鈐印，知歷藏嘉興蔡公惠、濮陽李廷相、徐乾學、季振宜諸家。書中夾簽爲「乾隆五十六年三月暢春園發下重裝」，蓋南巡時臣工進奉之物，余於他書曾屢見此簽也。

至宋本之佳，勘正異同，殆難縷覼。開卷標題李龏鄉貫菏澤，即誤爲「荷澤」，通計全書十卷，改正者凡二百又三字。其差失最鉅者，卷三無可詩中脱《寄青龍寺原上人》五律一首，卷十尚顔詩次第紊亂，與下栖蟾詩相羼雜，其《夷陵即事》本爲五律，乃割以後四句入栖蟾詩，而題爲《讀齊已上人集》；而《讀齊已集》本詩則題《自紀》之第二首。且本卷標明尚顔十八首，栖蟾十首，今檢汲古本尚顔祇十二首，而栖蟾乃爲十七首。取宋本核之，則栖蟾詩中之《與王嵩隱江上》、《秋思》、《冬暮送人》、《送徐道人東游》、《與陳陶處士自紀》六首，皆尚顔詩，而誤入者。一轉移間，而兩僧之詩數與標目適合，然微見宋本，又烏知其竄亂如是其甚耶。第有不可解者，卷八法振詩中《張舍人南溪別業》七律一首，汲古本有之，而宋本轉失載；卷一皎然詩《寄李縱員外》一首，汲古本各句下注一作某，其文字乃與宋本同；又，卷二靈徹詩中小注，宋本亦無之。是子晉必別據一宋本付梓，而非出於陳解元書籍鋪本可知矣。聊誌於此，竢異時之考證焉。戊寅八月，藏園識。

兹録椒微師跋及癸亥校書手跋於後。其内府本有嘉興蔡氏識語，木記亦附於後，印色極古舊，疑爲宋、元人也。

此殘本《唐僧宏秀集》乃士禮居舊藏，《百宋一廛賦》所稱「衲子之宏秀」是也。甲申夏，書賈仲仁卿從金陵收孫澄之家書，中有此種，以番餅十六枚易之。頃繆筱珊編脩從都中寄新刻《士禮居題跋》，中載蕘夫先生據宋本所校，即此宋本。元本即跋中所稱沈刻，曾於國初爲孫潛夫、葉石君以舊鈔本、即陳解元書籍鋪本。明刻本校過。據蕘夫跋，知諸本皆不如是本之善，則此本誠當世鴻寶也。惜不得以蕘夫先生校本補足，使成完書耳。　乙酉開歲雨水後四日，盛鐸記。

宋本《唐僧弘秀集》爲椒微師所藏，昨自津門從師假得，以汲古刻本對勘一過，補詩一首，改定如干字，宋本亦脱詩一首。并録蕘翁跋於後。他日當訪求舊鈔，以補勘後二卷，庶完師之素志云。　癸亥十二月十三日，藏園居士記。

余記此未數日，忽有持宋本《弘秀集》一册來售，首尾完具，爲蔡、李、徐、季四家遞藏之物。書中有夾籤，知爲乾隆五十六年三月暢春園發下付裝者。因補校卷首數葉，及九、十兩卷。卷十尚顔詩割析紊亂，賴此改正之。精神所會，異書來投，古緣眼福，良足自詡矣。癸亥東坡生日，沅叔記。

「嘉興崇德鳳鳴世醫蔡濟公惠，家無甔石之儲，惟好蓄書於藏，以爲子孫計。因書此傳之不朽。」

右爲佛旛式丹色木記。

明初本唐詩增奇集二十二卷跋※

舊刻本，版心高廣，半葉十一行，每行二十一字，白口，四周雙闌，版心記「詩一」、「詩二」等字，上魚尾上記詩家姓名，凡二十二卷，卷一至三，五古；卷四至六，七古；卷七至九，五言排律；附七言長律。卷十至十二，五律；卷十三至十五，七律；卷十六至十八，五絶；附六言絶句。卷十九至二十一，七絶；卷二十二閨媛詩，不分體。收藏印有「百城居」、「素思堂印」、「終歲一牀書」、「占得人間一味愚」各印記。

案：此本前後失序跋，其編輯人無可考，版式闊大異常，字體寬博秀逸，仿松雪體，雕鐫亦精，竹紙闊簾，頗類元時刻本。徧檢古今書目，均無此名，惟近年杭州抱經書坊曾見殘本數卷，題曰遼刻，爲上海涵芬樓所收，未知所題遼刻果有何據？第余以寫刻風氣觀之，要是明初所梓，以流傳罕祕，遂爲世所稀覯，洵可寶也。己卯十月十一日雪窗書，藏園老人。

明玩珠堂本西崑酬唱集跋※

此書舊刻罕見，昔游南中，於藝風堂繆氏假得舊鈔本，取邵武徐氏刻勘讀，改正七十餘字。徐刻源出於祝氏《浦城遺書》，世所稱爲善本者也，而譌失仍所未免。藝風藏本録有張綖序，是從張刻傳出可知，余緣是深知此本之可貴，而又惜其書之未易覯也。翊年南游，獲見此本於秦曼青齋中，因展轉通詞，慨然割愛相付，數年夙願，一旦得償，爲之欣慰無已。其後涵芬樓徵書海内，余舉此本付之，今《四部叢刊》行世者是也。此本半葉十二行，行二十字，版心上方有「玩珠堂」三字。前有嘉靖丁酉高郵張綖序，次楊文公自序，序後有唱和詩人姓氏，詳列官職於下，詩下題名亦各注官職，此咸祝、徐諸本所未有也。

嘗徧覽諸家簿録，知此書自元明以來湮没已久，明季錢、毛、葉、陸諸人尋求咸不可得，洎康熙甲辰，毛斧季乃獲錢功甫手鈔本於朱卧菴家中。馮定遠聞之，至陳書於案，頓首再拜而後披吟，可見其嗜之深而思之渴矣。自錢本出世，轉寫流傳，大江以南，先後五刻，而此書卒以大顯。顧余有不可解者，嘉靖丁酉下至啓、禎，僅及百年，玩珠堂之刻本何以盡付沈埋，即傳録之編亦幾絶迹於天壤？夫錢氏絳雲樓插架萬籤，自詡爲江南圖書之府，毛氏汲古閣校刊羣籍，世推爲虞山文學之家，咸生平想望而不得，轉賴窮儒手澤，延此書一線之緒，斯真足以歎喟者矣。考近世收藏名家，於此本咸未經登録，惟海源閣楊氏有影宋鈔，即毛斧季屬何道林從功甫本摹寫者；八千卷樓丁氏藏淡生堂鈔本，有張綖序，則由此本轉録者；檢兩本行格皆同，是張氏授梓即依據宋槧無疑矣。

余取此本與顧千里校祝本對勘，顧氏所舉各條，其吻合者十得七八，如「寡婦宜憂緯」，不作「疑憂」；「麝壁燈迴偏照晝」，不作「鹿壁」、「照畫」；「走馬章臺冒雨歸」，不作「暴雨」；「香返夢蘭魂」，不作「蘭船」；「不知誰有高唐夢」，不作「惟有」；「秋意先侵玉井桐」，不作「知侵」；「玉壺盛淚祇凝紅」，不作「承淚」；又，「直道忍蘧篨」，「忍」不誤「思」；「出恐嚴鍾晚」，「鍾」不誤「妝」；「珠蚌淚長圓」，「蚌」不誤「串」；「江澄擣練勻」，「江」不誤「汪」；「故宫經駁娑」，「經」不誤「輕」；「林疏露下涼」，「林」不誤「松」；凡此皆祝本與朱本之差失，而核之此本，一同於顧校，又可爲此本出於宋本之明證。蓋顧氏所據者，即馮定遠傳録功甫本，斧季所稱原本定係宋刻者也。以此觀之，此本既以舉世稀見爲珍，又以探源宋槧足貴，雖梓於明代，要與天水遺刊同其罕祕也。戊寅中秋日，藏園記。

題趙聲伯手書九僧詩

《九僧詩》世無刻本，其流傳於世皆自毛斧季影宋本，顧汲古未嘗刻此書，至道光丙申，石涿堂太史乃序而刻之，據云亦假周香巖所藏毛鈔録出者。近又有人取石本重刻之。此二本余皆有之，獨金陵刻經處本未之見耳。展轉傳鈔，遂不免文字有歧出者。今觀聲伯同年寫本，言依鬱華閣所藏移録，蓋亦源於毛本。然取石刻對勘，字句頗有差殊，互有得失。流傳古籍，自是學者盛心，然必廣見博聞，參會而折衷之，方能垂爲定本。第此事非有數十年丹鉛之功，深知此中甘苦者，正未易言耳。

古人讀書皆出手録，自刻本盛行，而此風遂渺然。好學之士，偶覯孤本異籍，亦復留傳副本，儲爲枕祕。以余所見，如明之柳大中；錢叔寶、功甫父子，清之周硯農，吕無黨，吴枚菴，金孝章、亦陶父子，張青芝、充之父子，皆露鈔雪纂，矻矻不休。舜咨、叔寶尤耆年宿學，皓首青燈，奉爲日課。余生平篋藏與同好所獲，時得展玩，流風餘韻，使人慨慕於無窮。其中如舜咨之古樸，孝章之工雅，無黨之謹嚴，皆神采奕然，點畫不苟。其尤可稱者，如叔寶手鈔《華陽國志》、《南唐書》皆多至十餘萬言，而筆致俛逸，終篇如一。亦陶鈔元人集數十家，枚菴鈔宋人筆記數十種，亦咸精麗絶倫。故傳播至今，藏書家視同璣璧，與宋槧、元刊同其寶貴。今觀此帙，其溯源既古，可糾正時本之訛，而楷法精純，氣息深厚，雅與鍾王爲近。論其品第，可以上追叔寶，下耦枚菴，固不徒以師門之手澤爲可珍也。質之越千，當不河漢余言。庚辰八月，藏園識。

影宋鈔本播芳大全文粹一百二十六卷跋※

《聖宋名賢五百家播芳大全文粹》一百二十六卷，影宋鈔本，半葉十四行，每行二十五字。前附目録三卷，目末有朱筆題「王宗炎校」四字。

按：此書卷數最爲紛歧，各家目録所載，及余生平所見，皆不盡同。有二百卷者，朱竹垞所見是也。有一百五十卷者，鐵琴銅劍樓所藏舊鈔本有嘉定三年孫均跋者是也。有一百二十六卷者，皕宋樓陸氏藏精鈔本是也。有一百十卷者，《四庫》所著録、八千卷樓丁氏、愛日精廬張氏及近時慈谿李氏贊侯藏明鈔本、余所收孔氏嶽雪樓鈔本皆是也。有一百卷者，涵芬樓所得季滄葦之宋刊本、友人邢君贊庭藏明鈔本是也。然要而論之，其别有三：二百卷者世無其書，疑竹垞誤記，《四庫提要》已言之。瞿氏本卷數最多，據孫均跋，知爲葉氏續增未刊之本，與歷來從宋刊傳録者固迥然不侔，可無庸置議。宋刊本之一百卷，余假得細校，留几案者三年，實殘缺不完之本，《季目》即注不全。爲書賈挖改卷第，以充完帙，而明以來傳鈔本遂沿襲而下。如邢氏本自卷七十三以後逐卷補綴之痕猶顯然可按也。慈谿李氏本亦經挖改。其題一百二十六卷或作一百二十五卷。者，詳檢之，實即一百一十卷，不過將子卷改作正卷耳。今以王宗炎本考之，如卷一至卷七原本分上、中、下子卷，兹本遂展爲二十二卷。其卷二之中卷，自趙德莊《賀太上皇后箋》起，至《賀皇太子受册箋》止，凡三十五篇，兹本析爲卷第五。自汪彦章《北郊青城起居表》起，至《上皇帝勸進表》，凡十三篇，兹本析爲卷第六。又卷四十九原本分上下卷，兹本亦析爲二卷。通計溢出者凡一十六卷，遂成爲今本之一百二十六卷矣。第余所最難索解者，茲本字迹工雅，其行格一仍舊式，全書咸經手勘，其爲親見宋本傳録可知，何獨於宋本卷第乃率行改易？且延令宋本前有紹熙庚戌南徐許開仲啓行書序，半葉八行。次名賢總目一卷，半葉十二行。次目録七卷，祇標題目，不著人名。茲本序及名賢總目既皆失鈔，而目録不分卷，文下皆著撰人，亦非原刊面目。豈王氏所見者爲别一宋本，或佚去首四帙歟？姑存此疑，以竢詳考。

王氏字穀塍，蕭山人，家有萬卷樓，藏書甚富，與同邑湖海樓陳氏相埒。其鈔校遺籍余曾得《松漠紀聞》、《吳中舊事》、《河朔訪古記》諸書，此帙則出自徐梧生司業家。余校宋本將畢，獲此藉資參證，且嶽雪樓所鈔雖原於閣本，然其中目存而文佚者多至三卷，人名亦脱誤極夥，宋本所佚之卷據此必多所補正。嗚呼！百卷鉅編，流傳至百年之久，觸手如新，原帙草訂，未裝。寧不足珍乎！庚午閏月朔，藏園記。

明鈔本播芳大全文粹跋※

《聖宋名賢五百家播芳大全文粹》一百卷，明鈔本，黑格，棉紙，半葉十行，行二十二字，語涉宋帝空格，是從宋版鈔出者。前有紹熙改元庚戌南徐許開仲啓序。書爲鉅鹿魏仲賢、南陽葉子實所編，首卷爲名賢總目，凡五百十五家，次緋文之目，次門類，即文目也，凡爲卷七。各卷内卷一至七又分上、中、下三卷，卷八分上、下卷。

按：此書《四庫總目》著録爲一百十卷，此祇一百卷，實屬殘佚，賈人挖改卷第成一百卷，以充完帙耳。今逐卷檢閱，知所缺者爲卷四十九上，卷七十三、七十四、七十五，卷九十四、九十五、九十六、九十七、九十八、九十九、一百，凡缺十卷，又子卷一，取各卷標題一行視之，其粘補之迹猶可尋也。然此書挖改紊亂，由來已遠，余曾見宋刊本，爲季滄葦舊藏者，即以殘缺之本改爲一百卷。又慈谿李贊侯藏明鈔本，楷書鉅册，其挖改卷第亦同。百卷鉅編，流傳渺遠，其遺篇脱簡事所恒有，特因冒全帙、索高價，而令其篇次淆亂，使後之讀者非悉心討索無可追尋，斯足恨耳！

兹帙邢君贊庭得之肆上，本屬殘編，旋由宋星五坊中搜求篋底，復得半部，取以相較，實爲原書。樂昌鏡圓，豐城劍合，非贊庭之勤搜博訪，何以得此？附志於簡端，亦書林之佳話也。贊庭曷訪取舊本，補其所佚十一卷，則拾遺補缺之功當與媧后争烈矣。辛未十二月，藏園居士記。

精選皇宋策學繩尺跋※

清鈔本，書凡十卷，舊寫本，八行二十一字，無格，前後無序跋，不知編輯者爲何人。

凡録策十九篇，每篇先録策題，題後有總論，論後有主意，各數行，以下乃録對策之文。其兵、財、政治、儒術諸題，大抵多膚説迂論，少可取者。若問御書白鹿揭示，問四毋四勿，問二程、朱、張四先生言行，則爲當時理學風尚，所謂「垂髫挾卷者，非濂洛不談」；決科射策者，非四書不讀」者也。至以錢神爲問，則尤近於諧戲矣。其書宋以後官私書目皆不載，蓋坊賈射利，取公私試魁選之作彙爲一編，備士人場屋之用，如《諸儒策學奥論》之屬。其人如翁合、陳栩、蔡德潤、史夢應、易辟英、高璿、陳龍炎、丁熙朝、曾公夔、徐霖、程中之、吴昂、吴揚祖、方頣孫、李慶子、戴鵬舉凡十餘人，皆不知名，惟方頣孫三山人，爲太學篤信齋長，選有《百段錦》一書。而文字尤不足論也。考《千頃堂書目》及《浙江採輯遺書總録》，載有魏天應《論學繩尺》一書，亦爲科舉漁獵而作，其標名與此書同，或即出其手耶？

明鈔本三孔先生清江文集跋※

此爲《清江三孔集》殘本，祇存平仲一家，凡二十一卷，附《孔氏雜説》一卷，棉紙墨格，明人寫本，竟體朱筆校正，要是明清之際人手迹。半葉十行，每行二十字或至二十五六字。卷一古詩自「馬上詠落葉」起。其《彭城賦》及《古詩次常父韻聞上作》以下四十三題乃别爲一卷，附第三卷下。然審其卷第，實經刊改，疑本在卷首，如新本次第是也。昔年曾得南陽講習堂吕氏精寫本，此賦在卷二十二，然其《古詩》曾插入卷三《詠橘》題前。檢此本《總目》卷三中亦無此四十三題，其爲早經竄亂無疑。要之故書殘缺，市賈恒改易卷第以充完帙，致使原書次叙渺不可尋，殊足恨也。吕氏本缺殺父文十卷，胡氏新刻補得四卷，猶缺卷三十五至四十，凡六卷。此本雖祇存一家，而殺父文後六卷適完，胡氏所謂頻年南北訪求不得者，尚在人間，爲之忭躍不已。胡氏新刻據嘉慶丁丑孔氏後裔水北刻本，又以八千卷樓丁氏本校正，然脱文誤字正復不少。余壬戌夏得吕氏本，曾斠讀一過。兹以明鈔再勘，則匪惟胡刻賴以補正，即吕本亦尚多奪訛。王達原刊既不可覩，幸留此殘帙，足以盡掃榛蕪，遂巋然爲孤行天壤之祕笈，寧非瓌寶乎。卷末王達跋久已佚去，此本尚存跋尾一百四十一字，乃知是集爲達慶元五年權發遣臨江軍時所鋟梓，是亦足資攷證矣。

卷中有「華亭朱氏文石山房藏書印」、朱文大印。「文石朱象玄氏」、朱白文印。「泰峰所藏善本」朱文。諸印，知明代爲朱氏横經閣藏，清代入郁氏宜稼堂，郁氏散出，展轉歸臨清徐司業家，司業藏書祕不示人，故世罕傳焉。戊辰立春，敞賈持以相眎，緣以殘書而索高價，亦遂置之，然留閲經旬，粗校數卷，并寫得佚文六卷，附入新刊。頃徐氏再出求沽，遂與王宗炎校影宋本《播芳大全文粹》、影宋本《碑傳琬琰集》、鮑渌飲手校《揭文安詩文集》、蔣西圃鈔《黄勉齋集》同收得之。研朱細勘，於卷十《罷散御筵謝太后表》補脱文一行二十字，此表後又補《謝皇帝表》一首一百八字；卷十二《與江西劉漕啓》後補《上吕吉甫啓》一首一百三十七字，又《上帥府林子中》啓後補《上揚帥蔡元度啓》一首九十字；卷十五《賀李資深啓》補脱文十行一百六十四字；蓋新刻本《李啓》佚其後半，《章啓》佚其前半，誤合爲一篇，於是賀章之文，移之賀李，而《章啓》遂併其題失之矣。此脱文四則惟卷十《謝皇帝表》吕本已有之，其餘均爲明鈔所獨存。余頗疑所佚啓三篇爲其後人有意删落，蓋通啓於吕惠卿、蔡元度、章子厚三人，文中例多頌美之詞，懼存之損其清望。孰意數百年後遺此殘帙，竟爲吾輩發其覆耶。庚午六月二十五日，炎威脅人，坐萊娱室揮扇書此，閲二時乃畢，然已汗浹重襟矣。

校寫既畢，偶檢舊藏《宜稼堂書目》，爲郁氏原鈔簿籍，此書在第三十號箱中，批價十二元。閲時甫六七十年，而書值騰上殆將十倍，可慨也！沅叔附記。

詩家鼎臠跋※

此書不詳輯録人姓名，然大抵宋季人所選也。附有倦叟跋，《提要》以爲即曹倦圃，恐未必然。上卷凡五十八人，下卷三十七人，每人采掇一二首，多或十餘首，所取多近體，大率晚宋《江湖小集》諸家，其旨趣可見矣。原本自朱竹垞家出，首佚去半葉八行，各家傳本皆同，文淵閣著録亦因之。余所藏有二寫本，一得之吳門，一得於杭城。杭本録有勞權校字，乃以閣本及《宋詩紀事》、《詩林廣記》、《羣賢小集》、《宋詩拾遺》、《後村千家詩》諸書參定字句異同，其訛繆得以釐正，粗可觀覽。惟文瀾閣本，據勞氏所校，卷中詩家姓氏標題乃奪至三十，則官書之不足據如此，殊出意表。勞氏原校本舊藏陸氏皕宋樓，今在日本靜嘉文庫，余與典掌諸橋君有舊，異時若動丹鉛之興，可爲一瓻之借也。

倦叟題詞謂「宋季疆事日蹙，如處漏舟，里巷之儒，猶刊詩卷相傳誦」云云。嗚呼！今日世變益急，吾輩之所處乃益艱，觀倦叟之言，怵目警心，未嘗不掩卷而增歎也。戊寅八月既望識。

題元刊本中州集

遺山北渡後，合商平叔、魏元道二家所録金人詩，并追憶前輩交游諸人之作，都爲一編，歷二十寒暑，得二百四十五家，題曰《中州集》。己酉秋，得真定提學趙國寶資藉之，乃鋟木以傳，此遺山自序及張耀卿後序所述之源委也。考己酉爲天興亡後十五年，今世所傳舊刻，首題「乙卯新刊」，則爲蒙古憲宗五年，距開雕之日歲琯已六七更，豈遷延數載始畢工耶！其刊本流傳最爲罕祕，據何義門校本所記，汲古閣所藏祇有壬、癸及閏集三卷，高陽許氏祇有甲、乙二集，近時瞿、陸兩家藏有元本，丁氏則爲弘治本。此本卷帙特爲完具，余得之繆藝風前輩，藝風得之蔣香生鳳藻家。世傳毛斧季在都下得蒙古刊本，爲東海司寇豪奪以去，今驗卷中鈐印及書簽篆刻，知此本即斧季所收，健菴所奪者也。

其版式與世傳宋元刻本絶異，每葉三十行，每行二十八字，白口，四周雙闌。分甲、乙至壬、癸，凡十集。其所録以聖製冠首，而以其先人及先友詩殿焉。惟辛集目録後特標「別起」二字，似寓有微旨。何義門謂此後重在紀人物，而不專以詩。其起於辛者，以《月令》三秋日爲庚辛，行金令，金爲完顔國號，冀於斂更之後而有悉新之望。其説見義門校本跋，此不複述。然遺山惓懷宗國，垂老不忘，其寄託深摯，意或然也。每卷首書名大字占雙行，次低四格排列人名、首數、總目，次小傳，傳後録詩，狹行細字，格式精雅。其後錢蒙叟《列朝詩集》即依仿其式，蓋隱然以遺山野史亭自命也。卷首遺山自序，其前題曰「中州鼓吹翰苑英華序」，此葉通十六行。次爲總目，題曰「翰苑英華中州集總目」。此首葉標題「鼓吹」六字，次葉「翰苑英華」四字，字體既異，行氣亦不聯貫，顯爲後人所加。余別藏有日本五山版翻刻本，其首題正爲「乙卯新刊」四字，是此書初刻當爲「乙卯新刊」，義門所校本亦如是。其後板歸坊肆，重印行世，特改題此名，以聳人耳目，冀廣流布耳。此本原缺《中州樂府》，余據五山本影摹補入。其後董綬金同年特取玆本影寫重刊，書手鎸工，極盡精能，楮墨明湛，妙麗絶倫，視原本絲毫無爽。從此化身千萬，遺山遺範，頓還舊觀，不獨汲古本之訛繆，徒資覆瓿，即弘治沁水李氏重開之本，亦可棄如敝屣，豈非藝林之盛舉哉！丁丑六月，藏園老人書。

何義門評校中州集跋※

遺山《中州集》刊本最古見於著録者，惟徐氏傳是樓有元刊本，昔年藏藝風堂繆氏，嗣爲余得之，此外不數覯也。明代有弘治丙辰李瀚刊本，蓋與遺山詩文集同時授梓者。至汲古閣重刊是書，子晉跋語不言所自出，意亦源於李氏本耶！義門亦云然。書經三寫，亥豕滋多，讀者沿訛踵繆，或習焉而不察矣。

義門手校此書，所據爲元刊，得之高陽許氏，并記其行格爲十五行，行二十八字，款式與今《列朝詩集》相似。余檢篋中藏本驗之，無不脗合。義門閲書，點校並行，或憑舊刻，或以意改，評隲之語，彌滿上下，去取之旨，加以點抹，朱墨之筆，至於再三，可云精審矣。且評校之外，凡當時人物、時事、年月、地理，隨時加意考訂，以發明詩旨。第八卷特標「别起」二字，義門推測其旨，謂「此後專紀人物，而不專以詩。其必起於辛集者，以《月令》三秋則其日庚辛，行白道而爲金令，金，完顔氏建國之號也。萬物斂更於庚，悉新於辛，以天興之亡，當斂更之中，而望其復爲悉新。惓惓故國，庾詞致意，以意逆志」。可云讀書得間矣。

余夙喜遺山詩，此集爲金源一代史蹟所關，尤所深嗜。前年於厚菴涂君齋中見此書，即假以歸，將移寫一本，用資諷覽。因循數年，迄未著手。昨歲初春，蓮池同學集宴於邢贊亭家，忽見此書，亦爲何氏所校，余請携歸，復向厚菴再假此本，列案並觀。邢本評語點識，固是義門一派，印記亦不僞，惟字蹟殊工，不及此本之隨息揮毫，天然秀逸也。嘗考義門弟子，如金鳳翔、姚世鈺、沈巖、蔣重光諸人，其楷法皆依仿師門，所校羣書或同時録爲副本，加以印記，後人不辨，往往爲之眩惑。今邢氏所得《中州集》當亦弟子爲之評校之語，兩本不同，皆出義門手。此本評論考訂之文殆數百事，視邢本多至倍蓰，余留之案頭勿勿又已半載，擬今夏逭暑清水院中，載之入山，重理丹鉛，竭一月之力，專録此書。乃近日盧溝告警，戰禍將開，亟檢取原書歸之厚菴，并粗記原委於後。俾後世知老人嗜書如命，雖造次顛沛，猶拳拳而不忍釋手，其癡絶良可哂也！丁丑六月十一日，藏園老人識。

何義門校中州集跋※

此義門先生據元刊手校之本，不特糾正譌誤，即字體之殊，行列之異，亦摹寫鉤勒，以存其真，可謂精謹矣。余曾別見一本，亦義門所校，然校勘之外，行間有圈點，闌上有題評，末卷有跋語，謂所校元本已由毛斧季歸之崑山徐司寇家，是義門於此書已校兩本矣。傳是樓元刊今已自藝風堂入於余家矣，取此本對核，所校點畫無不密合。顧或者以此本無義門手識爲疑，然觀各卷所鈐「松齋」、「文殊師弟子」、「黄絹幼婦」十數章，皆義門所習用者。且義門校書，常有複本，余生平所見若《長吉詩》、《中興間氣集》、《極玄集》等，皆不止一本，況此書之楷法精勁，決非門弟子所能仿儗耶！辛巳十一月二十一日，沅叔識於長春室。

熹年謹按：此跋題于邢氏本後，與前跋不同，應邢氏之請而作者也。

題舊鈔本大雅集※

是書刻於元末至正壬寅，然刻本流傳極少，惟勞季言跋謂周漪塘家有之，此外則也是園錢氏、愛日精廬張氏、鐵琴銅劍樓瞿氏、皕宋樓陸氏、羣碧樓鄧氏，其書目所録咸爲鈔本。文淵閣著録，曝書亭題跋，所據未言爲舊刻，則亦鈔本可知。鈔本之有名者以皕宋樓所藏曹倦圃本爲最善，舊藏吴枚菴家，勞季言曾假得精校，今校本在鄧孝先同年羣碧樓中。近時上虞羅氏子經彙刻《元人選元詩五種》，此集亦與其列，於是自至正迄今五百餘年，始得重梓。羅氏橅摹元本，雕鐫精善，子經曩者北來，携以相贈，余珍惜甚至，儲之篋中，殆踰十年，未遑勘讀。前歲海源閣藏書四散，此集鈔帙爲文友書肆所得，舉以相示。余以羅刻既行，不復重視，悤悤一覽，遂爾歸之。

昨世好謝君剛主持一函至，視之，即海源閣舊物也，爲言眎近刻頗有差殊。發函開卷，鐵崖序中「山谷老人在戎卅日」句，新刻即奪「戎」字，知其勝異宜有可采。遂奮筆對勘，經旬始畢，脱文誤字，所獲至多，欣喜出於望外。

全書增改删乙通得八百七十五字，舉其犖犖大者，如楊鐵崖序後新刻脱賴良跋一百二十一字，卷二范立《遠游篇》脱末一句，卷三李哲《韓之盧》詩中脱三句，卷六張守中《堵無傲過維揚》詩脱第二首，卷七馮以默《雲山樓》詩後缺一葉，脱詩三首，人名二行。其餘若撰人下脱字號、里貫，詩題下脱歲月、人名，尤難以枚舉，皆賴此本補佚訂譌，頓復舊觀，爲之忻慰無已。

善卿兹編，原采録至二千餘首，經鐵崖評定，祇存三百，在元詩諸選中特爲精粹，所録多晦迹弢聲之士，海桑易代，姓氏賴以僅存，其用志亦良苦矣。顧善卿以三十年蒐采之勤，得謝履齋、盧仲莊、陸德昭、俞伯剛先後之助，邅迴易世，僅乃訖功，然數百年來，以傳播未宏，致秀野選詩之時，網羅竟未之及，并善卿之名字亦寖就堙沈，使後人無由考知其仕歷。皓首編摩，螢乾蠹老，此太史公所以動巖穴青雲之感也。文章顯晦，殆有命存，豈不信哉！今羅氏覆刊此編，可以重播於世，惜其因依陋本，差訛百出，倘世有好義如盧、謝諸人者，據此善本精斠而鼎新之，上爲古人續命，其功寧止拂塵掃葉而已耶！

至此本繕寫精善，溯源出於古槧，藏弆久歷名家，其爲可貴，固無待論。剛主精於鑑別，獲此珍奇，更假以寓目之緣，幸彌交臂之失，并荷借瓻之雅，克完點勘之功。用是粗述源流，藉抒胸臆。從此長恩世守，什襲永藏，吾敬爲剛主祝之矣。戊寅十一月，傅增湘識於藏園長春室中。

皇明經世文編殘本跋※

是書凡五百又四卷，爲明季華亭陳子龍、徐孚遠、宋徵璧所選輯，半葉九行，行二十字，版心有「平露堂」三字。前有方岳貢、黄澍、張溥、許譽卿、馮明玠、徐孚遠、陳子龍諸人序，凡例三十三則爲宋徵璧撰。入選者凡五百餘人，閣部大臣居十之五，督撫居十之四，臺諫、翰苑、諸司居十之一。體例則人自爲卷，不以事類及文體分門，每卷首代言，次奏章，次尺牘，次雜文。編輯始於崇禎戊寅仲春，其年冬即告成，收輯名賢文集奏疏凡數百家，爲書千餘種，文取其關於軍國、濟於時用者，上起洪武，訖於崇禎改元，合三人之力，不越一年而成此煌煌鉅編，蔚爲一代不刊之典，其搜羅之浩博，甄采之精能，遠出程敏政《文衡》、唐順之《文編》、張時徹《文範》、張士淪《文纂》、慎蒙《文則》、何喬遠《文徵》之上，且駸駸與永樂朝之《歷代名臣奏議》相抗衡矣。且有明一代名臣碩彥，數百年來，文編遺稿多已零落不存，而兹編所録，少則一卷，多至四、五卷，俾鴻編偉略，不致與劫火海塵同歸散佚，斯有功於文獻，尤爲偉絶也。

夫卧子以絶人之異才，抱匡時之大略，又親見熹宗以後，内則權姦竊柄，綱紀凌夷，外則虜禍日深，民生困敝，故發憤而輯此書，以爲通今者之龜鑑，謀國者之兵衛，非徒以炫奇侈博，與文士争短長也。惟校列名者多至一百八十八人，猶未免於當日標榜之習耳。

乾坤清氣跋※

元、明間人選元詩者無慮十數家，以蔣易之《皇元風雅》卷帙爲富，孫存理之《元音》、賴良之《大雅集》抉擇較精，餘如曾應珪、宋公傳、孫存吾、楊茾、符觀、傅習諸人，則各有偏蔽，不爲世重，傳播亦遂稀。此偶桓所編，甄采殊爲矜慎。朱竹垞稱其「别開生面」，余謂觀其命名即可知其旨趣之所在，能力矯元季穠縟之風矣。此書焦氏《經籍志》、黄氏《千頃堂書目》皆所不載，朱竹垞始稱道及之，諸家寫本皆自潛采堂傳出。本書舊無序跋，其流傳端緒，有無刻本，皆不可知。俗書陋集，充棟連車，而此一代雅裁，乃不得播之黎棗，知音不遇，真賞無人，可爲巖穴窮儒發憤而增歎也！

此書《四庫》著録，及各家簿録所載，皆止十四卷，謂缺七言近體、絶句。余藏此本昔年得之南中，頃以撰文檢閲及之，乃爲十五卷。核其次序，卷一、二爲五古，卷三、四、五、六爲七古，卷七、八、九、十爲古樂府，卷十一爲五絶、五律，卷十二、十三爲五律，卷十四爲五言長律，卷十五爲六言。以分體論之，亦缺七律、七絶，未審緣何而致誤。或他本失六言一卷，否則以六言附於排律，未經析出耳。聊志所疑，以詒博覽君子。戊寅八月十一日，藏園記。

校金蘭集跋※

上海涵芬樓藏舊鈔本《金蘭集》四卷，《附録》一卷，半葉十行，行二十一字。前有至正二十二年介休王行序，至正二十五年古汴沙門道衍序。歷藏朱臥菴、汪閬源、黄蕘圃、沈韻初諸家，臥菴、蕘圃各有題識。余取乾隆庚辰裔孫受益刊本對校，次第大不相符，字句差異，訂正極夥。凡卷中撰述詩文人姓名，鈔本皆上列鄉冒，下注其字，刊本咸不備著。

然刊本所有，而鈔本無者，凡文九首，詩一百四十六首。刊本續集中，其詩見於鈔本者凡九首。疑此爲松雲初輯，而刊本出於重輯，故增益詩文至百許也。今校鈔本所有，以朱筆識別之，其字句殊異則逕改於行間，審其文義，要以鈔本爲長。卧菴跋語二則録於左幅，蕘翁手識則近時已録入繆氏輯刻題跋，不復更贅。

余校閲終篇，竊有慨焉。夫良夫當有元之季，羣雄割據，兵戈四起，乃能默識幾先，盡推田園以贍族，屏迹鄧尉山中，築耕漁軒以自居，一時文士往還酬唱，風流文采，與顧阿瑛玉山草堂遥相應和。然良夫帶經荷鋤，訓族化鄉，光福僻里隱然有小鄒、魯之風，與顧氏之游宴園林，標榜聲氣以自豪者，喧寂自殊。余頻過湖濱，景慕清風，不禁動秋水蒹葭之詠。今者，天發殺機，塵昏八表，城邑既爲墟莽，鄉里盡化萑苻。亦欲避地苟全，而無山可入，無田可畊，環顧四方，有蹙蹙靡騁之歎。披讀《金蘭》一編，不禁憤慨於無已也！戊寅八月十二日，藏園識。

《金蘭集》當時應有刻本，此假於陸子繩仲，蓋鈔本也，惜字多誤繆，因力爲訂正，稍覺可讀。春夜微醺，校此二卷。丁卯清明前一日，卧菴道士赤書。

清明天陰，門無過客，適得宋端州石天河玉池硯，試万於魯墨，校此二卷，殊爲快意。卧菴老人之赤。

明詩綜書後※

竹垞先生之輯明詩，大抵爲牧齋《列朝詩集》而作也。刊成之後，風行一世，後人推崇其書者多議牧齋之偏私，而盛稱竹垞之平允，抑揚之詞，異口同聲，宜可以垂爲定論矣。顧以余考之，殊未盡然。此書初出，同時朋好如何義門先生即大肆詆排，其後張爲儒復加指摘，至近時李越縵亦謂其選政失平，矯枉過正，而葉奂彬吏部更有鄉愿之譏。今取諸家左右之説排比於後，而以私意亭平之，庶幾其有當乎？

《四庫全書提要》云：「至錢謙益《列朝詩集》出，以記醜言僞之才，濟以黨同伐異之見，逞其恩怨，顛倒是非，黑白混淆，無復公論。彝尊因衆之弗協，乃編纂此書，以糾其謬。」「其所評品，亦頗持平，於舊人私憎私愛之談，多所匡正。六七十年以來，謙益之書久已澌滅無遺，而彝尊此編獨爲詩家所傳誦，亦人心秉彝之公，有不知其然而然者矣。」

沈歸愚德潛《明詩別裁》序云：「錢牧齋《列朝詩選》於青邱、茶陵外，若北地、信陽、濟南、婁東概爲指斥，且藏其長，録其所短，以資排擊。而於二百七十餘年中，獨推程孟陽一人。而孟陽之詩，纖詞浮語，祇堪争勝於陳仲醇諸家。此猶舍丹砂而珍溲勃，貴箏琶而賤鳴琴，不必大匠國工始知其誣妄。國朝朱太史竹垞《明詩綜》所收三千四百餘家，泯門户之見，存是非之公，比之牧齋，用心判別。然備一代之掌故，匪示六義之指歸，良楛正閏，雜出錯陳。學者將問道以親風雅，其何道之由？」

曾賓谷燠《静志居詩話序》云：「牧齋挾門户之見，肆其雌黄，南北分歧，是非倒置。竹垞《詩話》所以正牧齋之謬，考事務核，持論悉平，足備一朝之掌故，補史乘所不及，庶幾詩家南董云。」

趙筱樓慎畛《静志居詩話序》云：「先生以沈博絶麗，由薦舉入史館，未幾罷去。晚年乃輯《明詩綜》一百卷，一切以史法行之。前爲小傳，末綴以詩話，蒐采多以其軼，補正史之未備。所收凡三千四百餘家，而其時實據高位，攘大權，燀赫猶鬼神，馳驟若風雨者，削而不書。嗚呼，其嚴矣乎！」

何義門焯家書云：「竹垞先生近何如？渠所輯《明詩綜》前偶見四五卷，費日力於此，殊不可解！詩之去取幾於無目，高季迪名價卻要松江幾社諸妄語論定，即此已笑破人口。其詩話并有將《列朝小傳》中語增損改换據爲己有，甚矣，其寡識而多事也！二十年來所敬愛之人，一見此書，不覺興盡。封面再得渠親寫八分書，便是二絶矣。」

張承之爲儒《蟲獲軒筆記》云：「竹垞《明詩綜》喜删改前人之句，然有大失作者之旨。如亭林《禹陵》二十韻，前半『大禹南巡守，相傳此地崩』十韻叙禹陵，後半『往者三光降，江干一障乘』八韻叙乙酉魯王監國事，而末四句總結之曰：『望古頻搔首，嗟今更撫膺』云云。《詩綜》芟去『往者』十六句，則所謂『嗟今更撫膺者』不知何指。竹垞此書意欲備一代文獻，宜其持擇矜慎，况生平又與林亭交好，似不應鹵莽至此也。」

李越縵慈銘《荀學齋日記》云：乙集上。「竹垞此書精心貫擇，與史相輔。余自十七歲即喜閲之，平生得詩法之正，實由於此。惟其議論先懲王、李，後惡鍾、譚，故於滄溟、弇州七律七絶諸作，恒從汰置。即子相之五古、七古、七律、七絶，明卿之七絶，亦大有佳篇，而於子相尚有恕辭，明卿置之不齒。其於公安略有采取，而集中五律、七律名句駱驛，十不存一。伯敬、友夏五古、近體亦有佳者，竟以妖蘗絶之。而嘉定四先生以牧齋表章太過，亦等之自鄶。長蘅五言，如南歸諸詩，豈在四皇甫下，亦憖置之。子柔五言入選尤稀。又以牧齋力推孟陽，稱爲松圓詩老，故訾之尤力。集中五言深秀之作，以及七律之高婉，七絶之温麗，世所傳誦，一首不登。此則選政之失平，矯枉之過正，故爲異議，遂近褊衷。致一代之製作不完，使所選之常留遺恨，是可惜也！有人能爲補之，且補注晚明諸人仕三王後官職出處、殉國、降竄及乾隆之追謚，則盡善矣。桑海諸公遺集，其時尚多忌諱，十九不出，尤宜搜輯存之也。」

葉奐彬德輝《郋園讀書志》載《明詩綜》云：「前引《提要》論《列朝詩集》久已澌滅云云，不更述。此書於有明一代詩家搜羅宏富，自序謂或因詩以存人，或因人以存詩，故於斷帙殘篇不能不加採録，蕪詞累句不能割愛删夷。余無錢選《列朝詩集》，不敢論其得失。惟錢書所以澌滅之故則有二因：一因錢書爲毛晉汲古閣刻板，至晉孫輩以其板鬻於常熟邵氏書估，印行不多，旋板爲火燬。而《明詩綜》板至今猶存。卷帙既多，翻刻不易，燬者種絶，存者益行。一因修《四庫全書》時錢書在禁燬之内，偶有存者，直省督撫不敢進呈，民間收藏亦多畏禍私棄。館臣以目所未見之故，遽謂『澌滅無遺』，實不足爲定論」云云。

其後論《列朝詩集》又涉及《詩綜》，略云：「國朝詩宗沿尚格調，與前後七子鍼芥相投，驟聞牧翁之言，不免失所依傍，故百口一舌，謂《明詩綜》優於此書。其實《明詩綜》乃鄉愿之所爲，《列朝詩》乃選家之詩史耳。」又云：「今人但見《明詩綜》一書户誦家絃，譽多貶少，並不知牧翁所選爲丹爲青，百吠相隨，使此翁含寃於地下」云。

綜觀諸家之言，凡論《明詩綜》者多抑錢而伸朱，而論《列朝詩集》者又率爲牧齋左袒，於竹垞有微詞。平情論之，二公身世不同，所處之時代既殊，以其甄録之宗旨亦異，彼此各有是非，不能相提而並論也。世之論者，論竹垞選詩一遵史法，持論亦多平恕，故宜爲一代風雅之宗。不知牧齋此集成於順治初年祕院罷歸之後，以不與脩史之役，故發憤輯爲此書。其編次皆寓史裁，叙述多存國故，固隱然以詩史自居。其詆訶七子，爲挽救澆頹，辭氣未免陵厲，然其大恉，揚處士而抑顯官，薄近彥而尊先輩，於孤寒沈悶之士崇獎盡力，是其存心頗厚，此採李越縵評論之語。非竹垞獨擅其長也。其是非得失，當別論之。至《四庫提要》以謂二書之傳與不傳，爲人心秉彝之公，此官書之文字，固宜若是，其當否可無庸深論。考牧齋著述，自乾隆四十一年明詔禁燬之後，當時奉行惟謹，即有周情孔思之作，寧敢稱揚？況《提要》爲官撰進御之書，館臣執筆，順承意旨，自宜力斥其非。試觀晚近以來，文網寖疏，井錮壁藏，競出行世，無復拘忌，牧齋遺著，一冉刊傳，雖壓以萬鈞之力，終不能絶其一線之延。今日之研考明詩者，其視二書孰爲輕重，固不待智者而知，館臣之言可不攻而自破矣。

若諸人之非議，其中亦有可商搉者。歸愚以其「良楛正閏，雜出錯陳」，頗致不滿。然竹垞之旨，多因人以存詩，蕪詞累句，不能芟薙，自序固已言之，此要不足爲累。惟義門書札詞涉嘲譏，似有文人相輕之習。惟余考其他書，則不盡然。其與人書云：「若見百詩先生，望爲起居。今日惟此翁與竹垞先生爲海内二老，一以精，一以博，天留碩果，以待後學。二兒當從容與之扣擊，聞其緒論，必有開益。如此人，即千古亦不易多得耳。」其平生傾仰可云篤摯，似未宜遽出此言。其所指摘詩話中增改小傳據爲己有之處，今取《静志居詩話》證之，小傳中所述仕歷洵未免多有雷同。惟其取牧齋之説皆以「愚山氏」代之，固未嘗掩爲己有。余意義門平昔必推重牧齋，今竹垞異軍特起，與之對壘，心已不平。嗣見其書去取失宜，遂不免奮起而折其角，正所謂盛名難副者，故特以諧謔處之耳。

若張承之所舉芟改之失，洵不能爲竹垞諱。然余檢其删易之處尚不止此，即就亭林詩考之，如：《孝陵圖》詩前有小序未録；《天壽山》詩「典與郊禘光」下删去一韻，「自傷下士臣，不覩昭代章」。「出涕雙浪浪」下删去一韻，「主祭非曾孫，降假非宗祊」。「后土自茫茫」下删去一韻，「下痛萬赤子，上呼十四皇」。「籲天天無常」下删去八韻，「幽都蹲土伯，九關飛虎倀。日月相蝕虧，列宿爲參商。自古有殂落，劇哉哀姚黄。從臣去鼎湖，二妃沈江湘。倉皇一抔土，十五零秋霜。天運未可億，天心未可量。仲華復西京，崔損脩中唐。誰能寄此詩，雅頌同洋洋」。而别撰一聯以束之；《嵩山》首聯「高疑上界邾」下删去四韻，「蓄波含汝潁，吐氣接星辰。二室雲長擁，三呼響自臻。淳風傳至德，孤隱閟靈真。世敝將還古，人愁願質卝」。《常熟耿侯橘水利書》詩「欲垂來者聽」下删去五韻，「三季饒凶荒，庶徵頻隔并。誰能念遺黎，百里嗟懸磬。況此胡寇深，早夜常奔迸。上帝哀惸獨，天行當反正。必有康食年，河雒待明聖」。此皆張氏所未舉者，其他酌改字句尚多。

余按：竹垞當日所選詩，凡遺民故老思舊憤歎之詞酌加删潤，以免觸犯時忌，亦理所宜然。如《孝陵圖》序之不存，《天壽山》、《禹陵》諸詩之節去數聯以至十數聯，聲情激越，詞旨顯露，删落自非得已。然若《嵩山》、《耿侯》二詩，辭尚隱約，酌易數字，正自無妨，而亦不顧前後文義，一例芟除，則又何説？且不特此也，其餘晚明諸家，余取原集核之，亦多有歧異。如卷七十三吴應箕《蘇州行》首四句云：「縛諸要離死久已，墓旁宿草兼衰柳。斯民三代直道存，肯使端人畀虎口。」集本作「蘇州古俠死已久，墓旁春草年年茂。萬載流風自足存，如今奮椎又屠狗。」末句作「嗚呼五人名不朽」，與選本亦異。《耕田苦》詩「前呼後和聲邪許」句下集本有「水非石鑽索非鋸，乃有轆轤生步武」二句。「不然滿原成薄鹵」下有「豈無粱肉厭廝養，豈無絲縞多商賈，牙檣錦纜何喧譁，調笙理瑟半傖駔。世間萬事苦不均，不信但有耕桑苦」六句。篇末「下邑催徵尚如虎」下集本尚有「十日不雨可奈何，黍稷安能飭篕籚。作歌我亦操豚蹄，不及詩人美原膴」四句。卷七十五陳子龍《送彝仲南歸》詩第三聯以下原本六句，删改爲四句，《寓言》詩亦删去二句，改易數字。雜詩《墓門》一首亦多點竄。卷七十六劉城《招安歌》句法多與集本不同。如「賊首坐笑冷牙齒」集作「賊首坐見笑冷齒」。又「吾今賣劍買牛乞貸死，願受冠裳住城市」，集作「吾今賣劍買牛，乞恩貸死，願受冠裳，居城市裏。」而其下更有三句云：「女急歸言狀，本兵應上功，總理重賞女。」則選本亦删之矣。《秋懷》一首校以原集，差殊已甚。及詳審之，乃合第十一、十三兩首删併而成者。又卷七十五夏完淳《楊柳怨》，集本乃長歌，選本祇録取首八句，其下二十二韻悉予删去。又卷七十三黄毓祺《畫竹引》視集刊落尤多，如「帝笑黄生，無乃太癡」，集作「天帝笑曰，咄哉黄生，無乃太癡」。又「我不願截爲竿」下有「洞庭日暮淇水寒」。「我不願截爲杖」下有「雷霆冥冥雲蕩蕩」。「我不願截爲簫」下有「吹之一曲凌紫霄」。「鳳兮鳳兮不可招」下有「我亦不願王家阿猷肩輿造我下，主客不具神瀟洒，臨風箕踞指我云，何可一日無此君」。又「重瞳馭遥叫不得」下有「烟深水闊愁雲迷，使我至今血淚秋淋漓」。全章凡删去十句。就上述諸家詩觀之，有略易字句者，有大加芟薙者，有易變其體格者，有合併而爲之改撰者。其是否勝於原本，要難論定，然潛心玩索之，比於原意往往違失。其他如凌義渠、黄淳耀、祁彪佳、瞿式耜諸家，所選或祇一二首，而比勘原集，無不各有更定。嘗觀汪氏《振綺堂書録》，於明人詩集往往標舉與《詩綜》詞句不同，於卷中所列有沈愚、沈鍊、趙宗文、黄福、王賓諸家。其録沈愚《舊游即事》詩云：「一樹碧桃都落盡，去年蛺蝶却飛來。」而原本乃作「簾捲春風花落盡，去年巢燕不歸來。」换易數字而詞意迥别。汪氏附注言，細翫原本，未嘗不佳。是亦於改定有微詞矣。然此第就耳目所及粗舉百一，倘有好事者綜全書而校其異同，斯得失之數釐然可以共見，張氏所議好改前人之詩，大失作者本意，其言寧爲苛論哉！

至如越縵所評，特爲平允。如程松圓秀逸深婉，自成一家，竹垞以牧齋推許太過，斥其格卑氣弱，三家村夫子即優爲之。余平昔深以爲非，今觀叔縵論定，先獲我心矣。他如於王、李則多汰名篇，於鍾、譚則斥爲妖孽，議其褊衷，要非無故。奂彬於二家選本大旨在是錢而非朱，然竟目竹垞爲鄉愿之所爲，則比擬殊爲失倫。竹垞此書本爲匡正牧齋而作，於是非得失之際，正論斷斷，決無依違瞻徇之辭。其中有因人以存詩者，自不免稍寬其格，固非徇情諧俗而然也。

今綜而論之，竹垞此書，於牧齋所選，糾繆拾遺，肆力至勤，而爲功至偉。惟有心立異，於牧齋所贊許者，或故事吹求，於所屏棄者，或轉爲甄采，由成見之未融，遂持衡之失當。《提要》以「逞其恩怨，顛倒是非」訾毁牧齋，今觀竹垞此書，亦未免挾持意氣，好立異同。楚既失矣，齊亦未爲得也。越縵以矯枉過正，故爲異議糾之，亦所謂平情之論矣。夫牧齋身歷滄桑，退居遺逸，自負史才，其撰此書也，特於人物之臧否，風氣之升降，肆意發舒。挾恢奇雄桀之氣，騁縱横博辯之才，詆斥抨彈，無所顧忌。書一出而訾謷四起，《提要》所云衆情之弗協者此也。竹垞生際休明，晚登侍從。其操選政，文字特爲矜慎。記述則多存故實，言詩則力矯虚囂，於桑海諸人，雖亦登録不遺，而亦未能盡情闡發，固不欲蹈牧齋之轍，抑亦緣時會使然。後人不察，竟來鄉愿之譏，斯亦不喻知人論世之旨耳。

近者貴陽陳松山給諫撰《明詩紀事》，起甲訖辛，分爲八集，都一百八十六卷。所餘壬、癸二集以録閨媛方外之詩。未及成書，而辛亥變起，鴻功未竟，祇以八集刊行。其主旨在合錢、朱二家之所長，而補其所未備，孤籍逸編，蒐羅浩博，舊聞瑣語，掇拾閎多。越縵所述摭補諸端，松山悉爲彌縫其闕失，而又加詳焉。後之研考明詩者，得此鼎峙而三，豈非二家之功臣，一代之鉅製也哉。辛巳二月二十六日，藏園老人識。

遂園禊飲集跋※

康熙甲戌三月，徐健菴宴集耆年會諸人於崑山家園，輯一時酬唱之作刊爲此集。園在崑邑馬鞍山北，是歲初成，適逢上巳，因續癸酉雲間王氏東望山莊之會，更爲斯集。與會者十二人，以錢圓沙爲之長，用蘭亭字爲韻，各賦七律二章。詩凡三卷，卷一詩五十二首，爲席間諸人所作。卷二詩五十五首，翼日再會所作。卷三詩三十八首，則遠近貽寄和章也。前有江南學政門人許汝霖儷體序，次尤侗、黄與堅耆年禊飲序，次爵里姓氏，次耆年會約。原書寫刻精雅，與《通志堂經解》相近，極爲罕覯。居玉山名勝之區，繼洛社耆英之集，承平歌詠，與月泉汐社欣戚迥殊，迄今觀之，有餘慕焉。

按：健菴於康熙二十八年爲副都御史許三禮所劾，仁皇優容，未加按問。旋於次年請假回籍，御書「光燄萬丈」扁額賜之，許以書籍隨帶編輯，蓋時修《一統志》未成也。歸後設書局於洞庭山中。三十三年，以大學士王熙、張玉書之薦，復奉來京修書之旨，而健菴已前卒，遺疏以所纂《一統志》稿并上。此遂園之會，正家居修書之第五年事也。余領故宫圖書館時，於懋勤殿搜得祕篋，中儲故牘六、七十通，皆江南士民控訴健菴交通外官、營求索賄，與夫子弟、奴僕鄉里横恣之事，與董香光家居時控案情狀相類。其中亦附總督判牘，意督臣傅拉塔以原卷解送於朝，仁皇不欲暴揚其罪，故擱置未究，遂扃鐍至今也。余別藏有寫本李光地《榕村語録續編》，其言健菴阿附明珠、余國柱，與横雲、江村交結黨援，排除異己，争權怙勢，機詐百出，聲光赫奕，震於一時。榕村身受其害，故言之尤爲痛切。以是參之，則許三禮所劾八款，如考試關節、囑託受賄、營利置産、子弟招摇諸事，其言或非盡無因耶？健菴回籍，於虎丘建立生祠，爲傅拉塔所糾，下部嚴議，則退居後猶不自斂抑可知。考健菴之卒在甲戌四月，距此會方踰月，觴詠未終，薤歌忽動，亦可慨矣。

耆年會爵里姓氏：

舉人通判常熟錢陸燦，年八十有三。前廣西道監察御史崑山盛符升，年八十。翰林院檢討長洲尤侗，年七十有七。右春坊贊善太倉黄與堅，年七十有五。前户部尚書華亭王日藻，年七十有二。提學僉事長洲何棅，年七十。舉人常熟孫暘，年六十有九。按察使華亭許纘曾，年六十有八。前刑部尚書崑山徐乾學，年六十有四。司經局洗馬上海周金然，年六十有四。右春坊右中允崑山徐秉義，年六十有二。前左春坊左諭德無錫秦松齡，年五十有八。

以上十二人，合八百四十二歲。康熙三十三年春二月辛丑，同宴於崑山徐氏之遂園。

再跋遂園禊飲集※

按：遂園脩禊之舉，當時禹鴻臚尚基爲繪圖。圖成甫五閱月而健菴卒，其年七月乃有入朝之詔，健菴固未及聞也。迄丙子歲，僧宗渭乃乞同會諸公補書詩文於卷中。此圖後流落於吳門，展轉爲無錫秦小峴所得，梁山舟侍講爲之跋，小峴復書其後，兼述健菴當日爲余國柱、科爾坤、佛倫搆陷始末，及與横雲、江村二人不協事，與榕村語録所載者殊爲乖異。兹備録其文於後，俾言康熙晚年朝局者有所參證焉。

秦小峴遂園脩禊補圖書後

遂園脩禊圖者，余外高王父崑山司寇健菴徐公集吕下諸鉅公耆宿讌於遂園之所爲作也。其年爲康熙甲戌三月三日，其主人爲司寇公及公弟中允，客則舉人常熟錢陸燦、御史崑山盛符升、檢討長洲尤侗、贊善太倉黄與堅、尚書華亭許纘曾、洗馬上海周金然及先高王父宫諭公，共十二人，各以齒序，而詩僧宗渭偕尤檢討至，亦與於會。皆見於公自紀之文，與湘靈錢先生所爲記。圖之者禹鴻臚尚基也。圖成皆有詩，未及書，而皆補書於丙子之秋。蓋公以甲戌年七月被召，未聞朝命而殁，距作圖時甫五閲月。閲兩年而宗渭持是圖乞諸公補書之，公之作其門下士代録之，故湘靈賦詩志感，有「丙年秋歎甲年春」之句。是圖爲徐氏所藏，既而流落於長洲某處，余出重貲購得之。錢塘梁山舟侍講跋其後，深羨當日鄉先生田園之樂，文讌之盛。是則有不盡然者。公負經世才，激昂任事，爲忌者所中，累疏乞歸。歸後總督傅拉搭摭他事文致其子姪，劾公與公弟立齋相國，罷相國而褫公職，而山東巡撫佛倫又劾公。無何，相國没，忌者猶未已。公居家方憂懼陒䠊，輾轉引避，幸仁皇帝垂察保全，撫蘇者亦已易商丘宋公，由是公稍得從容游讌，而不幸遽逝。且公之本末固亦有未易明者。公當日同朝要人，大學士明珠也，明珠子成德鄉試出公門，敬事公，明珠何以必欲傾陷公？蓋維時成德已夭，明珠勢益張，其黨科爾坤、佛倫皆與公忤，而余國柱黨於明珠，方與湯文正相齮齕。明珠亦惡文正，而文正撫蘇時公爲文送之，其没也，作神道碑，據事直書不諱。兩人蓋銜公深矣。惟是他人之搆公也，或與王鴻緒、高士奇並列，此又不然。兩人皆與公有連，王又出公門，然公友文正，工攻之。余聞兩人亦嘗搆公，王尤甚。先宮諭主甲子順天鄉試，公子姪皆取中，以磨勘興大獄，實高爲之，特其事祕不著耳。公没，韓文懿作行狀，邵青門作澹園集後序，不敢確指其實，自後亦無有爲公暴白者，余故因是圖而詳叙之，庶後之知人論世者有徵焉。中允與公同被召，累遷至吏部侍郎，終内閣學士，後公十八年卒於家。公與先宮諭尤雅故，方修禊時，公別有《憶昔行》贈先宮諭，先宮諭亦別有《遂園讌集》詩二章，擬並録卷尾，以誌兩公交契之雅。於時先宮諭年五十有八，後公二十年而卒。介得是圖齒適如先宮諭與會之歲，屬奉命由浙江臬使移湖南，將遠行，未知歸田何日，書此不勝慨然。

總集類・地方藝文

人海詩區跋※

元方世講，韋平貴胄，終賈年華，雅好文章，兼耽典籍。頻年閲市，頗獲異書，枕祕所儲，常共欣賞。頃以新收寫本《人海詩區》四卷屬爲審定，余曾閲彭文勤公《知聖道齋集》，有是書跋語，迄未得寓目，不審其體例若何，今得觀此帙，正文勤藏本，卷首朱筆題識宛然。披覽一過，乃知此書爲輯録燕京古今吟詠而作，分類十有二，卷一爲都城、宫殿、橋閘、祠墓，卷二爲苑囿、驛館、園亭、坊市，卷三爲畿甸、邊障、山峪、水淀，卷四爲歲時、風俗、寺觀、雜詠。每類之詩分五七言、古近體爲次，而以詞附焉。其録詩自晉、宋以迄於清初，詩題下多有注釋，於地理古蹟咸注明本書，而加以考訂。惟編輯不署人名，文勤以詩注中語斷爲杭人，外此無可攷見。余觀其於清初詩詞祇及王漁洋、吴梅村、田山薑、龔芝麓諸人，則其人當在康熙初矣。卷首未撰序例，惟都城、宫殿、苑囿、驛館、園亭、坊市六門前有小序。余頗疑其書採輯粗成，尚未詳加釐叙，勒爲定本，故序跋未及備完也。

余久居京師，先後垂及四五十年，頗有志於燕京採詩之役。近覽金元人集，凡關涉風土、人物者，輒存其目，以竢編排。今覯此集，乃先獲我心，爲之欣抃無已。顧嘗通觀而詳核之，其未能愜適而有待商搉者，爲事正多。

如苑囿宜附之宫殿，橋閘宜附之水淀，邊障、驛館，大足關聯，風俗、歲時，勿庸分析；或立古蹟一門，則祠墓可以併入；或增名勝一類，則山水亦足包容：此分門之可商者也。

祠墓所録有樓桑先主廟、望諸君墓、燕昭王墓；驛館所録南及楊柳青，北抵赤城；山峪所録遠及遵化、薊州、燕山、盤山；水淀所録推至易水、直沽、白溝、霸水；過爲寬泛，似涉鋪張，此區域之可議者也。

祠墓之詩，采及張華、何劭、劉琨、盧諶，年代過遠，頗嫌非類，此撰人時代之宜酌者也。

余謂録燕京之詩，宜以燕地建都之時爲斷。考遼天顯十三年以幽州爲南京，則選固宜自遼始，若遠溯晉、唐，似於名實未符。且山川古蹟，亦宜取近在郊坰百里，若外州屬邑，勢難徧及，轉易疏遺。謂宜籍此成規，重標新例，遼、宋以前之作，概予芟除；其金、元以後之詩，此集所收，固已鴻富，然僻集遺編，頗多晚出，尤當窮搜廣索，勿令遺珠；至如有清一代，雍、乾而後，人文蔚起，名章俊什，傳者如林，更宜采擷菁英，庶足彰明故實。大率往古務在博收，而晚近宜嚴選擇，方域勿庸侈大，而事類端取詳晐。攬三輔之黄圖，存五朝之文獻，庶幾露鈔雪纂，創始者不爲徒勞；塵壤涓流，繼事者或資裨益。仿帝京景物之略，益以恢閎；徵日下舊聞之編，藉同傳播。殺青有待，炳燭知慙，當世方聞之士其或亮區區之微志也乎！歲在庚辰八月，江安傅增湘識，時寓昆明湖上清華軒。

明本麟溪集跋

此永樂刻本，半葉十二行，行二十字，黑口，四周雙闌。書凡十卷，乃浦江義門鄭氏彙集百年以來名人投贈詩文，及傳、誌、序、記之屬，勒爲此編，而以家規等附於後。前有當塗潘庭堅序，次濟南陳益序。其以「麟溪」題集者，以所居之地爲白麟溪也。卷一序，卷二跋，卷三志、銘、記，卷四傳，卷五墓銘，卷六辭、贊、賦、頌、樂府，卷七古詩，卷八律詩，卷九附録，卷十續增詩文。按：各卷所載多元人撰述，惟續增一卷爲明初人，如姚廣孝、王孟端、高廷禮、馬鐸，多知名者。鄭氏以聚族數千，九世同居，著聞於世，上爲朝省所褒旌，下爲賢士大夫所稱道，故其族人大和裒輯此編，以垂示子孫。至明成化時，吴文定《送鄭世静還浦江》詩，尚有「三百餘年孝義門」之句，積善餘慶至十餘世，流澤孔長，使人歆慕於無已。

考陳益序，大和輯録成書共二十二卷，《四庫》存目所記卷數亦同。然檢近時潘氏滂喜齋所藏此集，爲十二卷，余得此本又祇十卷，而觀其目録完飭，初未嘗殘佚。嗣考《四庫提要》，謂前編十卷，以十干紀卷，後編十二卷，以十二支紀卷。豈余此本爲前編，滂喜齋所藏爲後編耶！第此本各卷標題下並無甲、乙等字，滂喜本又不可得見，則此疑終未能釋然耳。

前跋甫竟，偶憶昔年所收殘書中似有此本，檢視之，行格版式與此本悉同，而分卷則爲甲至癸十卷，殘存壬卷律詩，癸卷絶句，與此集編次不同，判然二刻，可證四庫著録者别爲一本也。殘本中明初高啓、姚廣孝、楊榮諸人詩已散入各卷中，則其刊版視此本爲後，固彰彰明矣。

顧殘本亦有補版，如壬卷於十五、十六葉之間插入二葉，仍重標十五、十六葉號，收吳寬、楊一清之詩；十七、十八葉間又重出十七一葉補版，收李東陽、林瀚、謝遷諸詩，審其雕工，當爲弘治、正德間補入，其癸集十四、十五二葉補王守仁等之詩，則爲嘉靖以後補入者也。

由此觀之，此書固有二刻，一刻十卷本，多收元人，明初人爲續增，余本是也；一刻二十二卷本，明初諸人已散入各卷，歷成、弘、正、嘉，又不得不有所增補，《四庫》著録及余所藏殘本以干支計卷第者是也。藏園再識。

藏園羣書題記卷第二十　集部十

詩文評類

明嘉靖佘誨刊本文心雕龍跋※

此嘉靖癸卯佘誨刊本，半葉十行，行二十字，白口，左右雙闌，每卷首葉版心記刊工姓名，有黄璉、黄瑄、黄璵等名。前有嘉靖癸卯佘誨序。余適假得徐興公手校本，因以此本臨勘一過。徐氏所用原本爲汪一元校刊，版式行格與此悉同，前有嘉靖庚子新安方元禎序，版心上方有「私淑軒」三字，其付梓視此本早三年。然余詳審之，實即一版也，蓋佘氏序言校梓，實則並未重刊，第取汪氏舊版，去其校者姓名一行及版心三字，而刊工人名宛然尚存。且不獨此也，凡汪本誤字多已改正，如卷八《事類》篇有「才富而學貧」句，其下應疊「學貧」二字，汪本脱失，及檢此本，則二字已嵌增於本行矣。其最著者，如末卷《序志》篇「余齒在踰立」下脱文至三百二十二字，此本亦悉爲補完，疑佘氏補版固已見升菴及徐、謝諸人之校本，故知佘氏此本雖不及金陵梅刻之詳審，然視新安初刻，已差爲完善矣。

按：此書宋刻自阮華山而外別無傳本，即元至正本今亦無可蹤尋。明代刻本漸多，然錢功甫所迷新安、建安諸本亦殊未備。據余所知見者，明代凡十一刻，最先者爲弘治甲子馮允中刻於吳門，有都穆序，曾見之吳佩伯家。次二則嘉靖辛卯建安本，次則庚子新安汪一元本，有方元楨序，十行二十字。次則辛丑建陽張安明本，有程寬序。次則癸卯新安本，即此佘氏刻也。次則乙巳沙陽樂應奎本，有葉聯芳序。次則丙寅青州藩府本，有誠軒載璽信夫序。次則萬曆雲間張之象本，十行十九字，今《四部叢刊》印行者是也。次則辛卯貴陽郡庠本，有湘東伍讓序。次則癸巳朱謀㙔本，最後爲萬曆己酉梅慶生刻本，悉取諸家校證之說，重爲改正，別增音注，遂爲是書之總匯。至天啓二年，子庾第六次校定刻版，復改補七百餘字，是千百年來淆訛不可爬梳者，至此乃粗可誦習焉。其他若王惟儉之《訓故》本，胡維新之《兩京遺編》本尚所不計。顧有不可解者，《序志》篇闕文三百餘字，佘氏既就汪一元版爲之補訂增入矣，張之象本刻於萬曆七年，距佘刻之傳布已三十七年，乃考之張本，於此逸文仍付闕如，豈佘刻流傳已久而張氏竟未及見耶？抑所據爲別一舊本也。

余按：此書自弘治以後，百年之間，雕鐫競起。然古槧既已失傳，新梓率沿訛踵謬，雖有諸家校讐，略資釐正，而得失參半，要亦未可盡從。顧自梅刻盛行，學者便於誦習，至黄氏叔琳，遂有《輯注》之作，於梅本多所糾正，其訛文奪字亦綜合諸本之得失以定其是非。此編一出，則凡明刊各本皆可束置不觀，非學識果邁於前賢，繼事者固易爲力也。即余之臨興公校本亦重其爲前人手蹟，録之以存一家之言。其實滿紙榛蕪，不能盡掃，勒爲定本，固猶有待也。又《隱秀》篇中佚文，今世所傳者多出自錢功甫，言得之阮華山家宋槧本。今興公所據係見於豫章王孫朱孝穆許，其手録在萬曆戊午，後於功甫者四年，功甫自記爲甲寅。是否即出阮氏所藏，抑華山外别有宋槧也？俟更考證之。辛巳五月二十一日，藏園雨窗記。

明萬曆張之象刊本文心雕龍跋※

此萬曆刊本，十行十九字，白口，單闌，版心下方注刊工、字數。前有張之象序，言於梁溪見秦中翰汝立藏本，頗佳，因梓之。亦未詳其爲刻爲鈔也。明代此書凡數刻：弘治甲子刻本吴佩伯曾得之；嘉靖凡三刻，甲子新安汪一元本，余有之；癸卯新安本，曾爲涵芬購得；萬曆又刻於南昌，則朱謀㙔所校訂也。此本爲萬曆七年所刻，前於朱刻三十年，何義門曾見之，謂張刻分上、下篇，而《序志》别爲一篇，且《序志》中自「夢執丹漆」以下失去數百字，譏其寡學。今觀此本，則並未分上、下篇，其《序志》仍列於五十篇，未嘗别出也。

涵芬樓印《四部叢刊》亦用此本，以失前序，遂誤題爲嘉靖本。余取以對勘，行格、字體無不相同，即每卷末列校刊人姓名，如卷一題「山人陸瑞家校」，卷二題「太學生程一枝校」，亦皆悉合，知其爲同一版刻，殆無疑義。顧有不可解者，卷四《論説》篇中「説者悦也」下，余本文字頗有增改，以下遞推，遂差一行；又《序志》中，涵芬影本則「常夢」下即接「索源」二字爲文，此即義門所譏爲寡學者也。余此本則「夜夢」下尚有十七行，凡三百二十字，是其文固未嘗缺失也。以意推之，凡義門所見，涵芬所影，皆初印之本，余所藏者乃後來改定，抽刻數版，故其差異如此。然則同爲張刻，而余本乃爲獨善，是亦良足貴矣。

此本篋藏殆二十餘年，今日偶檢書及此，取各本對勘，乃知其勝異，故詳述於此，既爲張氏雪「寡學」之寃，且知後人讀此書者，知《序志》篇脱文其補正固不始梅慶生本也。戊寅中元節，藏園老人識於抱素書屋。

明徐興公校本文心雕龍跋※

《文心雕龍》一書爲詞翰之南鍼，文章之軌則，而傳世乃少善本。阮華山之宋槧本，自錢功甫一見後，蹤迹遂隱，即黄蕘圃所得之元至正嘉禾本，從此亦不知何往。明代最早者爲弘治甲子吳門本，嗣後嘉靖中建安、新安、青州等處付梓者凡六本，萬曆中自張之象以後付梓者凡四本，而脱文譌字多不能補正。至南昌梅慶生本出，乃取諸家校本彙輯而刊布之，雖校改字句未必悉當，然考證之功亦可謂勤矣。

頃從李椒微師遺書得見徐興公手勘此書，原書用嘉靖汗一元刊本，半葉十行，行二十字，版心有「私淑軒」三字。其校讐始於萬曆二十九年辛丑，訖於四十七年己未，逮崇禎己卯，乃手跋以付其孫鍾震。卷首《南史》本傳及元明各刻本序八首，均興公暨其子延壽所手繕。積年數十，留貽三世，致力專勤，良堪佩仰。各卷中改訂之字，自興公校定外，所取者以楊升菴爲多，餘則謝耳伯、朱鬱儀二家。今以梅本對核之，興公之説固十取八九，己卯跋中所謂「梅刻列吾姓名，不忘所自」，正指此也。末卷《序志》篇脱三百二十字，亦依楊升菴校補。其《隱秀》篇缺葉四百餘字，則萬曆戊午游豫章，於王孫朱孝穆許始録得之，是又在錢功甫之後矣。辛巳五月二十一日，藏園。

明沈與文繁露堂刊本鍾嶸詩品跋※

《詩品》自《顧氏文房小説》本外，舊刊絶少見，余光緒之季，獲此本於杭州，爲張芙川家故物。版式爲半葉十行，行十六字，白口，左右雙闌，版心下方有「繁露堂雕」四字。三品中標題、人名皆以白文别之，書名題「鍾嶸詩品」，次行題「梁征遠記室參軍鍾嶸」，猶存古式。卷下末附刊《文獻通考》所録陳氏《書録解題》一則，後有嘉定戊寅丁黻跋。惟跋後有割裂痕，意爲刻書人原跋，書估割去，欲以冒宋本耳。昔年於吳門嘗見葉奂彬同年所藏《近言》一卷，有「吳郡沈氏繁露堂雕」亞字形木記及「吳郡沈與文校刻」牌子，因知此書即沈氏野竹齋刊本。後又於廠肆見明本《佩觿》，亦題「繁露堂雕」，筆法刀工與此無異，則沈氏刊書舍野竹齋外署繁露堂者亦數見矣。

此書繆藝風前輩家有影宋寫本，爲黄蕘圃所藏，後有手跋，曾摹刊入《對雨樓叢書》中，其行款爲十行十八字與此不同。常熟瞿氏有文氏玉蘭堂鈔本，卷後有慶曆六年京臺岳氏新雕墨記，標題、行格與繆氏本正同，意繆氏即從此出耶？第余未得假校，不知其同異若何。

余以此本雖屬明刊，而罕祕殊甚，且溯源嘉定，舊規悉存，宜有佳勝，因取《津逮祕書》本對勘一通，其文字異處，多有可取。如卷上總論中「詩皆平典」，「詩」不誤「時」；「詩有六義」，「六」不誤「三」；「冬月祁寒」，「祁」不誤「祈」；「各各爲容」不作「人各」；阮籍下顏延之注解不作「延年」；「黄門郎潘岳」，「黄」不誤「王」。卷中總論「雖然網羅古今」，「然」下不衍「夫」字；陶潛下「歡然酔春日」，「酔」不作「酌」；沈約下「翦除淫雜」，「淫」不誤

「徑」。卷下總論中「古曰詩頌」，「頌」不誤「誦」；「不備管弦」，「備」不作「被」；區惠恭下「造遣大將軍」，「遣」不誤「遺」；江祐下「祐詩猗猗清潤」，不奪「祐」字；袁嘏下「嘏詩平平耳」，不奪「嘏」字；「須人捉着」，「捉」不誤「提」。雖爲文無幾，而於義爲優，蓋據丁氏原跋，此本得之韓澗泉家，宜其與世俗所見迥殊也。

此帙後有舊人録楊五川跋，清初歸吴天章，鈐有印記，道光時爲張芙川所得，題識於書衣。然大書曰「宋槧」，曰「楊五川先生藏善本」，則其鑑别亦未審矣。丁氏後跋世所稀覯，因與楊、張二家識語並録於左，以俟後人之考覽焉。庚辰七月十八日，藏園識於昆明湖上之清華軒。

《崇文總目》有鍾嶸《詩品》三卷，未之見也。韓南澗家多藏書，從澗泉借得之，遂爲鋟木。四庫闕書又有宋璋《詩品》二十卷，惜其不傳耳。嘉定戊寅六月十六日，東徐丁黼書於上饒之覽悟堂。

鍾參軍《漢魏六朝詩品》三卷爲品詩之祖，世不槩見，賞鑑家當置之瑶函玉軸之中。五川子記。

宋槧《鍾嶸詩品》。足本祕册。

明楊五川先生藏善本。

道光甲午六月，得之郡城袁氏，舊藏書家也。子孫保之！　以上三則張芙川識於書衣。

明鈔樂府古題要解跋※

晁公武《郡齋讀書志》稱唐吴兢「雜采漢、魏以來古樂府辭凡十卷，又於傳記洎諸家文集中采樂府所起本義，以釋解古題」云。按吴氏《古樂府》十卷久已無傳，今所存者祇《古題要解》二卷耳。《四庫全書》列之《存目》中，《提要》以其卷末載及雜詩并建除諸體，謂爲元人所贋造。然余檢此本，卷末有附記一則，云「以上雜出諸家文集，亦有非樂府所作者，以綴文之士遞相襲擬，故詳載焉。」是吴氏固已自言之，不足爲僞造之證也。

是書傳本極稀，惟毛晉刻入《津逮祕書》中，據晉跋，謂家藏凡三本，一得於虞山楊氏，一得於錫山顧氏，後得元版，乃據以付刊。以意推之，知楊、顧二本必皆鈔白也。然晉謂元本頗善，但《會吟行》俱誤作《吴吟行》，今檢此本固作《會吟行》，則視毛氏藏本爲勝矣。

此本鈔手頗舊，半葉十行，行二十字，前有嘉靖己酉邑後學陸東叙，嘉靖庚申河間知縣汝南梁梧刻書序，後有正德乙亥柳僉鈔書跋，并詩一首，又陸東後跋。通觀諸人序跋，知原本出於灌甫中尉，灌甫得之李苑馬子中，子中得之都工部玄敬。按柳氏手跋爲正德乙亥，距陸氏重録先三十五年，則玄敬之本其出於大中無疑矣。此書舊罕刻本，毛子晉跋謂晚得元版，第語焉不詳，《汲古書目》亦不著録，祇有舊鈔本一册。其是否元刻殆不可知。據梁梧序言，其知河間縣時曾以此書付刻，然今世不見傳本，各家書目亦未言及，幸留此帙，序跋完具，可以考見傳刻源流，俾陸、梁二氏慇懃傳播之苦心不至終於泯滅，亦云幸矣。卷首有「季振宜藏書」小印，證之《延令書目》，其詩集部内正載此書，知其珍祕之心殆與宋、元等量矣。

余昔年曾取汲古本對勘一通，改訂訛奪甚衆。其最著者，《君馬黄》後補《將進酒》一條，《秋胡行》後增三十二字，《猛虎行》後增附記十八字，《出自薊北門行》下增十六字，《苦熱行》增二十五字，卷末六府增附記二則一百十三字。此外單詞隻字，異文不可枚舉，而陸氏考訂之語附載别行者，尚未計及。是毛氏於此書收羅既博，訂正亦勤，而於梁氏刻本實未之見。兹帙僅寥寥數十番，且出於傳録，然屬於孤本祕册，良足寶也。戊寅三月二十日，藏園老人識。

明鈔天廚禁臠跋※

此書凡三卷，宋釋惠洪撰，題曰《石門洪覺範天廚禁臠》，前有總目。綿紙、朱格、舊鈔，半葉九行，行十八字。近代未有刻本。其書標舉詩格，而引唐宋舊作以爲式，《四庫全書提要》譏其强立名目，旁生枝節，自生妄見，茫然不知古法，故不著於録，而附之《存目》中。此亦出天一閣，前有正德丁卯黎堯卿跋，知爲秣陵張天植依鈔本付鐫，並謂勝國前有摹本云。迄今數百年來，此書正德刊本不獨傳者既稀，即知者亦鮮，況元刊乎？兹將黎氏跋録後，用資考證。

礦碟不鍊不成，霧縠不湼不麗，吾人欲染指風雅而無所師授，尠不墮落外道者，況望了達玄奥哉！《天廚禁臠》，釋洪覺範編也，頗得三昧法門，詩壇蹊徑在焉。勝國前有摹本，而今亡矣。予得其鈔本訂之，將與海内豪傑廿之，秣陵鄉進士張天植遂成吾志刻之。正德丁卯，東川黎堯卿跋。

明鈔風月堂詩話跋※

宋朱弁少章撰《風月堂詩話》三卷，明寫本，藍格，棉紙，十行二十字，前有庚申閏月戊子觀如居士序。審其册式，知爲天一閣舊藏本。余於十五年前曾收此册於南中，當時即就《寶顔堂祕笈》本手勘一過，旋爲肆賈易去，已久不復憶。乃頃至北平館忽見之，急假出披覽，嗣檢《祕笈》，乃恍然若舊夢之重温，爲慨歎者久之。

考弁以建炎初使金，羈留十七年乃還，此序題庚申，爲紹興十年，其時弁尚留金庭，故觀道人後序謂爲北方所傳之本也。兹以鈔刻兩本核之，其異者有四：一，分卷各異也。刻本分上下兩卷，抄本自「曹植詩出於《國風》」至「遺鞭驛」條爲上卷，自「水會渡詩」至「唐子西内前行」爲中卷，自「哲宗幸太學」至「萬章以故實相誇」爲下卷。一，次第不同也。刻本上卷「參寥詩無蔬筍氣」條下接「晁文元詠芭蕉詩」、「歐公愛聖俞詩」三條爲止。抄本則此間有「東坡南遷」及「范德孺」二條，以下再接「芭蕉詩」等二條。刻本東坡南遷二條在下卷首。又「館職劉彦祖詩」及「張繼宿平望詩」二條，刻本誤合爲一。一，缺行仍舊也。抄本「元豐末盜賊蠭起，聞司馬温公入相皆盡散」下空白十五行，刻本不空。「唐秦系和」下空白三十五行，刻本「和」下有「韋蘇州詩具銜云東海釣客試祕書省校」十六字，而以行格計尚缺七字，恐刻本所補非其舊也。一，脱行可補也。鈔本「聚星堂詠雪」條「祁公耆德碩望」下有「歐公所嘗尊事者也而祁公所以推仰之如此雖」十九字。「論老杜稷契自許」條「兼善天下又言」下有「得志澤加於民不得志脩身見於世窮與達得志不」二十字，蓋每處正奪一行也。按合兩本校之，其卷第及文字均以抄本爲長，其餘改訂之字又六十有二。此書自《寶顔堂祕笈》及當塗夏氏詒經堂藏書外，别無刊本，設非舊抄，其謬誤何從是正耶！《四庫》著録亦爲二卷，其所據爲内府藏本，余意内府所藏當即眉公所刻，故卷第一仍其舊耳。

明宗室月窗道人刊本詩話總龜跋※

《增修詩話總龜》四十八卷，後集五十卷，宋龍舒散翁阮閱宏休編，明宗室月窗道人刊，鄱陽程珖校，嘉靖甲辰刊本，半葉十一行，行二十二字，白口，四周單闌。前有饒州府同知海鹽張嘉秀序，山東海道副使郴陽李易序，次集一百家詩話總目，次各卷分門目録，後集亦同。末卷有程珖跋，又有寫書姜輔周、刻字鄱陽丁祖、樂平胡暹四行。

按：此書舊無刻本，月窗道人始刊行之，據李易序言，「阮子舊集頗雜，王條而約之」。程珖亦言，「校讐訛舛，芟剔重冗，而壽諸梓。」是此書授梓時頗經改竄，非復舊觀，寫刻之工，亦殊草率，故訛脱之處甚多，未爲善本。余别藏有明人鈔帙，同年董君授經曾以對勘，言奪訛滿紙，幾於改不勝改，且有脱至數行或增出各條者，知當時所謂校讐、芟剔者，亦未爲允當也。異時當手勘一通，以證其説焉。庚辰六月朔，藏園識。

正德本全唐詩話跋

《全唐詩話》三卷，不著撰人，明正德丁卯刊本，半葉十行，行十八字，黑口，四周雙闌。前有正德二年陝西布政司右參政安惟學序，後有正德丁卯汝南强晟跋。跋後木記三行，文曰「正德丁丑春正月縠旦東魯鮑繼文伯正重刊於雲中教養堂。」是書刻於晉邊，寫官既拙，鐫工亦粗，然尚存樸厚之風，與《劉隨州集》相似。

本書録有唐一代詩人，上卷起太宗至白居易，凡一百五家，中卷起牛僧孺至高蟾，凡一百十一家，下卷起于武陵至權龍褒，凡一百三家，蒐采可云閎富，與計有功之《紀事》相埒。卷末有遂初堂跋，言「甲午奉祠湖曲，日與四方勝游専意吟事，唐人詩尤喜誦習，間有褒話録之纂記，彙而書之，名曰《全唐詩話》云」。安惟學序遂以爲尤文簡之書，以文簡有遂初堂之名也。余考文簡爲紹興時進士，若下至咸淳，已一百二三十歲矣，寧有其事？明人不閲史籍，妄逞武斷，深可發噱！丁氏《善本書志》引《齊東野語》載賈似道所著書有《全唐詩話》，《武林舊事》載賈平章賜園有遂初客堂，則爲秋壑所作毫無疑義。或謂後人惡似道之姦，遂改題文簡。夫孔雀雖有毒，不能掩文章，倘其書足傳，又何傷乎！《丁目》謂子晉踵正德刻之誤，而刻入《津逮祕書》，然攷《津逮》本，其後秖云遂初堂主人，未明著爲文簡，是子晉固未嘗誤也。

校元翠巖精舍本漁隱叢話跋※

元刊本，半葉十三行，行二十一字，黑口，左右雙闌，每卷首書名下標白文「前集」二字。胡序大字行草，半葉五行，序後有墨記二行，文曰「翠巖精舍校定，鼎新重刊」，目録半葉十行，標題後有木記行書告白七行，其文列後：

車書一家，文風鼎盛，經史諸集，煥然一新。至於詩家評話，刊行尤多。惟《漁隱叢話》是又集詩家之大成者，尚此闕焉。元來善本，已有舛誤，况版經九十餘年，訛脱尤甚。今本堂廣求古今文集，補訛訂舛，重新繡梓，庶可備牙籤三萬軸之儲，錦囊三千首之助。

高山流水，必有賞音！　六一堂徐白。

按：此書今世通行者，祇有乾隆庚申海鹽楊芷庭耘經樓刻本，據楊氏後跋言，購得宋刻，校讐付棗，其前序末並有「紹興甲寅陳奉議刊於萬卷堂」一行，余於校宋刻後集跋語已辨其僞造矣。今以元刻校之，其版式行格字體無一不同，乃知楊氏所據以覆梓者即此翠巖精舍本，特卷中往往有缺筆之字，以致誤認耳。惟書經翻刻，不免訛奪，如胡序僅寥寥四百言，而增改至十三字，卷一差異者亦二十餘字，其中固不免由傳刻所致，然亦有元本原誤，而重梓時加以校改者。余頗疑翠巖所據者亦是宋刻，故遇宋諱時有缺避之處，特非其弟胡仰浙東初開之本耳。庚辰九月五日，藏園老人識於抱蜀廬。

宋刊苕溪漁隱叢話後集跋※

宋刊本後集四十卷，中缺第三、四卷，祇三十八卷，半葉十一行，每行二十二字，白口，左右雙闌，版心魚尾下記書名《漁隱》後幾，下方記刊工姓名。或祇一字。卷首有丁亥中秋日元任自叙，次目録，卷一首行標書名、卷第，次行低六格題「苕溪漁隱胡仔元任編次」，三行低四格標門類。字體方嚴，多仿歐體，刻工精整，猶是南宋初浙杭風範。卷四十後有校勘銜名五行，末行爲其弟胡仰，蓋提點兩浙刑獄公事時所刻，故卷中語涉先君皆空格，宋諱缺末筆，構字題「太上御名」，知爲乾道、淳熙間所刻也。此書宋刻最爲罕祕，諸藏書家皆未見著録，惟徐健菴家有之，今考卷首有乾學二印，則三百年來孤行天壤間祇此帙耳。惟次帙未知何時佚去，殊足惜矣。

此書近世通行者祇有海鹽楊佑啓耘經樓重雕宋本，號爲佳刻。據乾隆辛酉楊氏後跋，稱因購得宋刻，遂刊讐付棗云。以余觀之，所云宋刻，不可盡信。考前集元任自叙之後接題「紹興甲寅槐夏之月陳奉議刊於萬卷堂」一行，殊爲可疑。宋代刻書，例加標識，謂之牌子。或在序後，或在目後，或刊首卷之尾，或附末卷之尾，雖款式有鍾鼎碑牖之不一，字體有楷行篆隸之不同，然皆在版心空處，大字别佔一二行，以示表異。斷無直接本文，且頂格楷書，與撰序人並列，混淆耳目者，其爲僞造可知。且其標題「紹興甲寅」，尤爲大謬。考胡氏兩序，前集成於戊辰，爲紹興十八年，後集成於丁亥，爲乾道三年。今萬卷堂陳氏刊書乃題爲甲寅，檢年表，甲寅爲紹興四年，距前集告成尚早十四年，距後集更早三十三年，其書未屬稿，而預爲刊布，寧非笑端！然則楊氏覆梓者究爲何本乎？以余觀之，其所得者爲元代翠巖精舍本，估人去其牌子，而別加「紹興甲寅」一行，以充宋槧。楊氏貿貿然收之，又貿貿然刻之，流傳百餘年，人皆視爲善本，於其作僞牴牾之迹乃熟視而無覩，寧不大可嘆喟也哉！余昔年曾得翠巖精舍本，以校楊刻，其行格版式無一不合，但翻刻時不無訛誤耳。至其本之善否，余於校本題記別詳言之。

茲取宋刊後集與楊刻對勘，自昨歲東坡生日始，校至今年正月二十四日而訖功，改正删補之字凡二千五百七十有八。其最甚者如卷二十晏元獻門脱「暮召三山峻」一段四十四字，王君玉門脱「山谷南遷」三十二字；卷三十東坡門脱「以韻黄樓詩」以下三十三字。此皆宋本之可貴者也。然亦有宋本誤而楊本反不誤者，則楊氏付梓時讐勘之力也。

第有不可解者數事，一爲佚失各條：如卷九王右丞門「山谷讀摩詰詩」一條，卷十七唐人雜紀門「流紅記」一條，卷十八五季雜紀門「《南唐書》王感化」一條，卷二十二邵康節門「《邵氏聞見録》言温公判西京」一條，卷三十二山谷門末條有注引《王符傳》及駱秀事二條，卷三十七緇黄雜紀門《東皋雜録》漣水天長寺一條，「《僧寶傳》法華」一條，皆宋本所無，而楊本乃宛然具在。一爲脱落文字：卷二十七東坡門「藝苑雌黄論寫黄庭事」末脱「余謂太白又有詩云」三十五字，「無事此静坐」條脱「坡題息軒詩」以下三十字，「陸龜蒙能言鴨」條脱「内養憤且笑」十四字，卷三十九長短句門述龍丘子事脱「樊幅巾」以下二十七字，又卷二十九東坡門《遯齋閑覽》論李廷珪、潘谷墨二條脱落詞句甚多，删節之迹顯然可見。一爲次第移易：如卷十韓退之門「許彦周論退之詩」與「苕溪漁隱論《進學解》」二條前後互易，卷三十九陸元光《回仙録》、《龍川雜志》、《龍川略志》三條皆前後互易；又有一條之中文字易位者，如二十一「苕溪論淡墨題名」二十一字原在「本朝放榜」下，宋本乃在「世以爲榮」下，卷二十二「論尚齒會」條宋本不載温公會約，而以「三月二十」以下五十四字移入《花韻詩》下。凡此二本種種不同，必有所據，斷非校勘有所變更也。

余綜合前後考之，此本爲胡仰在浙所刻家集，自屬此書祖本。然其奪譌顯然，不能爲之諱。余意此後必經再刻，舉初版之謬失而整齊訂正之，而翠巖精舍即據以刊行，故今日舉此祖本與翠巖本相較，多格格然不能相合，其爲别有一宋刻斷可知矣。惜時歷四朝，年更八百，祇留此祖本，而重刊之書已不可見，遂滋後人之疑慮耳。

至其傳授之源流，以余所知，亦有可述者。此書自光緒中葉有人携之入京，爲張劭予侍郎所得。侍郎以示授經大理，屬爲評值。其時書價尚廉，重以其祇存後集，已非完書，而其中復有缺卷，謂此不過三五十金耳。侍郎以其言不誠，心嗛之，遂祕不示人。嗣董頻索閱，竟不可得。其後經王賈之手，展轉歸於天津王懿孫家。王爲長蘆鹺商，豪於財，以娶女伶楊翠喜至名徹九重。年少不知書，顧驟得宋本，頗自矜詡，開筵宴客，常出以示人。何年丈秋輦時任直隸廉訪司，偶見是書，驚爲罕祕，曾以語介。余謂公宜以計取之，無令久藏銅山金穴中，使終古不見天日也。其後何丈紆尊往還，意氣頗洽，乃以殿本《九通》易得之，持以見眎，余爲之賀得寶也。何丈殁後，其嗣鬯威同午不能守，乃爲德化李木齋師所獲，鬯威固木師之女夫也。共和以來，與師同寄津門，過從至密，凡師祕帳所儲，皆得縱觀。己未冬，廠賈以元翠巖精舍本來售，余議定以八百金得之。師聞之，見語曰：「吾藏有宋刊後集，今翠巖本正是前集，若並儲一匣，使成宋元合璧本，亦大佳事。」余以誼不可卻，不得已留校一通，割愛以奉焉。其後余欲假宋本補校後集，頻諾之而終未見予，耿耿於中者蓋二十餘年矣。前歲吾師藏書數十萬卷舉而盡歸北京大學，惟此書與他宋本十數部質於南中，遲遲未至。昨歲聞已北來，殘臘乃從校中假得，從事校正，平生願望，幸而得償，此新年第一快心之事也。丹鉛即竟，爰舉文字異同之要、宋元版刻之殊，與夫此本數十年流轉之迹，詳著於篇，庶後人得以考見焉。癸未正月二十七日，藏園老人手識。

黄蕘圃校本對牀夜話跋※

《對牀夜話》五卷，宋范晞文著，傳世最舊者爲正德十六年陳沐翻刻本。據祁、鮑兩家跋語，知陳氏所印爲活字小本。此後《學海類編》、《知不足齋叢書》、《武林往哲遺著》相繼刊行。鈔本傳世見於著録者，有趙玄度本、祁氏曠園本、盧抱經手寫本、曹彬侯寫本、拜經樓鈔本而已。玄度本舊爲祁氏所藏，曠園本藏丁氏八千卷樓，考曠翁跋，知其藏本即依玄度本校録者。抱經本亦歸丁氏，然丁氏書爲江南館所收，乃今檢目中衹存抱經本，何耶？彬侯本尚庋海虞瞿氏。拜經本庋皕宋樓，今流出海東静嘉文庫，陸氏於目中未著一語，其異同得失莫由知之。以今考之，自陳氏翻印後，凡歷次刊行，各家傳録皆從之出，故卷數既屬相同，文字亦無大異，欲求覩宋刊面目固渺乎其不可得矣。惟《楹書隅録》載黄蕘圃曾收得八卷舊鈔本，云較之正德本佳甚。第海源閣重閉嚴扃，外人末由得覯也。

頃聞閣中藏書遭亂散失，落入坊肆者頗多，前日偶得此帙，正爲蕘翁手勘者，其原本亦屬舊鈔，審其行格似依《學海》本摹出。余家《學海》殘册適有此種，取以移校，凡兩日而竣事。其大體不同有數端焉。一，全書分爲八卷；二，每卷前先標六朝、唐等名類；三，每則咸標題目；四，各卷題著書人名，後有「友人馮去非可遷訂」一行；五，卷二之末及卷三之首次第殊有更易。其餘異文奪句，補訂凡五百八十八字，其文字較之鈔刻各本迥然不同，始知蕘翁所謂文氣較爲條暢、字句亦准者，其言非過詡也。竊意蕘翁所獲鈔本必從宋本而出，故分卷標題皆沿舊式，且觀馮去非訂一行尤足爲未刊之明證。

明人刻書陋習，往往改易舊觀，於是併省卷數，删落標題，而參訂之人亦咸加刊削，字句之間更妄行節略，所謂傳播之功不敵其妄改之罪也。兹附趙玄度、祁曠園二跋補寫册中，緣皆《學海》本所無者。蕘夫三跋亦附著之。其卷末小跋因在本書闌下，楊氏失於檢閲，故《楹書隅録》竟失載之。至晞文籍貫，抱經別尋孤證，定爲常州靖江人。丁松生據《錢塘縣志》載釋白雲贈詩、顧俠君《元詩選》、邵二泉《潘母范氏墓志》仍定爲杭州人，與《提要》所言合，可毋庸置辯矣。其盧氏、鮑氏、丁氏、嚴氏各跋均載《武林遺著》刊本中，不復更贅，惟以祁、趙諸跋附於後焉。庚午十月初四日，藏園居士記。

《對牀夜語》五卷，皆詩話也。宋范景文所著，前有馮去非序，稱景定三年。所評詩自唐而止，其揚雄四詩及六朝作者更詳，蓋沈酣風雅之士。前附去非一書，謂興懷姜堯章同游時，有高翥、静逸輩日夜釣游，孫道子、張宗瑞輩詼浪笑傲，今不能復從游，雖夢中亦不復見，得見景文斯可矣。則景文爲一時之名士可知。余此本録之趙玄度，以正德間江陰陳沐所翻刻者兩相細校，字句無訛，可喜也。甲子清和日，曠翁識於高郵舟次。

舊有《對牀夜話》二種：一抄本，後題「正德己巳春季收」，有「徵静」及「雅歌堂圖書」，字畫亦整楷。一本江陰陳沐翻刻活字小本，後有陳跋，正德十六年翻。著書者宋理宗朝人范晞文字景文，孤山人，當是杭人也。爲書五卷，前有馮去非序，並去非與景文一書。予旅人也，奚囊每患重而難致，因合兩本細校録之，以便相從。去非，景文俱能長短句，予所收詞紀中有其詞云。趙玄度跋。丁本題。

《對牀夜話》五卷，知不足齋刻入《叢書》第三集，其所用乃明正德江陰陳沐所翻刻本也。陳刻世不多有，近時傳者祇鮑刻。余偶於郡城書肆收得一鈔本，分卷有八，而失其八卷最後幾葉，前馮序亦無之。取此鈔本核之，殊不同，每段俱有題，詞句亦多異，當在陳本前。此書書目皆不載，卷數多寡之分亦無從得其實，就此本核之，頃所得當勝此也。因手校於其上。且「夜話」之名泠齋已有之，鮑改「話」爲「語」何耶？抑偶誤耳！渌飲耄矣，足迹又不常至吳，安得與之談，俾知此書除陳本外固尚有可采者在也。書之難得善本信然！乙丑六月朔，蕘翁坐雨書。

嘉靖本蓉塘詩話跋※

《蓉塘詩話》二十卷，明仁和姜南明叔著，嘉靖間刊本，半葉十行，行二十一字。有「京江燕翼堂錢氏藏書」白文印。

按：此書雖名「詩話」，然多紀朝章國故、遺聞逸事，兼以考訂事實、評論人物，實説部也。卷爲一書，凡二十種。一曰《半村野人閑談》，二曰《洗硯新録》，三曰《輟築記》，四曰《鶴亭筆乘》，五曰《墨畲錢鎛》，六曰《學圃餘力》，七曰《大賓肩語》，八曰《蕉簷曝背臆記》，九曰《借竹道人投甕隨筆》，十曰《剔齒問思録》，十一曰《醉經堂餔糟編》，十二曰《扣舷憑軾録》，十三曰《抱璞簡記》，十四曰《五莊日記》，十五曰《鹽車道聽》，十六曰《逍遥録》，十七曰《風月堂雜識》，十八曰《瓠里子筆談》，十九曰《樱窗隨筆》，二十曰《蓉塘紀聞》。各編中詩話居十之四，述事論人者十之四，考古者十之二，而多立名目，以矜奇弔詭，此明代鶩名之陋習，不足訝也。

乾隆時吴淚之刻《藝海珠塵》，其絲集中録《半村野人閑談》、《抱璞簡記》二種，竹集中録《投甕隨筆》、《風月堂雜識》、《學圃餘力》三種，匏集中録《墨畲錢鎛》、《瓠里子筆談》、《洗硯新録》、《蓉塘紀聞》四種，革集中録《扣舷憑軾録》一種。各編記録文字大略相同，初難第其甲乙，而吴氏所取僅及其半，其抉擇之旨殊不可解。意者此編流播較稀，吴氏所得適爲殘帙，故盡據以入録耳。

舊鈔本逸老堂詩話跋※

此書余得之藝風堂遺書中，舊鈔本，不著撰人姓名，後有嘉靖丁未五月望日戊申老人自叙，附有黄蕘圃跋。藝風老人檢《盧抱經文集》中有此書識語，爲手録於卷尾。書中所載宋元以來名章俊語，引前人詩話爲多，評論尚爲平允，紀名人逸事亦多，足資考證，如湛若水擢南京祭酒，其母垂白隨行，李承箕贈詩諷之，遂奏請終養；范文正在邊，鑄黄金箋筒，以貯詔敕，爲老卒盜去，不究，袁文清伯長題公像，曾及其事：皆世所罕聞。記柳大中一則，尤可補入《書林清話》。又引梅聖俞《錦竹詩》注，知錦竹乃草類，似竹而斑，可糾黄鶴注杜詩之失；萬年枝爲橿木；《唐六典》裝潢匠音光，上聲，謂以蠟潢紙，今作平聲，非：皆可資多識。惟隨筆記録，時有重複，如借書一癡之事，一卷兩見；題松雪墨竹詩，前後卷互見；似編訂時未經詳核，故有此失也。至撰人姓名，據抱經跋語，謂書中稱魏莊渠、馬抑之爲同鄉，則爲崑山人；又稱祝枝山爲其父《約齋漫録》作序，云「俞君寛父，吴之耆儒」，又知其爲俞姓。《江南通志》、《千頃堂書目》皆不載，《明詩綜》亦不録，蓋一時無可蹤迹云。盧跋載《抱經堂文集》，兹不贅述，惟蕘圃跋語爲繆刻所失收，録如左方，以備稽考。戊寅八月十八日，藏園識。

日來酷暑杜門，清曉早涼，頗有以一二種説部、詩話等書，或舊鈔，或舊刻，助余消遣，此亦家居銷暑之一樂也。此册爲一書友携至，問其直，云新從故家架上取得，特送覽，尚未有價。余屬留之。會觸熱出門，日午才歸，偶一披閲，後跋無姓名可考，徧檢案頭諸家書目，不得《逸老堂詩話》之名，方悵怏而於卷中得其父俞君寬父之名，是知戊申老人乃俞姓。後又檢得陸其清《佳趣堂書目》載有是書，並注云：「俞寬父之子」，然其名字不傳可知。書既流傳，不患無所稽考也。喜甚！未及買而已加題識，書魔故智復萌，自覺可笑。明日書友至，如議直不成，尚當向之索酬，方許携去，蓋後有得此者，可省檢查之勞也。辛未六月二日，求古居主人記。

詩餘類

明鈔本宋五家詞跋

陳亮《龍川詞》一卷、劉過《龍洲詞》二卷、楊炎正《西樵語業》一卷、戴復古《石屏詞》一卷、毛平仲《樵隱詩餘》一卷，明寫本，棉紙，藍格，十二行，行二十字。有「研叟」朱文圓印，「吴城」、「敦復」朱文兩小印，「謝楨」白文印，「提月」朱文印。此癸亥八月余得之海王邨坊肆者，字畫草率，朱墨點抹，凌亂紛糅，乍覩之頗不耐觀，然筆致疏古，是嘉、萬時風氣。取刻本勘正，則佳勝殊出意表。披沙揀金，往往得寶，若以皮相取之，幾失之交臂矣。壬申二月二十日，藏園記。

《龍川詞》以汲古閣本校之，次第、闋數皆同，惟改正之字得二十有一。如《登多景樓》詞，「憑卻長江」不誤「江山」；「寧問疆埸」不誤「疆對」。《寄辛幼安見懷》，「管精金不是尋常鐵」不脱「尋常」二字。又《酬幼安》，「壯氣盡消人脆好」「氣」不誤「筆」，「人」不誤「入」。《觀木樨有感》，「是天上餘香賸馥」「天上」不誤「天公」。《懷工道甫》，「羨爾微官作計優」「優」不誤「周」。《壽朱元晦》，「問唐虞禹湯文武」不脱「文」字。其佳處殊足玩味也。

《龍洲詞》以《彊村叢書》本校之，補正凡得六十字。彊村刻既成，曹君直侍讀又爲校記附其後，然此鈔本校改之處出曹校外者乃至三十三字。如卷上，「一時機會」「機」不作「幾」；「鶴瘦松癯」「癯」不作「臞」；「道號書生」不作「先生」；「玉堂四世」不作「玉壺」；「宿酒醉難醒」「醉」不作「醺」。卷下，「樺燭綺筵催別調」不作「錯認佩環猶未是」；「玉堂無此三山」不作「玉田」；「幾點荷花雨」不作「桃花」；「笑談盡是文章語」「語」不作「路」；

「亂紅碎一庭風月」「碎」不作「醉」；「但依約鼓簫聲鬧」「依」不作「夜」；「誰識清涼意思」「識」字各本皆缺；「秋光預若借些兒」「預」不作「備」，其意趣皆致佳，餘則不暇悉舉也。

《西樵語業》以汲古本校之，補正之字凡三十有三，舉其勝者。如「乘輿特上最高樓」「乘」不誤「發」；「爲乞釣魚竿」「魚」不誤「漁」；「故園且回首」「園」不誤「國」；「暫住紫泥詔」「暫」不誤「約」，「詔」不誤「認」；「可歎一年遊賞」「歎」不誤「殺」；「詔黄飛下」「詔」不誤「韶」；「旋買扁舟歸來閑早」「閑」不誤「聞」；「獨倚闌干閑自覷」「覷」不誤「戲」。余昔年曾據汲古閣紫芝鈔本校此詞，然以上各字汲古本皆仍沿誤，是此本遠出汲古閣之上也。

《石屏詞》一卷，故人吴伯宛曾據汲古閣影宋本刊入《雙照樓叢書》，余取以對校，鈔本僅二十五闋，視汲古本衹得半數，而訂正之字乃得二十有二。如「醒時杯酒醉時歌」，毛本「醉」作「即」；「任鶯啼啼不盡」，毛本脱「任」字；「莫沈鉤」，毛本「沈」作「垂」；「機心一露使多愁」，毛本「多」作「魚」；「歷盡間關」，毛本作「艱關」；「一聲鶗鴂斷人腸」，毛本「鶗」作「啼」；此皆舛誤顯然者，賴此本糾正之。其卷末有真德秀跋，尤足補汲古本之缺，兹録如後：

戴復古詩詞高處不減孟浩然，予叨金鑾夜直，顧不能邀入殿廬中使一見天子，予之愧多矣。嘉定甲戌四月哉生魄，建安真德秀書。

梅苑跋※

《梅苑》十卷，前有黄大輿序，署「岷山耦耕」，蓋吾蜀人也。余考周煇《清波雜誌》，言紹興庚辰在江東得蜀人黄大輿《梅苑》四百餘闋，煇續有百餘闋。復謂昔人譜竹及牡丹、芍藥之屬皆有成詠，何獨於梅闕之？乃采掇晉、宋暨國朝騷人才士凡爲梅賦者，第而録之，成三十卷。謀於東州王錫老：「詞已苑矣，詩以史目可乎？」王曰：「近時安定王德麟詩云：『自古無人作花史，官梅須向紀中書。』蓋已命之矣。」儻在上饒，《梅苑》爲湯平甫借去。湯時以寓客假居王顯道侍郎宅，不戒於火，廈屋百間　夕煨燼，尚何有《梅苑》哉！《梅史》隨亦散佚，雖嘗補亡而非元本云。是此書當時固已盛行，故至今流傳不絶。惟周氏所續《梅苑》及别撰《梅史》竟湮没不傳，今世至有不舉其名者，殊可歎也。

附録一　雙鑑樓藏書雜詠

江安　傅增湘　沅叔

題宋慶元尋陽郡齋刊本方言　十八首

故書晚出字多奇，史傳無徵啓世疑。數典正宜方《爾雅》，試觀《常志》未曾遺。其一。

《漢書·揚雄傳》舉所著書，不及《方言》，世不能無疑。考是書始見於漢末應劭《風俗通義》序，迨常璩撰《華陽國志》，載雄書凡《太玄》、《法言》等皆與傳同，乃云「典莫正於《爾雅》，作《方言》」。此最爲明證。以後稱引亦多，而是書遂大著矣。

舊聞佚籍出西川，胄監新開世罕傳。難得尋陽賢太守，閩中大字付重鐫。其二。

晁氏《郡齋讀書志》云：「余傳《方言》本於蜀中，後用國子監刊行本校之，多所是正。」是《方言》先有監中官刻本，惜後來無傳耳。此本前有李孟傳序，言「今《方言》自閩本外不多見，每惜其未廣。予來官尋陽，有以大字本見示者，因刊置郡齋」云云。是此本或源出閩刻也。

慶元孤帙少留貽，正德翻雕奪誤滋。影寫幸傳曹毅本，考文校梓得師資。其三。

正德丁卯澶淵李珏刻本世不多見，余曾得一帙，爲野竹齋舊藏，然文字脱訛已甚。别傳有正德己巳影宋本，言據曹毅所藏宋刻摹出，戴東原、劉端臨諸人校正皆據之，盧抱經乃稱爲宋曹毅之本，則誤甚矣。

程吳陋刻等麻沙，故實多緣一字差。記否大馮傳雅謔，榛娥今已變吳娃。其四。

自李珏覆梓，後來吳琯、程榮、胡文煥諸本皆沿其誤。錢氏《讀書敏求記》言：「三卷中『吳有館娃之宮，秦有榛娥之臺』，俗本脱去『秦有』二字。馮己蒼嘗笑曰：『并榛娥而吳之矣』！」余按：「秦有」二字其奪失即自李珏刊本始。

紙背箋題樞府官，遺書曾作夢華看。絳雲一炬成追憶，此本推排入甲觀。其五。

此本爲錢遵王舊藏，牧翁有跋，見於《有學集》中，文曰：「予舊藏子雲《方言》正是此本，而紙墨尤精好。紙皆是南宋樞府諸公交承啓劄，翰墨燦然。於今思之，更有東京夢華之感。」是此本當時實有二帙，後絳雲一炬，牧翁之書既燬，遵王所藏遂稱孤本。故章君式之題識謂此本已由乙而推甲云。

曾入陽山静學房，橫經野竹嗣珍藏。何時祕笈歸延令，冷落芩川述古堂。其六。

此本有顧仁效、顧元慶、朱大韶橫經閣諸家鈐印，又有「野竹齋重裝」墨識一行，蓋明代曾歷經顧朱、沈三氏收藏。至清初歸季滄葦，則由遵王所手付，有《敏求記》及《延令宋本書目》可以考見也。静學山房，陽山顧氏齋名。

乙盦舊客意園居，賞析親窺祕帳儲。桑海重逢揩老眼，如菴春露起悲吁。其七。

自歸季氏後，久不見於著録，至光緒中葉，乃爲宗室盛伯羲祭酒所獲，藏之意園中。訖壬子歲，余收得之，以示沈君乙盦，乙盦感歎不已，爲題卷尾，略言：意園得此書，曾爲余舉宋刻勝影宋本數事，許之借校，從公鮮暇，願未果也。人天永隔，復見此書，老淚滂沱，乃不勝如菴春露之痛。沅叔欲重刻傳之，此固意園有志未竟者也。

刊行誰付睦親坊，院體書工古意亡。龍漢劫回重出世，莫教天壤笑王郎。其八。

余載書南游，晤繆藝風前輩於海上，爲考定此書流轉之緒，識之卷末，且語余曰：「意園得此書，頗自珍惜，欲覆刊行世。時王蓮生聞之，鋭以自任。王本房刻字店爲廠中龍雲齋，蓮生初不嫻仿刻古書之事，凡影摹登梓之事一以委之。迨刻成，以樣本出示同人，咸笑之曰：此乃新翰林刻朝考卷，非覆雕宋本也。蓮生慚沮，竟匿不印行。此當時故事，余所目見也，君盍入都訪之，其版或尚存也。」余私誌其言，回京訊之，迄不可得。訖於甲子以後，其版忽出於廠市，完好無闕，爲文禄堂書坊王進卿得之，姚茫父爲篆首，印行百部以傳焉。平心論之，其鐫工亦尚精好，第字體工秀而筆頭圓俗，近當時院體書，於宋刊古勁之氣實未能肖似耳。天壤閣爲王氏藏書之所，別有叢書行世。

訪書委巷犯嚴更，玉楮銀鈎照眼明。畢竟楚弓仍楚得，遺書病榻感譚生。其九。

壬子春盛伯羲遺書散出，正文齋譚篤生、宏遠堂趙聘卿以二千金捆載入市。余深夜訪趙氏於僻巷，乍見此書，驚歎欲絶，告以此書蜀賢遺著，義宜歸我。後書爲譚有，譚能辨識版刻，善居奇，余往問價，謂非五百金不可，授以雙柏，不諧，遂輟議，惋歎而歸。會譚遘疾，語孫君伯恒曰，傳君曩求此書甚摯，吾固心許之，特價未諧耳。今病寖篤，藥餌無資，願以前議歸之。余感其言，急持金入都，遂載書以歸。此三十年前得書之梗概也，追憶其事，附入注中，以誌良友之誼。孫君伯恒既爲作緣，以成此舉，後又以程榮刊本爲余精校一通。日前檢篋見之，方議重裝，以附於影刊本之後，不意伯恒竟於數日前沉疴不起矣。摩挲遺墨，擲筆三歎。

偶探祕笈便驚人，況復揚雲梓里親。爲覓良工涉蓬島，珂羅白本逐時新。其十。

余得書後，楊鄰蘇、繆藝風、鄧孝先諸公咸詫爲驚人祕籍，力勸余刊板以傳。余懼影寫之失真也，乃託董授經同年攜往日本，屬名師小林忠治郎用珂羅版摹印百部，先行傳布。書成，紙墨精妍，神采焕然，與真本不異，可云妙製矣。

喜獲奇書弁蜀賢，藝風雅意督雕鐫。更從盧戴稽同異，老學王髯手自編。其十一。

余方議取蜀人遺著有宋元版傳世者，影摹彙刻爲《蜀賢遺書》，及得此書，遂取以弁首。時繆藝風前輩僑居海上，以監刊自任，乃付黄岡陶子麟刻梓。刻成，華陽王雪丞丈又據宋版以校盧、戴二本，録其同異，撰爲校記一編，附刊卷末焉。

牧翁遺墨歎銷沉，茗理拈毫試手臨。文網寖疏孤本出，好將清話補書林。其十二。

此本朱質序後原有錢牧齋手跋一通，今此葉朱質題名一行衹六字，乃影寫補入者。藝風前輩謂此葉以有牧齋跋語，書禁嚴時撤去，而以影鈔補之。老友章式之爲檢《有學集》録其原文於卷之後，以存舊觀。此亦書林掌故，後人所宜知也。式之又號茗理。

鬱華閣上萬籤儲，此是傳家鎮庫書。贏得《孔叢》分一臠，正闇應悔失驪珠。其十三。

意園藏書甚富，宋元古本不下數十種，其最烜赫者爲黄唐本《禮記正義》四十鉅册，完整如新，袁寒云及鄧正闇同年跋語皆盛稱之。其次即推《方言》，爲海内祕籍孤本。《禮記》余力不能舉，衹得《方言》。正闇收得巾箱本《孔叢子》，號爲嘉祐本，實則明代翻刻，正闇於此書跋語述及之，亦慰情於聊勝耳。

錢季流風久已淪，遺編顯晦有前因。物歸其主吾何憾，始信湖南是解人。其十四。

此書自季氏《延令書目》著録後，流轉蹤跡隱晦，殆不可考，故乾、嘉以來如盧、戴、錢、劉、孔、邵諸家治《方言》者皆未得一見。迨伯羲得於廠肆，已在光緒中葉矣。丁巳冬杪，日本内藤湖南博士來京，訪余於太平湖王邸中，盡觀余所藏宋元古本，題數行於此書之後，有「如此宋本，乃歸沅叔，物宜各歸其主，我不以爲憾也」之語。

李、楊、沈、繆各題評，傳授源流考辨明。墨瀋如新人盡逝，白頭感舊信傷情。其十五。

余得此書後，一時交舊競相欣賞。先後題名於册者有李椒微夫子，楊惺吾、沈乙盦、繆藝風、鄧孝先、章式之、王湘綺、袁抱存、吴印臣諸人，今日展卷重觀，皆墓有宿草矣。三十年來，追憶舊游，墜雨飄風，零落都盡。余亦晚景侵尋，非復昔年勝概，念此爲之憮然。

四朝流轉幾青箱，百葉依然宋代裝。憑仗鬼神呵護力，不教塵劫犯芸香。其十六。

此書自宋慶元庚申刊於尋陽郡齋，歷元、明、清四朝，迄今七百四十四年，凡九十七葉，乃完然無恙，且紙幅亦精整修潔，不爲水火蟲蠹所傷，可謂僥天之幸矣。鄰蘇老人手跋有「兵燹之餘，鬼神呵護」之語，信非偶然。

四庫宏開重校讐，錢家宋槧已難求。聚珍官版重刊正，舊本還從《大典》搜。其十七。

《四庫總目提要》言《方言》「世有刊本，然文字古奥，訓義深隱，校讐者猝不易詳，故斷爛訛脱，幾不可讀。錢曾《讀書敏求記》嘗據宋槧駁正其誤，然曾家宋槧今亦不傳。惟《永樂大典》所收，猶爲完善。」「謹參互考訂，凡改正二百八十一字，删衍文十七字，補脱文二十七字。神明焕然，頓還舊觀」云云。是此本爲館臣所未見，而《大典》所收特爲完善，或脩《大典》時所據亦宋本也。

錦裹牙籤壓宋廛，奇珍入篋信前緣。瑯嬛寶笈寧終祕，繡梓行看萬本傳。其十八。

此書自明季清初歷經名家收藏，嗣後沉埋不見者二百餘年，歸盛意園後亦刊而未傳。今幸爲余所獲，既喜爲天壤間孤本，未宜祕惜自私，又重以鄉賢遺籍，爲文字訓故之書，遂鋭志刊布，以公諸世。先付日人小林忠治郎精印珂羅版百部，又經故人吴佩伯在天津官報局石印數十部，後屬湖北陶子麟影宋刊板，登諸《蜀賢遺書》之首。未幾，涵芬樓創印《四部叢刊》，又取宋本縮印，列入其中，從此千百本流行於海内外，區區傳古之願得以大償，寧非幸歟！

題宋汀州本羣經音辨殘卷 二首

紹興覆刻出汀州，璽印蟫聯内府收。此是毛家真祕本，澤存虚作一瓻求。其一。

張氏澤存堂刊本假毛氏藏本付刊，毛氏吝宋刻以影寫本付之。余以此本校澤存堂本，脱誤乃至七十事。

寒雲夢斷怯重温，冷落如庵與意園。把卷儘多淪謫恨，十年流轉幾朱門。

壬子夏，余見此書於盛意園家，旋爲景樸孫所得，鈐有「小如庵祕笈」諸印。景氏售書於袁寒雲，匿此不出，啖以重金，歲餘乃以歸之。頃來滬市，重裝此帙，因急以善價收之。十年之間，四易其主，流落不偶，滋可念也。

題宋刊本龍龕手鑑 五首

近規《篇》《韻》遠《埤蒼》，印度、支那考譯詳。十九萬言精且博，書成五度變炎涼。其一。

書前有遼統和十五年憫忠寺沙門智光序。中叙聲韻、字學源流及本書淵源所自，有「聲明著論，乃印度之宏綱；觀跡成書，實支那之令躅。」及「尋源討本，備載於《埤蒼》、《廣蒼》；叶律諧鍾，咸究於《韻英》、《韻譜》」等語。又謂行均撰輯此書「九仞功績，五變炎涼，具辯宫商，細分喉齒，計二萬六千四百三十餘字，注一十六萬三千一百七十餘字。并注總有一十八萬九千六百一十餘字。」

流傳序藉智光師，出物闌干虜禁奇。爲問南朝誰得見，吾宗乃有傅欽之。其二。

沈存中《夢溪筆談》記此書，謂「契丹書禁甚嚴，傳入中國者法皆死。熙寧中，有人自虜中得之，入傅欽之家」云云。

蒲帥重刊付浙西，重熙削號費參稽。統和依舊遼元在，展卷翻疑沈夢溪。其三。

《筆談》又云：「蒲傳正帥浙西，取以鏤版。其序末舊云『重熙二年五月序』，蒲公削去之。」然檢此書前有統和十五年智光序，與晁氏《郡齋讀書志》所載合，而與《筆談》異，《四庫提要》謂爲沈氏誤記。

字鏡何人得寓觀，封疆隔越見應難。遍搜簿録尋孤證，贏得熬峯説契丹。其四。

書原名《龍龕手鏡》，智光序云：「矧以新音遍於龍龕，猶手持於鸞鏡，形容斯鑑，妍醜是分，故目之曰《龍龕手鏡》。」傳入宋後，避宋諱，改「鏡」爲「鑑」。以書禁故，流傳不廣，故《夢溪筆談》及《文獻通考》於序及卷數咸有誤記處。此本卷首有徐興公手跋，未審「鏡」、「鑑」之辨，亦誤以此本爲契丹原刻。余就卷中刊工避諱考之，實南渡初再覆之本。其契丹原刻恐久絶天壤。近得影印高麗本，標題正作「手鏡」，當是契丹嫡了，暇時當取二本比勘之。

圓明餘燼泣庚申，片紙能逃萬劫塵。六十年間重出世，披裘犯雪訪書人。其五。

此書傳舊儲圓明園，幸逃劫火。前歲庚申，予於津估雪夜訪得之，回首庚申之劫，沉霾正六十年矣。亟付之菊公，收入《續古逸叢書》及《四部叢刊續編》中，使化身千百，庶無負前賢艱辛守護之意云。

題宋本增修互注禮部韻略 六首

《韻略》煌煌禮部頒，三衢補注特周完。藏家著録皆元本，舉世稀逢是宋刊。其一。

此書宋本流傳絶少，憶共和初元曾見潘伯寅先生舊藏本，字體方嚴，爲浙刻正宗，惜一瞥即逝，未克著録詳考之。此外皕宋樓藏一本，雖號爲宋刻，實爲元本。余别見鐵琴銅劍樓瞿氏藏一帙，故宫圖書館藏三帙，皆元本也。

《增韻》書成六十年，阜陵進御未傳鐫。厭煩趨簡人情異，歎息題辭魏鶴山。其二。

《鶴山先生大全文集》有《跋毛氏增韻》，其言曰：「三衢毛氏《增韻》奏御之六十二年，其子居正義夫應大司成校正經籍之聘，始克鋟梓於胄庠。然人情異嚮，趨簡厭煩，故校其始著，尚多刊削。世之不遇者非特一《增韻》也。」考此書奏進爲紹興三十二年壬午，越六十二年爲嘉定十六年癸未，其時居正方拜校正經籍之命，必應大司成之求，出其家藏原藁就國子監刊之，即此書之第一刻也。

鐵硯先生肆討覃，賢郎增勘得薪傳。校經幸拜司成命，第一書刊出手編。其三。

毛晃浙之江山人，學者稱鐵硯先生，紹興中免解進士。子居正字誼父。此書首有毛晃進書表，中有「晃曰」、「晃謹案」、「居正曰」、「居正謹案」等語。據魏了翁《六經正誤序》云：「誼父以其先人嘗增注《禮部韻略》，奏御於阜陵，遂又校讎增益。」則是晁著而居正又增補之，嘉定癸未初刻於國子監。此本僅標昇名，不署居正重增，蓋父可以統子也。以是觀之，雖刀法非浙中風氣，要亦監本之嫡子。其它宋元刊本於晁名後均有「男居正校勘重增」一行。蓋一再翻雕，無所避讓，故補入居正之名，俾名實相符耳。

秀巖蜀刻久無存，至正虛傳寶祐翻。六合舊言湯氏本，亭林經眼待推論。其四。

此書《四庫提要》謂所據爲宋淳祐間蜀中秀巖山堂刊本，其原書已不存。此書宋本見於著録者，顧亭林先生言於六合湯盛弘護處得宋刻，其端云「男進士居正校勘重增」一行，光宗、寧宗諱並迴避，則寧宗以後刊本也；又，瞿氏《鐵琴銅劍樓書目》於元本《禮部韻略》下記云：「此元至正二十一年翻刻寶祐四年蜀中刻本」。以此本核之，前者標名不同，後者行款有異，皆不合。然此三本今俱不存，就余所知見者，唯潘氏舊藏本與此本二帙。潘本浙刻，此本似出閩中，一標居正名，一不標，亦非一源。則此本之珍重可知矣。

幅高踰尺字如錢，顔體三排特勁妍。試檢静嘉標宋槧，版匡縮減筆鋒圓。其五。

此書紙幅闊大，版匡高九寸八分，寬六寸五分，每半葉十行，每行大字三排，注雙行三十二字，大字一當小字四，大字有顔平原多寶塔體勢，疑是閩粵刊本。《皕宋樓藏書志》亦載此書宋刊本，余己巳東游，躬自檢視，每半葉十一行，每行小字二十有八，卷前加「男居正校勘重增」一行，刀法圓渾，蓋元刊也。

嘉定初雕祖本興，秀巖興慶是雲礽。胄監所梓源家稿，居正何容並父稱。其六。

此書始刊於嘉定十六年國子監中，其後傳本之可考者舍潘氏本外，爲淳祐六年秀巖山堂本、寶祐四年蜀中刊本。

至元代則有至正間日新書堂、興慶書堂諸本。然諸本首均列「男居正校勘重增」一行，此本獨無。余意初版本爲居正以家藏稿本鋟梓，卷中已列「居正謹案」諸目，正不必列名卷首，以嫌於與父並尊。是亦此本爲監本嫡子之一證也。

題宋一經堂本漢書司馬相如傳　五首

《長卿傳》與《十三王》，良友相投等夜光。鐵畫銀鈎稱妙絶，閩工傳自一經堂。其一。

此建安蔡琪純父一經堂刊本《漢書·司馬相如傳》一卷，半葉八行，行十六字，鐵畫銀鈎，精麗絶倫，刊於嘉定元年，爲建本之至精者。爲吳門顧鶴逸所貽。

殘編舊識拜經儲，兩卷摩挲歷劫餘。集注題銜皆敻異，同時賞析有錢盧。其二。

蔡琪一經堂本《漢書》，江南圖書館有吳兔牀舊藏本十四册，初印精善，視其裝潢，恐此二册爲自彼散出者也。吳本後有鮑以文、錢馥、盧文弨、黄丕烈諸家跋語。

奇物來歸有夙因，爲窺帳祕訪西津。《十三王》共《相如傳》，合與寒雲典掌分。其三。

余壬子春訪書吳門，得盡觀顧鶴逸所藏宋元精槧、鈔校祕本，主人以此《司馬相如傳》及《十三王傳》相贈。《十三王傳》已分贈袁寒雲矣。

杭越還同監本收，更將參校附三劉。注文字數分題尾，舊式應從卷子留。其四。

傳文後有記二行，文曰「右將監本、杭本、越本及三劉、宋祁諸本參校，其有異同，並附於古注之下。」其後爲卷尾標題，題後又二行，分記卷中大小字數，仍存古卷子本舊式。

西蜀文章重漢廷，蘭臺史筆表先型。何時更訪《揚雄傳》，輝映風流石鼓亭。其五。

余既以《相如傳》覆刻，收入《蜀賢遺書》中，復擬擇《揚雄傳》善本刻之，與《相如傳》後先輝映，第不識何日得遂此願耳。

題宋本南齊書 六首

楮箋厚韌墨凝香，大幅寬闌字九行。宋刻嶄方元刻活，成弘修補失鋒鋩。其一。

此書厚楮堅韌異常，巨幅大字，墨氣甚濃，半葉九行。卷中宋刻多仿歐體，元刻則易爲趙體。持較世間明修諸本，則板滯不足觀矣。

鄰蘇論紙辨精疏，繆叟評工示楷模。更喜霜根發奇祕，遺文驚出正嘉初。其二。

楊惺吾跋論宋紙亦有厚而粗者，引所見書爲證，謂與此本厚紙合。繆藝風跋則詳言宋元刻工風氣之別，謂此本無一明修之葉，定爲宋刊元印之本。其志、傳所多兩葉則章君式之假校時所發見者也。

志傳相承有闕篇，披尋得半已驚傳。巴州恰補鄉邦佚，不獨眉山契蜀源。其三。

《南齊書》自明以來凡闕四葉。此本志卷七第三葉，傳卷十六第十葉獨宛然具存。式之校後曾語余曰：「舊闕四番,君已得其二,且志文一葉適爲巴州諸郡,與君故鄉地望相接,蜀本歸蜀人,已爲佳話,而墜篇復巧合如斯,可謂墨緣書福矣。」

歐體方嚴衍浙風,牒文式舊附篇終。敕書下降崇文院,開版杭州逐旋風。其四。

《七史》世稱眉山本,而開版實出杭州,此本卷後附有「嘉祐六年崇文院行杭州開版」牒文可爲確證。然此本以字體雕工論,又是南渡後浙中覆刻。惟此語祇堪與知者言耳。

鉅册籤裝識庫存,春官大印尚留痕。平津館閉圖書散,又見連車入肆門。其五。

此帙以册裝觀之,仍是內閣大庫舊儲,鈐有明代禮部官書朱文大印。余得之廠市宏遠堂,言出自穆鶴舫相國家,同出書籍御賜者尚記有其姓名也。

坊市宵談破寂寥,殘燈吐穗照三朝。奇編到眼神明煥,皕宋藏書未足驕。其六。

壬子春暮,余自津門入都,訪書於宏遠堂。抵夜未去,忽見連車載書歸,蓋新自內城購得者。內有一敝篋,啓視之,正是此書。趙估言,此乃三朝板之清晰者,匆匆數語定議,遂抱書而去,亦平生得意事也。繆藝風跋,言儀顧堂藏宋本,其卷三十九闕第五葉,以第十四葉改刻五字補之。此本無補葉。陸本又有嘉靖時補版,遜此本者矣。

題宋本魏書 五首

桑皮尺幅如錢厚,大楷疏行印墨新。此是宋元修補本,南都邋遢詎堪珍。其一。

全書用桑皮大幅紙印，高一尺二寸，厚如梵夾。印本明净，宋刊之外，間有元修之葉，絶無明代補版，視南監印行之邋遢本相去不可以道里計。

禮部官書印喬皇，久從大庫歷滄桑。項家藏印猶堪認，滄葦還鈐御史章。其二。

此本以紙幅裝潢審之，仍是内閣大庫之物，特流出較早，每册仍鈐明代「禮部官書」朱文大印，與余藏《南齊書》同。又有「少谿主人」印，當是項篤周所鈐，余昔疑爲嚴介谿之子，未確。此外更有季滄葦藏印及「御史之章」諸印，以此觀之，庫書自明季即已外佚矣。

《七史》難完是《魏書》，私家官庫半殘餘。拾遺補闕功非細，贏得涵芬借一瓻。其三。

《魏書》以卷帙較鉅，罕得完善者，涵芬樓徵印百衲本全史，遍假北京圖書館藏及劉氏嘉業堂、蔣氏密韻樓藏本，仍有闕卷。洎余得此本，乃假去補得三十餘卷，始成完書，可謂艱矣。

舊獲《南齊》楮墨同，佚文妙奏補天功。兹編入篋稱雙璧，五夜藏園起夜虹。其四。

昔年得《南齊書》，其印本紙幅與此書相同，知同爲内閣大庫早年佚出之精。其中志、傳兩葉可補明嘉靖以後印本之缺佚，允稱奇祕。今復得此帙，真可謂藏園雙璧矣。

《英華》《歐集》世無儔，瑰寶聯翩一旦收。天錫奇書娱暮景，古緣清福幾生修。其五。

此書得於庚午之夏。是歲連得宋吉州本《文苑英華》十卷，宋衢州本《居士集》二十九卷於寶應劉氏，皆大庫佚書，海内孤本。晚景蕭寂，獲此差足自慰，故附誌之。

題宋小字本隋書 二首

上追遷史下《新唐》，密字官刊十四行。獨有《隋書》推斷種，探源天聖誰能詳。其一。

《史記集解》、《吳志》、《晉書》、新、舊《唐書》均有十四行小字本，號爲北宋刻，世所知名，獨此《隋書》爲創見。

校勘儒官各署銜，鄱陽九路未全芟。勑書記取藍供奉，版式精嚴出内監。其二。

元大德饒州路儒學刊《隋書》，卷末存天聖二年牒文，乃以禁中《隋書》一部，令御藥供奉藍元用齋付崇文院校勘，仍内出版式雕造。此本於現存宋刊《隋書》中爲最先，或即其嫡子，然審其雕工，當是南渡初浙刻。

題宋大字本南史殘卷 五首

《眉山七史》號精良，大版官刊十八行。《南史》更傳同種本，補嘶中土未能詳。其一。

嘉祐時下杭州開雕《七史》，爲《宋書》、《齊書》、《梁書》、《陳書》、《後魏書》、《北齊書》、《北周書》，有崇文院牒文可證。其書久已不傳，所存者爲南宋中期浙中覆本，其刊工間有與明州本《文選》補版合者，半葉九行，行十八字，號爲「眉山七史」。然不知同樣行格尚有《南史》，古今書目皆不載，孰意日本乃存此殘卷耶。

扶桑文庫推金澤，經史多儲異本書。殘帙至今留墨印，如何木記不鈐朱。其二。

金澤文庫爲日本藏書最古之所，余見足利學校所藏宋本諸經注疏皆有「金澤文庫」楷書朱記，此書獨加墨記，亦一異也。

瀛洲東渡不知年，故國來歸亦舊緣。斷璧零璣何足惜，千金如獲一珠船。其三。

此書東友田中君寄京肆，付文友堂裝訂，余見之，詫爲奇祕，致書商讓，得諾。雖僅存五卷，而紙墨妍麗，新若未觸手。流出數百年，護持慎密如此，亦足佩矣。

巋然目録冠篇端，列傳蟬聯四卷完。楮墨精瑩神采發，奇書絶世不妨殘。其四。

存目録一卷，列傳卷第十三至十六，凡四卷。字體工麗，版幅寬展，與《七史》無異。

自慶航頭獲異珍，海東雙鯉剖書頻。亦知弓玉終難返，一紙流傳爲寫真。其五。

余得此本後，東京友人馳書見詢，意欲以重金贖回，余愛不忍捨。後乃攝影兩葉寄之。

題宋淳祐重修本輿地廣記殘帙 一首

淳祐朱中費補鐫，顧黄經眼兩殘編。誰知官庫蟲魚屑，足敵方家一宋廛。

庚申之夏，余游淮南，獲此淳祐庚戌朱申重修本殘卷於寶應劉氏食舊德齋，亦大庫佚出者也。存十二卷。昔藝風老人以「一宋百廛」嘲陽湖盛氏，謂藏書連屋，祇《聖宋文選》爲宋刊也。友人方地山得宋本《輿地廣記》二十餘卷，貯津門小樓，戲語人曰：「吾可謂『一宋一廛』矣。」然方書卒爲袁寒云所得，今又轉歸粵人潘氏矣。

題宋刊本水經注殘本 十首

大庫藏書委積塵，翻尋蠹屑掇奇珍。試從名諱稽時代，始識行都刻梓新。其一。

此書舊儲内閣大庫，塵封數百年，殘損已甚，序跋俱佚，以卷中宋諱桓、構二字有避有不避論，當爲南渡初所梓也。

紙册堅凝揭取艱，蟲傷水浥字難完。三分有一存猶弱，付與鯫生守缺殘。其二。

余初得此書，霉濕薰染，紙册膠凝，堅實如板，爰倩良工蒸曝揭裱，裝潢成册，始便觀覽。然文字斷爛，求一葉之完者已不可得。通存卷十有二，視全書曾不及三分之一。

影本先歸陸孟鳧，顧黄經眼記模餬。盛傳耳伯曾親見，宋槧源流信有無。其三。

《水經注》一書，錢遵王言陸孟鳧有影宋鈔本，黄蕘圃言顧抱沖得影宋本，全謝山言柳大中有手鈔宋本，皆未嘗親見宋本。惟馮已蒼校本言先以柳大中影宋本校，復以謝耳伯所見宋本增改，然亦不詳其款式及藏家，蓋入清以來，舉世未聞以宋刊著録者。

奪字訛文得解詮，半同吳刻半朱箋。大中補正功非細，證取吾家渭水篇。其四。

余得此書，取校吳琯本，有合有不合，知其非出一源。朱謀𡐓箋本往往稱引宋刻，余更以此本核之，亦不盡符合，知朱氏所見之影宋本與此亦斷非一刻，而此本勝處爲多。昔全謝山盛稱柳大中大有功於是書，如《渭水篇》中補得脱文四百餘字，不獨國初亭林諸老未之見，即謝耳伯亦拜下風，因所校之本固從宋槧手鈔也。余按：此篇宋槧適存，爲卷十八第二葉全葉，以行格計之，應得四百一十八字。因此推知趙氏言孫潛夫用大中本校補四百二十字，或云四百二十二字，或云四百三十四字，皆未見宋刻，以意增省，至致此差舛也。

蜀刻風裁異浙杭，晏公鋟梓渺難詳。寒雲定論歸元祐，誤認東坡缺角章。其五。

昔袁寒雲初獲此書，援錢氏《敏求記》之説，斷爲元祐二年轉運使晏知止刊於蜀中者。余觀其雕工字體，初不類蜀中風氣，其言未可信。且詳審其結體方嚴而氣息樸厚，證以刊工姓名，要是南渡初浙杭所開，則張君閬聲謂爲紹興本者，庶幾近之矣。

我與酈書有夙緣，謝山五校得原箋。旋收《大典》殘鈔本，更獲潛夫勘定篇。其六。

余生平嗜書，顧於酈書特有奇遇。昔督學畿輔時，嘗游南中，得全謝山五校稿本。辛亥後，始得孫潛夫校本十許卷，繼得此宋本十二卷，旋又得《大典》本半部。此皆孤本祕籍，世所稀逢，而余乃先後兼獲之。惜頻年博觀旁騖，不得專治耳。

東原竊注啓譏評，多事月齋助憤争。《大典》、宋刊同出世，兩家疑讞可亭平。其七。

昔張石洲爲全、趙平議《水經注》事，於戴東原大肆呰謷，謂《提要》所言脱簡「有自數十字至四百餘字者」，此《大典》本絶無之事。今《大典》原本既出，其事已可大明，而四百餘字之原文，宋刊又適存。行當影摹傳世，用以杜石洲之口，爲東原雪此沉寃，斯亦學林中一快舉也。

海濱曾遇鄭蘇叟，疏證功深四十年。宋本不逢常飲恨，今朝把卷倍凄然。其八。

辛亥、壬子之交，余晤楊君惺吾於海上，其時君方撰《水經注疏》，爲言研治此書歷四十年，窮搜各本，以供參證，獨以未睹宋刻，爲畢生憾事。洎余獲此書，而君已久謝賓客，不得相與賞奇析異，一慰其平生之願，思之愴然！

賞祕争來借一瓻，冷僧殘臘指如椎。觀堂更取研朱讀，逸史常留跋尾辭。其九。

予得此書，友朋詫爲奇祕，争爲一瓻之假，張閬聲、王静安先後借録借校，静安更爲長跋，載之《觀堂集林》中。

吴郡、淮南兩宿儒，辛勤掇拾劫灰餘。十年流轉歸藏篋，似有神靈祕啓予。其十。

此宋刊殘本分藏吴門曹君直、寶應劉翰臣許，二君皆光宣間故中翰，掇拾於大庫故紙堆中，余先後均得寓目。曹氏書散，歸於袁寒雲，輾轉十年，乃入余齋，因復請於翰臣，得遂合璧之願。通計存十二卷，傳世鄺書宋刻蓋盡於此矣。

題北宋本通典 一首

素繭藍皮蛺蝶裝，進齋紙印宋時坊。鹽官初刻存唐式，元統重修付浙庠。倭庫舊傳高麗貢，玄卿苦索道家藏。寐翁多事驚虹月，引起蛟龍滯客航。

庚申之夏，南游訪書，獲此本於寶應故家。凡二十八册，存一百四十卷，每半葉十四行，行二十六字，蝴蝶裝，藍繭紙爲衣，望而知爲大庫佚書也。每葉紙背鈐「進齋」鼎式小印，蓋宋紙所鈐。收藏有「洞玄沖靖崇教真人」、「薛玄卿」、「朝陽」三印，窮搜各書，知爲元時道流也。又有明晉府諸印。此爲宋時初刻本，刊於鹽官。後又得元時補本三十三卷，合之爲卷一百七十有三，意世間《通典》宋刊無過於此者矣。余別見海虞瞿氏及日本帝室圖書寮藏本，余本固推甲觀，寮本亦當雁行。而島田翰以寮本有「高麗國十四葉辛巳歲藏書，大宋建中靖國元年，大遼乾統元年」正書三行朱記，竟指爲高麗翻刊本，妄言惑世，舛謬已極。余得此書後，歸棹過滬上，持示沈乙盦，驚爲奇祕。時余方阻風吳淞口，乙盦題詩有「莫放船邊虹貫月」之句，故末句戲及之。元補本目録後有元統三年十月補刊完成銜名六行，爲江浙儒學提舉委丹徒縣儒學監工補刊者。

題宋刊本東漢會要 二首

持静青緗落海涯，遺編晉府出塵霾。願將殘卷登梨棗，斠録重偕别下齋。其一。

此書丁氏持静齋本最著，今不知流轉至何許。余此本獲之寶應劉氏，有晉府圖記，亦大庫佚書也，書存二十六卷，世行本之缺卷悉存，可寶也。

老眼摩挲暗自驚，進書表序各分明。官刊未藉中丞補，祕惜多慚武學生。其二。

此書世行本缺第二十六卷半卷，第二十七、二十八全卷，又缺進書表。丁雨生中丞持静齋有宋本，然蘇局刊此書時，未克據丁本補校，惜哉！

題宋本纂圖互注荀子 五首

蘭陵古刻出熙寧，覆梓題名吕夏卿。更有漕司錢佃本，精嚴博得直齋評。其一。

《荀子》以熙寧本爲最古，有吕夏卿校書銜名，唐仲友台州所刊即據此本。然王伯厚稱其「亦未爲善」。淳熙時有江西漕司本，爲錢佃所刊，《直齋書録解題》稱其本最爲完善，與吕夏卿本互有異同。

閩監何容較是非，厚齋評議判從違。出藍一語憑拈出，賸義遺文待發揮。其二。

王伯厚論《荀子》「監本未必是，建本未必非」，舉《勸學篇》首「青出之藍」，監本作「青取之於藍」，以下尚有數條，均以建本爲勝，見《困學紀聞》卷十《諸子》。

黄家雙璧渺難蹤，台郡重刊出海東。援例正堪題宋乙，《纂圖禮記》合同工。其三。

黄蕘圃先後得吕夏卿、錢佃二本，即錢氏《敏求記》所稱之雙璧也。台州本日本有之，黎蒓齋星使刻之《古逸叢書》中。汲古閣有「宋本乙」一印，余舊藏《禮記鄭注》即鈐之，亦纂圖互注本也。此本亦當援例。

蟲魚殘簡正咨嗟，良友投瓊忽拜嘉。璧合珠聯成寶笈，休將陋刻笑麻沙。其四。

余初得宋刻於廠肆，殘存卷十至二十，爲宋時流入東瀛者。去秋，劉君翰臣以家藏二册見貽，補入第一至七卷，其書前後皆有晉府印。後又得影寫宋刊本，取八、九兩卷付工合裝，遂成完帙矣。

補天煉石奏奇功，重入瑯嬛福地中。往事芙川同一例，續鳧差免似蕘翁。其五。

昔芙川張氏有建本《荀子》殘帙，忽爲蕘圃豪奪以去，後芙川往復函商，乃以見還。其所缺卷與此略同，惟蕘圃得書後補以元刊，頗自矜許，而余幸得宋刊補完，似勝一籌矣。

題北宋本文中子 四首

王氏名標取瑟堂，御寮小字亦精良。若教版刻論先後，此本還應壓縹緗。其一。

此書宋刊本海虞瞿氏有隱士王氏取瑟堂本，爲建本之佳者。日本帝室圖書寮亦藏北宋小字本。行款與此同而非一刻，後鈐「高麗國十四葉辛巳藏書，大宋建中靖國元年，大遼乾統元年」朱文木記，然較此本，終遜一籌。

密行十四版寬閎，字體端嚴仿率更。北宋開雕推最朔，構桓未盡正分明。其二。

此書半葉十四行，行二十七字，注雙行三十四字，字橅歐體，桓、構不缺筆，是北宋時杭州刊本。

宋儒禁遏失宗傳，明代紛更亂舊篇。六百年如石壓筍，牧翁數語發真詮。其三。

書後有錢牧齋手跋，有「有宋鉅儒遏之，如石壓筍，使不得出」之語。

槎枒古隸識林宗，潘季徐英賞鑑同。猶恨遵王無一印，但將題字乞家公。其四。

書前有葉林宗隸書題識。歷藏季滄葦、徐健庵、成親王、英煦齋諸家。卷十又有香山潘崇禮甫藏書印，遍索諸書，不得其人，偶閱文待詔題跋，有《題香山潘氏族譜後》一文，正是此人。文中謂其悃愊謹愿之士，所與游者若吳原博、李應禎、沈石田，皆一時名碩，有詩文相贈遺，則其生平時代亦大略可知矣。牧翁此跋收入《有學集》卷四十六，書跋凡二十九首，總題爲《述古堂宋刻書跋》，爲辛丑暮春過述古堂觀書，應遵王之請而題者。然則此書亦述古堂故物，但無遵王印章跋記耳。

題宋茶陵本淮南子 四首

蕘翁珍籍海源承，流落瀛涯亦可矜。過眼雲烟方入録，忽驚異本出茶陵。其一。

黄蕘圃藏小字宋本最爲珍祕，世無二本，後入海源閣。近年軍閥竄擾山東，海源藏書盡散。余嘗得見《淮南》及《荀》、《莊》諸子於津門，擬與葉譽虎諸君共收之，與議價未諧，嗣爲日人以重金收去，儲之大連圖書館中。翌年，余在滬竟得此茶陵本。

茶陵舊號詩書藪，《文選》交推仁子刊。古訓尚傳《鴻烈解》，詎知譚氏在松山。其二。

茶陵舊傳刻本最著者爲陳仁子校刊《文選》六臣注。松山譚氏刊此書已在宋末，刊工漸趨圓渾，雖無年月可考，然可以風氣定之。此本古今書目均不載。

鼎式書牌墨記方，叔端纂校姓名詳。節文疑出坊行本，汲古宜加「宋乙」章。其三。

本書題《新刊淮南鴻烈解》，十行十八字，黑口，左右雙闌。有「松山譚氏」方墨記、「書香」鼎式墨記。各卷後有「茶陵後學譚叔端纂校」一行。於文字頗有節略。汲古閣藏書有「宋本乙」字印，余舊藏《纂圖互注禮記》鄭注即鈐此印，蓋宋本之亞者，亦不多見也。

癖古耽書聚學軒，聖頤祕笈此爲尊。藝風祇記還瓻語，惜未窮流一討源。其四。

此書得之貴池劉聚卿家。聚卿好古嗜學，傳刻古籍至多，《聚學軒叢書》最爲鉅帙。藏書甚富，而宋本無多，此書在其中要爲上駟，鈐有「聖頤祕笈識者寶之」、「宜春堂」、「世珩珍玩」諸印。繆藝風前輩曾假校，以墨筆識歲月於卷尾。

題宋刊本老子道德經古本集注直解 八首

五千言是道家宗，古本相傳有異同。宋藏失編官庫佚，忽收祕笈破鴻濛。其一。

范應元集注題爲古本，《道藏》未收，《宋史·藝文志》及晁、陳各家目録皆不載，洵道家逸典也。

窮搜往志竟難稽，逸典巍然絶世奇。道號只題如隱子，鄰蘇寐叟幾猜疑。其二。

余初得此書，持以示楊惺吾、沈乙盦諸公，屬爲考其源流，然遍檢羣書，皆無以報，亦不能定范氏爲何地人也。

道人雲水渺無蹤，掌教徒聞主玉隆。旁索偶披《莊子翼》，始知鄉貫本西充。其三。

范氏蹤迹既不可考，據卷首結銜，知曾爲玉隆萬壽觀主教。後余檢焦氏《莊子翼》，引及范氏注，標明范應元字無隱，蜀之西充人，其籍貫乃定。

異文古字義求新，治國烹鮮是小鱗。四大豈因王者貴，道通天地總由人。其四。

乙盦初見此本，語予曰：「卷中『治大國如烹小鮮』，此本作『小鱗』，注『小鱗者，小魚也』，其義新而確。又，『域中四大』作『地大人亦大』，不作『王』字，於義亦長。盍詳校，宜有勝處。」後余以世德堂本校之，訂正數百字，兹舉其著者耳。

四十餘家盡討刪，循文求實矯虚玄。壽寧講席留梯級，從此名山屬果山。其五。

范氏所引古本及音辯訓釋凡四十餘家，章君式之跋語稱之爲「是道家言之實事求是者。」卷首范氏自署「前玉隆萬壽宫掌教、南岳壽寧觀長講、果山范應元集注直解」。卷末范氏跋云：「後進之英尚資梯級，是書也不無少補。」「恐此經寖失古本，遂命工鏤版，藏諸名山」云云。

創獲奇編信夙緣，淵源更喜出西川。亟登梨棗傳千本，列入叢書配蜀賢。其六。

余方輯刊《蜀賢遺書》，既得此書，考知范氏正爲蜀産，因屬文楷齋摹刻加入。全書凡十二種，爲影宋本《方言》、影宋本《司馬相如傳》、影宋本《諸葛武侯傳》、影宋本《名公紀述老蘇先生事實》、影汲古閣精寫本《石藥爾雅》、影宋本《歁歔子瑣微論》、影宋本《龍川略志》、影宋本《頤堂先生集》、影宋本《王荆文公詩注》、影宋本《東坡和陶詩》、影元本《道園遺稿》、影元本《翰林珠玉》。頃各書次第刊成，故於詩中及之。此書涵芬樓亦影印，收入《續古逸叢書》中。

流傳蹤迹到三吳，秋水鈐章兩印朱。莫詫參謀韜略富，軍中猶讀道家書。其七。

卷中藏印暗淡，不可盡辨，惟「陳汝言」、「陳惟允」二印尚明顯。考陳汝言乃元末吳人，字惟允，又字秋水，有文學，善畫，尤倜儻知兵。張士誠辟爲太尉參謀，貴寵用事。

雅鑑清裁有藝風，正闇茗理古緣同。兩行細楷題書尾，難得湘潭八十翁。其八。

此書經楊、沈二公題識外，繆藝風前輩及鄧孝先、章式之二君皆有跋語，推崇備至。最後得王湘綺太史手書二行，推爲祕笈。時甲寅五月，先生以主國史館入都，年已八十餘矣。

題宋蜀本南華真經 十首

異本巾箱庋内廷，孟端妙贊墨花馨。宸題畢竟歸天上，藜火光騰引六丁。其一。

《天禄琳瑯前編》有宋刊巾箱本《南華真經》，版高不及五寸，紙墨極精，永樂二十一年，中書舍人王紱奉勅書贊。清高宗御題，稱爲寶蹟。嘉慶初元，昭仁殿失慎，此書遂燬，所餘二部皆纂圖互注本也。

汴京古茂閩工麗，南北名刊璧合成。妙術留真傳古逸，涵芬搜訪到蓬瀛。其二。

上海涵芬樓收得宋刊《莊子》，前半部爲閩本，後半部爲北宋刊本，其書乃田伏侯自日本購歸者，余曾假校，以北宋本勘世德堂刊本，訂正訛奪至多。南華古刻莫先於此，明清諸儒咸未之見。後印入《續古逸叢書》中。

雙南華館世知名，二美真堪鬭尹邢。鄂刻海源推甲觀，更留宋乙與筠清。其三。

周君叔弢藏宋刊《莊子》二部，榜其齋曰「雙南華館」。一本得之海源閣，爲藝芸精舍舊藏，張君庚樓定爲鄂州刻本。一本題「分章標題」，爲建本，紙墨至精，爲吳氏筠清館藏書，亦世間俊物。

纂圖互注出麻沙，瞿陸雙丁未足誇。聽雨樓中歌得寶，郘亭經眼正訾查。其四。

《莊子》宋刻國内所存者，自上述各本外，餘若鐵琴銅劍樓、皕宋樓、八千卷樓、持静齋諸家所藏，號爲宋刻者，皆纂圖互注本也。天津查恂叔家藏十一行纂圖互注本，亦題爲宋刊，後爲莫郘亭所得，審視之，即世所謂元刊六子本也。

趙氏新刊出蜀工，大書雅具柳顔風。流傳孤帙無由見，校本先逢寶硯翁。其五。

蜀本多仿顔、柳體，筆法古勁，到眼即辨。趙刻未出時，余在滬上先見沈寶硯手校本，即從趙諫議本出也。

古槧蒙莊世所稀，蜀都新梓更瑰奇。窮搜簿録尋孤證，祇有何髯弟子知。其六。

趙諫議本自來不見著録，諸家校勘亦未道及，惟沈寶硯校本卷尾題有「雍正八年庚戌正月望後一日宋本校對訖」一行。以木記缺字證之，所據即是此本。寶硯名巖，何義門弟子也。

安仁舊屬臨邛郡，士族常高與李吳。刻梓何關文定事，尋源或出趙龍圖。其七。

此書半葉九行，每行十五字，注雙行三十字，白口，左右雙闌，避宋諱至慎字止。卷十後有牌子，文曰「安仁趙諫議宅刊行一樣□子」二行。繆藝風前輩以爲即《宋史》列傳之趙安仁。然以文義審之，殊不合。今考安仁乃邑名，宋時屬臨邛郡，即今之大邑縣。臨邛大姓宋代有吳時、李絢、常安民、高稼諸家，而趙卨以邊功拜龍圖閣學士，此趙諫議者，或其族裔歟？

瞥影驚飛三十年，追尋無迹記丹鉛。誰知龍漢遭迴後，寶笈來歸證古緣。其八。

壬子春，此書出滬市，追尋蹤跡，不可得見，祇見繆藝風影摹首葉。旋借得涵芬樓藏沈寶硯校本，移録首卷，略得梗概。迄於昨臘，書估王進卿自滬上携來，始得寓目，回思往事，正三十年矣。

奇書顯晦有前期，付託終歸帝所司。桑海棲惶重出世，彼蒼着意慰衰遲。

余近歲未嘗收書，今以蜀本，破例爲之，且年正七十，得此藉以自壽也。此書歸秦中某君後，祕不示人，沉晦已一世，余得而考訂表揚之，亦一快事也。

破産收書計太癡，平生痼癖恐難醫。河汾苦縣同歸篋，稽首長恩好護持。其十。

書價高奇，殊駭物聽，余志在得書，不復計及。古人割莊易書，殆無以過，雖未必能終守，然所謂「暫得於己，快然自足」亦足娱暮景。余舊藏《老子道德經古本集注直解》、《文中子中説注》均宋槧孤本，完整精好，得此正可鼎立矣。

題宋永州本唐柳先生外集 八首

遺文董理屬劉郎，釐正重經穆伯長。三十二通淆紊久，誰知真本出湖湘。其一。

劉夢得撰《柳州文集序》，言編次其文爲三十二通，今世通行之四十五卷則出自穆修家，蓋就夢得原本而重加增訂耳。零陵爲湖南佳郡，見於葉程刊書跋。

韓童音注魏新編，世綵堂刊亦妙妍。譌謬雜糅難取證，精嚴宜讓柳州鐫。其二。

《柳集》有韓醇音注本，童宗説注釋本，又廖瑩中世綵堂本，今皆行世。然未爲完善，惟永州本無注，爲最古本耳。

乾道讐書集衆賢，流風重振紹熙年。後來更有龍城使，冰玉堂開繼趙錢。其三。

據書後郡守葉程跋，乾道改元，裒集衆本，會同僚參校鋟木。至紹熙二年補版，有趙善愖、錢重跋。其後明萬曆時，巡按吕圖南行部入龍城，訪《柳集》善本，刻於桂林之冰玉公署。

十年謫宦有遺思，政事文章百代師。同是巨唐宗匠手，潮州無復梓昌黎。其四。

《柳子厚集》宋、明以來柳、永兩郡凡數刻，蓋地以人重也。惟《昌黎集》嶺南獨無刻本，亦可異矣！

祕笈驚人出楝亭，莫翁經眼感凋零。幸存後跋源流具，異代知音有葉程。其五。

卷首鈐有楝亭曹氏印，《藏書目》亦載之，尚爲完帙。洎莫仲武獲於金陵肆上，祇存外集矣。幸卷後存葉程跋，具詳刊書原委，然其跋日本賜蘆文庫本亦不載。程籍吳興，葉石林之子也。

漫矜孤本世間無，文庫珍儲在賜蘆。獨幸藏園收祖刻，東西隔海照聯珠。其六。

考《經籍訪古志》，日本賜蘆文庫藏宋刻殘本九卷，《外集》一卷，正是此刻。惟賜蘆所藏末有紹熙二年趙善愖、錢重跋而無葉程跋，蓋彼爲補刊本，余所得者乃初刊之本也。

卷第編排與世殊，更從集外得遺珠。後人不見初編本，改竄劉文計已疏。其七。

此本文集三十二卷，外集一卷，與夢得序言三十二通正合，宋人重輯爲四十五卷，乃改夢得序以實之。然觀陸之淵序，固明言柳州内、外集三十三通，是南渡初舊本尚存也。此本外集文字與别本大不同，其中《送元嵩師》、《上宰相啓》、《上裴桂州狀》三首爲各本所無，則尤足貴也。

異工點石棗梨新，蜕影留真幾化身。獨喜偶能精手搨，銀鈎下楮妙如神。其八。

莫仲武得此本後，蒯太史光典見而喜之，用西法晒影上木，光緒四年刻於江寧，繆祐孫爲之跋。後三十餘年，津門官報局又石印以行。世好保山吴慈培字佩伯，特有佞宋之癖，手摹一本，經月而成，精麗絶倫，有毛、錢之風。疾革時屬以相贈。余頻年祭書，必取以陳祀焉。此亦書林一段掌故也。

題宋衢州本居士集 八首

書體方嚴似石經，探尋祖刻出熙寧。七行十四如錢字，墨采藤光照眼青。其一。

此書半葉七行，行十四字，字大如錢，字蹟方整，氣息樸厚，雅近石經，紙質堅韌，墨光如漆，古香騰溢。卷後有「熙寧五年秋七月男發編定」一行，猶可上窺歐公手定之舊。

歐文梓刻滿寰區，廬吉京蘇及蜀衢。周校盛行諸本逸，誰從珊網得遺珠。其二。

《歐集》宋代流傳甚廣，有廬陵本、京師舊本、綿州本、吉州本、蘇州本、閩本、衢本諸名目。自慶元三年周益公與曾三異、孫謙益、丁朝佐等重編校定，刊爲全集一百五十三卷於吉州，嗣是元明翻雕悉從此出，而他刻遂堙没無聞。

舊聞此集出親修，男發題名列校讎。閒取遺文參考異，始知開版在衢州。其三。

《居士集》爲公晚年手編。憶余庚申初夏，薄游淮南，初覩此本於寶應劉翰臣家，以卷後有「男發編定」一行，頗疑爲熙寧祖本，曾有詩紀之。得書後反覆詳推，參之考異，乃知即衢州刊本也。

缺筆依稀到構桓，頗疑南渡補雕刓。瘦金書體存篇目，真賞偏逢朱翼庵。其四。

卷中缺筆至桓、構止，慎字不避，當爲南渡初所梓。目録半葉八行，字橅瘦金體，鐵畫銀鉤，筆致清勁，别爲一格，然亦宋刊也。余跋此書有「或者不察，見每卷有『發等編定』一行，而指桓構缺筆爲改剔後印，執此懸定爲熙寧祖本，則非余所敢知矣」云云。而故人朱幼平乃特爲稱許，其跋記有「其説亦不爲無見也」之語。

陳樊諸老集文壇，騁祕抽奇契古歡。更喜蓮花朱太史，留題細楷壓邊闌。其五。

庚午暮春，宴樊樊山、高蔚然、柯鳳孫、陳弢庵、朱艾卿諸老於藏園，相與賞奇析異，歎爲人間瑰寶。羣推艾卿前輩爲識數行於卷末。

夜話藏園特静研，摩挲祕笈似登仙。蒼虬妙仿樗盦例，爲寫孤松志勝緣。其六。

庚午冬，諸友夜集藏園，燈下展觀，詫爲希世之珍。陳蒼虬君仿方薰畫蘭之例爲寫孤松於後幅。

訪舊淮南一葉舟，奇書驚眼夢痕留。篋中舊有平園本，得此終須踞上頭。其七。

憶庚申夏五月，余覯此本於寶應劉氏食舊德齋中，楮墨精良，字大於錢，裝褙籤題，盡存舊式。尤可異者，其書根所題書名直行而下，審爲以書脊向上，豎置架上者，爲平生所僅見。反覆諦觀，愛翫不忍去手，此後縈於夢寐，形之歌詠者非一日矣。丙寅歲，余自吴門故家得周益公慶元二年吉州刊《歐陽文忠公集》一全帙，初印精善，遠勝各家藏本，然此本來歸，終當後來居上。

瞥影驚飛已十年，故人重見更欣然。暘臺正結清泉社，松下攤書仔細研。其八。

余既得此書，十年夙願，一旦獲償，欣喜無量。亟携之入山，就暘臺古松流泉之下，羅列衆本，證以考異，既探其版刻源流，復研朱細勘，庶無負於鴻寶之見投也。

題宋吉州本居士集殘本 二首

廬陵校刻識遺型，天順重摹去逕庭。尚有七行高麗本，頗疑行格出熙寧。其一。

此宋代翻廬陵本也，半葉十行，行十六字，白口，左右雙闌，存四十二卷，庚申五月得於寶應劉氏。蝴蝶裝，黄綾書衣，宛然宋裝，亦大庫佚書也。此書自益公校定後，歷代因之，然自天順程宗本即改易行款，與宋刊大相逕庭，則此覆刻亦足珍也。同時於劉氏又覯宋本《隋書》、《輿地廣記》、《通典》、《水經注》、《唐鑑》、《東漢會要》、《觀史類編》、《王文公集》、明州本《文選》、《文苑英華》。又有七行大字本《居士集》，紙墨奕奕照人，主人謂是高麗本，余固疑其出於熙寧祖本也。是行也，余以四千金獲《通典》、《隋書》及此《居士集》。其《王文公集》、大字《居士集》主人尚祕惜焉。

太平總管善求書，進御欣逢至治初。應是儒官梅教授，劫灰剗拾宋宫餘。其二。

此書每卷後有「太平路總管李亞中進到官書，至治元年儒學教授梅奕芳識」朱文木記，爲宋、元、明三朝内府遞藏，亦足珍矣。

題宋蜀大字本蘇文定公集殘卷 一首

家世筠州繡梓新，斷璣殘璧亦堪珍。楚弓楚得非無故，歸語三坡六潁人。

此宋大字蜀本《蘇文定公集》，存後集四卷，半葉九行，行十五字，字橅顔柳，精勁異常，亦得諸寶應劉氏者。劉氏原擬拆葉售之，故逐葉均鈐「寶應劉氏食舊德齋藏」印記，殊爲可惜，然鄉賢遺文，鄉邦舊梓，雖殘污已甚，亦足珍重。昔鄧君孝先得殘本《蘇文忠集》、《蘇文定集》，因以「三坡六潁」顔其室，亦此初也，余均得假校。

題宋刊劍南詩稿 和黄蕘翁元韻。 六首

儒生清福亦瓌奇，樓外芸香鎮日滋。收得《劍南》新稿本，庚申重續祭書詩。其一。

《新刊劍南詩藁》存十卷，半葉十行，行二十字，白口，左右雙闌，爲放翁自刊於嚴州。書眉有宋人手批。《放翁先生劍南詩稿》存十五卷，行款同前，爲江右刊本。紙背爲宋人詩稿，朱大韶、黄丕烈、汪士鐘遞藏，有黄跋二則及詩。傳

世宋刊放翁詩僅此二殘帙。

異書忍見舶東西，揮手千金氣未低。如渴得泉飢得食，任教舉世笑沉迷。其二。

此二書庚申冬見於廠肆，爲外人所覬，余慮其流落海外，毅然舉債收之。世亂方殷，復處此窘境，乃擲巨金以收此物，思之自笑，復自喜也。

文士精靈夢兆奇，絳雲話劫淚潛滋。平生鍼芥如相引，手護先生廿卷詩。其三。

絳雲樓藏宋刊《渭南文集》五十卷，傳先生示夢於汲古閣毛氏，遂假出，因免絳雲之劫。

高閣橫經壓泖西，琳瑯上燭五峯低。《方言》記取猩紅印，揩眼重逢幸未迷。其四。

卷中鈐有「華亭朱氏橫經閣收藏圖籍印」，余舊藏宋刊《方言》亦有此印，舊爲一家眷屬，今復爲延津之合。

書城新闢策勳奇，世論紛紜任蔓滋。添得歐蘇新伴侶，愛公閑放學公詩。其五。

余前以《四部叢刊》全帙及衲鑑影本與鄧君守遐易得江右刊本《東坡前後集》殘本十九卷，去夏得歐集殘卷於寶應劉氏，均宋刊祕笈，今得此書，可鼎足而三矣。

昨載奇書過竹西，牛腰巨篋壓舷低。他時若訪歐、王集，南指秦郵路豈迷。其六。

庚申夏五，得異書數種於淮南劉氏，其冬復得《龍龕手鑑》及此二書，墨緣書福，此歲獨多，余〈庚申祭書詩〉嘗詳記之。劉氏尚有宋刊大字《居士集》及《王文公集》，王集紙背爲南宋人書札，每幅鈐向氏珍藏朱記，至可寶愛，至今往來於懷。

題金刊磻溪集 四首

赴闕詩成大定間，長松島上識天顏。揚名正自金源始，敕召何庸待乃蠻。其一。

《元史》載己卯元太祖乃蠻之詔，言長春以是名動九重。今集中載大定戊申自終南赴闕，召見於長松島，是其得名早在三十年前矣。

集署「磻溪」誌本師，重編藏本特疏遺。瑣聞細注多刊落，逞臆輕删讚佛詞。其二。

長春送重陽子歸殯終南，居磻溪者六年，集中詠磻溪者十數見，故以名集。此金刊本，半葉九行，行十七字，白口，左右雙闌，字體有顏魯公意，而微近寫刻，與宋刊異趣。書中多附音釋及自注，《道藏》本皆删去。其尤甚者，《沁園春》詞六首，其第五首爲讚佛詞，《道藏》本亦不載，殆以異教而有意芟除，所見殊隘。

金刊宜與宋刊儕，祕籍先歸野竹齋。流轉毛徐存印記，何緣藏目失編排。其三。

此書明時歸沈辨之，鈐有「沈與文印」諸印。又有毛子晉、徐健菴、劉燕庭諸印，然檢汲古閣、傳是樓二家書目，皆不載。

玉清靈寶正傳刊，孤本巍然出世間。合與《龍龕》儲一篋，長春有意締仙緣。其四。

余方借白雲觀藏《道藏》全本付印流傳，忽得此祕籍，沈乙盦戲謂長春酬我傳播之功也。遼金撰著，世少善本，余得此後，又獲南宋本《龍龕手鑑》，當并篋而儲。

題宋本文苑英華 六首

英華撰自太宗朝，南渡淳熙幾校鈔。敕付益公重勘定，歷年二百始開雕。其一。

考《英華》一書編纂始於太平興國七年，成於雍熙三年，終北宋之世，屢校而未刻。南渡後孝宗時復命周必大校勘，於淳熙八年進入祕閣。後二十年嘉泰改元，益公退老丘園，始命胡柯、彭叔夏諸人重校付刊，而自爲序。蓋自始編至刊布，歷時二百二十有二年，古今鉅著刊傳，誠未有若此之艱者。

千卷功成奉禁帷，祕藏館閣世難窺。誰知異代孤行本，猶是當時進御遺。其二。

嘉泰改元，周益公刊《英華》於吉州，歷時四載，始克竣工。惟以卷帙宏大，世罕傳本，惟趙希弁《附志》曾一及之，元明以來，各家簿録亦未聞以宋刊《英華》入録者。明胡維新重刊《英華》序即有「是書舊有宋刊，然藏之御府，非掌中祕者不獲見」之歎，其罕祕可知矣。然此四朝中祕之儲，數百年來，南北轉徙，鼠蠹水濕，殘損散佚之餘，僅存一百四十卷，余皆得從容假校，摩挲卷帙，一掃榛楛，以視胡氏，寧非幸歟！

大開内閣理叢殘，録入書樓百卷完。典守偶疏遺籍散，升菴雅號竊書官。其三。

此書舊儲内閣大庫，清季始行檢出，儲之京師圖書館，即今北京圖書館之前身也。屢劫之餘，僅存十册，當全書十分之一。其散佚於外者亦祇四十卷，爲光宣間故舍人而有升菴之纍者所分携，余此帙亦得之此君，此外固未聞有零篇片楮之遺。

龍鼎欣分一臠嘗，詩篇十卷盡琳瑯。明鈔閩梓紛譌奪，四百餘言補訂詳。其四。

庚午歲，余以五百金得此册於故人潁川君，爲卷二百五十一至二百六十，凡十卷，爲詩「寄贈」類。取校胡刻，訂正至四百五十二字。

依然蝴蝶宋宫裝，標帖藍箋絹面黄。景定小臣裝褾訖，書衣背縫字成行。其五。

此書半葉十三行，行二十二字，白口，左右雙闌。每十卷裝爲一册。册以黄綾爲衣，藍箋題首，旁黏藍色方紙，標本册門類，蝴蝶裝，書根題文苑英華幾至幾。書衣背縫有「景定元年十月二十五日裝褙，臣王潤照管訖」木記墨印一行，尚是南宋内府原裝。

四朝典册幾遷移，文璽相傳迹易知。内殿特鈐書籍記，緝熙眞莫誤洪熙。其六。

此本每册首鈐「内府文璽」、「御府圖書」二印，卷末押「緝熙殿書籍印」，爲南宋内府藏書。又有「晉府書畫之印」、「敬德堂章」、「子子孫孫永寶用」三印，知明初曾入晉府。七百年來，歷宋元、明、清四朝，自杭入燕，由燕入晉，復入明、清内閣，兵塵轉徙，蟲傷鼠嚙之餘，此千卷鴻篇尚留一二碩果，亦云幸矣。

題宋本樂府詩集 四首

排門一客挾奇書，觸目經牋似玉膚。何用披觀研版刻，已從皮相識驪珠。其一。

戊午歲白君堅甫挾此書見過，初未展視，余即斷爲宋本，蓋書衣皆用金粟山藏紙牋，若非宋刊精本，斷不如是。

絳雲早被六丁收，祕惜何須歎遠游。留得徐家孤本在，馮毛點校足研求。其二。

絳雲樓藏宋本已燬。傳欽遠游家亦有宋本，祕不示人。馮定遠、毛斧季皆有校宋本，蓋亦假自牧翁榮木樓也。此本爲傳是樓徐氏舊藏。

至元陋刻等麻沙，汲古重雕枉嘆嗟。何意千金珍祕本，翻藏布被相公家。其三。

余得此本，取校元刊，删落譌奪頗多。汲古閣本號出宋刻，亦不免差失，咸賴此本是正。此書二百年來蹤跡隱祕，近乃出自朝邑閻文介家，殊出人意表。

坊肆無端兆出嘻，幸逃劫火已神奇。瑯嬛自有天龍守，多謝長恩好護持。其四。

此書出庫重裝，久存於文友堂書肆，辛巳正月二十日，文友被火災，萬卷圖書，化爲煨燼，而此書以裝訂書衣，移交他工，幸免於難，所差祇畧刻耳。余跋語中詳記其事。

右先公詠書詩，計二十六題，一百三十八首。丁酉夏日男忠謨敬謹編定。

附録二　藏園序跋選録

雙鑑樓善本書目序

昔先祖北河公雅嗜儒素，丁亂離之會，鋭意以收書爲事，曾得興文《涑鑑》，爲莫郘亭、吴摯甫所激賞，是爲余家藏書之始。余幼而薰習，殆若性成，弱冠以來，無日不與書卷相親，今且垂垂老矣。顧手理縹緗，目寓鉛槧，如寒之思衣，飢之思食，岑寂之思友朋，甚至如性命之相依倚，私自審度，殊不意何以如是其篤也。頻年南北奔趨，廣觀博取，插架森然，四部之儲略具。第四十歲以前，多緣求學所資，而吾家未有者爲急，以云善本，殆未遑也。

逮辛亥解組，旅居滬瀆，得交沈寐叟、楊鄰蘇、繆藝風諸先輩，飫聞緒論，始知版本讐校之相資，而舊刻名鈔之足貴。遂乃刻意搜羅，思有以紹承先緒。適有天幸，所求輒遂，往往無意而逢孤帙，或廉直而獲奇珍。又雅好清游，長江左右，探幽選勝，笻屐經行，恒挾册自隨，而歸裝所得，動且盈篋。耽玩既久，癖痼漸深，時遇可欣之品，希覯之編，輕者典衣，大者割莊，必收歸帳祕而始快。迨今十有八年，於是藏園之富，與謻臺之高，互爲增長矣。

清秋暇逸，曝書之餘，令兒子忠謨簡料庫儲，分別部居，凡宋、遼、金本爲卷三千四百有奇，元本爲卷二千三百有奇，益以明刊鈔校，得三萬卷，寫定目録，分爲四卷。匪欲持此戔戔者與海内藏家争爲雄長，特以平生精力所聚，節衣縮食，粗有規模，故著之此編，俾後之讀吾書者，鑑其苦心，區區姓名，或幸掛於敗蠹枯蟫之末。且歷觀近代勝流，若盛意園、端匋齋、徐梧生諸公，當其盛時，家富萬籤，名聲烜赫，駸駸與南瞿北楊齊驅方駕。而鼎革未幾，楹書咸佚，求其家藏簿籍，渺不可得，未嘗不歎風流之易歇，而吾輩守先待後，勤勤著録之愈不容已也。

余生逢絶續之交，天予優閑，上自天府之儲，下及私家所庋，百宋千元，流觀殆遍，視昔人之遭際，爲幸已多，更獨厚於余，舉數百年來留貽之精粹，幾經流轉，總聚而付託焉，則譾陋如余，思所以盡其責者，甯祇護持勿失而已哉。昔人謂藏書之家有三，而以讀書者之藏書爲足尚。余夙喜校讐，仰睎盧、陸，拾補摭遺，嗣當有作。冀奪炳燭之微明，少裨學術，庶免玩物喪志，來骨董之譏耳。

昔金吾書志，序跋綦詳，瞿氏廣之，兼附校記，叙述翔富，後學於焉取資。方擬別采二家之例，詳著解題，文字紛糅，屬稿未竟。兹編所著，義主簡要，取便披尋。迫促付雕，差誤待正。海内同志，幸垂教焉。己巳八月，藏園居士傅增湘自序。

雙鑑樓藏書續記序

昨歲簡料篋藏，編爲簿録，迫促付雕，未遑題記。偶自檢視，則目存而書去者，十已二三。夫文字典籍，天下公器，此殊尤絶異之品，甯終必爲吾有？然頻歲相依，情同良友，聚散之感，棖觸於懷。已而東渡扶桑，官私祕籍，咸得披覽，見獵心喜，私用怦怦。旋燕以來，乃出餘力，稍事收集。或積年懸想，一旦而見投；或冷肆徘徊，無意而有獲。版刻則古今並録，鈔寫亦新舊兼甄。亦有近著雜編，無關閎旨，然或爲輓近所稀覯，或爲知舊所留貽，緣是搜羅，遂加恢廓。適届寒臘，新庫落成，因薈一年所收，寫成《續目》二卷，舉凡行格、版式、卷第、編次、序跋、題識、收藏印章咸著於篇，用資稽考。至如版本源流，文字同異，披校所及，亦綴簡末。

自維行年六十，志業無成，曠觀世宇，禍亂方滋，迴睠門庭，懿親凋喪。壯志則與日俱逝，憂心轉積歲而增。所幸早獲退休，性樂閑静，凡人世名位貨利之欲，服——御聲伎之娱，百不掛懷，惟此簡編，視同性命。縮食之資，傾於坊市；炳燭之耀，耗於丹鉛。癖嗜既深，殆難自解。夫人生百年，暫同寄寓，物之聚散，速於轉輪。舉吾輩耽翫之資，咸昔賢保藏之力，又焉知今日矜爲帳秘者，他日寧不委之覆瓿耶？天一散若雲煙，海源躪於戎馬，

「神物護持」，殆成虚語！而天禄舊藏，重光藜火，液池新築，尖起岑樓，瑶函玉笈，富埒瑯嬛。信知私家之守，不敵公庫之藏矣。近代名家，互相矜詡，然南州方、郁，北地盛、徐，散盡萬籤，不存一目，私心自祕，與古爲仇。由今思之，能不深慨！用是忘其弇陋，粗事編排，爰授梓人，藉質時彦。儻或時世遷移，風流歇絶，酉山不寸，長恩無靈，使異時得書之人，識爲誰氏之物，鑑其苦辛，倍加珍惜，芸香蠹朽之餘，得青雲附驥之益，則兹目之傳也，寧非幸哉！庚午小除夕，藏園居士自序。

藏園東游别録序

昔鄰蘇老人隨軺江户，究心經籍，由是訪書之志，留真之譜作焉。其後澀江、島田嗣有撰述，博辨廣蒐，咸矜創獲，流傳中國，咸得寓觀。因知滄瀛咫尺，古籍多存，目想神游，卅年於兹矣。近以蕭辰清暇，乘興東游，碧嶂丹林，致饒勝賞。更於其間荷雅故之招延，窺琳瑯之珍異，自祕閣官邸，以逮世家儒門，僧寮冷肆，俱獲討尋，疏於短册。雖蓬萊道山，未遑遍及；而墜編殘簡，幸得網羅。嘗鼎飲河，差爲饜足。

迴駕燕京，會迫歲暮，交好聞知，踵門垂問，扶桑舊侣，馳箋交督。迺排比積藁，稽鏡前聞，略事區分，躬自寫定。第經眼之始，迫於晷刻，手記多渉疏簡，回省復苦微茫，於是手記所不盡者，則考諸羣目以證之；回省有未晰者，則質諸典守以明之。適有張君菊生、董君綬金先後訪書，見貽筆録，因復撮彼所詳，補余所略，凡口線邊闌、刊工字數、卷葉完缺、尺幅高廣，藉有助證，咸著於編，偶有異同，輒附管見。倉卒告成，慚於問世，刊誤糾繆，俾免羣疑，大雅宏達，庶不余棄。

嗟夫！玉堂寶書，邈然天上，嫏嬛福地，猶在人間。視彼守護之勤，滋我散亡之懼！所幸此邦人士，通懷樂善，孤本佚帙，咸付寫真，古槧唐鈔，時假録副，實袪障簏之鄙，詎匿投紵之懽！夫文章公器，遠近若一，在宋外使求書，東坡抗議，謂使中國書籍山積高麗，雲布契丹，兹事於國未爲穩便。斯則鎖關之見，未知通譯之宏！且當時方以闌干出物爲虞，至後世轉以禮失求野爲幸。昔人謂自歐陽氏信日本古文之説，而後之託安國《孝經》，以暨毛漸《三墳》，豐坊《魯詩》，相繼而出。又坊造作古本《尚書》，謂其曾祖得之譯館，使際此交通之世，寧敢肆悠謬之談乎？

余兹行也，留滯之期不越四旬，其間歷覽名區，舟車四出，鹿鹿鮮暇，於東西兩京官私藏書，未遑周訪。以余所聞，如足利學校有宋八行本《周易注疏》十三卷，宋八行本《尚書正義》二十卷，宋八行本《禮記正義》六十三卷，宋十行本劉叔剛刻《毛詩正義》四十卷，宋十行本劉叔剛刻《春秋左傳正義》六十卷，宋巾箱本《附音重言周禮鄭注》十二卷；德富蘇峯家有宋本《北磵詩集》九卷，咸淳本《物初賸語》二十五卷，淳熙本《古尊宿語録》二十二卷，宋本《佛國禪師文殊指南圖讃》一卷；帝國圖書館有宋本《古尊宿語録》□卷，宋本《姓解》三卷，宋嘉熙本《山家義範》一卷，宋本《廣韻》五卷，宋本《樂書》二百卷，宋本《禮記鄭注》二十卷，宋殘本《春秋經傳集解》八卷，宋本《無文印》二十卷；太倉喜七郎家有宋本《韓集舉正》十卷；京都帝國圖書館有宋本石林《尚書傳》十卷，宋本《古尊宿語録》□卷，宋本《樂書》二百卷，宋本《類編祕府圖書畫一元龜》□卷；富岡家有宋本《尚書》十三卷；神田鬯盦家有宋殘本《漁隱叢話》前、後集四十二卷，唐寫本《史記·河渠書》一卷，唐寫本《世説新書》一卷，唐寫本《尚書》一卷，唐寫本《王子安文》一卷；福井家有宋紹興王叔邊本《後漢書》一百卷，宋本《廣韻》五卷，宋本《類編家藏集要方》一卷，宋本《新編證類圖注本草》四十二卷，宋本《五燈會元》二十卷；其中多有斷種祕籍，爲吾國所久佚，或平生所未見者，秪緣程期迫促，函介差池，致有失之交臂之恨。姑志於此，以竢異日。倘後有作者，按圖而索，據册見稽，撮其大要，録以相貽，俾區區私願，幸得完成，尤余所引領而深企者也。庚午二月，藏園居士傅增湘序。

宋代蜀文輯存序

余自中年以後，習爲目録之學，凡古來載籍，必窮披廣覽，以考其存佚之原，於鄉邦文獻尤三致意焉。後閲《宋史》，見吾蜀人名登列傳者至一百五十餘人，其人類以政治、學術有名於當代。設纂其遺文，彙爲一編，揚蜀國之光華，即以彰一朝之文治，豈非不朽盛業乎？乃稽之簿録，《四庫》所存兩宋蜀人之集，不越三十家，目有本集久亡，而由《大典》輯出者，又居其半。然後知益都耆舊之文，歷四朝七八百年，淪喪於兵塵，摧毁於蠹屑者，正不知紀極。其事深足歎傷，怵然於網羅放失之責，其有待於後人者尤至殷且鉅也！顧兹事體大，端緒殷繁，厥有數難，試爲臚舉。

《嘉慶一統志》於人物一門區以府州，畫以時代，其旨在表揚名德，故標舉無多。《四川通志》遵循其例，範圍較寬，各附小歷，惟進士登科録通詳一代，衆至三千，自始徹終，最爲賅備。然籍貫之外，别無可徵，譌字重名，莫由考證。石臬《廣記》於蜀中人物别撰專編，意在闡揚幽隱，第亦知名者多，而潛德者少。故往往偶録一文，輒傍徨四索，求其人之鄉貫事蹟而不可得。此其難一也。

吾蜀僻在西陲，自王、孟而後，安宴百有餘年，世家大族，存者爲多。如華陽之王、范，閬中之陳，眉山之蘇，丹棱之李，綿竹之張，盡人而知，無庸深考。若複姓之宇文、鮮于，著姓之程、虞、蒲、蹇、牟、勾、家、安、房、度諸氏，見其姓氏，即可斷爲蜀人。然其人或名字沈晦，譜牒難稽，費著《氏族譜》所列凡四十五姓，簡要足徵，然成都近邑爲多，下縣僻州，咸在所略。勞格著《宋人世系考》，闕於蜀中祇有名家四姓。由是凡涉姓名不著之人，不得不搜取同時誌、傳之文，與夫州邑志乘所紀，或牽連展轉而知其世系。此其難又一也。

蜀文總集，今所傳者，莫先於扈仲榮等所編之《成都文類》，其書最稱罕祕，《四庫》鈔本外，惟故宫圖書館藏有明刊。余領館事時，得取觀焉。其次則楊慎所編之《全蜀藝文志》，蔚然大觀。若傅振商之《蜀藻幽勝録》，斯簡陋無足取矣。然諸書所采，皆以文涉於蜀爲斷，而撰者不皆蜀人，其人亦不限於宋代也。兹編主旨凡爲蜀人，皆在所録，視諸書義例爲寬，而畫以時代，是爲途轉隘。夫以楊氏之作，就文類而廣之，斯圖功已易。且有明中葉，僻書佚籍，存者爲多，故增補亦閎，其六十四卷之書，僅廿有八日而蕆事。今則上無所因，旁無所助，惟恃一人之聞見，以幽探泛索於文林藝海之中，猶取亂絲而理其紛，引散錢而貫之索，此其難又一也。

夫巨室必求大木，善賈斯藉多財，欲肆力於鴻文，宜廣羅夫羣籍。惟元明以降，故籍淪亡，遠者勿論，即如明代楊氏撰《藝文志》時，所見祕閣諸書，今已散佚都盡。曹石倉輯《蜀中廣記》、《輿地名勝志》時，所引《寰宇記》、《輿地紀勝》一書亦尚爲完帙，其蒐采便易宜矣。又如宋人文集，明季清初，多有存者。如陳第《世善堂書目》載有陳堯叟《潤上丈人集》二十卷、陳漸《金龜子文集》十五卷、張商英《無盡集》三十二卷、田表聖《咸平集》五十卷、《虞忠肅集》十卷、《奏議》四卷、《李文簡集》一百二十八卷、《鮮于侁集》三卷、任伯雨《戇草》二卷。張萱《内閣書目》載有計用章《希通編》、馮山《太師集》、家鉉翁《瀛洲集》等，凡十七家。黄俞邰《千頃堂書目》載有馮澥《左丞集》四十五卷、劉光祖《後溪先生文粹》三十六卷、高定子《著齋類稿》四十卷、李流謙《澹齋集》八十九卷，以及員興宗、吴昌裔等凡十五家，又有《虞雍公奏議》二十三卷、《牟忠清公奏議》十卷。孫慶增《上善堂書目》載有葉石君手鈔《張無盡集》五十三卷，即近時陳徵芝《帶經堂書目》亦有明鈔本《家則堂文集》二十卷。其書皆宋時原本，余極意搜尋，公私館庫已百無一存，其存者率卷帙不完，出於後人之輯補。若其餘之畸録小編，更無論矣。至若總集彙編，尤爲文章之淵藪，如《皇朝文鑑》、《諸臣奏議》、《碑傳琬琰集》、《播芳大全》，咸煌煌百卷，篇帙閎多，宋刻猶存，余咸得經眼而手録之。《宋文海》雖殘册僅存，特爲希覯。《二百家名賢文粹》選輯出於蜀人，所存蜀賢之文獨多，余得見三十餘卷，頗有採獲。嗣聞海源閣所藏近二百卷，營求積年，垂得而復失，迄今引爲大恨。然其他孤本祕册，爲耳目所不及者，正不知凡幾，此其難又一也。

夫輯録以地域爲衡，則收羅全蜀古今志乘於一堂，以供其挹取，猶入海而求珠，披山而採木，計莫便於此矣。然吾蜀總志，舊存者以嘉靖王元正《四川總志》爲最古，《成都古今記》既渺不可迹，即彭乘之《成都府志》，明初尚存者，迄今久已堙淪。惟洪武之《瀘州志》從《大典》録存者，余家幸傳有殘本。其餘清代所脩府、州、縣志，汗牛充棟，求其完具，亦頗難期。蓋一邑之志，先後至四五脩，即一志之成，同時或有續補集。舊志多詳於述古，如人物、名勝、金石、藝文之屬，異文、古記，時出其中，足爲博識多聞之助。惟按籍訪書，求完匪易，窮邊舊本，索價尤高。雍、乾之志，官庫已視爲善本，幾於計葉論錢。若成、弘古志，固已與宋元同珍矣。購求既非力所任，假閲亦難以應余求，此其難又一也。

由是觀之，則造端閎大，致力煩難，纂輯之功，其艱鉅殆同於創作。此即心通四部，目涉萬籤者，猶或難之，况弇陋如余，而敢貿然自許乎！雖然，余之汲汲事此，不欲以畏難而止者，亦自有故。

余自髫歲離鄉，寄迹京、津，歲月悠悠，俄然老大。中間衹通籍後，得假歸掃墓，故於蜀中風物，夢寐難忘。嘗思生爲蜀人，宜於故鄉薄有建樹，事會不偶，此願未償，而懷土之思，久而彌摯。生平粗知學問，仰承祖訓，尤嗜藏書，凡鄉人遺著及蜀中故實，力勤蒐考，冀爲他時表彰蜀學之資。先刊成《蜀賢叢書》，自宋本《揚子方言》，迄於元本《道園遺稿》，凡十有二種。嗣有志於蜀文，乃徧收蜀人遺集。舊刻難逢者，則别求寫本，寫本不得者，則盡力傳鈔，自《咸平集》以下，至《則堂集》，通十五家，咸粲然大備。《蜀中廣記》百餘卷亦依文津閣本録副存之。昕夕揅摩，又旁及紀傳雜志諸書，以供探討。於是蜀中人物與夫氏族之源流，固已⿰牜免知其領要矣。

余以雅好丹鉛，因得博觀圖史，上自館閣之儲，下而坊肆所鬻，旁及都邑之書府，南北之藏家，偶有異編，咸得寓目。且交游既廣，氣誼相孚，尺簡時通，一瓻可假。至於海上之涵芬樓，舊京之北平、東方兩館，時爲訪書，與有雅故，志乘之富，冠絶一時，新舊駢羅，余可按圖而索焉。

若夫采輯之事，自以拾遺補墜爲先，然千編萬彙，泛覽何從？索隱鉤沈，窮年莫竟！甚者姓名隱晦之流，雖偶見其文，覿面至不相識。余既夙諳流略，校定萬編，於羣書之義類，吾蜀之人文，幸已窺知崖略。故他人以爲泛濫而難究者，余尚有塗徑之可循。蓋夙儲者易爲力，猝辦者難爲功也。

嗟乎，文字典籍者，千秋之大業，天地之精英也。其留貽也，爲前人精神之所寄；其興廢也，爲一朝氣運之所關。況兹編欲發兩宋沈晦之文章，以存千百輩蜀賢之志事，其關繫既如是其鉅，斯屬望其成亦愈殷。使無人力肩此任，將何以光故國而慰前賢耶？余自晚歲以來，天放優閑，久寄燕京，爲文物匯歸之所，性復耽書嗜古，於文事頗識條流，是肩斯任者，宜莫適於余矣。若復遜避而不爲，或遷延而靡就，則世易時移，後雖有才力十百於余者，或將無所措手。此非余一人之私言也。

余既夙懷此志，會連歲之中，兒女殤亡，荆妻繼逝，情緒摧傷，意氣頽靡，乃試纂斯編，藉以遣日。創稿於戊辰八月，迄於丙子十月，規模略具，將勒成卷次，繕録付刊，以兵事勃興，遂爾中輟。蹉跎數載，晌届頽齡，乃重理前功，編次定本。凡先後歷十有六年，成書一百卷，入録之文二千六百餘首，作者四百五十餘人，其搜吞之艱皎，撰録之次第，爰加論列，以著大凡焉。

兹編大旨，以文存人，略仿陳卧子《皇明經世文編》之例，人自爲卷，不分門類，與歷代之《文粹》、《文鑑》不同。其文則有見必録，不加銓擇，與《文選》之旨亦異，蓋欲使前人已佚之集，藉此復傳於世。如范蜀公、任德翁、張魏公、李仁甫、劉後溪諸人，其文洪纖畢具，百十成篇，正可編爲小集，别出單行，此區區捃集之微意也。

至采輯之事，語其倫次，可分數端：先取於蜀文之總集，如《成都文類》、《全蜀藝文志》之類是也。次取於宋文之總集，如《皇朝文鑑》、《播芳大全》、《名賢文粹》、《碑傳琬琰集》之類是也。宋文存者，以章奏爲多，《宋史》所載，不無節略。故先取之《諸臣奏議》，次則取之《歷代名臣奏議》，大率皆鴻裁鉅製，首尾相聯。又次則史籍之中，藴材特富，如《通鑑長編》、《北盟彙編》、《繫年要録》是也。惟卷盈數百，披檢難周。最後得《宋會要稿》、

《中興禮書》，卷帙尤豐，典制大文，最爲賅博，而卷次淩雜，門類紛繁，瀏覽踰年，始得蒇事。雖採文無幾，而致力已勤。斯皆犖犖大者。第其中多有祕鈔孤槧，固非常人所得窺觀也。

地理之書，惟方志統系分明，爲用滋廣。《一統志》有人而無文，《通志·藝文》所收，類皆習見。惟石倉撰《蜀中廣記》，多見古書，時有遺篇，足資掇拾。其府州縣志，率取閲於北平、東方二館，不足者，更遠假之涵芬樓。因是全蜀之志，余所見已十得八九，甄奇抽祕，亦復閎多。其舊碑逸記，屬於名勝古迹者，咸省志所失收，此稀遘之機，洵意外之獲，恐蜀中亦未易致此也。

此外石刻之文，境域益廣，蘭泉《粹編》，世推鴻博，陸氏八瓊精舍繼作，補正良多。其詳紀蜀刻者，莫古於《輿地紀勝》，而據其碑目，存者寥寥。燕庭之《金石苑》專收蜀品，摹刻原文，考辨精詳，可供引據。近時江陰繆氏，久居蜀幕，曾假節使之力，下符徵索，荒崖古寺，椎拓無遺。故《藝風堂碑目》所藏石本特完，余嘗從北京大學假觀，據目摘鈔，時有創獲。惟剥蝕已甚，較少完篇耳。其餘散落他州，正多名筆，鎚幽摭逸，尤費披尋。

至如山水之游觀，仕宦之治績，工役之脩舉，文教之振興，大而學術之辨章，細而名物之考訂，旁及書籍之題識，與夫藝術之淵源，爲文既百品千名，其途亦横驅别騖。於是因人以求之，因地以求之，因時以求之，因類以求之，有脈絡之可尋，庶蹤跡之易至。

惟古今圖籍，既浩如煙海，而鄉賢遺著，已寖付塵霾。乃就羣書，廣加推檢，凡經説史編，百家諸子，名儒撰述，説部叢談，甚至海外之逸書，二氏之祕典，罔不手披目玩，肆力探掔。然或終卷而不逢一人，或連類而轉有奇獲；或推甲以知乙，或循委而得原；或廣羅善本，藉以補正闕譌，或旁涉舊聞，因之頓開疑滯。窮老盡氣，積月累年，縱搜索之多方，終罣漏之難免，然後歎兹編雖幸底於成，而吾力終不足以任此也。

方余之從事於是編也，以時少同心，故毅然獨任。其時志氣壯盛，專力致功，未及期年，所得已盈囊溢笥。迨廣覽既周，尋途漸狹，汲深綆短，鈎致愈難，佇中道以徘徊，歎他山之寡助。時趙君斐雲適有補輯宋文之役，徵文考古，雅有同情，偶見新篇，輒相告語，補苴罅漏，獲益良深。今卷中《永樂大典》遺文及外省方志録出者，皆斐雲代訪所得也。嘗歎吾輩少年寡學，觀昔人撰述，未及終編，輒疏其違失，肆意抨彈。及抗志有作，躬歷其途，方知實事求是，正未易言；殫見洽聞，寧容侈語。

余前稿初成，未遑編定，自以耳目所及，宜已博贍可觀，迨前歲重編，發篋陳書，則篇章連複，詞句疏訛，人多失收，文或誤入，瑕疵百出，尚待討論。乃舊人離散，古籍遷移，原採之書，率難再覩，經營歷久，編次方完。由是汰其冗繁，芟其複出，糾其淩雜，正其差訛。

續訪有得，區以補遺，考證難詳，則存之附録。所采之文，必詳注出處，并列引用書目，以備參稽。撰著之人，必考其生平，故附作者小傳，以徵存文獻。凡此委曲繁重之故，經再三審慮而始成。明知此百卷之書，二千六百餘首之文，斷不足以包羅一代著作之百一，即夙志所期者，亦相去尚遼。其祕文遺簡，淪落於山陬海澨之間，扃鐍於名家故族之所，爲人所不及者，正不知凡幾。倘假我數年，言歸故土，周諮遠訪，或者井函屋壁，盡發深潛，足大振岷峨之光氣。無如事變方殷，臣精已竭，故山烽火，親舊流離。設更顧望遲回，匿而不出，恐來日艱難，此戔戔手創之編，或難免於水火蟲魚之劫，使十餘年露鈔雪纂之辛勤，數百輩儒先託命之機，將化爲泡影，散爲飄風，而渺然不可復得。此匪特余一人之不幸，亦吾鄉人士之所責望而無可逭者也。用是不遑再計，早事流傳，寧受當世之譏，庶免後時之悔！

至傳布之事，原冀按月編成，遂旋付刻，故初稿方定，繕本亦成。因循至今，初計難遂，因以刻梓之工，易爲笵金之字，聚珍排版，事可速成。乃戰禍久延，物力虚耗，工昂紙貴，十倍而贏，破産難償，抱書長歎！長壽孫君仲山，慷慨好義，名振都市，與余雅契，垂四十年，知余有輯文之役，以事關蜀故，力贊其成，願輸鉅資，俾得刊布。其課工督印，則陶君心如爲之擘畫，驅飢疲之匠於擾攘之秋，半載有餘，工役告竣。慙何功能，得此良友！意者吾蜀先輩之靈，實式憑而佑相之，故力既窮而獲濟，丁垂輟而終興，此晚近之所難，而遭遇之獨幸矣。

抑余别有深慨者，夫伊古以來，有志著述者衆矣，顧其事或成或不成，即成矣，而或傳或不傳，此疑爲運數之所關，非人力所能主也。兹編之輯，爲生平志尚所存，亦正鄉人衆望之所屬。然以一手足之力，欲綜攬數百家之文，其願既奢，爲責尤鉅。設余蜷伏鄉里，或奔逐仕途，即使鋭意編排，恐終古無殺青之日。差幸暮年多暇，汲古方殷，居恒自思，亦竊謂兹事匪異人可任，故自退休以後，即早事安排。迨栖遲歷年，知義無可避，遂屏除百事，厲志專精，中經困阨艱危，亦復鍥而不舍。稿凡數易，卒潰於成，此非材力所能堪，實緣時會之幸值也。今者，仰資羣力，尅日觀成，鉅帙裒然，將出問世。然迫卒圖成，蕪纇叢集，信今傳後，撫卷滋慙！倘異時寰宇清泰，政教昌明，後起英流，垂情遺獻，念此八表塵昏之日，尚有七旬頭白之翁，焠掌腐心，掇拾叢殘，創撰兹編，爲昔賢延其壽命。或者鑑其苦心，更搜墜簡，循斯往式，拓起鴻規。則是編也，藉以充蓽路之先驅，庶免爲覆瓿之棄物，尤余所馨香禱祝，四顧蒼茫，而不能無望於後賢者矣。

校史隨筆序

歲在己巳，上海涵芬樓彙集宋元古本及明槧舊鈔，影印《二十四史》，至丙子歲而始迄功，蓋自乾隆武英殿勅刊，洎同治五局合刻以來，包舉正史而整齊之，竟克奏無前之偉績。然其間腐心焠掌，始終不懈，以底於成者，實海鹽張公菊生一人之力也。自刊印伊始，公即獨任校勘之役，每一史刊成，輒綴跋文於後，臚板刻之源流，舉文字之同異，與前賢相發明，或爲今時之創獲，其致力之精能，記問之賅博，海内人士固已披觀而服習之矣。間嘗語公，書成之後宜仿子晉題跋、蕘圃書録之例，取諸跋勒爲一編，以餉學者，其校記全稿亟宜刊布，以竟全功。未幾，以《校史隨筆》來，謂稿本叢繁，董理有待，兹擇其領要，録爲此編，屬爲序而行之。

竊惟史籍浩繁，號爲難治，近代鴻著，無如王氏《商榷》、錢氏《考異》、趙氏《劄記》三書，三君皆當代碩儒，竭畢生之力以成其書，其考辨精深，徵引賅博，足爲讀史之津寄。然往往於疑誤奪失之處，或取證本書，或旁稽他説，類能推斷，以識其乖違，終難奮筆以顯爲刊正，則以未獲多見舊本，無所取證也。第舊本罕傳，尋求匪易，錢氏曉徵，博極羣書，觀其《舊唐書考異》，言關内道地理，於今本多所致疑，似聞人詮本未嘗寓目，明刻如此，遑論宋元！更以近事言之，合州張石卿亦鄉里好學之士，侈言欲手校全史，持書徧謁勝流。共和之初，遇於海上，告以勘定古書，宜廣徵善本，否則徒勞寡益，壯志難償。石卿不喻斯旨，矻矻廿年，取材之書不越殿本、局刊，上至汲古、北監而止。年踰七十，於「遷史」始見震澤王氏本。身後以遺稿見託，疏陋無取，實難問世，追惟其事，深可矜哀！可知校勘之事，良未易言，非博求舊本，得所據依，自可循流以溯源，庶免冥途而泛索也。

今觀《隨筆》所載，凡一百六十四則，視原藁當不及十之一，而博識雅裁，洪纖畢舉。凡所疑窒，爲之疏通而證明；遇有舛訛，得以隨文而匡正。至於逸文奪葉，亦皆援據古本，廣采旁蒐，以信今而傳後。其詣力所到，時與王、錢諸人之説互相闡發，而精審且或過之。蓋公所引據，皆前人未見之書，故其論定，多千古未發之覆，閲之豁開節解，如芟榛棘而履康莊，撥雰翳而披晴昊，其開示後人之功夫豈細哉！昔王氏著《商榷》成，其自序有言曰：「予任其勞，而使後人受其逸；予居其難，而使後人樂其易，不亦善乎！」今茲編既出，世之讀史者咸已受其逸、樂其易矣，豈知其難且勞者固如是哉！

憶創議之初，或疑古刊傳世日稀，諸史頗難求備，且卷帙繁浩，沿襲紛紜，造端既閎，殺青匪易。公獨奮厲圖維，引爲己責，招延同志，馳書四出。又復舟車遠邁，周歷江海大都，北上燕京，東抵日本，所至締交耆碩，偏觀館庫，下至列肆冷攤，靡不躬歷，聞見所得，籍記於册。海内故家，亦風聞景附，咸出篋藏，助成盛舉。於是臚列諸本，拔取殊尤，遠者寫倣以歸，近者投瓻見假。而編排之際，端緒至紛。宋刻舊少完編，則偏徵殘卷；祕籍世不再出，則取資覆刊。一史而同備數刻，必録其先者；無刻而兼取傳鈔，必采其善者。或合併異刻，乃完一書；或續獲精雕，而棄前本。凡此甄擇之功，皆再三矜審而始定。舉其大較言之：如黄氏《史記》，偏訪諸家，卷帙粗完；《三國志》求之海外，二《志》始備；《晉書》、《唐書》皆密行細字，嗣得别本同式，可云巧合；至《舊唐書》宋本取之瞿氏，《宋史》元本得之内閣，號爲海内孤籍，此外寸楮不存，一則續以嘉靖聞刻，一則續以成化朱刻，牽補經營，稍彌缺憾；若「薛史」遺編，懸金購求而不得，《周書》宋本，竟罹兵火而頓亡，斯則補救無方，徒增歎悼而已！此成書之難，非盡人能喻者也。

若夫校正之事，浩博無涯，公既取精而用宏，加之實事以求是，凡得古刊，取校官本，旁參别刻，廣證羣書，其糾訛補佚，更僕以難終。聊就兹編，粗舉梗概。如校《史記》而知《正義》、《集解》之文遺逸正多；校《漢書》而知劉之問所録宋祁之校要可取信；校《晉書》則知盧氏校補率與相符；校《金史》則知錢氏《考異》、施氏《詳校》尚多未盡；校《五代史》因知吴氏《纂誤》、王氏《商榷》均以未覩宋刊，致生糾摘。根據既定，榛梗悉除。又，諸史闕文，今補《南齊》地志、列傳二葉，《宋史》張栻、田況列傳一葉，至《南史》蒯東寅之序，《宋史》朱英之序，《元史》宋濂之後記，彌其缺失，足證遺文，寧非快事！若夫片語單辭，形音易舛，而一字之失，千里遂差。如《南齊紀》「口中出血」，展轉誤作「舌言」，《梁書紀》儁進士囊謀逆，乃遺王偉罪狀，出入關係豈輕！「鳪衣」爲隋后采桑之服，今作「鳪服」，皆非；

「鉤魚」爲遼主游畋之禮，今作「釣魚」，已失。獲此孤證，可存典章。至《魏書》九磬之舞，《北史》錫襄之服，《遼史》汋者之人，取證《周官》，以糾時本。凡此斠餘之瑣語，粹爲乙部之菁英，設非通貫羣言，鉤稽百代，何以臻兹！此校史之勞，匪旦夕可就者也。

嗟夫！文籍顯晦，要有數存，盛業克成，亦由人力。嘗乾隆中葉，才俊蔚起，殿閣修書，宜可垂爲定本，而流傳訖今，尚多遺議；同治之初，廣設書局，而全史重刊，未爲精善；留此鴻功，待諸今日。我公乃應運而興，肩兹鉅任，適會世運日新，禁網大弛，上而天府之珍儲，下而故家之祕庫，西至於流沙，東極於蓬島，地不愛寶，奇書盡出；加以車航湊集，藝術精奇，毫素之用，助以化工，剞劂之勞，易以石墨；此皆前世所未經，而於今爲極盛。公得以張其偉力，運以精思，計日程功，昕夕忘倦。中更禍難，茹苦支持，不及十年，而煌煌萬葉鉅編，播行於宇内外，所謂天啓其心，人惎之謀，固無假余之贊揚。今更出其緒餘，刊此校筆，如開萬寶之庫，倒珊海之藏，斷玉零璣，咸爲珍異，洵乙部之總龜，非僅丹鉛之别録矣。

顧余竊有感者，自維學殖荒落，垂老無成，祇以夙嗜讐書，託交卅載，與公氣誼相合，投分遂深。憶始事之初，引共謀議，參訂版本，相與訪尋，盡出家世藏書，如宋刻則有《史記》、《魏書》、《南齊書》、《唐書》、《五代史》，元刻則有南、北、遼、金四史，雖缺完不一，而罕異爲多，樂在觀成，未容祕惜。惟自慙疏譾，無以爲助，而公乃商討殷勤，不恥下問，箋札往還，日月不絶。每撰一文，輒千里郵示；遇有疑滯，或時獲新解，復舉相質正。嘗聞印史影本，悉經手勘，至再至三，偶以數卷見投，則朱墨爛然，盈行溢幅，密若點蠅，紫如赤練，文字點畫，纖毫不遺，因益知公之堅勤劬苦，度越恒流，能成此不朽之業。故於是書之成也，敢述經始之難，與圖成之勞，表公之志事堅勤，以告當世，而余亦藉以附名簡末，其爲幸不既多乎！戊寅十二月十八日，江安傅增湘拜序。

舊五代史輯本發覆序

陳子援菴以長夏餘閒，從事《薛史》，嘗慨殿本之多誤，而舊刻之久亡也，爰取館中原輯本，以斠正異同，凡奪佚譌謬，爲文以數千計。顧猶不慊於懷，更遍檢《册府元龜》所引五代之文，排年考事，卷别條分，字比而句櫛之，又得如干事，與《大典》所收互爲按證。是舉也，匪特殿本之差訛得以是正，即亡於《大典》而爲館臣所失收者，亦藉以收拾墜補遺之功，蓋煌煌乎乙部之鴻著矣。顧廣覽千卷之書，以探尋八姓十三王之事，其端緒至繁，而程功非可旦夕期也。援菴以余求觀之亟，乃剌取各卷所得，凡緣觸犯嫌忌而改竄者，都一百九十四則，彙爲一編，題曰《輯本發覆》，持以見示，余閲之而深有感焉。

自内外之例發於《春秋》，於是夷夏之防，深入人心，若天理民彝之不可越。歷觀近代以來，凡外力内侵者，恒欲多方調協，以泯其迹。始震之以刑威，繼煦之以惠澤，期於積久而相忘。然其究也，外之彌縫愈力，而内之離携乃益甚，潛伏於人心者，隱然若畫鴻溝，終古不可復合。迨其後萌芽滋長，觸機迸發，舉累世奉戴者顛覆其宗，而曾不之恤，此人心向背之機，亦讀史者所宜鑑也。

溯《四庫》開館之日，有清立國已百有三十年，畛域之見宜泯除久矣，今觀是書，其嫌諱避忌之跡，何其屑屑焉不憚煩耶！夫援爲尊者諱之例，諱建州可也，推而上之，諱女真猶可也，兹乃諱及契丹，諱及沙陀。夷虜之名稱，内犯之史例，咸奮筆芟易，以滅其迹。即令遵時王之制，已爲過舉，況雍、乾兩朝頻詔禁止，而執事諸人仍指瑕索瘢，若惟恐其不盡者，抑又何説？且考當日編輯之事，主之者爲餘姚邵二雲，邵氏固以博通史學稱，其於史例之違戾，事實之矯誣，與夫詞旨之淆紊，寧有不知？而顧躬冒不韙，羼亂前史而不辭，此其故可深長思矣！

嗟夫！乾隆中葉，海宇安和，文治勃興，號爲極盛之世，人君方憪然肆於民上，騁其雄猜之略，以塗飾天下之耳目。而孰知隱伏於士大夫之衷曲者，固沈摯而不可磨滅如是耶！其外之虔恭愈甚，斯其内之厭棄也益深！君子觀人心之未亡，而知國事尚有可爲也。

援菴之爲此編，殆亦有感於是，故就其删削之處，推尋避忌之原，以明館臣不得已之故，非欲翹前賢之失以自喜也。

《薛史》自金泰和後，其書不行，傳本遂稀。然至明季連江陳季立、清初餘姚黄梨洲皆家有其書，嗣後乃湮没不聞。近歲涵芬樓彙印百衲本全史，曾懸金購求，人始知歙人汪允宗藏有金承安四年南京路轉運司刊本，顧偵訪頻年，迄不可得。惟余微聞其書爲丁運使乃揚舊藏，辛亥國變失之，爲當道某鉅公所獲，存滬瀆僑寓中，第秘惜不以示人。可知孤本祕籍，至今猶在人間。夫物之顯晦有時，奇寶豈能終閟！倘異時得觀金源舊刻，以印證援菴所校，必有如符契之合者，其愉快當何如耶！

或謂援菴之於《薛史》，其致力可謂精專，然使一旦原本復出，則今日勤勤所獲者，異時或委之如敝屣，視之若筌蹄矣。以余觀之，竊不謂然。夫古刻雖珍，祇足供校讐之用，若此編之作，則抉取點竄之文，以推求避忌之意，當時似隱爲規約，故館中諸臣，雖鴻碩魁儒，不得不執筆俯仰，以從其後。用特區爲事例，使學者知《薛史》絶續之交，尚存此一段公案，以待後世之亭平，非僅以訂訛補逸爲能事，則此編固宜附《薛史》以長存，而援菴窮年焠掌之功爲不徒矣。且匪獨此也，凡有清一代敕編之籍，官撰之書，皆可遵循此例，窺尋筆削之旨，以揭其縛束鈐制之威，是援菴此作寧獨爲《薛史》發其覆乎！共和二十六年七月，江安傅增湘序。

抱經堂彙刻書序

集諸書而鏤於版，因事立義，名之曰「叢書」，其例開自左圭，而繁於近代，行之且六七百年，爲之者蓋數百家。求其義例，約有諸端。

自卷帛以還，嬗爲剞劂，天水舊槧，重等球圖，好古者得一善本，心摹手追，一波一磔，惟恐失之，如陽城張氏、江都秦氏、吳縣黄氏，其最著也。

書遭五厄，古籍日湮，凡隋、唐以前所著録，至今日或不能舉其名，而寸璧零珠，光怪動目，學者肆力鈔胥，如孫氏星衍、章氏宗源、洪氏頤煊諸家尤精。

或又汎濫羣流，以多取勝，上徵經典，下逮小詞，旁薄於棋經畫史，舟車所記，都市所聞，莫不廣爲流傳，裒然盈篋，如《津逮》、《學津》以降，與夫鮑氏、顧氏所輯，部帙尤繁。欲進而求之，惟盧紹弓先生《抱經堂叢書》尤精博矣。

當乾隆盛時，海内魁儒，崇尚淹雅，先生以鴻材偉業峙於其間，壯年膴仕，言事左遷，乞養歸田，校書終老。自以家居無補於國，則刊定古籍，上佐右文之治，故所校刻，獨取漢、唐，其餘瑣記短書，不相羼雜。每校一書，必披羅諸本，互覆鉤稽，扞格之詞莫不通，晦僻之義莫不顯，而書之規模雅飭，亦出一時善工，較諸趨步宋槧，其神采各不相掩。是此書之奄有諸家之長，而無其短，余故推論指歸，補爲之序，其卓識宏議，散見於先生自爲各書序跋，不復贅列焉。

余生平雅嗜校讐，頻年從事丹鉛，積卷殆逾五千，私欲仿先生之《羣書拾補》勒成一書，人事卒之，未遑寫定，徒抱高山仰止之思焉。然自《拾補》之例興，如蔣氏《斠補隅録》、陸氏《羣書校補》搜沓日繁，萃四部善本於一編，使學者皆得見所未見。安得有力者，依其點勘，刊定成一書，以成斯文之盛業，不尤善於此乎！歲在癸亥五月，江安傅增湘序。

胡氏續金華叢書序

輯一郡縣前賢詩若文，於志乘外別爲專書，宋以來多有之。輯諸人著述爲一編，始見於明人《鹽邑志林》與《梓吳》。顧皆寥寥短書脞帙，嘉道間，乃有趙氏《涇川叢書》、伍氏《嶺南遺書》、宋氏《台州叢書》、祝氏《浦城遺書》、邵氏《婁東雜著》。龔定庵序邵書，謂愛其鄉先輩而樂以其言餉天下者，豈乏其人，使一州有一邵子顯，各纂其州人書，此事成，可以傲嬴劉，媲柱下，儲以竢後聖。何言之鄭重也！

咸、同軍興後，典籍散墜，各行省開局刊書，士大夫賢而有力者，亦多鐫善本，以惠藝林。永康胡月樵先生觀察鄂中，領官局，復以金華一郡譔述最富，徵諸《四庫總目》，自唐以來凡百六十五種，輯爲提要八卷，就所藏弆，次第開雕。比解組還浙，刻書之志不懈，蓋勒成《金華叢書》六十八種，又刻經史讀本，校定精審，出江、浙諸局刻上，退補齋之名，至今學子多能道之。嗣是杭州則有丁氏《武林往哲遺著》、《掌故叢編》，嘉興則有孫氏《檇李遺書》，湖州則有陸氏《湖州叢書》；紹興則有徐氏《先正遺書》，温州則有孫氏《永嘉遺書》、江甯則有傅氏《金陵叢刻》，常州則有盛氏《先哲遺書》，皆踵金華而起。又若畿輔、湖北，並有叢書，推及尤廣。六十年來，溯其始事之功，先生庶克當之。

比歲，公子季樵客於京師，樸學惇謹，孳孳不倦，續刻《金華叢書》，得六十種，凡前輯之缺卷逸文，咸加斠補，或博訪祕鈔古刻，重付雕鎸。搜香之富，校讐之精，匪特繼承先志，而於文事凋敝之餘，補綴闕遺，網羅邦獻，其詣力殆百倍前人。抑更有進者，婺學肇興宋代，自吕成公、王魯齋、金仁山以經術顯，元則許白雲、吴淵穎、黄文獻，明則宋潛溪、章楓山、蘇平仲，儒賢接迹，自餘名彦，不勝僂數。先生父子，於閎編祕笈，甄采靡遺，是不惟一郡之華，而上下千載，理道宗傳，隱相繫屬。當時惟永嘉學派，差足抗衡，而瑞安刊本，僅二劉、横塘、竹軒、水心、浪語諸集，猶未盡饜讀者之志，視此鉅編，葢遠遜矣。

增湘藏篋無多，辱季樵過從商搉，稍以舊槧佐其一二。獨念吾蜀古籍僅存，亦思少竭蹇薄，彙爲叢編，人事紛迮，學殖荒落，瞻言盛業，惟有愧仰。

金華經籍志序

永康胡子季樵續刻《金華叢書》既成，越明年，復輯其郡人撰述，起三國，訖明季，爲《金華經籍志》二十四卷，凡經之屬二百六十八，史之屬二百四十二，子之屬二百九十四，集之屬五百三十七，别輯關於郡故者凡五十六種爲《外編》，留待訂正者爲《存疑》，而以《辨誤》附焉，噫！可謂富矣。雖然，胡子爲是，豈徒標舉人物以詡桑梓之文學乎？抑臚陳典籍以補志乘之缺遺乎？吾知其不徒然矣。

夫經籍之傳於世，非徒以其文也，要皆載有物焉。上自朝廷之政教，降及羣倫之事爲，精之至賢聖之義藴，極之於器物之瑣微，莫不賴有文字爲之紀載，而後能揭其精神，以傳於萬世。而士之含奇負異者，亦藉以抒其藴蓄，而附之不朽焉。

顧伊古以來，藝文、經籍，列在國史，萬品千名，而按籍索之，亡者恒十之七八。今以金華八邑言之，其著於目者，凡一千三百九十七部，然考其流傳，曾不及半，此亦足令人撫卷而興嗟，望古而遥集者矣。嗟夫！書經九厄，昔人所悲，聚散成毁，實關運會。方其盛也，竭百輩英賢崇獎之力，而猶懼不集；及其衰也，一二庸夫走卒，毁之而有餘。遠者不暇論，近如西亭萬卷，委於黄流，虞山絳雲，燼之一炬。舉前世祕藁孤帙，摧滅於洪濤烈焰之中，殆不可以數計。至如天府禁庭，西清祕省，藉神物護持之力，宜可長存矣，而百年以還，狐鼠憑竊，兵燹灰殘，坐聽其一朝掃地以盡，使人有文武道盡之歎，更何論私家庫櫥之散佚，寒儒蟫蠹之紛飛乎！

胡子愍然憂之，於是綜一郡之文籍而彙訂之，分別部居，次第甲乙，或書行而竄亂失真，或目存而佚亡已舊，遠搜旁證，咸著於篇，其意以爲手此一編，用詔當世，存者或有善本之可徵，亡者更冀遺書之復出，即令文獻莫考，簿録空存，而昔賢姓氏，長挂簡編，使螢窗雪案之勤，不隨飄風零露以俱逝，後之人探討舊聞，猶得致其景行之思焉。昔人謂傳刻之功，勝於續命，收集之德，厚於掩骴。胡子既克承先志，裒成鉅編，復肆其餘力，旮兹遺著，此其宅心仁厚，實有繼絶存亡之功，豈徒以工考證、矜淹博自名於世哉！余匡居多暇，刻志丹鉛，流通故書，夙具雅約，胡子其有意乎？篋藏帳祕，將與君同兹欣賞矣！丙寅冬至後三日，江安傅增湘序。

思適齋題跋序

吴縣王君欣夫既補輯士禮居題跋爲繆藝風所未録者，勒爲四卷，刊板以行，復輯成顧澗蘋先生題跋四卷，手録其目，遠道示余，屬爲文以發其凡。自維學殖荒落，老而無成，何敢以蕪詞讕説，弁此鴻篇！惟生平癖好古籍，雅嗜校讐，於黄、顧二公，夙所崇仰。嘗訝近世之人，推尚蕘圃，輯刻題識，至於再三，長箋短跋，搜采不遺。其手校之書，尤爲世貴，稗書小集，一卷懸值百金，肆賈挾以居奇，而人且惟恐或失。甚至以藏書自鳴者，若家無蕘圃手校之書，百城因之失色。而顧於澗蘋校録之書，乃澹然若忘，而莫知崇貴。是知庸耳俗目，固不足以言真賞也。

夫蕘圃當乾、嘉極盛之時，居吴、越圖籍之府，收藏宏富，交友廣遠，於古書板刻，先後異同，及傳授源流，靡不賅貫。其題識所及，聞見博而鑑别詳，巍然爲書林一大宗，舉世推挹之宜矣。至於澗蘋先生者，受業於江艮庭，傳惠氏遺學，當時名賢大師，皆得奉辭承教，故於經學訓故，咸所通曉。其校勘之精嚴，考訂之翔實，一時推爲宗匠，即蕘圃亦自愧弗如。士禮居所刻諸書，泰半經其正定，斯可謂兩賢相得而益彰者矣。

王君爲黄、顧鄉人，服膺二先生既久，私惜澗蘋題跋經嗣君河之録入遺集者祇五十首，其他遺佚正多，百年以來，無人爲之董理，因刻意搜求，馳書四出，博訪旁咨，歷時數載，得一百八十餘篇，余亦發篋藏補其闕遺。從此思適遺文，與士禮居並行天壤，其爲功於典籍豈淺鮮哉。欣夫之致力於是，可謂勤且專矣。

余嘗謂有清一代以校勘名家者，如何義門、盧召弓，皆博極羣書，撰述流傳，霑溉後學。至中葉以後，澗蘋崛起，持音韻、文字之原，以通經、史、白家之義，其訂正精謹，考辨詳明，與錢竹汀詹事、高郵王氏父子齊驅並駕。余曩時從楊惺吾假得日本古鈔《文選》三十卷本，以胡刻手加對勘，其中古本之異可以證今本之譌者，凡數百事，因取所附《考異》觀之，凡奪誤疑難之文，或旁引曲證，以得其真；或比附參勘，以知其失，而取視六朝原本，則所推斷者宛然符合。夫以叢殘蠹朽之書，沿譌襲謬已久，乃能冥搜苦索，匡誤正俗，如目見千年以上之本而發其疑滯，斯其術亦奇矣！余披覽之餘，未嘗不歎其精思玄解，爲不可幾及也。

今欣夫盡取先生書跋，萃於一編，雖其間多隨時記録，不盡先生精詣之所存，然學者覽其大凡，參以集中論學之文字，刻書之序録，尋流以溯其源，則於校讐之學思過半矣。欣夫勤勤輯録之意，其在斯乎？乙亥十月，江安傅增湘。

書舶庸譚序

誦芬主人與余締交垂四五十年，嗜古耽書，博通流略，老而不倦，與余尤有同好。日者，君以所著《書舶庸譚》見示，謂將以授梓，屬余序而行之。其書爲日記體，以頻歲東游，就所目見者排日而彙次之，以成是編也。

嘗考古人日記傳世最早者爲唐李習之《來南録》。至宋則山谷有《宜州家乘》，石湖有《驂鸞》、《吴船》二録，放翁有《入蜀記》。周益公所存獨多，有《思陵》、《龍飛》、《閑居》、《游山》等八録。其書皆附本集以傳，然所記多山川故蹟，朋友仕宦及公私游宴之屬，旨趣未有專注。惟元郭天錫之《客杭日記》，盡載所見書畫名蹟，涂徑别開，後世考古者多取重焉。今君此編，記書籍者十居八九，其餘吟詠紀述之辭不過一一，是則君志之所存寧不可見哉！

夫日本圖籍閎富，古刊祕録往往爲中土所佚，自楊鄰蘇《訪書記》出，吾國人士引領東望，咸動禮失求野之心。顧近歲以來，持節之使、負笈之生，涉海而東者歲月相望，罕聞有留情典籍，綜輯成編，以歸餉國人者，蓋陳農、苗發之任，非有博通之學，精鑑之才，固未足語於此也。前歲張君菊生泛海求書，闡祕抽奇，頗有紀述。己巳之秋，余亦繼踵，東西兩京，官庫私藏，舊坊古寺，探尋略遍。目涉所及，手録於編，略附解詞，勒成四卷，聊存篋笥，祇備參稽。何圖傳示友朋，謬爲刊布。今觀君所作，窮搜博采，視張君之録，固已詳晐；若余書之殽雜無倫，疏譌百出者，匪特貽禍棗之譏，祇堪作覆瓿之用而已。

抑余竊有感者，自桑海以還，新舊遞嬗，而癖古嗜書一時乃成爲風尚。十餘年間，南北藏書之家崛起，名於世者以數十計。余每與君静觀而默數之，未嘗不相顧而興歎也。大腹之賈，乳臭之兒，攀附雅流，託爲韻致，萬金揮手，百城自尊。然五經不知，三史掛壁，以錦袠牙籤之富，侈紫標黄榜之雄，其人固無足論矣。其或豪門貴冑，雅好芸香，蒐異羅珍，輦金四出。諸子、百家，循目而求備；金源、天水，按譜以索真。觀其目録流傳，非不燦然美富，而鑑衡多爽，蘭艾雜陳，徒取訾於世論。且此事爲冷淡生活，要存儒素家風，持以積月累歲之功，助以節衣縮食之力，致之彌艱，斯玩之彌永。若汲汲以取盈，寧復醰醰而有味？此其人雖坐擁萬籤，以云藏書，則未敢許也。亦有故家賢俊，當代勝流，與古爲徒，佞宋成癖。或殫一生之精力，或襲先世之儲藏，鑑别既精，網羅尤廣。然祕惜自私，散亡是懔，孤本祕籍，堅不示人，嚴鐍重扃，手未輕觸。甚至守「借人不孝」之訓，求通一瓻或録一副而不可得。凡入庫之書，即罹永巷長門之酷，即前賢遺著亦付諸走蟫穴蠹之叢。此其人既以多藏是懼，遂不恤與古人爲仇，雖謂之藏書而書亡可也。

嗟夫，末運淩夷，俗衰文敝久矣。澆訛之習，漸及書林，不有達人，誰爲真賞！如君之於書，始之以鑑藏，繼之以校讐，終之以傳布，好尚之專，成功之大，同時朋輩殆難比倫。雖士禮書成，廛無一宋，以今况昔，常用自嗟；然評量近代，標舉通人，目録版本之專門，合收藏傳播爲一手者，舍君之外，寧有其人？蓋君不欲居藏書之名，惟鋭力以傳古爲任，其生平志事，視世俗矜炫之徒，其度量相越，豈不遠哉。

顧余循覽終卷，有不能已於言者焉。君嗜書之癖，殆出性成，拓以見聞，遂成絶學。久官長安，恒游廠肆，歲時既積，采穫益多。微聞光、宣之交，鄴架所儲，卷軸森然，蔚成大國，驚人祕笈，斷種奇書，時有勝緣；頻聞創獲。其後居東山者頻年，游歐洲者萬里。唐僧之古鈔，石室之祕寶，多人間所未見，吾國所久佚，咸影寫而載歸，或摹刊以問世。餘若僑居吴越，旅食滬淞，地爲文獻之邦，人則英賢是萃。故家祕庫，常發篋以供編摩；苕水書船，亦款門而望顔色。是生平所涉歷，宜卓越於前人矣。今九卷之中，盡紀東邦所見，凡涉海者四度，計爲時祇三年。其抉擇之精審，考證之詳明，固已足資饋貧之糧，如夜行之燭。若更追維往迹，董理舊文，舉凡昔年之枕祕，良友之篋藏，上自天禄之所儲，遠至航頭之所獲，與夫館庫官本，冢穴殘文，肆坊通俗之短書，耆獻晚出之藁本，凡耳目之所及，綜鉅細以勿遺。萬品千名，咸區分其義類；異書古録，各詳附以解題。仿雲煙過眼之録，寫琳瑯祕室之篇；奮炳燭之餘光，成曠世之鴻著，君其有意乎？

昔漁洋筆記，竹垞跋文，考經籍者恒居泰半。降至近世，蕘圃有古書之録，邵亭有經眼之編，咸能提要鈎玄，探原溯委，治簿録者，奉若凖繩。今君之所見，浩博無涯，較彼昔賢，殆逾什佰。記版式行格之同異，辨鐫刻時地之先後，録其序跋，可以知刊播之源；詳其印章，可以見流傳之迹。若編纂成帙，可以上掩王、朱，突過黃、莫，其餘若竹汀、仲魚之記，警石、芷湘之作，畸文瑣語，又何足論耶！

余夙耽書卷，久契古懽，中道逢君，引爲同調，浸成癖好，垂老不衰。肆力搜尋，粗有藏弆，入庫之本，三萬有奇；深惜寸陰，潛心勘校，半生歲月，耗盡於斯，爲帙盈千，積卷盈萬。又終歲訪書，舟車遠出，凡所寓目，輒付手編，三十年來，《藏園暬記》高至尺餘，隱牒僻書，往往而有，自謂擷四部之菁英，爲羣流所總萃。祇以文字叢脞，部帙紛繁，扃置笥中，未遑整理。倘君有志續編，私願出此叢稿，互相質證，用備討論，賞異析奇，彙成鉅帙。第塵露之微，慚無裨於山海耳。

至於清詞麗句，早擅名家；逸事遺聞，動關國故。在君略抒其餘緒，而世已羣仰其雅裁，譾陋如余，更無庸贅辭也已。

嘉業堂善本書影序

取故書一葉，摹其式而仿刊之，其例創於傅懋元駕部。懋元以光緒己丑游歷日本，得見延喜十三年良峰衆樹刊《文選》第五殘卷，因景寫就東京刻之，今《籑喜廬叢書》所載者是也。然《文選》所存祇十七行，固非從全書中刺取一葉以爲式者比也。至楊氏惺吾，乃廣采羣籍，上起六朝，下逮朱明，旁及外邦，舉凡古鈔、舊刻、銅本、活字，世間稀見之本，咸入網羅。或影首篇，或采序跋，或録其校刻公牒銜名，或勒其官私牗鼎牌式，多則數葉，少乃數行，咸著其有關考訂者。至光緒辛丑刊成，判爲初、二編，題曰《留真譜》，俾覽者一展卷而行款、格式、版刻風氣粲然呈露，既省記録之繁，兼獲比較之益。於是著録家遂闢此一涂，後有作者，莫之能廢焉。顧其爲書取類過博，偶涉濫收，又緣惜費省工，字緣四周而匡中空白，未爲雅觀。然蓽路藍縷，開創之功，烏可泯耶！藝風老人嗣有所作，一祛此弊，號爲精良。惟景迫頹齡，未竟厥緒，學者惜之。近歲日本和田氏輯印《訪書餘録》，分鈔、刊爲四類，而各附標本於後，紙色筆鋒，古雅紗麗，極良工之能事。第收採祇限彼邦，於版刻源流未能因端竟委也。海虞瞿氏，偉然獨出，萃宋元百許種，集爲《書影》，其鴻富與鄰蘇埒，而出於一家之藏，其難能尤足貴也。天府圖書，焜燿宇内，余領館職時，檢昭仁殿劫餘之物，益以景陽、毓慶、懋勤諸宫殿所儲，爲《故宫書影初編》，然視《天禄琳瑯》著録，十不存一矣。因思世變閎多，圖籍淪亡，有識者所同懼。倘及今爲之，合海内公私之書，盡予流傳，則天水遺型，差可千帙，其有功於學術至鉅，匪第炫繁博，侈觀美而已。

適劉翰怡京卿以書來，言將出篋藏本付工印行，以繼瞿氏之後，屬爲文以引其端。余維翰怡世席豐華，雅嗜儒素，承疏雨之清緒，紹汲古之流風，晬世海濱，苕賈走集，縹緗之富，抗美錢、徐。余頻歲南游，恒過君譚燕，時時挾策載筆，訪君寓廬，盡傾帳祕，以相欣賞，余輒疏記其大略於短册中，往往午夜不得休，甚至假歸點勘，或傳寫付刊，君則歡然無絲毫吝惜之色。今觀此册，余所經目者略及三四，然後歎淵海之富，洵未易量，而十餘年來搜訪之精勤，睎瞿氏累世所貽者，尤使人欽企無已也。余自辛、壬以還，南北馳驅，粗有采穫，頗欲就藏園插架，别爲書式，世事遷流，汗青無日，觀君此册，輒又自失矣。

抑余更有冀者，君刊成叢書凡三四編，多稿本祕册，未經傳播者。成古人未竟之志，啓後學嚮往之心，殆抱經、渌飲所不能過。然今觀册中，古槧孤笈，爲世所渴望者正多，過屠門而思大嚼，窺一斑而見全豹，吾知覽者必同兹感歎也。奮餘力而彙雕之，君其有意乎！己巳中秋日，藏園傅增湘序。

北平圖書館善本書目序

古者，國之簡册，藏於柱下，《周官》外史掌四方之志，三皇五帝之書。兩漢以降，西京之金馬、石渠，東京之蘭臺、東觀，號爲典籍之林，其典掌皆史職也。迨後世好文之主，下詔遣使，四出徵書，以充祕府，由是館閣之制興焉。然嘗詳稽故實，凡其編入中經，録之官簿者，專以供幾暇之披覽，侈承明之珍祕，而非與人士共之者也。有清中葉，詔開四庫，網羅古今，既成定本，著録於文淵閣。又降敕録副，分頒文宗、文滙、文瀾三閣，設館儲書，公諸天下，此其權輿。至光緒季年，張文襄管理學部，乃奏請開館於京師，設官定制，列諸職掌，圖書館之名喬喬皇皇，遂爲海内士流所引望矣。

顧草創之初，所恃以充架者，惟内閣大庫舊藏。其中宋元祕籍殆數百種，惜其年湮代遠，闕失弘多。其後端忠敏自江南奏進，有歸安姚氏、南陵徐氏、海虞瞿氏諸家之書，舊槧精鈔，往往而在。而甘肅大吏，解進敦煌石窟經卷又八千餘軸。嬗代以來，文津閣《四庫全書》更自熱河輦至，咸庋其中，函帙既多，駸駸鼎盛。惟館址再遷，屋宇卑陋，僅可蔽風雨，資用困絀，粗足給藏吏，以云展布，殆所未遑。余長部務時，頗欲鋭志經營，以繼崇文、集賢之軌，丁國多故，事與願違，第手訂閲覽，寫録條章，增給收書歲額而已。

近歲文化復興之説騰播海宇，羣謂吾國學術文藝，咸憑載籍以傳，保粹存古之道，宗爲國論。於是朝野獻議，中外協謀，移前代歲幣所餘，合新舊兩館而擴充之，選地於瓊島之西，未及三年，高樓雲起，朱甍碧瓦，輝映湖山，錦帙牙籤，充塞棟宇，蓋制度之崇閎，藴藏之美富，瑯嬛福地，委宛仙居，殆無以過，非復昔時篳路藍縷之風矣。

袁君守和，以專門名家，久領館政。任事伊始，即延趙君斐雲專司徵訪纂校之職。趙君夙通流略，允擅鑑裁，陳農之使，斯爲妙選。頻年奔走，苦索冥搜，南泛苕船，北游廠肆，奮其勇鋭，擷取菁英。且能别啓恒蹊，自抒獨見，於方志、禁書、詞曲三者，蒐采尤勤。夫吾國典籍，夙稱浩博，然統系分明，最裨實用者，莫如地志。嘗考千頃黄氏所載，佳搆如林，而閣本徵收，祇有姑蘇、無錫、武功、朝邑四志，存者千一，掛漏實多。館中有慨於此，肆力訪求，大而都會，遠及邊隅，斷自啓、禎，數逾四百。四明范氏，差足抗衡，此洵百國之寶書，四庫之佚典矣。至於銷燬之嚴科，實文字之厄運，批根引蔓，盡付劫灰，今則禁網既寬，屋壁咸出，焕然神明，頓還舊觀。此皆先民精魄所存，繄出神物護持之力。别如詞曲、雜劇之屬，率爲前史藝文所遺，第樂府流傳，風雅攸寄，極才人之藻思，爲文苑之附庸，矧《西廂》、《琵琶》，曾登《經籍》，過而存之，亦王圻《續通考》之例也。凡兹目裒舂之編，要諸家簿録所略焉。若夫宋槧元刊，祕鈔名校，所在求之若渴，時拔其尤，苟曠世之稀逢，斥兼金而勿卹。至如天一、海源及南北舊家近歲流出者，亦復惜其散亡，廣爲羅致。或一書而兼收數本，或殘帙而竟獲重完。綜計先後所得，合以舊儲，審定入善本庫者，爲書凡三千七百九十有六部，以卷計者，凡七萬八千一百九十有九，而乙庫所藏善本尚不與焉。

溯自闢館以來，編目之役，凡經數舉。繆君藝風以宿彦耆儒，首膺館職，手自屬草，排比粗定，會經鼎革，不及付雕，坊肆流行，僅存初稿。嗣則江君叔海、王君懋鎔，續加葺録。已而夏、彭二君重事修正，於舊目譌奪，頗肆抨彈，然第工於糾人，而所撰未爲賅備。今乃擬定體例，將欲輯爲書影，録爲書志，次第刊布，以便編摩。先成《簡目》四卷，授之梓人，趙君以序文爲請。自維生平酷嗜藏書，兼耽讐校，信於兹館，雅有宿緣。憶自癸丑入都，僦屋西涯，晨鈔暝勘，歷夏涉秋，孤籍異書，咸得寓目。及新屋落成，衡宇相望，蹤跡益稠，一瓻往還，殆無虚日。回溯二十餘年，始以抱殘守缺之篤，終成鴻博鉅麗之觀，譬之於人，初識之於髫穉，繼乃見其長成，今則騰實蜚聲，魁然冠世，使余垂老之年，躬逢勝賞，其愧歎欣愉之情，固有倍蓰於恒人者矣！

或以兹目依類標名，未參序論，微傷簡略，豈饜羣情！不知尤氏《遂初》，始題版本，此編之作，例屬初桄，逮及《直齋解題》，備詳考訂，要俟削稿，乃可合鐫，鉅製鴻編，照耀宇内。吾知太液池畔，必有慶雲之采，虹月之輝，輪囷糺縵，上與東壁争光。昔人所侈爲羣玉之府，二酉之山者，庶幾旦暮遇之矣。

故宫殿本書庫目録題辭

此内庫書目三卷，武進陶君蘭泉所撰輯也。卷上之目曰實録、聖訓、御製、欽定、校刊五門，卷中之目曰方略、典則、官書、經學、字學、史學、志乘、類纂、儀象、目録、類書、總集、進呈十三門，卷下之目曰清文書目、校刊梵經二門，附以書影、書表，而以附録終焉。其類別均參酌宫史爲之。

余於乙丑歲領故宫圖書館事，時方畫定壽安宫爲館址，盡移宫中藏書處其中，樓上下四十八楹，標甲乙丙丁四庫，而殿本之書別萃一室。余以君雅善鑑藏，因修函延君，任以編訂之事。嗣是繼主館職者，鋭志經營，積月累年，連車疊笥，手胼足胝，自文淵閣、摛藻堂而外，舉三殿、六宫、御園、書房珍藏陳設之書，錦帙牙籤以千萬計，咸聚此連棟之中，而規模因之大備。

君方旅居津沽，或累月一至，或一月再三至。至則提囊載筆，犯風雪，冒炎歊，徒步走神武門，經西長街，坐壽安北殿中，手披目玩。凌晨而届，日昃而出，時而飢疲，或挾餅餌與小史走卒雜坐食飲而不以爲苦。蓋厲精焠掌，閲五六寒暑，乃條別而類居之，卒底於成，可謂艱矣。君生平酷嗜圖籍，涉園藏書，爲卷以三十萬計，而官本精槧居其泰半，喜其楮墨精雅，足以娱目悦心，古人所謂愛好之性，出於天然者也。今一旦身入承明，凡歷代天府之儲，舉世人所羡爲神仙福地而夢想不至者，乃得游息其中，旦夕恣其蒐獵，其榮遇視黄閣之元臣、玉堂之羣彦，爲幸已多。此其所由發憤從事，既以快慰平生之願，亦以副余汲引之心，其勇毅良足嘉也。

余嘗謂有清一代，文治之盛，遠邁前古，即以刻書言之，亦迥非明代所能幾及。明代内廷經板，由司禮監職掌，管理、督造皆閹豎爲之，其人粗識文字，毫無學識，刊行典籍，大率供内書房所用，及小閹誦習之資。板本不善，讎勘多疏，故其書絶不爲學流所重。其中惟《文獻通考》、《歷代名臣奏議》二書較爲精整，人至今珍之。清初世祖御纂《孝經衍義》、《内則衍義》、《資政要覽》諸書，亦經内殿刊行，第版式疏拙，大字寬闊，尚襲經廠之舊，頗不雅觀。其書猶鈐「廣運之寶」大印。至聖祖御極，研精性理，博綜詞章，旁涉天文、曆算、格致、物理，靡不貫通。凡纂修編訂之役，皆妙選儒臣，專領其事，一時鴻才碩彦，若李光地、徐乾學、王鴻緒、熊賜履諸人，各用其所學，勒成簡編，而繕手剞工，亦精妙獨絶。迄於高宗，承平累禩，物力豐盈，人材蔚起，於是奮其雄略，大恢天網，含羅今古，整齊百家，以繼往開來爲己任，遂乃下開館修書之詔，訪求天下遺書，搜輯《永樂大典》，刊定經史諸書，及編定朝廷典章制度，垂爲典範。六十年間，如《四庫全書》、太學石經、《十三經注疏》、《二十四史》、《九通》、《聚珍版書》、《大清一統志》等鴻編鉅製，次第頒行，文物之茂，卷帙之豐，古未嘗有。嗚呼！可謂盛矣。

嘗考内庫書籍，其大别有三：一曰寫本，如《四庫全書》、《四庫薈要》、歷朝《實録》、《聖訓》、《方略》、御製詩文，鑑藏書畫器玩之類，皆朱闌玉楮，字畫精研，萬帙千篇，斠若畫一。其精者特敕詞臣恭録，袖珍小册，蠅頭細書，精紗如出鬼工，設非天威所臨，殆難人力可辨。一曰活字本，康、雍朝有銅活字，印《圖書集成》萬卷外，如律吕、歷算諸書多用之。陳夢雷《松鶴山房文集》亦即銅活字排印，當是在誠王邸中時所印也。乾隆朝創木活字，印成《聚珍版書》二千三百八十九卷外，如《八旬盛典》、《西巡盛典》、《千叟宴詩》、《畿輔安瀾志》、《平苗紀略》諸書多用之，遂爲近日排版之權輿。一曰刊本，其事亦可分三類：一爲武英殿刻，多用宋字，方體疏行，大字宜老；一爲揚州詩局刻，多用軟字，密行端楷，酷肖宋鐫；宋犖刻聖祖《御製詩集》於蘇州，亦用軟字。一爲袖珍本，合刻《古香齋十種》外，别有《周易本義》、《四書集注》、《國朝詩别裁集》三書。其書咸端嚴雅麗，妍妙輝光，紙幅選製，尤稱精湛。開化紙潔如玉版，太史連色疑金粟，色香既古，裝褙尤精。其他如摹雕宋元本古籍，則有朱子《易注》、《四書章句》、《相臺五經》，校勘精嚴，雕鐫古雅，已開後世黄、顧之風，特爲士林所珍異。

綜論清代刻書之事，其源實肇於康熙，至乾隆而遂臻於極盛。雖時挾雄猜之見，肆其抑揚褒貶，以鈐制人心，於後代不無遺議。然其規制之崇閎，志力之偉異，未始非數百年來文學昌隆之極軌也。嘉、道以後，海内多故，雖有好文之主，無復留情典籍，即間有編刊之舉，而工伎粗疏，材物窳薄，視前朝判若天淵。是即此區區簡册之流傳，而風習之淳漓，國力之豐耗，可微窺而得其升降焉。嗟乎！抑豈細故哉。

方君之屬稿時，遇有積疑，必走相質證。余爲解析未足，必徧徵諸羣籍以明之，偶有所糾正，亦必肆力稽考，期於正確可行而始定，決不欲輕議昔人以取快，其虚衷審慎如此。今觀其書所附考證各條，往往有舉世以爲疑，得君數言而涣若冰解。兹舉其著者言之：如《聚珍板書》，其先後增刊，部帙多寡，迄今聚訟不休，以君考之，則内府見存者實爲一百三十八種，蓋合原單一百二十六種，加以後輯《尚書詳解》等四種、新輯之《詩經》、《樂譜》等八種而言，然後知閩、粵兩本之一百四十八種其妄增《河朔訪古記》諸書，純爲嚮壁而虚造也。又如《大清一統志》，《四庫》著録爲五百卷，顧舉世未見其書，以君考之，則閣寫、殿刊二本咸爲四百二十四卷，其書於乾隆五十五年刊成，即第二次修本也。今宫中雖有三次增修之五百六十卷本，而事在道光季年，不應乾隆修《四庫》書預知其數而登之，然後知確爲館臣之誤載。而近時坊本，妄析外蒙諸部，强增卷第，以符五百卷之數，其無知妄作爲尤足哂也。昔人謂百聞不如一見，設非躬涉庫儲，又烏能持其説以關人人之口耶！

然君編輯之餘，更有欣然自謂創獲者二事。蓋君昔年曾獲明人繪象《本草品彙精要》一書及康熙重繪本十三册，圖繪精玅，采色穠鮮，涇紙朱絲，與《大典》本相埒，中外儒流，動色詫歎，頻議刊布，以惠民生。第其書源流，末由考見，今於庫中忽覯其書，方知弘治原本之藏内府，聖祖曾勅醫官王道純、江兆元重加校正，增《續集》十卷，附《脈訣舉要》四卷，并有進書表文。惟書存而圖佚，其所佚正昔年所獲，不獨得此本末可以備知，即殘缺亦藉補正，此一快也。李誡《營造法式》一書，曾爲紫陽朱氏刊傳，然影宋全帙，窮搜不獲，僅據余藏殘葉，仿其銜題，勒爲版式。今於進呈目中忽見舊鈔，且正爲遵王所藏，因知紹興覆本行格元槧崇寧，既足證丁鈔之僞造，尤可訂庫本之訛奪。不意積年懷思，乃有此奇遇，此又一快也。是數者，君恒爲余稱説，不絶於口，蓋披觀大略，所得如此。設進而廣覽，則政教嬗化之機，學術消長之原，亦將由是而探其樞括焉，其爲獲不益閎乎！余早登詞館，忝廁史官，引望天禄、石渠，殆如天上，第未及讀書中祕，追迹劉、荀。洎乎桑海洊更之後，領祕書省一年，因之探宛委之藏，攬鄉嬛之祕。顧簿録未周，宫羽又换，四部七略，迄未有成，覩君此編，欣歎之餘，忽不禁悽愴感喟於無窮矣！

抑余更有進者，此編意在紹述宫史，故分析部次，與通例有殊，或一書而寫刻攸分，先後重出，使檢尋易生迷惘，而義例亦未免混淆。似宜重爲甲乙，凡書籍統以類分，而以部帙、板本、殿閣、臣工，以及編著、呈進先後同異，臚列其下，庶披卷可得，朗若列眉。又殿本之外，如文淵、摛藻《四庫》兩編，咸登掌録，意以職守所繫，故破例存之。《宛委别藏》正、續二編，雖屬善本，然阮氏奏進於前，復經嘉慶御定，赫奕白函，同歸典守。他日重編，或附諸薈要之後。尺管寸莛，固知狹陋，然聞見所及，不欲自私，勉進流壤之微，聊資海山之益云爾。

至其記述詳賅，參稽明審，使一朝九帝之制作，扃閉於文樓祕閣之中者，一旦挈領提綱，呈露於人人之耳目，其爲功至偉，其致力甚勤，又無俟余之揚贊也。

雁影齋題跋序

湘鄉李亦元前輩與余伯兄雨農壬辰同入詞館，高才閎識，博學工文，官京曹時，有名公卿間。中經戊戌、庚子之變，心懷孤憤，發爲危言聳論，以摩切當世，以此不爲權貴所容，幽憂感歎，不永其年。所著《雁影齋詩鈔》故人吳松鄰爲之授梓以傳。同年王君書衡數爲余言，君有古書題跋數卷，尚藏於家，余暮年篤嗜丹鉛，聞此私心嚮往久之。日者，君之子鑑介鄉人王伯淵寄君題跋遺稿四卷見眎，言將排比付刊，屬爲序而行之。據君自序，知所記者多爲巴陵方柳橋之書。憶光緒戊戌之秋，余以新選庶常，將乞假還蜀，聞碧琳瑯館後人方輦遺書入都，庋置於琉璃廠工藝局中，連楹充棟，爲卷逾數十萬，排列以數十架計。余偶瀏覽及之，未遑深討。洎庚子後，再入國門，則書已四散。存者輸入國庠，尚餘十數萬卷，未嘗不慨然深喟，以方氏搜討之勤，儲藏之富，曾不數年，飄風墜露，渺不可追，求其甲乙簿録，附於丁、陸之間而亦不復存，爲足惜也！

今篇中所記，視方氏所藏亦祇存十一於千百，然於古刻祕鈔，爲世所希覯者，固已標舉無遺。且於卷帙之異同，版刻之行格，收藏之印識，咸條分縷析，詳著於編，使後人一展卷之頃，而宛若目見其書，如問影於鏡中，而圖紋於掌上，是則方氏之藏雖散，而獲此一帙，猶足爲異時考索之資，其爲功於典籍顧不鉅耶。君爲此編，多隨手紀録而成，初非經意之作，然時或考訂其源流，評量其得失，亦復翔實淹賅，與邵亭、鄰蘇、藝風諸人差可齊鑣並轡，亦近代治目録學者所宜知也。

顧余詳覽全編，録入宋刻凡二十四種，元刻凡三十三種，第其中如《儀禮圖》、《古今源流至論》、韓、柳二集皆元刻也，而誤以爲宋本；趙汸《春秋》三種、《宋史》、《稽古録》、《百川學海》、《李文公集》、《歐陽文忠集》、《存復齋集》皆明刻也，而誤以爲元本。殆襲原書之標題，而未加以鑑別，遂致此差失耳。

至編中各書，余先後獲見者，如宋本《白氏六帖》爲董授經所得，今歸張石銘；宋本《東萊觀瀾文》，今歸劉翰怡；嚴鐵橋校《初學記》，今歸蔣孟蘋，余曾臨有校本；宋本《甲申雜記》、《聞見近録》二書經藏吳松鄰、繆藝風兩家，其後竟歸余齋，斯皆蹤跡之可考見者也。若顧亭林之《修文備史》，朱竹垞之《百六叢書》，杭可菴之《藝餘類纂》，皆號爲祕籍孤本，今竟流傳不知所歸，微君括舉崖略，並其名亦湮滅無聞。世有嗜古多聞之士，曷徵訪以傳其書，庶不負君晨鈔暝寫之勤也歟！乙亥嘉平祀竈日，江安傅增湘序。

長沙葉氏藏書目録序

長沙葉君定侯，余同年生奂彬吏部之猶子也。吏部君碩學通才，以藏書名海内，所撰《書林清話》、《郋園讀書記》，於版刻校讐之學考辨翔賅，當世奉爲圭臬。二十年來，南北往還，賞奇析異，與余契合無間。嘗數數爲余稱道定侯之賢，謂其劬學嗜古，克紹家風，余固已心識之。昨歲南游衡山，道出長沙，定侯執年家子禮來謁，始得相見。洎余返棹，乃造廬觀其藏書，舊槧名鈔，連楹充棟，中多罕傳祕籍。余披玩竟日夕，手籍其要於《瞥記》中。其最著者如宋刊則有《古史》，元刊則有《韻補》、《宣和書譜》，祕鈔則有汲古閣影宋之《重續千文》、雁里草堂之《廣川書跋》，名校則有毛斧季之《春渚紀聞》、何義門之《才調集》，而陳焘甫之《自堂存稿》十三卷本，足補祕閣闕遺，尤可寶貴。蓋頻年搜采，鑑别既精，卷帙遂富。吏部君藏書身後散出者，其祕本又多爲君所得，如蒙叟之有遵王，若雲之有月霄焉。

頃者定侯書來，言近以曝書之餘，舉家世所藏，分别部居，寫定目録若干卷，將付梓人，屬爲文以弁諸首。自維生平好尚，雅在圖書，萬卷丹黄，窮年莫究。方懼學術之衰微，悵知交之寥落，今定侯乃能衍其世父之緒業，且駸駸光顯而昌大之，竊幸清芬之世守，更私喜吾道之不孤矣。

嘗觀古來言藏書者，咸爭推吴越故家，而楚蜀之地乃寂寂無聞。然余覽劉將孫爲張夢卿總管作《長沙萬卷樓記》，盛稱湖江之上，嶽麓之外，翚飛照閣，牙籤抽架，臚列山集，清風佳客，考古訂今，則自宋、元以來，衡湘之交，炳炳麟麟，已蔚然成圖書之府矣。洎有清中葉，如安化陶文毅、甯鄉劉春禧、道州何子貞、湘潭袁漱六、巴陵方柳橋諸公，皆家富萬籤，名流四域。就余所寓目者，東洲草堂所藏有《漢隸字源》、許氏《説文》，皆宋刊孤本。而蝯叟手録《乾隆政要》及説經之書，至數十鉅册。卧雪廬所藏《史記》、兩《漢書》，每書宋本臚陳四、五刻。書簿盈尺大册，厚踰數寸。李椒微師曾親見之，詫爲淵海之藏，然所獲者尚不及其二三。方氏久官嶺南，多得伍、潘諸家篋藏，其中雖少古本珍籍，然僻書雜記，明人遺著，多世所稀覯。光緒季年，輦入燕肆者尚數十萬卷。李亦園禮部嘗手疏所見，爲《雁影齋題跋》。其懸市所餘者，盡以輸之國學。此皆古今圖籍之菁英，三楚前輩畢生精力之所聚。若持此以與吴越故家比長挈大，寧容多讓！而百十年間，相繼淪散，流轉於不知誰何之手，或求其簿録而亦渺不可得，斯亦使人望古而遥集，撫卷而興歎者矣！

吏部君奮起於諸公之後，其閎識曠才，鋭欲整齊四部，網羅百家，與當代瞿、陸、丁、楊齊驅並駕。惜生逢陽九，志不獲舒。然其流風餘韻，猶能霑溉後學於無窮。定侯以壯盛之年，上承家學，媷心厲志，枕藉其中，又久居會垣，舊族遺書，時復勤加搜集，故不越十數年，而著於目録者，已美富如此。倘復假以歲年，遭逢際會，斯其校訂之勤，儲藏之富，視袁、方諸家必有後來居上之勢。異時衡岳之北，洞庭之南，虹月宵騰，卿雲覆被，四方人士望光氣而争趨者，其必君家瑯嬛之福地也歟。

歲在乙亥九月既望，江安傅增湘序，時方習静於萬壽山之邵窩。

校刻儒學警悟跋

毘陵陶君蘭泉校刻《儒學警悟》七集既蕆事，徵言於余。余於是書，雅有因緣。始也藝風前輩屬以搜訪之役，繼也蘭泉委以校勘之功，兹觀其成，寧可無一言焉！

憶壬子之春，盛祭酒遺書散出，余就意園中視之，北室五楹，南室三楹，鈔刻新故，錯雜紛糅，賈人第其甲乙，標爲簽記者，凡百有七十種。上者充棟，下者委地，曾不之惜，即炫赫一時之宋刻《禮記正義》四十鉅册，宣綾包角，藏經箋，亦散置几下，高可隱人。余竭一日之力，視其刻之古者，鈔之善者，校勘之有名者，粗籍於小册中。曾不匝月，而騻騻爲廠市巧計篡取以盡。藝風聞之，馳書屬余物色《儒學警悟》所在。時宋元刻本之有名者，率爲朋輩分携以去，此書以名字黯淡，巍然尚存於宏遠書肆，乃以重值收之。此以見世人鶩名炫實之多，而真賞之難遇有如此也。書留案頭數月，嗣以事至海上，因携致焉。藝風忻喜過望，因言是乃古今叢書之祖，視《百川學海》早出七十餘年，惟傳世秖此明寫本，昔商之於意園，欲乞傳鈔一帙而不可得，今幸入吾篋，當付剞劂，與世人共之。蘭泉聞之，慨然引爲己任，乃舉藝風所校，就商於余，因爲檢索羣書，參訂各本，正其訛誤，補其脱逸。自開梓以迄斷手，凡閲六年，而藝風已墓有宿草，不及見矣。

嗟夫！自唐宋以來，諸家譔述，浩如烟海，其目存而書亡者，何可勝數！即幸而僅存，然脱於水火之災者，或不免飽蠹魚之口；能逭逃於悍斤劇盜蕩子孤嫠之手者，或堙没於通人顯宦崇樓邃閣之中。蓋自道、咸以還，號爲藏書者，往往得一祕笈，視同瓌寶，不以示人，或欲録鈔副帙，校定異文，亦必多方閉拒，若凛謾藏冶容之戒者。自非與古人爲仇，何至視此一線之延，聽其斬絶胤嗣而曾不之恤！今茲得藝風一言而拔之沉霾之中，又得蘭泉一念而播之海寓之内，而余得以微力周旋其間，不可謂非是書之幸遇也。

蘭泉嗜學媚古，曾續刻《雙照樓宋元本詞》合四十家，已盛行於時。兹又成此鉅編，復有《涉園雜纂》之輯，其有功於藝林至偉。倘欲爲古人續命乎？余篋中尚有君家之《説郛》百卷本在，決不敢扃鐍深藏，以蹈仇視古人之譏也！甲子五月，藏園居士傅增湘書。

海源閣藏書紀略

自聊城楊氏海源閣藏書散出後，凡讀書好古之士以及當代名公鉅卿，咸奔走告語，謀所以保存之策。或搜求於琉璃廠肆，或遠訪於齊魯都會，或諮詢於楊氏後裔。山東教育廳至專員抵海源閣中，以調察其殘餘。記載消息，騰布於報紙者，日有所聞。蓋保守古物，發舒文化，人各有責，世具同心也。然或語焉未詳，或言之未當，未足以饜海內人士之望。余耽嗜古籍，久成痼癖，耳聞目見，深恫於懷。爰多方尋究，展轉屬託，數月以來，於楊氏現存古籍，粗得觀覽，雖未能盡窺寶藏，而寓目所及，固已十得八九。聊志梗概，以資采擇。

吾國近百年來藏書大家，以南瞿北楊並稱雄於海內，以其收羅閎富，古書授受源流咸有端緒。若陸氏之皕宋樓，丁氏之八千卷樓，乃新造之邦，殊未足相提而並論也。楊氏收書始於致堂河督，其子協卿太史繼之，其孫鳳阿舍人又繼之。致堂於道光季年在南中所收多爲汪閬源之物，汪氏得之於黄蕘圃，黄氏所得多爲清初毛、錢、徐、季諸家所藏。至協卿、鳳阿所收，咸在京師，值咸、同間怡府書散，其時朱子清、潘伯寅、翁叔平争相購致，而協卿亦頗得精祕之本。然怡府舊藏亦自徐、季而來，其流傳之緒大率如此。據《楹書隅録》所載，凡宋本八十五，金元本三十九，明本十三，校本百有七，鈔本二十四。然協卿晚年所得之書固未嘗入録也。協卿欲爲三編之纂，迄未有成。故江建霞手鈔之目，其書往往出於《隅録》之外；即吾輩今日所見，亦有不載於目者，職是故也。

楊氏既以三世藏書嗣其家，舉明季清初諸名家所有古刻名鈔，又益以乾、嘉以來黄、顧諸人之精校祕寫，萃於一門，蔚然爲北方圖書之府，海内仰之，殆如景星慶雲。第家在陶南，僻處海東，非千里命駕，殆無由窺見，而楊氏亦深自祕惜，不輕以示人。以余所聞，當時惟柯鳳蓀以及門之雅，曾登閣一觀，而江建霞隨汪柳門學使按試所經，亦粗得目涉，記其庋略以去，即今日所傳藥洲精舍寫本是也。第江氏手跋，由羨生妬，識囿方隅，謂「昔之連車而北者，安知不捆載而南」？主人覩此，不懌於懷，緣是扃閉深嚴，殆同永巷。宣統初元，孫慕韓撫部復專摺奏請妥爲保守，以防散佚，官吏奉符，驛騷百出。楊氏兩世孤嫠，憤慨殊常，至有閉閣燔燼之説，可知累代寶藏，幾經艱瘁，乃得緜延以至於今日也。鼎革以來，中外坊估，駱驛於途，而覬覦終未得逞。第甲寅之冬，余曾於廠肆得宋蜀刻本《孟東野集》一册，蕘圃題識，即爲閣中之物，可知是時管鑰固已疏矣。迄丙、丁之際，魯府有收歸公有之議，於是楊氏後裔懼終不吾有，乃檢其精要，星夜輦出。至庚午而匪軍入聊，屯駐閣中，而萬本琳瑯，遂隨劍佩弓刀以俱去矣。

自閣書散佚之耗出，於是廠估奔走四出，西至保定、順德、大名，東至德州、濟南、青島，風起雲湧，竭力窮搜，萃積於平津各肆。而楊氏後裔，以旅居耗産，亦出所藏，以求善價，二三年來，其散出者略已少半。余前歲客津門，曾觀宋本子集凡二十六部，大率先後爲有力者分携以去，余以絀於資，未得嘗鼎一臠。其鈔校祕籍出現於海王村者，亦經官館私家購求殆盡，往往一二鈔校小帙，懸價千金，而宋元古刻更無論矣。説者遂謂宋存室中精華殆已略盡，然以真賞者衡之，其事固未必盡然也。

考楊氏藏書，號稱美富，然其父子特自矜異者，獨爲四經四史，故於宋存書室外，别題齋名。梅伯言撰《海源閣記》，以謂凡書之次六藝，如諸子、詩賦者，皆流也，非其源也。是梅氏亦尊經、史而抑子、集矣。桐鄉陸敬安《冷廬雜識》云：「聊城楊侍郎得宋板《詩經》、《尚書》、《春秋》、《儀禮》、《史記》、《兩漢書》、《三國志》，顔其室曰『四經四史之齋』，可爲藝林佳話。」近時董君授經亦云：「端勤父子雅意勤搜『四經四史』，卓然爲諸藏書家冠冕」。綜諸名家論定觀之，是海源閣藏書爲海内之甲觀，而「四經四史」又海源閣中之甲觀矣。

余三十年來目想神游，形諸夢寐，至是乃税駕津沽，雅意訪延，請於主者，始得寓觀。都現存之書，凡宋本三十餘部，元本二十餘部，而古鈔祕校不計焉。如入瑯嬛之府，登羣玉之山，目不暇給，美不勝收，而尤使人怡神愜志者，則「四經四史」大都赫然具在，然後歎篋中所儲，固已探驪得珠，其散落四方，祇一鱗片爪也，烏足同日而語耶！兹舉其珍祕者，列諸左方。其倉卒未遑遍覽者，不復詳焉。

宋本《毛詩》，巾箱本。宋本《尚書蔡氏傳》，大字精善，極少見。宋撫州本《禮記》，初印，紙潔如玉，墨光如漆，張敦仁所刊之底本。宋乾道本《史記》，蔡夢弼刊本，十二行二十二字，刻工勁秀，建本之精者。宋本《漢書》，宋蔡琪一經堂本，大字妍美，八行十六字，鐵畫銀鈎。宋本《後漢書》，宋王叔邊本，十三行，字體秀勁，與《史記》同，建本之最精者。祇於日本曾見一部。宋本《三國志》。《國志》宋槧㝡罕見，此精印尤難得。按：此即「四經四史」也，惜《儀禮》未及見。宋本《詩説》海内孤本。宋本《春秋名號歸一圖》，汲古閣舊藏，精善。宋本《大戴禮記》，元本，然極罕見。宋本《文公家禮》，大字嚴整。元本《禮書》。精雅可玩。宋本《漢書》，宋本《後漢書》，二書雖有元修，然完整者極不易得。宋本《資治通鑑考異》，宋紹興初浙本，薄紙精印。宋本《方輿勝覽》，是書多殘損，此本獨初印完善，可貴。宋本《兩漢博聞》。乾道胡元質刊本，古雅罕見。宋本《證類本草》。蜀刻古勁，世所稀有。宋本《離騷草木疏》，孤本祕笈，十行二十一字，版式高闊。宋本《韓昌黎集》，十二行本，特爲精雅。宋本《駱賓王集》，北宋蜀本，古雅絶倫，鈔配亦精。宋本《元豐類稿》，大字勁雅，然是元本。宋本《寶晉山林集拾遺》，嘉泰筠陽郡齋刊本，大板，十行十六字，刻尤古雅，世無二本。華氏真賞齋故物。宋本《劉後村集》。精潔完善。元本《樂書》，精整。元本《爾雅》，精刊初印。毛鈔《石藥爾雅》，毛鈔《汗簡》，毛鈔《西崑酬唱集》。以上三書汲古精寫，當與宋刻同珍。

此外宋、元本諸書亦多佳槧，然或爲生平所常見，或迫於晷刻，未及披覽者，不更贅及。至鈔校各帙，多屬陸勅先、何義門、顧千里、張訒菴諸人名筆，而黄蕘圃所校至十餘種，且多爲古書，所據咸屬宋本，尤足珍祕，所謂下宋刊一等者也。邇來文教浡興，嗜書好古衍爲風尚，世人偶見古刻舊鈔，輒争相駭異，詫爲瓌寶，甚者獲其一二，更高自矜異，揭榜徵題，此錢牧齋所謂「吴兒窮眼」者也，若使覩此，當復何如耶！

綜而論之，楊氏之書聚積萬籤，保藏三世，今乃一朝散佚，海内聞之，罔不歎惋。若欲綱羅尋訪，使復舊觀，誠非易事。然以余所見，則殘佚之餘，猶存少半，且經史八帙，端勤視爲鎮庫之寶，學人仰爲稀世之珍者，幸而尚存，則精華固依然如故也。第楊氏既有不能終守之虞，外人更時有篡取之意，而其部帙繁重，價值高奇，又非常人之力所能舉，吾輩披賞之餘，惟有私與慨歎而已。所冀當代賢達，高掌遠蹠，顧此數千卷之書，實四部之菁英，曠代之鴻寶，幾經兵戈水火蟲魚之劫，僅得留貽。若能廣集羣力，包舉無遺，闢館别儲，供人考索，是海源閣雖亡而復存，且視楊氏閉諸篋笥，祇自怡悦者，其用心又加宏焉。嗟夫！鴻名盛業，百載難逢，貞下啓元，千鈞一髮，世有其人乎？余馨香百拜以求之矣！辛未三月二十四日，藏園識。

近於平津坊肆時見有海源閣所藏明刊及舊寫本書。邇來風氣，訪書者多醉心宋、元，而其餘不屑一盼。然平心論之，明刊或有稀覯之書，舊寫頗多孤祕之本，若有好事者兼收而併蓄之，亦可蔚爲鉅觀。聊附鄙言，奉質當世。辛未浴佛前日，書潛偶記。

附藏園日記一則

辛未三月十三日：到鹽業銀行看書，迫暮粗畢，其大概别記之。楊氏書凡存宋本三十三種，元本二十三種，校本二十一種，鈔本十九種，明本一種。在《楹書隅録》中者六十四種，不在目者三十二種。然宋本中如《儀禮》、《春秋經傳集解》、《東萊左氏博議》、《脈經》皆贋品，由明本誤認耳。元本中如《纂圖互注五子》、《程氏遺書》，皆明本也。其精品則有《尚書集傳》、撫本《禮記》、前四史、《詩説》、《通鑑考異》、《證類本草》、《離騷草木疏》、《駱賓王集》、《韓昌黎集》、《寶晉山林拾遺》，咸爲罕祕，絶可寶玩。其校本中蕘圃手蹟至十四五種，要當與宋元並重。然其精華亦只此數耳，若比權量力，藏園插架固未遑多讓也。

熹年謹案：此編記楊氏殘存質於鹽業銀行各書，初發表時，各書時代版本多因楊氏舊題，蓋不欲過拂其意，以爲他日再觀或借校地步。其時代懸絶，顯然誤認者，皆不舉其書。至若「四經四史」中之《儀禮》、《春秋》等書，夙負重名，不容置而不論者，則推爲未見以避之。此當時情勢使然。然於日記及手批《楹書隅録》中均直書無諱，今悉據以訂正，並附日記一則於後，以供參考。

審閱德化李氏藏書説帖丁丑五月二十九日

查李氏書目凡十二册，前六册爲善本，後六册爲普通本。善本第一、二册按四部分類，較爲明晰。其四至六册則次序凌雜，核定不易。某等先後往津，擇其要者開箱檢視，就原目審查，兹舉其大概分述於左。

一、宋、元本：據目載凡□百□十□種。此類之書增湘及鴻寶從前早經遍覽，擇要言之，如宋本《尚書孔傳》、《周禮》、《春秋胡傳》、《論語》、《史記》前、後《漢書》、《五曹算經》、《柳先生集》、《孟東野集》、《皇朝文鑑》、《弘秀集》，皆精湛完善，世所知名。其《周禮疏》、《唐六典》、《説苑》、《醫説》、《草堂詩箋》、尤刻《文選》、《漁隱叢話》等，雖爲殘帙，或經補配，然皆珍奇罕覯，可稱祕籍。元本中之平水《爾雅》、《金陵新志》、《丁卯集》、《道園遺稿》亦爲妙品。其他宋元諸刻，無庸縷述也。

一、明刻本　四部普通善本大率咸具。然其可貴初不在此，别有畸零小帙，雜學百家，隱僻之編，遺佚之典，或通行之書而忽見異本，或焚餘之籍而竟有傳刊，千品萬彙，時出四庫存目之外，或爲近代藏目所遺，可謂取之不盡，索之無窮矣。活字本中亦頗多珍異之品。

一、舊鈔本　此類包孕宏富，名稱至繁。分别而言，有名人手寫本，如錢磬室、柳大中、王乃昭、金耿菴、吳枚庵等；有精影宋元本，如毛子晉、錢遵王、席玉鑑、汪閬源等；有明清藏家傳録本，如自天一閣、抱經樓、鉏經堂、以至藝風堂等；有四庫館底本，有原進館鈔以及傳寫諸本。諸書咸有名家印記，舊人題識，流傳有緒可尋，足以據爲校勘之資。而其中更多名人遺著手稿，未經刊行者，爲前賢精神所寄，尤爲瓌寶。

一、名校本　此類萃集歷代名家手蹟，尤爲典籍菁華。有明人手校者，種類較少；有清代經師手校者，如惠定宇、張皋文、孫淵如、焦理堂、王引之諸人；有名家手校者，如何義門、王西莊、盧抱經、顧千里、黄蕘圃、嚴久能、嚴鐵橋、吳兔牀諸人。其他至不勝枚舉。

一、日本、高麗舊本　此類多元、明以來中土失傳之書，流入彼國者；亦有其書雖存，而我國久無善本可據者；又有彼土著述，今其國中已爲斷種者。故目中所列元和、慶長等活字本，五山、足利、天文等古刻本，影摹唐卷、宋刻舊窞本，凡千餘種。奇書祕册，往往而見，宜與宋元同珍，未可輕視也。

統觀藏書全部，量數之豐，部帙之富，門類之賅廣，爲近東國内藏書家所罕有。宋、元版本合殘帙計約二百餘種，精祕者居其半，價值固當不貲。然其可貴，要以舊鈔、名刻之名品豐富，包羅萬象爲最。蓋李氏藏書重在博取，故一書常采數本，一本或兼存衆校，尤喜網羅雜書，人棄獨取，如野乘、筆記、雜説、叢考之屬，旁及方技、數術、天歷、雜占、壬遁恢奇應雜之書，範圍既廣，藴蓄遂閎。竊謂李氏奮數十年之精力，成此大觀，羣推爲文章之淵藪，學海之津梁。今若慨發帑金，收之官庫，藉以研尋學術，於俾助文化，爲功至偉。

至於價值之評定，實非片語所能詳。姑舉近事證之，如前年山東海源閣楊氏遺書，凡宋、元本以逮鈔校不及百部，已索價至四十萬圓，抵質於銀行，猶及三十萬，此盡人所知也。今李氏之書較楊氏增加數十倍，且苞含鴻博，多屬考覽有用之書，兩相衡量，是李氏家屬五十萬金之願望，尚非過奢。謹粗述概要，上供采擇。應否酌予增益，以示體恤之處，某等未敢擅便，伏候裁奪是幸。

涉園明本書目跋

武進陶君蘭泉編定所藏明本書籍，凡爲部者一千有奇，爲册者一萬四千三百有奇，都爲一目，自洪武以迄崇禎，號爲佳槧者大略咸具，而元刻及明鈔亦間一二焉。余受而讀之終篇，矍然驚曰：盛矣哉！泱泱乎大國也。余與蘭泉訂交於三十年前，時方壯盛，即鋭意以收書爲事。其後南北驅馳，範圍乃益廓。所收以明本、殿本、清初精刻爲大宗，而尤喜官私初印開化紙之書，緣其紙潔如玉，墨凝如漆，怡心悦目，爲有清一代所擅美。廠市賈人遂錫以「陶開化」之名。其收書之法，一書輒兼數本，一本之中又選其紙幅之寬展，摹印之清朗，以及序目題跋，必遴其完善無缺，簽題封面必求其舊式尚存，往往一書而再易三易，以蘄愜意而後快。入庫之前，復躬自檢理，重付裝潢，裱以磁青之牋，襲以靛布之函，包角用宣州之綾，訂册用雙絲之線，務爲整齊華焕，新若未觸，有時裝訂之錢或過於購求之費，而毫不知吝。故持書入市，一望而識爲「陶裝」。昔人評竹垞、漁洋之詩，以爲「朱貪多，王愛好」，若蘭泉收書之癖，殆兼斯二者矣。

通觀全目所載，充溢四部，羅列萬籤，若臚舉之，脱腕不暇記，更僕不能終。兹遴其精善者於後而評隲焉。

經部中如：《周禮》、《儀禮》、《禮記》皆爲徐氏刻本，《春秋集解》爲覆岳刻本，《嚴氏詩輯》爲趙府味經堂本，《韓詩外傳》爲通津草堂、野竹齋二本。

史部中：《史記》爲豐城游明、金臺汪諒、震澤王氏三本，《兩漢書》爲汪文盛本，《晉書》爲西爽堂吴氏本，《舊唐書》爲聞人詮本，《五代史記》爲汪文盛本，前後《漢紀》爲黄姬水本，《路史》爲洪楩本，《國語》爲金李本，《國策》爲龔雷本，《晏子春秋》爲正、嘉間巾箱本，孫淵如藏，吴刻底本。《吴越春秋》爲覆大德本，《越絶書》爲宛陵梅守德本，《華陽國志》爲張佳胤本，抱經樓藏，極罕覯，顧千里未及見。《洛陽伽藍記》爲如隱堂本，極少見。《唐六典》爲正德本，《南雍志》爲嘉靖李默本，完整無缺葉，極少見。《雍大記》爲周宗化本，《三朝北盟會編》爲明鈔本。其餘如《泳化類編》、《金聲玉振集》、《〔嘉靖〕山東通志》、楊維聰脩。《〔嘉靖〕浙江通志》、薛應旂脩。《國朝武功紀勝通考》，顔季亨輯。皆號爲難致者也。

子部中如：《新序》、《説苑》爲汾州楊美益本，題爲《劉氏二書》。《申鑑》爲文始堂本，《中論》爲黄華卿本，《孫子十家注》爲談愷本，《虎鈐經》、《商子》爲天一閣本，《齊民要術》爲嘉靖馬氏本，少見。《素問》、《靈樞》爲顧氏、趙府居敬堂二本，《脈經》爲覆宋及吴勉學二本，吴氏亦翻宋本。《千金要方》爲喬世定小丘山房本，《經史證類本草》爲大德宗文書院本，《太玄經》爲萬玉堂、郝梁二本，《墨子》爲陸穩本，《鶡冠子》爲碧雲館活字本，海内孤本，乾隆御題。《吕覽》爲李瀚本，《東觀餘論》爲項篤壽本，《西溪叢語》爲鴸鳴館本，《鶴林玉露》爲小字本，《困學紀聞》爲正統覆元泰定慶元路本，《論衡》爲通津草堂本，《世説新語》爲袁褧本，《輟耕録》爲成化戴珊本，狹行細字，楊惺吾謂爲元刊。《夷堅志》爲清平山堂本。此外類書如，《藝文類聚》、《白孔六帖》《六帖補》爲明鈔。《錦繡萬花谷》、《事文類聚》、《山堂考索》《古今合璧事類》二本，其一爲活字本。皆元、明佳槧，完整可翫者也。

集部中別集如：《楚辭章句》爲黄省曾本，《楚辭集注》爲何喬新本，《蔡中郎集》爲嘉靖宗文堂本，爲十二卷，異本也。《曹子建集》爲徐虬伯本，《庾開府集》爲嘉靖朱曰藩本，《陳拾遺集》爲弘治楊樁本，《張燕公集》爲嘉靖伍氏龍池草堂本，錢叔寶手跋，朱筆爲伍氏手校。《張子壽集》爲成化邱濬本，即曲江集。《元次山集》爲明初及湛甘泉二本，明初本題《漫叟文集》最爲罕見。《顔魯公集》爲錫山安氏本，於活字本外更刊此本，殊不多見。《昌黎先生集》爲繼雅堂本，行款與東雅堂本同，極精湛，奇書也。《李文公集》爲成化何宜本，《李昌谷集》爲弘治張淮本，少見。元、白《長慶集》爲嘉靖小字本，《寇忠愍集》爲弘治本，《歐陽文忠公集》爲天順程宗本，《司馬傳家集》爲成化本，二范集爲翻天曆本，《安陽集》爲正德本，《宛陵集》爲正統袁旭本，初印，極精美。《文潞公集》爲嘉靖吕柟本，《欒城集》爲活字本，《山谷集》爲徐岱本，《陳後山集》爲弘治馬暾本，《水心集》爲正統黎諒本，《王魯齋集》爲正統劉同本，《滄浪集》爲正德胡汝器本，《文文山集》爲嘉靖壬子鄢懋卿本，《方蛟峰集》爲弘治癸亥本，《太倉稊米集》、《魏鶴山大全集》皆舊鈔本，《元遺山集》爲李瀚本，《道園學古録》爲景泰本，《松雪齋集》爲元花溪沈氏本，《陳剛中集》爲天順本，少見。《黄文獻集》爲元刊小字本，《柳待制集》爲元刻本，《書塘小稿》爲成化許容本，《蜕菴集》、《蒲菴集》均爲洪武本，《翠屏集》爲成化本。此外如淵明、右丞、太白、工部李、杜均玉几山人刊，最少見，昌黎、河東、南豐、嘉祐、臨川、東坡、淮海、龜山、屏山、晦菴、止齋、梅溪、洛水，亦皆正、嘉以前所刊，其源多出於宋、元古刻者也。而明人專集一百四十餘家，更無煩備述矣。

總集中載《文選》凡六部，以飛鸞閣本爲創見，而《玉臺新詠》爲嘉靖、崇禎二本，《唐文粹》爲徐焴本，《唐人萬首絶句》爲翻紹熙本，《花草粹編》爲萬曆本，《文心雕龍》爲汪一元本，《詩話總龜》爲月窗道人本，咸斠訂精謹，足資翫誦，又不僅楮墨雅麗爲足貴也。

至如彙刻諸編，則有李元陽之《十三經注疏》，畢效欽之《五雅》，北監刻之《二十一史》，世德堂顧氏、樊川別業許氏之《六子》，張登瀛之《中立四子》，胡維新之《兩京遺編》，周子義之《子彙》，馮夢禎之《緜渺閣周秦諸子合編》，廣西官本之《武經七書》，華氏、鄭氏之《百川學海》莆田鄭氏刻於嘉靖十五年，皕宋樓題爲宋刊者即此本。嘉靖本《歷代畫史彙録》嘉靖覆宋刊，凡十餘種。薛應旂之《魏晉六朝詩集》，顧氏之《文房小説後集》，徐獻忠之《唐詩品百家》，陶珽之《説郛》，咸屬鉅編，多存古本，苞奇藴采，亦足稱焉。

或謂北監史籍，遠遜南雍，緣其萬曆重雕，古意浸失，恒不爲世重，何獨取而著之？不知今世所傳，摹印已晚，粗率斷爛，頗不耐觀，今涉園所收，獨爲精絶，原書佚去十許帙，主人妙選良工，購求舊楮，摹寫足成，纖毫畢肖，糜費至千金以上，余往時嘗把觀竟日，妍美明湛，精采照人，筆法刀工，殆難驟辨，未嘗不懽喜讚歎，思汲古之流風復見於今日也。或又謂《説郛》一書號爲習見，取以爲殿，無乃濫竽乎？不知並世流行，多爲李際期本，余閲肆垂老，欲求崇禎原刻，迄未一覯。兹目所録，正爲陶珽初刊，其目録次第，檢視李本，判然不同，是此通行之書，亦爲罕見之品。目中所載，類此正多，姑舉兹爲例可耳。

原目明刊外，又析汲古閣本、閔氏朱墨本別爲一類。毛氏刊書目録見於《小石山房叢書》者，晚近殆難悉覯，而涉園所收，得九十七種，視原書所載祇闕百分之四五耳。自清初迄於今，越二百七八十年，而網羅散佚，什襲珍儲，幾復舊規，子晉有知，宜深異代相知之感矣！《十七史》精印罕逢，余二十年前見諸獨山莫氏，乃爲開化紙精妙之品，摩挲愛玩，手不忍釋。今觀涉園篋藏，即是書也。閔氏羣書，取便誦讀，傳播既廣，爲世所輕。然彩色精妍，評點清晰，要爲几案間俊物。且裒然百帙，萃成大觀，其中《西廂》、《琵琶》、《邯鄲》、《紅拂》皆詞曲妙品，圖畫人物，鏤繢絶佳，足覘藝術之精奇，未宜以耳目近玩輕之矣！

蘭泉收書，始於光、宣之交。其時余亦雅嗜縹緗，日游坊市，初喜明人集部，及勝代野史之屬，嗣乃旁及鈔校，上溯宋元，與君分道揚鑣，殆不相謀。今披覽終帙，清芬古墨，觸目琳瑯，鑑別之精，蒐采之富，有推倒一時豪傑之概，始恍然於前此相知之未至，而所見之未閎也。

或謂宋元舊刊，藏家所尚，沿及近日，計葉論錢，珍同球璧，固貴其探源之古，亦由於傳世之稀。若夫有明一代，雕槧不盡精良，斠校半皆疏陋，且鋟本流行，要非珍祕，是以清初毛、錢諸家咸屏而弗取，洎乎中葉，乃見甄收，亦何取而盛詡之耶？余謂此乃知二五而不知一十者也。夫毛、錢諸家之重宋、元是矣，然自清初而上溯之，距南宋之初約五百年，距元之中葉約三百年；試更由今日以上溯之，距嘉靖初元爲四百十年，距萬曆末造爲三百二十年；是則今日之求嘉靖本，可當清初之求宋端平本矣，今日之求萬曆本，可當清初之求元泰定本矣。況又等而上之，今日之洪武、永樂本，視毛、錢諸家藏大觀、政和之本豈有異乎？大抵歷世既久，經變愈多，焚毀摧殘之禍乃演而益烈。今涉園明刊千部，爲册者以一萬五千計，爲卷者以五萬五千計，此皆歷三、四百年中兵戈水火蟲鼠之劫，而僅存十一於千百也，寧非書城之注封文苑之寶藏耶？且明世去古未遠，翻雕經籍，尚多循舊式，試觀所舉各本，殆已百餘，凡四部之古書，多出宋元之善本，吾輩今日求宋元本不可盡見，得覆本而校訂之，猶之宋元本也。然則嘉靖以上諸書，雖謂與宋元本同其珍祕，豈爲過論歟！

吾嘗語蘭泉：「公好明本，若總萃嘉靖本百帙，當以『百嘉齋』題牓相貽」。玆按眎簿籍，固已倍百而有嬴，然後知君數十年來，節衣縮食，往還於苕舟、燕市之間，辛勤掇拾，以償兹願，蔚爲鉅觀者，夫豈偶然而致哉！百川室内，君藏宋刊《百川學海》因以名齋。香溢瑯函，托跋廛中君藏北魏墓誌，多爲珍品。華鐫石墨，吾知丁字沽前，必有人覘虹月之宵騰，而登羣玉之居，拜瑯嬛之府者。神物護持，清芬世守，展卷之餘，不禁爲君馨香百拜，乞靈於長恩之永佑矣！辛未四月望，書於藏園之長春室。

涉園陶氏藏明季閔凌二家朱墨本書書後

明季吴興閔齊伋刻書，字體方整，朱墨套板，或兼用黄、藍、紫各色，白棉紙精印，行疏幅廣，光采炫爛，書面簽題，率用紬絹，朱書標名，頗爲悦目。其書則羣經、古子、史鈔、詩文總集、别集，下逮詞曲，旁及兵、占、雜藝，凡士流所習用者，大率咸具。其格式則闌上録批評，行間加圈點、標擲，務令詞義顯豁，段落分明，皆采擷宋、明諸名家之説，而萃之一編，欲使學者得此可以識涂徑，便誦習，所以爲初學計者，用心至周，非徒爲美觀而已。數百年流布人間，標異其名，號爲「閔刻」。顧其書無總目，又無彙訂之帙，故其部帙、卷數，不可得而詳。然聞之前輩，可指名者大都一百二十種。今涉園竭三十年之力，薈集得百種，可謂富矣。凌氏與閔居同邑，生同時，所刻之書格式亦相仿，第卷帙爲略儉。涉園乃合裝而並儲之，使以類相從，庶兩美相合而益彰焉。

考閔、凌二氏皆吳興鉅族。齊伋兄夢得位至樞輔，志稱爲崇禎中完人。齊伋字及五，以諸生家居，不營仕進，耽心著述，撰有《六書通》行世。凌濛初號初成，迪知之子，崇禎中以副貢授上海丞，署海防事，事蹟皆載邑志。近世侈談版刻，二氏所刻之書，或以爲近於批尾之習，爲大雅所不屑顧。然試取而諦觀之，其標點脈絡分明，使後學披之，有引人入勝之妙，其版刻精麗，足娱老眼，而唐賢諸集，尤多源出善本，固賢於麻沙坊估遠甚。涉園其世寶之，勿輕徇流俗之見而自貶其聲價可耳！壬申九月，藏園老人記。

題周叔弢勘書圖

秋浦周氏自玉山先生以來，與余家論交已歷四世矣，道義文章，互爲師友，風誼之篤，雖懿親不啻焉。桑海以後，于羣從昆季中，與叔弢過從尤密，則以癖古嗜書爲之緣也。君自青島移家津門，始相接晤，其收書亦微後於余。然君之爲人也，貌婉而神清，才敏而志定，淡聲色，薄滋味，寡氣矜，畏榮進，怡然澹然，若與世無競者。獨於古書祕籍，則深嗜篤好，專精奮氣，以肆求索，若疾病之待藥餌，而飢渴之思食飲也。旅津二十年，殖業餘閑，無日不以訪書爲事。廠肆之人，苕舟之估，麇集其門。内而天府館庫之舊儲，外而南北故家所散逸，珍異紛羅，供其采擇，由是頻歲所收宋元古槧殆百帙，名鈔精校亦稱是，聲光騰焯，崛起北方，與木犀軒、雙鑑樓鼎足而立，駸駸且駕而上之，噫，可謂盛矣。

顧君之收書也，與恒人異趣，好尚雖摯，而懸格特嚴。凡遇刻本，卷帙必取其周完，楮墨必求其精湛，尤重昔賢之題識與傳授之源流。又其書必爲經子古書、大家名著，可以裨學術、供循諷者。至鈔校之書，審爲流傳之祖本，或名輩之手蹟，必精心研考以定其真贋。不幸有俗書惡印、點污塗抹之累，則寧從割舍，不予濫收。設遇銘心絶品，孤行祕本，雖傾囊以償，割莊以易，而曾不之恤。既收之後，又亟繕完補綴，存其舊裝，襲以金粟之箋，盛以香楠之匣，牙籤錦帙，芸芬麝馥，寶護周勤。故其藏書不侈閎富之名，而特以精嚴自勵。有客請觀，必告以澄神端慮，静几焚香，恪守趙文敏六勿之戒。余過津門，輒詣君欣賞，盡出新獲，以相質證。每當午窗晴旭，夜漏風清，吾兩人展卷細讀，相對忘言，宛如坐澹生堂中，有縹函朱榻，風過鏗然之趣。逸情高致，固難爲不知者道也。

治事之隙，不輟丹鉛，嘗觀手校羣書，皆字畫端謹，朱墨鮮妍，頗具義門風範，決不效蕘圃之「火棗糕」、「赤練蛇」見訾於後世也。

余嘗觀當世藏書者衆矣，豪門鼎族，揮手萬金，捆載而來，束之高閣，衡其流品，寧污齒牙！其有故家名輩，心契古歡，而鑑別無方，蘭蕭雜采；亦有家富萬軸，不通一瓻，守帳祕以自私，類長門之永錮。此其人皆弋取聲氣，企慕風流，或骨董以貽譏，或詅癡而致誚，求其雅裁邃學、善藏善讀者，志同道契，能有幾人。此也是翁稱絳雲樓爲讀書者之藏書，所以異於清常、潛在也。嗟夫！若吾叔弢者，既如任昉之多藏異本，復兼子才之善思誤書。墨莊藝圃之中，英絶領袖者非子而誰屬耶！

余平生微尚，雅慕顧、黄，何意晚歲棲遲，欣逢儁侶！昔人論詩，有「朱貪多，王愛好」之説。余衰頹廢學，泛騖無歸，何敢仰企長蘆？若君之英姿卓識，慎下雌黄，奄有漁洋「愛好」之風。爰述舊聞，聊資借喻。或異時補《書林清話》者，存爲故實，俾藏園校録得與莊嚴堪並傳，則炳燭之明，實被餘光之照，斯君之所以惠我良多矣。

藏園羣書題記書名及著者名綜合索引

説　　明

一、本索引檢索本書正文所著録古籍之書名及著者姓名。書名與作者名綜合編制於同一索引中，依其首字及次字、三字……之四角號碼順序排列。每條書名之下，注明著者及版本；人名之下注明其所著之書（著録於本書正文中者）及版本。

二、書名、著者名悉依原題著録。書名原題尚能分解基本書名者，再列參見條。如 9592_7“《精選皇宋策學繩尺》”條外，2610_4 再列“《皇宋策學繩尺》，見《精選皇宋策學繩尺》”條。一書原題有兩個以上著者時，分列其條。原題稱輯、校、撰、注者，亦分列條目，並注明輯、校、撰、注字樣。

三、條目之後卷數與號碼，分別指本書排印本之卷數及頁碼。

四、本索引依四角號碼法編制。另編字頭“筆劃檢字表”，供不熟悉四角號碼法之讀者參用。

五、本索引由筑民編制。

四角號碼索引

0

0010_4　童

30 童宗説等(注)　重校添註音辯唐柳先生文集　宋刊本　卷 12/704

0020_1　亭

44 亭林詩文集　顧炎武撰　清潘耒刊本　卷 17/1004

0021_1　鹿

43 鹿裘石室集　(明)梅鼎祚　明刊本　卷 17/990

靡

60 靡墨亭墨考　(清)顔崇槼　清鈔本　卷 6/393

0022_0　齊

17 齊己　見釋齊己條。

0022_7　方

00 方言直解　見輶軒使者絶代語釋別國方言直解條。

10 方百川先生經義　(清)方舟　清刊本　卷 17/1016

27 方舟　方百川先生經義清刊本　卷 17/1016

40 方大琮　宋寶章閣直學士忠惠鐵庵方公文集　明正德八年方良節刊本　卷 15/870

80 方公文集　見宋寶章閣直學士忠惠鐵庵方公文集。

席

21 席上輔談　(宋)俞琰　明鈔本　卷 10/604

商

17 商子　見天一閣奇書。

0022_7　高

00 高彦休　闕史　清吳志忠校本　卷 9/530

17 高承　事物紀原集類　校宋本　卷 9/552

0028_0 廣

50〔嘉靖〕廣東通志 （明）黄佐 卷 4/247

53 廣成子註 見稗乘。

廣成子解 見天一閣奇書。

60 廣見聞録 （清）徐岳 清乾隆大德堂刊本 卷 9/532

0029_4 麻

00 麻衣道者正易心法 見天一閣奇書。

0040_0 文

00 文章類選 （明）朱㮵(輯) 明初刊本 卷 18/1081

26 文泉子集(劉蜕集、劉拾遺集) 劉蜕 舊鈔本 卷 12/728

33 文心雕龍 （梁）劉勰 明嘉靖二十二年佘誨刊本 卷 20/1147

又 明萬曆七年張之象刊本 卷 20/1149

又 明嘉靖十九年汪一元刊本、明徐𤊹手校 卷 20/1150

44 文苑英華 （宋）李昉 宋嘉泰吉州刊本 卷 18/1038

又 明隆慶刊本 清范坦臨葉樹廉校本 卷 18/1051

80 文谷 備忘小抄 清鈔本 卷 8/510

0040_1 辛

00 辛棄疾 南燼紀聞録清鈔本 卷 3/178

0041_4 離

77 離騷集傳 （宋）錢杲之 宋刊本 卷 11/635

0060_1 音

00 音註韓文公文集 （唐）韓愈 （宋）祝充(音註) 宋刊本 卷 12/696

0061_4 註

50 註東坡先生詩 （宋）蘇軾 施元之、顧禧(註) 宋嘉泰四年淮東倉司刊本 卷 13/796

0073_2 玄

00 玄應 見釋玄應條。

17 玄羽外編 （明）張大齡 明萬曆刊本 卷 5/314

0080_0　六

47 六朝詩集　(宋) 失名人(輯)　明嘉靖刊本　卷 18/1027

0090_6　京

72 京氏易傳井　見天一閣奇書。

0121_7　龍

00 龍衮　江南野史　趙琦美校本　卷 3/174

67 龍川略志、別志　(宋) 蘇轍　清影鈔宋刊本　卷 8/493

88 龍筋風髓判　(唐) 張鷟　明弘治刊本　卷 9/538

0128_6　顏

22 顏崇椝　靡墨亭墨考　清鈔本　卷 6/393

44 顏懋僑　霞城筆記　清鈔本　卷 8/519

72 顏氏家訓注補注　(清) 徐鯤　清嚴樹萼臨本　卷 7/410

0164_6　譚

87 譚録　見劉先生譚録。

0180_1　龔

01 龔明之　中吳紀聞　清毛扆手校本　卷 4/253

44 龔孝拱(手書)　小學三種　卷 1/61

0292_1　新

00 新唐書　(宋) 歐陽修、宋祁(纂修)　南宋初小字建本　卷 2/109

新唐書糾繆　(宋) 吳縝　明趙開美刊本　卷 2/112

又　清盧文弨手校本　卷 2/112

01 新語　見天一閣奇書。

02 新刻諸儒批點古文集成　王霆震(輯)　宋末刊本　卷 18/1076

22 新刊元微之文集　(唐) 元稹　宋蜀刻本　卷 12/713

新刊李學士新註孫尚書内簡尺牘孫覿　元刊本　卷 14/834

新刊簪纓必用翰苑新書　(宋) 失名人(輯)　明萬仁壽堂刊本　卷 9/554

0460_0　謝

24 謝幼槃集　(宋) 謝邁　宋

刊本 卷 14/825
27 謝翱 晞髮集 明萬曆四十六年郭鳴琳刊本 卷 15/879
30 謝宣城集 （南齊）謝朓 宋刊本，明刊諸本附 卷 11/638
又 汲古閣影鈔宋本 卷 11/646
34 謝邁 謝幼槃集 宋刊本 卷 14/825
38 謝肇淛 百粵風土記 清鄭氏注韓居鈔本 卷 4/263
40 謝枋得 疊山集 明景泰四年黃溥刊本 卷 15/876
45 謝榛 四溟山人集 明萬曆二十四年趙府冰玉堂刊本 卷 17/854
47 謝起巖 忠文王紀事實録 宋本 卷 3/213
50 謝肅 密菴藁 明洪武三十一年劉翼南刊本 卷 17/958
60 謝疊山先生集 謝枋得 明景泰刊本 卷 15/876
72 謝朓 謝宣城集 宋刊本，明刊諸本附 卷 11/638
又 汲古閣影鈔宋刊本 卷 11/646

0464_1 詩
02 詩話總龜（增修詩話總龜） 卷 20/1158
17 詩翼 明萬曆刊本 卷 18/1066
21 詩經世本古義 （明）何楷 清徐時棟改訂本 卷 1/19
30 詩家鼎臠 （宋）失名人（輯） 清鈔本 卷 19/1118
44 詩考 見韓魯齊三家詩考。
30 詩準、詩翼 （宋）何無適 倪希程（輯） 明萬曆十二年刊本 卷 18/1066
60 詩品（鍾嶸詩品） 明刊本 卷 20/1151

0466_0 諸
21 諸儒批點古文集成 見新刻諸儒批點古文集成。

0512_7 靖
00 靖康要録（孝慈淵聖皇帝要録） （宋）失名人 清王宗炎手校本 卷 2/132
清鈔本 卷 2/142
靖康孤臣泣血録 丁特起（述） 卷 3/181
靖康野史彙編四種 卷 3/176

0742_7 郭
12 郭璞(注) 輶軒使者絶代語釋别國方言解 宋慶元刊本 卷 1/55
17 郭子翼莊 見天一閣奇書。
23 郭允蹈 蜀鑑 明刊本 卷 3/155
又 卷 3/156
27 郭象(註) 南華真經註 宋安仁趙諫議本 卷 10/526
30 郭憲 别國洞冥記 明程榮漢魏叢書本 卷 9/592
34 郭造卿 燕史 清鈔本 卷 4/248
44 郭茂倩 樂府詩集 宋刊本 卷 18/1056
又 元至正元年集慶路儒學刊本 卷 18/1062

0821_2 施
10 施元之(註) 施顧註東坡先生詩 宋刊本 卷 13/796
31 施顧注東坡先生詩 施元之、顧禧注 宋刊本 卷 13/796

0824_0 放
80 放翁詩選前後集 (宋)陸游(著) 劉須溪、羅澗谷(選) 明嘉靖本 卷 15/859

0861_0 説
44 説苑 (漢)劉向 宋末刊本 卷 6/335

0862_7 論
01 論語意原 (宋)鄭汝諧 明謝肇淛小草齋鈔本 卷 1/43
論語筆解 見天一閣奇書。

0864_0 許
37 許洞 虎鈐經 明刊本 卷 6/352
50 許中麗 光嶽英華詩集 明武洪十九年刊本 卷 18/1068

0925_9 麟
32 麟溪集 (明)鄭太和(輯) 明永樂刊本 卷 19/1145

1

1000_0 一
47 一切經音義 (唐)釋玄應 清盧文弨、顧廣圻校本 卷 10/588

67 一鳴集　見司空表聖文集。

1010_1　正

20 正受　見釋正受條。

三

12 三孔先生清江文集　（宋）孔平仲等　明鈔本　卷 19/1116

30 三家詩考　（宋）王應麟（著）　元本　卷 1/15

75 三體宫詞　失名人(輯)　明萬曆二十二年吳氏雲栖館刊本　卷 18/1032

又　明萬玉山居刊本　卷 18/1033

40 三十國記　見稗乘。

44 三墳　見天一閣奇書。

47 三朝北盟會編　（宋）徐夢莘　清鈔本　卷 2/143

1010_3　玉

40 玉臺新詠　徐陵(撰)　明萬曆七年茅元禎刊本　卷 18/1052

又　明崇禎六年趙均刊本　卷 18/1054

又　清鈔本　卷 18/1056

1010_4　王

00 王彦　武經龜鑑　宋刊本　卷 6/353

又　卷 6/355

王應麟(輯)　韓魯齊三家詩考　卷 1/15

困學紀聞元泰定二年慶元路　儒學刊本　卷 7/453

又　全祖望手校本　卷 7/455

又　錢大昕手校本　卷 7/455

王摩詰集　（唐）王維　明正德刊本　卷 11/672

10 王霆震(輯)　新刻諸儒批點古文集成　宋末刊本　卷 18/1076

王天與　尚書纂傳　影鈔元刊本　卷 1/13

15 王建　宮詞　明江村別墅鈔本　卷 12/696

17 王瓊　陝西四鎮軍馬册及會禦事宜　卷 5/300

王鞏　甲申雜記、聞見近録　宋江西刊本　卷 8/497

20 王禹偁　王黄州小畜集　清影鈔宋刊本　卷 13/749

又　吳翌鳳校本　卷 13/750

王維　王摩詰集　明正德

刊本　　　　　卷 11/672
22 王質　雪山集　清鈔本
卷 14/846
23 王狀元集百家註分類東坡先生詩王十朋(纂修)　宋虞本齋刊本　　卷 13/783
又　宋刊本　　卷 13/786
又　宋建本　　卷 13/792
又　元建安熊氏本
卷 13/793
王狀元集注分類東坡先生詩　見增刊校正王狀元集注分類東坡先生詩。
30 王注蘇詩　王十朋注　宋建本　　卷 13/792
王安石　臨川先生文集　宋紹興兩浙西路轉運司刊本　　卷 13/775
王荊文公詩箋注　宋刊本
卷 13/776
王安石(輯)　唐百家詩選　宋刊本　　卷 19/1100
王實　聽雪先生集　清鈔本　　卷 16/952
40 王十朋(纂集)　增刊校正王狀元集註分類東坡先生詩　宋虞平齋刊本
卷 13/783
王狀元集百註分類東坡先生詩　宋刊本　卷 13/786
又　宋建本　　卷 13/792
又　元建安熊氏本
卷 13/793
42 王荊公唐百家詩選　宋刊本　　卷 19/1100
王荊文公詩箋注　宋本
卷 13/776
44 王若虛　滹南集　鮑廷博校本　　卷 15/886
王世德　崇禎遺録　傳鈔李文田家鈔本　　卷 3/192
王黄州小畜集　(宋) 王禹偁　清影鈔宋刊本
卷 13/749
又　吳翌鳳校本 卷 13/750
王楙　野客叢書　明嘉靖四十一年王穀祥刊本
卷 8/475
54 王耤(輯)　藝苑叢鈔　王耤手寫本　　卷 10/629
71 王阮　義豐文集　宋淳祐三年王旦刊本　卷 14/849
87 王欽若(輯)　册府元龜　宋蜀刻本　　卷 9/549
88 王符　潛夫論　明刊本
卷 6/343

1010_7　五

10 五石瓠 （清）劉繼 清鈔本 卷 8/442
21 五經算術 見汪氏叢書七種。
23 五代史記 （宋）歐陽修、徐無黨(註) 宋刊本 卷 2/113

1017_7 雪
12 雪磯叢稿 （宋）樂雷發 明活字印本 卷 15/872
22 雪山集 （宋）王質 清鈔本 卷 14/846
33 雪浪詩、松寥詩、吳裝詩集 （明）程嘉燧 明萬曆刊本 卷 17/997
44 雪坡姚舍人文集 （宋）姚勉 清初鈔宋本 卷 15/873

1020_0 丁
24 丁恃起 靖康孤臣泣血録 卷 3/181
47 丁鶴年 丁鶴年集 清鈔本 卷 16/948
丁鶴年集 （元）丁鶴年 清鈔本 卷 16/948

1021_0 元
00 元音獨步揭文安公詩集 揭傒斯 清陳樽校本 卷 16/927
22 元豐類稿 （宋）曾鞏 宋刊本 卷 13/761
24 元結(輯) 篋中集 何焯校本 楊守敬校本 卷 19/1087
元稹 新刊元微之文集 宋蜀刻本 卷 12/713
27 元包經傳 見天一閣奇書。
元包數總義 見天一閣奇書。
35 元遺山集 （金）元好問 明弘治十一年李瀚刊本（遺山先生文集） 卷 15/887
又 清道光張穆刊本 卷 15/889
47 元好問 遺山先生文集 明弘治十一年李瀚刊本 卷 15/887
元遺山集 清道光張穆刊本 卷 15/889
元好問(輯) 中州集 元至大三年平水曹氏進德齋刊本 卷 19/1119
又 何焯校本 卷 19/1121
又 何焯校元本 卷 19/1122
元朝秘史 失名人 清顧廣圻手校本 卷 3/190
72 元氏掖庭記 見稗乘。

1022_7 兩

44 西藏見聞録 （清）蕭麟騰 清鈔本 卷 4/267
西菴集 （明）孫蕡 明弘治十六年金蘭館活字印本 卷 17/971

百

27 百粤風土記 （明）謝肇淛 清鄭氏注韓居鈔本 卷 4/263
30 百家注蘇詩 王十朋集注 元建安熊氏本 卷 13/793

1073_1 雲

40 雲臺編 （唐）鄭谷 明鈔本何焯手校 卷 12/736
80 雲谷雜記 見汪氏叢書七種。
88 雲笈七籤 （宋）張君房 明鈕氏世學樓鈔本 卷 10/604

1080_6 賈

72 賈氏談録 （宋）張洎 清胡珽勞格鈔校本 卷 8/487
80 賈公彦(疏) 附釋音周禮注疏 朝鮮古活字印本 卷 1/22

貢

21 貢師泰 玩齋集 清鈔本 卷 16/942

1111_0 北

00 北齊書 （唐）李百藥 宋刊本 卷 2/104
07 北郭集 （明）徐賁 明成化二十三年張習刊本 卷 17/968
21 北虜風俗 （明）蕭大亨 明刊本 卷 4/254
北虜世系 （明）蕭大亨 明刊本 卷 4/254
44 北夢瑣言 （宋）孫光憲 清吳氏拜經樓傳鈔宋本 卷 8/485
50 北史 李延壽 元大德刊本 卷 2/106
90 北堂書鈔 （唐）虞世南 明鈔本 卷 9/532
又 百衲本 卷 9/533

1111_1 玩

00 玩齋集 （清）貢師泰 清鈔本 卷 16/942

1112_1 珩

80 張金吾　愛日精廬文鈔
清鈔本　卷 17/1025
96 張煌言　張蒼水詩文集
清鈔本　卷 17/999

1120_7　琴
50 琴史　朱長文　明影宋鈔
本　卷 6/390

1173_2　裴
76 裴駰(集解)　史記集解
宋元百衲本　卷 2/75
又　明影鈔宋刊本 卷 2/80
史記集解索隱正義　元刊
本　卷 2/81
又　明金臺刊本　卷 2/82
又　明震澤王氏刊本
卷 2/86

1220_0　列
17 列子鬳齋口義　林希逸
宋刊本　卷 10/598

1223_0　水
21 水經注　(後魏) 酈道元
宋紹興刊本　卷 4/270
50 水東日記　(明) 葉盛　明
弘治湖廣刊本　卷 8/504

1241_0　孔
10 孔平仲　珩璜新論　明鈔、
吳騫陳鱣手校本　卷 7/432
孔平仲等　三孔先生清江
文集明鈔本　卷 19/1116
17 孔子集語　見天一閣奇書。
21 孔穎達(疏)　周易正義
宋紹興監本　卷 1/3
又　尚書注疏　金平水刊
本　卷 1/11
30 孔安國(傳)　尚書注疏
金平水刊本　卷 1/11
60 孔晁(注)　逸周書　盧文
弨手校本　卷 3/161
72 孔氏雜説　見珩璜新論。

1249_3　孫
00 孫奕　履齋示兒編　明潘
氏如韋館刊本　卷 8/476
10 孫可之文集　(唐) 孫樵
宋蜀刻本　卷 12/729
27 孫紹遠　聲畫集　明鈔本
卷 18/1065
28 孫作　滄螺集　汲古閣刊
本　卷 17/963
40 孫樵　孫可之文集　宋蜀
刻本　卷 12/729
孫樵集　明天啓五年吳馡

石香館刊本　　卷 12/730
44 孫蕡　西菴集　明弘治十六年金蘭館活字印本　　卷 17/971
46 孫覿　孫尚書大全文集　清鈔本　　卷 14/832
新刊李學士新註孫尚書内簡尺牘　元刊本 卷 14/834
鴻慶居士文集　明山泉書舍鈔本　　卷 14/833
88 孫鋭　耕閑集　清鈔本　　卷 15/882
90 孫光憲　北夢瑣言　清吴氏拜經樓傳鈔宋本　　卷 8/485
孫尚書大全文集　（宋）孫覿　清鈔本　　卷 14/832
孫尚書内簡尺牘　孫覿　元刊本　　卷 14/834

1266_9　礌
32 礌溪集　丘處機(撰)　金刊本　　卷 15/892

1314_0　武
21 武經龜鑑　（宋）王彦　宋刊本　　卷 6/353
又　　卷 6/355

1320_2　弘
20 弘秀集　見唐僧弘秀集。

1413_6　聽
10 聽雪先生集　（元）王實　清鈔本　　卷 16/952

1540_4　建
90 建炎以來朝野雜記　（宋）李心傳　明鈔本　卷 5/297
建炎復辟記　（宋）失名人　明姚咨手寫本　卷 3/175

1610_4　聖
30 聖宋名賢五百家播芳大全文粹　（宋）魏齊賢、葉棻(輯)　明鈔本　卷 19/1112
又　清王宗炎手校本　　卷 19/1114
聖宋名賢四六叢珠(四六叢珠)　（宋）葉蕡(輯)　明王寵家鈔本　　卷 18/1075

1661_0　硯
11 硯北雜志　（元）陸友　清孔繼涵手校本　　卷 7/456
88 硯箋　（宋）高似孫　明鈔本　　卷 6/392

1710_7　孟

34 孟浩然　孟浩然集　宋蜀刻本　卷 11/668

孟浩然集　（唐）孟浩然　宋蜀刻本　卷 11/668

1712_7　耶

25 耶律鑄　雙溪醉隱集　清四庫館稿本　卷 16/909

1722_7　酈

38 酈道元　水經注　宋紹興刊本　卷 4/270

1723_2　豫

00 豫章黄先生文集　（宋）黄庭堅　明弘治葉天爵刊嘉靖重修本　卷 13/802

豫章羅先生文集　（宋）羅從彦　明嘉靖謝鸞刊本　卷 14/835

1740_0　子

60 子昂集　陳子昂　明嘉靖四十四年王廷刊本　卷 11/661

1740_8　翠

28 翠微南征録　（宋）華岳　清鈔本　卷 15/868

翠寒集　（元）宋無　明刊本　卷 16/932

1762_0　司

30 司空圖　司空表聖文集　宋蜀刻本　卷 12/732

又　清鈔本　卷 12/735

30 司空表聖文集　（唐）司空圖　宋蜀刻本　卷 12/732

又　清鈔本　卷 12/735

71 司馬貞(索隱)　史記集解索隱正義　元刊本　卷 2/80

又　明金臺刊本　卷 2/82

又　明震澤王氏刊本　卷 2/86

司馬遷　（劉宋）裴駰(集解)　史記(集解)　宋元百衲本　卷 2/75

又　明影鈔宋淮南路刊本　卷 2/80

司馬遷　（劉宋）裴駰(集解)　（唐）司馬貞(索隱)　（唐）張守節(正義)　史記(集解索隱正義)　元彭寅翁刊本　卷 2/80

又　明金臺汪諒刊本
卷 2/82
又　明震澤王延喆刊本
卷 2/86
司馬光　資治通鑑　百衲宋本　卷 2/119
涑水紀聞　明鈔本
卷 8/488
司馬光　切韻指掌圖　宋刊本　卷 1/68

1762_7　邵
26 邵伯温　河南邵氏聞見録　清陳墫手校本　卷 8/499
邵氏聞見録　明鈔本
卷 8/501
29 邵秋堂集(秋堂邵先生文集)　邵□□　元刊本
卷 16/897
60 邵□□　邵秋堂集　元刊本　卷 16/897
72 邵氏聞見録　邵伯温　明鈔本　卷 8/434
又　見河南邵氏聞見録。

1780_6　負
63 負暄野録　（宋）陳櫄　毛氏汲古閣鈔本　卷 8/513

1814_0　政
21 政經　真德秀　明刊本
卷 6/346

2

2010_4　重
22 重刊嘉祐集　（宋）蘇洵　清顧廣圻手校本　卷 13/669
40 重校添注音辨唐柳先生文集　（唐）柳宗元　（宋）童宗説等　宋刊本　卷 12/704

2024_7　愛
60 愛日精廬文鈔　（清）張金吾　清鈔本　卷 17/1025

2040_0　千
30 千家詩選　見後村千家詩選。
千字文(小學三種)　（梁）周興嗣　清龔橙寫本　卷 1/61

2033_1　焦
04 焦竑　國史經籍志　清康熙傳鈔明徐氏曼山館刊本
卷 5/305

2040_7　雙

32 雙溪醉隱集 （元）耶律鑄 清四庫館稿本 卷 16/909

2071_0 毛

04 毛詩鄭箋 見監本纂圖重言重意互注點校毛詩。

44 毛萇(傳) （漢）鄭玄(箋) 監本纂圖重言重意互註點校毛詩宋刊本 卷 1/16

2090_4 集

20 集千家註批點杜工部詩集 元刊本 卷 11/681

30 集注分類東坡先生詩 蘇軾 宋刊本 卷 13/783

2121_7 伍

40 伍袁萃 林居漫録 清鈔本 卷 8/507

盧

21 盧上銘 馮士驊(輯) 辟雍紀事清李文田藏舊鈔本 卷 5/291

盧熊 〔洪武〕蘇州府志 明洪武刊本 卷 4/236

又 顧鶴逸藏 卷 4/239

28 盧綸詩集 （唐）盧綸 明成化劉成德刊本 卷 12/689

盧綸 盧綸詩集 明成化劉成德刊本 卷 12/689

67 盧照鄰 幽憂子集 明末張燮刊本 卷 11/653

虎

88 虎鈐經 （宋）許洞 明刊本 卷 6/352

2122_0 何

34 何薳 春渚紀聞 明抄宋臨安尹家書籍鋪刊本 卷 7/436

又 清勞格手校本 卷 7/438

41 何楷 詩經世本古義 清徐時棟改訂本 卷 1/19

50 何中 知非堂稿 清刊本 卷 16/915

又 清小學齋鈔本 卷 16/915

又 清曹氏倦圃鈔本 卷 16/916

60 何異孫 十一經問對 元刊本 卷 1/46

何景明 何氏集 明嘉靖沈氏野竹齋刊本 卷 17/984

72 何氏集　(明) 何景明　明嘉靖沈氏野竹齋刊本　卷 17/984
80 何無適　倪希程(輯)　詩準、詩翼　明萬曆十二年刊本　卷 18/1066

膚

00 膚齋考工記解　(宋) 林希逸　宋刊本　卷 1/23
又　卷 1/24

2123_1　虞

17 虞邵庵分類杜詩註　題(元) 虞集實(元) 張伯誠(註)　明正統石璞刊本　卷 11/684
20 虞集　道園學古録　明景泰刊本　卷 16/919
道園遺藁　元至正十四年金伯祥刊本　卷 16/920
翰林珠玉　元孫存吾家塾刊本　卷 16/921
虞集　趙汸(註)　杜律註　明萬曆刊本　卷 11/686
虞集實(元) 張伯誠(註)　虞邵庵分類杜詩註　明正統石璞刊本　卷 11/684
44 虞世南　北堂書鈔　明鈔本　卷 9/533
又　百衲本　卷 9/536

2180_6　貞

46 貞觀政要　(唐) 吳兢　明洪武三年王氏勤有堂刊本　卷 3/169
又　明鈔本　卷 3/171

2190_3　紫

22 紫巖詩選　(宋) 于石　清鈔本　卷 15/883

2190_4　柴

07 柴望　秋堂集　清戴光曾手寫本　卷 15/877

2191_1　經

24 經緯集　見孫樵集、孫可之文集。
30 經進陸宣公奏議　(唐) 陸贄　(宋) 郎曄(注)　宋刊本　卷 3/201

2198_0　潁

33 潁濱老子解一卷本　蘇轍　明鈔本　卷 10/589

潁濱老子注　蘇轍　明錢穀手寫本　卷 10/591

2213_6 鸞

50 鸞書　見汪氏叢書七種。

2220_7 岑

23 岑參　岑嘉州集　明刊八卷本　卷 11/686
又　明正德十五年高嶼刊七卷本　卷 11/687
40 岑嘉州集　（唐）岑參　明刊八卷本　卷 11/686
又　明正德十五年高嶼刊七卷本　卷 11/687

2221_4 任

32 任淵　後山詩注　宋蜀刻本　卷 13/809
60 任昉　述異記　影鈔宋臨安尹家書籍鋪刊本　卷 9/528

崔

61 崔顥　崔顥詩集　明正德田瀾工字軒刊本　卷 11/673
崔顥詩集　（唐）崔顥　明正德田瀾工字軒刊本　卷 11/673

2223_4 僕

32 僕州志　見萬曆僕州志。

2224_7 後

22 後山詩注　（宋）任淵　宋蜀刻本　卷 13/809
後山先生集　（宋）陳師道　明弘治十二年馬暾刊本　卷 13/804
又　顧廣圻手校本　卷 13/808
34 後漢書　（劉宋）范曄　（唐）李賢(注)　宋建本　卷 2/88
又　元大德本　卷 2/91
37 後梁春秋　（明）姚士粦　明萬曆刊本　卷 3/167
44 後村千家詩選　題(宋)劉克莊(輯)　宋刊本　卷 18/1068

2224_9 倭

27 倭名類聚抄　（日）源順　日本元和活字印本　卷 9/454

2277_0 山

30 山房集　（宋）周南　清四

庫館稿本　　卷 15/866
44 山村遺稿　(元) 仇遠　何焯校本　　卷 16/907

幽

10 幽憂子集　(唐) 盧照鄰　明末張燮刊本　卷 11/653

2290_1　崇

31 崇禎遺録　(明) 王世德　傳鈔李文田家鈔本　卷 3/192
崇禎四十九閣臣合傳　(清) 吳世杰　清康熙刊本　　卷 3/209

2290_4　樂

00 樂府詩集　(宋) 郭茂倩　宋刊本　　卷 18/1056
又　元至正元年集慶路儒學刊本　　卷 18/1062
樂府古題要解　吳兢　明鈔本　　卷 20/1154
10 樂雷發　雪磯叢稿　明活字印本　　卷 15/872

2320_0　外

50 外史檮杌　見蜀檮杌。

2321_0　允

35 允禮　果毅親王使藏日記稿本　　卷 3/218

2324_0　傅

30 傅察　傅忠肅公文集　明淡生堂鈔本　　卷 14/826
50 傅忠肅公文集　(宋) 傅察　明淡生堂鈔本　卷 14/826
77 傅同虛(纂修)張玄度(增補)漢天師世家　明萬曆刊本　　卷 10/610

2421_1　先

44 先著　之溪老生集　清康熙刊本　　卷 17/1012

2421_7　仇

34 仇遠　山村遺稿　何焯校本　　卷 16/907

2422_7　備

00 備忘小抄　題(蜀)文谷　清鈔本　　卷 8/510

2440_0　升

00 升庵詩(升庵草書詩)(明) 楊慎　明萬曆覆刻楊

氏手寫本 卷17/987

2498_6 續

00 續玄怪録 （唐）李復言 明姚咨手寫本 卷9/529
22 續仙傳 （唐）沈汾 清汲古閣刊本 卷10/601
44 續考古編 （宋）程大昌 明鈔本 卷7/445
又 清鈔本 卷7/446
50 續書堂明稗類鈔 （清）潘永因 清李文田家鈔本 卷9/580

2524_6 使

44 使藏使記 見果毅親王使藏日記。

2590_0 朱

00 朱慶餘 朱慶餘詩集 宋臨安經籍舖刊本 卷12/721
朱慶餘詩集 （唐）朱慶餘 宋臨安經籍舖刊本 卷12/721
朱文公校昌黎先生集 （唐）韓愈(撰)（宋）朱熹(考異) 宋元合配本 卷12/703
04 朱謀㙔 邃古記 明刊本 卷3/159
異林 明帥廷鏌刊本 卷8/517
23 朱弁 風月堂詩話 明鈔本 卷20/1156
27 朱彝尊 騰笑集 清康熙二十五年自刻本 卷17/1013
明詩綜 卷19/1129
35 朱禮 漢唐事箋對策機要 元至正六年日新堂刊本 卷9/556
40 朱熹(考異) 朱文公校昌黎先生集 宋元合配本 卷12/703
48 朱㮣(輯) 文章類選 明初刊本 卷18/1081
50 朱申 禮記句解 清四庫館輯本 卷1/26
71 朱長文 吳郡圖經續記 清翁同龢手寫本 卷4/234
琴史 明影宋鈔本 卷6/390
86 朱錫庚 朱少河雜著 原稿本 卷17/1022
90 朱少河雜著 （清）朱錫庚 原稿本 卷17/1022

2598_6　積

80 積善録　見稗乘。

2600_0　白

34 白蓮集　（唐）釋齊己　明嘉靖八年柳僉家鈔本　卷 12/740

72 白氏六帖事類集　（唐）白居易　宋刊本　卷 9/540

77 白居易　白氏六帖事類集　宋刊本　卷 9/540

2610_4　皇

30 皇宋策學繩尺　見精選皇宋策學繩尺。

47 皇朝末造録　（明）金鐘傳鈔清李文田家鈔本　卷 3/194

67 皇明經世文編　（明）陳子龍等　明崇禎刊本　卷 19/1125

77 皇輿全覽　（清）汪士鋐等（纂修）　清康熙刊本　卷 4/229

2622_7　偶

07 偶記　（明）鄭仲夔　舊鈔本　卷 8/509

41 偶桓（輯）　乾坤清氣　清鈔本　卷 19/1126

2629_4　保

25 保生要録　見稗乘。

2641_3　魏

00 魏齊賢　葉棻（輯）　聖宋名賢五百家播芳大全文粹　明鈔本　卷 19/1112

又　清王宗炎手校本　卷 19/1114

17 魏了翁　周易要義　宋淳祐十二年魏克愚刊本　卷 1/7

28 魏收　魏書　宋刊本　卷 2/102

50 魏書　（北齊）魏收　宋刊本　卷 2/102

2643_0　吴

10 吴正傳先生文集　（元）吴師道明鈔本　卷 16/934

17 吴郡圖經續記　（宋）朱長文　清翁同龢手寫本　卷 4/234

21 吴師道　吴正傳先生文集　明鈔本　卷 16/934

24 吴裝詩（集）　（明）程嘉燧著

2692_2 穆

10 穆天子傳 見天一閣奇書。

2694_6 稗

20 稗乘 失名人(輯) 明萬曆刊本 卷 10/627

2694_1 釋

00 釋齊己 白蓮集 明嘉靖八年柳僉家鈔本 卷 12/740

釋玄應 一切經音義 清盧文弨、顧廣圻校本 卷 10/588

10 釋正受 嘉泰普燈録 宋嘉定間臨安净慈寺刊本 卷 10/587

30 釋適之 金壺記 宋刊本 卷 6/384

釋貫義難陀(譯) 大方廣佛華嚴經 宋寶祐刊本 卷 10/585

又 元刊大字本 卷 10/586

40 釋希晝等 九僧詩 近代趙聲伯手寫本 卷 19/1111

50 釋惠洪 冷齋夜話 清何焯批校本 卷 7/433

天廚禁臠 明鈔本 卷 20/996

2710_7 盤

80 盤谷集 (明)劉廌 清傳鈔明初刊本 卷 17/981

2721_7 倪

40 倪希程(輯) 詩準、詩翼萬曆刊本 卷 18/1066

2722_2 御

78 御覽詩 (唐)令狐楚(輯) 何焯手校本 卷 19/1088

2723_4 侯

25 侯鯖録 (宋)趙令時 清盧文弨手校本 卷 7/426

2724_7 殷

12 殷璠(輯) 河嶽英靈集 清何焯評校本 卷 19/1094

2725_2 解

16 解酲語 見稗乘。

21 解縉等(輯) 永樂大典 明嘉靖重鈔副本 卷 9/557

永樂大典七皆臺字南臺備要烏臺筆補 明嘉靖重鈔副本 卷 9/575

永樂大典玄字韻太玄經

清鈔本 卷 9/579

2731_2 鮑

27 鮑溶 鮑溶詩集 明鈔本 卷 12/712

33 鮑溶詩集 (唐) 鮑溶 明鈔本 卷 12/712

2732_7 烏

40 烏臺筆補 見永樂大典七皆臺字南臺備要、烏臺畢補。

2733_7 急

03 急就章(小學三種) 題(漢) 史游 清龔橙手寫本 卷 1/61

2760_0 名

80 名公新編翰苑啓劄雲錦 (宋) 失名人(輯) 明鈔本 卷 9/555

2762_7 鄱

76 鄱陽先生文集 (宋) 彭汝礪 清沈彩寫本 卷 13/765

2790_4 梨

22 梨嶽集 (唐) 李頻 明萬曆二十四年龔道立刊本 卷 12/725

2793_2 緑

44 緑苔軒詩集 (明) 錢子正 清鈔本 卷 17/962

2829_4 徐

00 徐度 却掃編 清錢氏述古堂鈔本 卷 7/440

徐文惠公存稿 見宋學士徐文惠公存稿。

10 徐天麟 西漢會要 宋嘉定刊本 卷 5/295

21 徐經孫 宋學士徐文惠公存稿 明萬曆四十二年徐鑒刊本 卷 15/871

26 徐鯤 顏氏家訓注補注 清嚴樹萼臨本 卷 7/410

34 徐達左(輯) 金蘭集 清朱之赤藏鈔本 卷 19/1127

40 徐賁 北郭集 明成化二十三年張習刊本 卷 17/968

44 徐夢莘 三朝北盟會編 清鈔本 卷 2/143

又 清彭元瑞等校本 卷 2/144

徐孝穆集 (陳) 徐陵 明

鈔本　卷 11/652
48 徐乾學等　遂園禊飲集　清康熙三十三年徐氏刊本　卷 19/1038
又　卷 19/1040
60 徐昌祚　燕山叢録　清鈔本　卷 9/531
72 徐岳　廣見聞録　清乾隆大德堂刊本　卷 9/532
74 徐陵　徐孝穆集　明鈔本　卷 11/652
玉臺新詠　明萬曆七年茅元禎刊本　卷 18/1052
又　明崇禎六年趙均刊本　卷 18/1054
又　清鈔本　卷 18/1056
80 徐無黨(註)　五代史記　宋刊本　卷 2/113

2854_0　牧

44 牧萊脞語　(元) 陳仁子　清初影鈔元刊本 卷 16/895
72 牧隱文稿　(朝鮮) 李穡　朝鮮古刊本　卷 16/949

2998_0　秋

90 秋堂集　(宋) 柴望　清戴光曾手寫本　卷 15/897
秋堂邵先生文集(邵秋堂集)　(元) 邵□□　元刊本　卷 16/897

3

3011_4　淮

38 淮海集　(宋) 秦觀　明嘉靖二十四年胡民表刊本　卷 14/822

3020_1　寗

30 寗宗楊后　楊太后宫詞　影刊宋人寫本　卷 15/868

3021_7　扈

28 扈從集　見近光集。

宛

74 宛陵先生文集　(宋) 梅堯臣　宋紹興十年宣州刊嘉定重修本　卷 13/763

3023_2　家

44 家世舊聞　陸游　藏園據穴硯齋鈔本刊本　卷 3/208
80 家鉉翁　則堂集　四庫館稿本　卷 15/883

永

22 永樂大典　解縉等(輯)　明嘉靖重鈔副本　卷 9/557

永樂大典七皆臺字南臺備要烏臺筆補　解縉等(輯)　卷 9/575

永樂大典玄字韻太玄經　解縉等(輯)　清鈔本　卷 9/579

40 永嘉先生標注張文潛文集　(宋)張耒　宋刊本　卷 14/819

3030_6　迺

77 迺賢　河朔訪古記　清王宗炎萬卷樓鈔本　卷 4/274

3030_7　之

32 之溪老牛集　(清)先著　清康熙刊本　卷 17/1012

3040_1　宇

00 宇文懋昭　大金國志　明鈔本　卷 3/182

3060_4　客

00 客亭類稿　(宋)楊冠卿　宋刊本　卷 15/862

3060_6　宫

07 宫詞　(唐)王建　明江村别墅鈔本　卷 12/696

3060_8　容

00 容齋五筆　(宋)洪邁　明嘉靖刊本　卷 7/441

3077_2　密

44 密菴藁　(明)謝肅　明洪武三十一年劉翼南刊本　卷 17/958

3080_6　實

80 實義難陀　見釋實義難陀條。

賓

37 賓退録　(宋)趙與旹　宋臨南陳宅經籍鋪刊本　卷 7/449

寶

10 寶晉英光集　(宋)米芾　清黄丕烈臨吳翌鳳校宋本　卷 14/824

3090_1　宗

36 宗禪辨　見稗乘。

3090_4　宋

02 宋端明殿學士蔡忠惠公文集 （宋）蔡襄　明萬曆陳一元刊本　卷 13/756

10 宋五家詞 （宋）陳亮等　明鈔本　卷 20/1170

宋無　翠寒集　明刊本　卷 16/932

宋王黄州小畜集 （宋）王禹偁　清影鈔宋刊本　卷 13/749

又　吳翌鳳校本 卷 13/750

27 宋名賢四六叢珠　見聖宋名賢四六叢珠。

30 宋寶章閣直學士忠惠鐵庵方公文集 （宋）方大琮　明正德八年方良節刊本　卷 15/870

宋濂　宋學士文粹　明洪武十年鄭濟刊本　卷 17/955

37 宋祁(纂修)　新唐書　南宋初小字建本　卷 2/109

44 宋林和靖先生詩集 （宋）林逋明刊本　卷 13/753

77 宋學士文粹 （明）宋濂　明洪武十年鄭濟刊本　卷 17/955

99 宋學士徐文惠公存稿 （宋）徐經孫　明萬曆四十二年徐鑒刊本　卷 15/871

宋犖　迎鑾日記　稿本　卷 3/217

3092_7　竊

94 竊憤録、續録 （宋）失名人　清吳志忠手校本　卷 3/178

又見南燼紀聞條。

3111_0　江

40 江南野史 （宋）龍衮　趙琦美校本　卷 3/174

3111_4　汪

34 汪汝瑮(輯)　汪氏叢書　清汪氏振綺堂刊本 卷 10/628

40 汪士鋐等(纂修)　皇輿全覽　清康熙刊本 卷 4/229

44 汪澡　浮溪文集　清吳氏繡谷亭鈔本　卷 14/828

浮溪遺集　清康熙七年汪士漢居仁堂刊本 卷 14/829

72 汪氏叢書 （清）汪汝瑮(輯)　清汪氏振綺堂刊本　卷 10/628

90 汪炎昶　古逸民先生集　清趙氏存素堂鈔本　卷 15/884

3111_7 瀘

32 瀘州志 （明）失名人(纂修) 傳鈔永樂大典本 卷 4/246

3112_0 河

22 河嶽英靈集 （唐）殷璠(輯) 清何焯評校本 卷 19/1094

40 河南邵氏聞見録 （宋）邵伯温 清陳墫手校本 卷 8/499

河南程氏經説 （宋）程頤(撰) 宋刊本 卷 1/44

50 河東先生集 （唐）柳宗元(撰) 明濟美堂刊本 卷 12/710

又 萬曆三十八年桂林翻濟美堂刊本 卷 12/711

87 河朔訪古記 （元）迺賢 清王宗炎萬卷樓鈔本 卷 4/274

3112_7 馮

40 馮士驊(輯) 辟雍紀事 舊鈔本 卷 5/291

44 馮夢禎 快雪堂集 明萬曆四十四年黄汝亨、朱之蕃刊本 卷 17/995

1314_9 滹

40 滹南集 （金）王若虚 鮑廷博校本 卷 15/886

3119_6 源

21 源順 倭名類聚抄 日本元和活字印本 卷 9/545

3128_6 顧

34 顧禧(註) 註東坡先生詩 宋刊本 卷 13/796

40 顧大韶 炳燭齋隨筆 清鈔本 卷 7/460

80 顧公燮 消夏閑記 清鈔本 卷 8/518

90 顧炎武 手評轉注古音略 卷 1/70

歷代宅京記 清張敦仁手校本 卷 4/231

日知録 清康熙九年自刻八卷本 卷 8/477

菰中隨筆 清黄丕烈家鈔本 卷 8/478

亭林詩文集 清潘耒刊本 卷 17/1004

3211_8 澄

90 澄懷録 （宋）周密 明鈔

本　卷 8/515

3214_7　浮

24 浮休雜志　（明）陳與郊　清鈔本　卷 9/581

32 浮溪文集　（宋）汪藻　清吳氏繡谷亭鈔本　卷 14/828

浮溪遺集　（宋）汪藻　清康熙七年汪士漢居仁堂刊本　卷 14/829

3216_9　潘

30 潘永因　續書堂明稗類鈔　清李文田家鈔本　卷 9/580

46 潘檉章　觀物草廬焚餘稿　清康熙鈔本　卷 17/1015

松陵文獻　清康熙刊本　卷 4/240

3219_4　灤

00 灤京雜詠　見藝苑叢鈔。

76 灤陽録　（朝鮮）柳得恭　朝鮮刊本　卷 4/280

3230_1　逃

21 逃虛類稿　（明）姚廣孝　清初鈔本　卷 17/980

3230_2　近

90 近光集　扈從集　（元）周伯琦清初鈔本　卷 16/939

3318_6　演

88 演繁露　程大昌　宋刊本　卷 8/468

又　明嘉靖三十年程煦刊本　卷 8/472

又　明萬曆四十五年鄧渼刊本　卷 8/474

3322_7　補

50 補史亭賸稿　（清）杭世駿　清杭氏道古堂鈔本　卷 17/1018

3330_3　遂

40 遂古記　（明）朱謀㙔　明刊本　卷 3/159

3330_9　述

40 述古堂書目　（清）錢曾　稿本　卷 5/301

述異記　（梁）任昉　影鈔宋臨安尹家書籍鋪刊本　卷 9/527

3410_0 對

00 對牀夜話 （宋）范晞文 清黄丕烈手校本 卷 20/1165

3411_2 沈

24 沈德符 萬曆野獲編 清鈔本 卷 8/508

27 沈詹事詩集 （唐）沈佺期 明刊本 卷 11/657

沈詹事集 （唐）沈佺期 明正德十三年王廷相刊本 卷 11/657

沈約 沈隱侯集 明萬曆十三年沈啓原刊本 卷 11/650

又 明末岳元聲刊本 卷 11/651

28 沈佺期 沈詹事集 明正德十三年王廷相刊本 卷 11/657

沈詹事詩集 明刊本 卷 11/657

38 沈汾 續仙傳 清汲古閣刊本 卷 10/601

44 沈夢麟 花谿集 清鈔本 卷 16/950

72 沈隱侯集 （梁）沈約 明萬曆十三年沈啓原刊本 卷 11/650

又 明末岳元聲刊本 卷 11/651

3411_4 灌

60 灌園耐得翁 都城紀勝 永樂大典本 卷 4/253

3413_1 法

00 法言注 見揚子法言注。

50 法書要録 （唐）張彦遠 明王世懋手寫本 卷 6/380

法書考 （元）盛熙明 清鈔本 卷 6/386

3413_4 漢

00 漢唐事箋對策機要 （元）朱禮元至正六年日新堂刊本 卷 9/556

10 漢天師世家 （明）傅同虚(纂修) 張玄度(增補) 明萬曆刊本 卷 10/610

13 漢武洞冥記 見別國洞冥記。

26 漢泉漫稿(漢泉曹文貞公詩集) （元）曹伯啓 清鈔本 卷 16/913

27 漢紀 （漢）荀悦 清黄丕烈手校本 卷 2/127

45 漢隷字源 （宋）婁機 宋

刊本 卷 1/62

3516_1 浩

23 浩然齋意鈔 見稗乘。
浩然齋視聽鈔 見稗乘。

3418_1 洪

13 洪武蘇州府志 (明) 盧熊 卷 4/236
34 洪邁 容齋五筆 明嘉靖刊本 卷 7/381
38 洪遵(輯) 翰苑羣書 明鈔本 卷 5/289
88 洪範政鑑 (宋) 趙禎 宋淳熙十三年内府鈔本 卷 6/379

3512_7 清

21 清虛辨著 見甲申辨記。
31 清江文集 見三孔先生清江文集。
87 清欽天監(編) 清乾隆六十三年歲次戊午時憲書 卷 6/361
清順治三年歲次丙戌時憲書(清代日曆三册) 卷 6/363
清祺祥元年歲次壬戌時憲書(清代日曆三册) 卷 6/363
清同治十一年歲次壬申時憲書(清代日曆三册) 卷 6/363

3516_1 潛

08 潛説友(纂修) 咸淳臨安志 宋刊本 卷 4/243
21 潛虛 見天一閣奇書。
潛虛發微論 見天一閣奇書。
50 潛夫論 (漢) 王符 明刊本 卷 6/343

3519_6 涑

12 涑水紀聞 司馬光 明鈔本 卷 8/488

3520_6 神

42 神機制敵太白陰經 (唐) 李筌 汲古閣鈔本 卷 6/351
60 神異經 題(漢) 東方朔 程榮漢魏叢書本 卷 9/523

3521_8 禮

07 禮記句解 (宋) 朱申 清四庫館輯本 卷 1/26

3530_8 遺

22 遺山先生文集 張德輝(編) 明弘治李瀚刊本 卷 15/887

3612_7 渭

40 渭南文集 (宋) 陸游 明正德八年梁喬刊本 卷 15/857
又 明萬曆陳邦瞻刊本 卷 15/858

3621_0 祝

00 祝充(音註) 音註韓文公文集宋刊本 卷 12/696

3630_2 邊

32 邊州聞見録 (清) 陳聶恒 清鈔本 卷 4/261

3712_0 澗

80 澗谷須溪精選陸放翁詩前後集 (宋) 陸游(撰) (宋) 羅椅、劉辰翁(輯) 明嘉靖十三年黄漳刊本 卷 15/859

3712_7 鴻

00 鴻慶居士文集 孫覿 明山泉書舍鈔本 卷 14/833
71 鴻臚寺志 (明) 楊爾繩(纂修) 明刊本 卷 5/292

3713_6 漁

72 漁隱叢話 元翠嚴精舍刊本 卷 20/1159

3716_1 澹

25 澹生堂全集 (明) 祁承爜 明崇禎刊本 卷 17/996

3722_7 祁

17 祁承爜 澹生堂全集 明崇禎刊本 卷 17/996

3730_1 逸

44 逸老堂詩話 (明) 俞□□ 清鈔本 卷 20/1196
77 逸周書 (晉) 孔晁(注) 盧文弨手校本 卷 3/161

3730_2 迎

00 迎鑾日記 (清) 宋犖 稿本 卷 3/217

3730_2 通

55 通典 (唐) 杜佑 宋刊本 卷 5/293
88 通鑑續編 (元) 陳桱 元至正二十一年顧逖刊本 卷 2/124
通鑑紀事本末 (宋) 袁樞

宋淳熙二年嚴州刊本
卷 3/145

3772_7 郎

64 郎曄(注) 經進陸宣公奏議 宋刊本 卷 3/201

3780_6 資

33 資治通鑑 (宋)司馬光 百衲宋本 卷 2/119
又見入注附音司馬温公資治通鑑
資治通鑑補 (明)嚴衍 清刊本 卷 2/125

3813_2 滋

32 滋溪文稿 (元)蘇天爵 明鈔元本 卷 16/937

3813_7 冷

00 冷齋夜話 (宋)釋惠洪 清何焯批校本 卷 7/433

3815_7 海

50 海東諸國記 (朝鮮)申叔舟 朝鮮古活字印本 卷 3/199
74 海陵集 (宋)周麟之 卷 14/846
77 海叟集 (明)袁凱 明初刊本 卷 17/973

3816_7 滄

56 滄螺集 (明)孫作 汲古閣刊本 卷 17/963

3830_2 遂

60 遂園褉飲集 (清)徐乾學等 清康熙三十三年徐氏刊本 卷 19/1138
04 道護録 見劉先生道護録。
14 道聽録 (明)李春熙 清鈔本 卷 7/458
24 道德真經注四卷本 蘇轍 明存誠書館鈔本 卷 10/590
60 道園學古録 (元)虞集 明景泰刊本 卷 16/919
道園遺稿 (元)虞集 元至正十四年金伯祥刊本
卷 16/920

3912_7 消

10 消夏閑記 (清)顧公燮 清鈔本 卷 8/518

4

4000_0 十

10 十一經問對 (元)何異孫 元刊本 卷 1/46
17 十子 (明)失名人(輯刻) 明刊本 卷 6/321
30 十家宮詞 (宋)失名人(輯) 清康熙二十八年貞曜堂刊本 卷 18/1028
又 影宋本 卷 18/1030
32 十洲記 東方朔 古今逸史本 卷 9/525

4001_7 九

28 九僧詩 (宋)釋希晝等 近代趙聲伯手寫本 卷 19/1111
60 九國志 (宋)路振 清鮑廷博舊藏鈔本 卷 3/172

4003_0 大

00 大方廣佛華嚴經 (唐)釋實義難陀(譯) 宋寶祐刊本 卷 10/585
又 元刊大字本 卷 10/586
大唐六典 (唐)李林甫等(注) 宋紹興四年温州刊本 卷 5/283
大唐新語 (唐)劉肅 明鈔本 卷 8/485
20 大統曆 見明萬曆七年大統曆。
35 大清乾隆六十三年歲次戊午時憲書 清欽天監(編) 卷 6/358
大清順治三年歲次丙戌時憲書(清代日曆三册) 清欽天監(編) 卷 6/361
大清祺祥元年歲次壬戌時憲書(清代日曆三册) 清欽天監(編) 卷 6/361
大清同治十一年歲次壬申時憲書(清代日曆三册) 清欽天監(編) 卷 6/361
67 大明一統名勝志 (明)曹學佺 明崇禎三年刊本 卷 4/225
大明萬曆七年大統曆 明欽天監(編) 明刊本 卷 6/358
70 大雅集 (元)賴良 清鈔本 卷 19/1123
80 大金國志 題(宋)宇文懋昭 明鈔本 卷 3/182

太

00 太玄經 見永樂大典玄字韻太玄經條。
太玄經集注 (宋)胡次和(輯) 宋刊本 卷 6/362
10 太平廣記 (宋)李昉等

(輯)　明嘉靖四十五年談愷刊本　卷 9/546
又　明許自昌刊本清陳鱣據宋本校　卷 9/548
太白陰經　見神機制敵太白陰經。
50 太史升庵文集(楊升庵集)(明)楊慎　明萬曆十年蔡汝賢刊本　卷 17/986

4020_0　才
07 才調集　(後蜀)韋縠(輯)清錢氏述古堂影鈔宋本　卷 19/1096

4021_4　在
67 在野集　袁凱　清汪文柏屐硯齋鈔本　卷 17/977

4022_7　希
37 希通録　見稗乘。
50 希書　見釋希書條。

有
30 有宋福建莆陽黄仲元四如先生文藁　(宋)黄仲元　明嘉靖二十一年黄文炳刊本　卷 15/881

南
00 南齊書　(梁)蕭子顯　宋刊本　卷 2/94
又　校宋本　卷 2/98
南唐書　(宋)馬令　明姚咨手寫本　卷 2/115
南唐書　(宋)陸游　清陸貽典手校本　卷 2/116
11 南北史合注　(清)李清　清鈔本　卷 2/108
22 南豐文粹　曾鞏　明嘉靖二十八年安如石刊本　卷 13/762
30 南雷文案　(明)黄宗羲　清康熙刊本　卷 17/1005
南渡録大略　見南燼紀聞條。
40 南臺備要　見永樂大典七皆臺字南臺備要條。
44 南華真經註　(晉)郭象(註)宋安仁趙諫議本　卷 10/592
50 南史　(唐)李延壽　元大德刊本　卷 2/105
51 南軒先生文集　(宋)張栻宋刊本　卷 15/865
83 南館集　明嘉靖刻本　卷 17/988
95 南燼紀聞,附阿計替本末(宋)失名人　清吳允嘉鈔本　卷 3/177

南燼紀聞、竊憤録、續録、阿計替傳、南渡録大略　(宋)失名人　臨劉履芬校本　卷 3/178
南燼紀聞録　題(宋)辛棄疾　清鈔本　卷 3/178

4024_7　皮

60 皮日休　唐皮日休文藪　明正德十五年袁表刊本　卷 12/732
皮日休　陸龜蒙　松陵集　明弘治十五年劉濟民刊本　卷 19/1097
又　影宋本　卷 19/1098

4040_7　李

00 李文饒文集　李德裕　舊人校本　卷 12/716
01 李龏(輯)　唐僧弘秀集　宋臨安陳宅書籍鋪刊本　卷 19/1106
04 李詩補注　見趙秋谷評點李詩補注。
10 李元鼎　石園全集　清康熙四十一年李氏香雪堂刊本　卷 17/1007
李百藥　北齊書　宋刊本　卷 2/104
12 李延壽　南史　元大德刊本　卷 2/105
北史　元大德刊本　卷 2/106
17 李君實雜著十二種　(明)李日華　明刊本　卷 8/513
21 李頻　黎嶽集　明萬曆二十四年龔道立刊本　卷 12/725
李衛公文集　(唐)李德裕　明鈔宋本　卷 12/716
24 李先芳等(纂修)　(萬曆)濮州志　明萬曆刊本　卷 4/242
李德裕　李衛公文集　明鈔宋本　卷 12/716
李文饒文集　舊人校本　卷 12/716
李穡　牧隱文稿　朝鮮古刊本　卷 16/949
26 李白(撰)　(宋)楊齊賢等(註)　分類補註李太白詩　見趙秋谷評點李詩補注。
28 李復言　續玄怪録　明姚咨手寫本　卷 9/529
33 李心傳　建炎以來朝野雜記　明鈔本　卷 5/297
舊聞證誤　清魏錫曾傳鈔宋本　卷 5/309
35 李清　南北史合注　清鈔本　卷 2/108

38 李肇　唐國史補　汲古閣影鈔宋刊本　卷 8/483
44 李林甫等(注)　大唐六典　宋紹興四年温州刊本　卷 5/283
46 李賀　李長吉詩集　明于嘉刊本　卷 12/718
又　清何焯校宋本　卷 12/719
50 李春熙　道聽録　清鈔本　卷 7/458
53 李咸用　披沙集　楊守敬家影鈔宋刊本　卷 12/743
57 李軌(注)　揚子法言　宋刊本　卷 6/338
又　清何焯校宋本卷 6/341
纂圖互註楊子法言　宋刊本　卷 6/342
60 李日華　李君實雜著十二種　明刊本　卷 8/513
李昉等(輯)　太平廣記　明嘉靖四十五年談愷刊本　卷 9/546
又　明許自昌刊本清陳鱣據宋本校　卷 9/548
文苑英華　宋嘉泰吉州刊本　卷 18/1038
又　明隆慶刊本、清范坦臨葉樹廉校本　卷 18/1051
71 李長祥　天問閣文集　清刊本　卷 17/1001
李長吉詩集　(唐) 李賀　明于嘉刊本　卷 12/718
又　清何焯校宋本　卷 12/719
77 李學士新注孫尚書内簡尺牘見新刊李學士新注孫尚書内簡尺牘
李賢(注)　後漢書　宋建本　卷 2/88
又　大德本　卷 2/91
88 李筌　神機制敵太白陰經　汲古閣鈔本　卷 6/351

4046_5　嘉
34 嘉祐集　(宋) 蘇洵　(清) 顧廣圻校本　卷 13/773
50 嘉泰普燈録　(宋) 釋正受　宋嘉定間臨安净慈寺刊本　卷 10/587

4050_0　韋
24 韋續　墨藪　明程榮刊本　卷 6/383
又　明刊本　卷 6/383
47 韋縠(輯)　才調集　清錢氏述古堂影鈔宋本　卷 19/1096

4060_0 古

00 古文集成　見新刻諸儒批點古文集成。

10 古靈先生文集　（宋）陳襄　宋刊本　卷 13/757

37 古逸民先生集　（宋）汪炎昶　清趙氏存素堂鈔本　卷 15/884

4073_2 袁

27 袁凱　袁海叟集　明初刊本　卷 17/973

在野集　清汪文柏屐硯齋鈔本　卷 17/977

38 袁海叟集　袁凱　明初刊本　卷 17/973

41 袁樞　通鑑紀事本末　宋淳熙二年嚴州刊本　卷 3/145

44 袁孝政(注)　劉子注　黄堯圃校宋本　卷 7/404

4080_1 真

00 真文忠公政經　見政經。

24 真德秀　西山讀書記乙集　宋開慶元年福州刊本　卷 6/345

政經　明刊本　卷 6/346

4191_6 桓

30 桓寬　鹽鐵論　明弘治十四年涂禎刊本　卷 6/327

又　明嘉靖三十年倪邦彦刊本　卷 6/333

又　清王昶手校本　卷 6/334

4091_7 杭

44 杭世駿　補史亭賸稿　清杭氏道古堂鈔本　卷 17/1018

4192_0 柯

22 柯山集　張耒　卷 14/817

47 柯九思　丹邱集　曹元忠輯本手稿　卷 16/924

4212_2 彭

10 彭元瑞　石經考文題要　卷 1/50

34 彭汝礪　鄱陽先生文集　清沈彩寫本　卷 13/765

4241_3 姚

00 姚廣孝　逃虚類稿　清初鈔本　卷 17/980

24 姚勉　雪坡姚舍人文集　清初鈔宋本　卷 15/873

40 姚士粦　後梁春秋　明萬曆刊本　卷 3/167
60 姚思廉　陳書　宋刊本　卷 2/100
80 姚鉉(輯)　唐文粹　失名人校本　卷 19/1083
80 姚合(輯)　極玄集　清何焯手校本　卷 19/1090

4301_0　尤

00 尤袤　全唐詩話　明正德十二年鮑繼文教養堂刊本　卷 20/1158

4385_0　戴

28 戴復古　石屏詩集　明弘治十一年宋鑑刊本　卷 15/864
50 戴表元　剡源先生文集　明刊本　卷 16/899
剡源集　清郁氏宜稼堂叢書本、清沈炳垣校　卷 16/903

4410_0　封

33 封演　封氏聞見記　明鈔本　卷 7/425
72 封氏聞見記　(唐) 封演　明鈔本　卷 7/425

4410_4　董

25 董仲舒　春秋繁露　明嘉靖三十三年趙維垣刊本　卷 1/41

4410_4　埜

01 埜語秘彙　(清) 吳□　傳鈔清李文田評注本　卷 3/196

4411_2　范

00 范文正公文集　(宋) 范仲淹　北宋刊本　卷 13/755
10 范石湖集　(宋) 范成大　明鈔本　卷 14/852
25 范仲淹　范文正公文集　北宋刊本　卷 13/755
53 范成大　范石湖集　明鈔本　卷 14/852
石湖居士集　清董若雨鈔本　卷 14/853
64 范晞文　對床夜話　清黃丕烈手校本　卷 20/1165
范曄　(唐) 李賢(注)　後漢書　宋建本　卷 2/88
又　元大德本　卷 2/91
87 范欽(輯)　天一閣奇書　明嘉靖范氏天一閣刊本　卷 10/625

4420_1 考

10 考工記解 見膚齋考工記解。

4420_7 夢

33 夢粱録 吳自牧(撰) 舊鈔本 卷 4/280

4421_2 花

28 花谿集 (元)沈夢麟 清鈔本 卷 16/950

4421_4 莊

17 莊子義 (宋)吕惠卿 宋刊本 卷 10/596

4422_7 蕭

00 蕭文元集 (唐)蕭穎士 明曹荃刊本 卷 11/687

09 蕭麟騰 內藏見聞録 清鈔本 卷 4/267

17 蕭子顯 南齊書 宋刊本 卷 2/94

又 校宋本 卷 2/98

20 蕭統 昭明太子集 明嘉靖三十四年周滿刊本 卷 11/647

又 近代劉氏玉海堂影宋刊本 卷 11/649

21 蕭穎士 蕭文元集 明曹荃刊本 卷 11/687

40 蕭大亨 北虜風俗、北虜世系 明刊本 卷 4/254

4422_7 芮

52 芮挺章(輯) 國秀集(唐人選唐詩) 清何焯校本 卷 19/1086

4423_2 蒙

40 蒙古源流 失名人 卷 3/191

4424_7 蔣

44 蔣孝(輯) 中唐十二家詩 明嘉靖二十九年蔣孝刊本 卷 18/1035

4425_3 藏

28 藏徵録 (清)失名人 清鈔本 卷 4/268

4433_1 燕

22 燕山叢録 (明)徐昌祚 清鈔本 卷 9/351

40 燕臺再游録 柳得恭 朝鮮刊本 卷 4/279

50 燕史 （明）郭造卿 清鈔本 卷 4/248

4439_4 蘇

10 蘇天爵 滋溪文稿(蘇伯脩滋溪文稿) 明鈔元本 卷 16/937
26 蘇伯脩滋溪文稿 蘇天爵 明鈔本 卷 16/937
32 蘇州府志 見洪武蘇州府志。
37 蘇洵 嘉祐集 清顧廣圻手校本 卷 13/773
53 蘇軾 東坡七集 明成化四年程宗刊本 卷 13/777
又 嘉靖十三年江西布政司刊本 卷 13/780
東坡大全集 明刊本 卷 13/781
蘇軾(撰) （宋）王十朋(纂集)增刊校正王狀元集註分類東坡先生詩 宋虞平齋務本書堂刊本 卷 13/783
王狀元集百家註分類東坡先生詩 宋建本 卷 13/786
又 元建安熊氏本 卷 13/793
蘇軾(撰) 施元之、顧禧(注) 施顧註東坡先生詩 宋嘉泰四年淮東倉司刊本 卷 13/796
58 蘇轍 龍川略志、別志 清影鈔宋刊本 卷 8/493
潁濱老子注 明錢穀手寫本 卷 10/589
道德真經注四卷本 明存誠書館鈔本 卷 10/592
潁濱老子解一卷本 明鈔本 卷 10/591

4440_6 草

90 草堂詩箋 見杜工部草堂詩箋。

4440_7 孝

26 孝穆集 見徐孝穆集。
80 孝慈淵聖皇帝要録(靖康要録) （宋）失名人 清干宗炎校本 卷 2/132
又 清鈔本 卷 2/142

4442_7 萬

48 萬松閣記客言 見稗乘。
71 萬曆濮州志 （明）李先芳等(纂修) 明萬曆刊本 卷 4/242
萬曆大統曆 （明）欽天監 卷 6/358

萬曆野獲編 (明)沈德符 清鈔本 卷 8/508

4443_2 菰

50 菰中隨筆 (清)顧炎武 清黄丕烈家鈔本 卷 8/478

4443_9 樊

22 樊川文集 (唐)杜牧 明嘉靖刊本 卷 12/722

4445_6 韓

00 韓文公文集 見音注韓文公文集

00 韓奕 韓山人詩集 清王聞遠校本 卷 16/951

04 韓詩外傳 (漢)韓嬰 元至正十五年嘉興路儒學刊本 卷 1/14

17 韓君平集 (唐)韓翃 明萬曆江元禔刊本 卷 12/689

22 韓山人詩集 (元)韓奕 清王聞遠校本 卷 16/951

27 韓魯齊三家詩考 (宋)王應麟(輯) 卷 1/15

47 韓翃 韓君平集 明萬曆江元禔刊本 卷 12/689

66 韓嬰 韓詩外傳 元至正十五年嘉興路儒學刊本 卷 1/14

77 韓熙載 續千字文(小學三種) 清龔橙手寫本 卷 1/61

80 韓愈(撰) (宋)朱熹(考異) 朱文公校昌黎先生集 宋元合配本 卷 12/703

韓愈(撰) (宋)祝充(音註) 音註韓文公文集 宋刊本 卷 12/696

4450_4 華

27 華幼武 黄楊集 明澹生堂鈔本 卷 16/947

66 華嚴經 釋寶義難陀(譯) 元刊大字本 卷 10/586

72 華岳 翠微南征録 清鈔本 卷 15/869

76 華陽國志 (晉)常璩 明嘉靖四十二年劉大昌刊本 卷 3/162

4460_2 苕

32 苕溪集 (宋)劉一止 舊鈔本 卷 14/831

苕溪漁隱叢話 (宋)胡仔 宋刊本 卷 20/1161

又 元翠巖精舍本 卷 20/1159

4460_8　蓉

40 蓉塘詩話　(明) 姜南　明嘉靖二十六年刊本　卷 20/1167

4462_7　荀

98 荀悦　漢紀　清黄丕烈手校本　卷 2/127

4471_1　老

17 老子解　見潁濱老子解。
老子注　見潁濱老子注。

77 老學庵筆記　(宋) 陸游　明鈔本　卷 7/447

4472_7　葛

34 葛洪　抱朴子　明會稽紐氏世學樓鈔本　卷 10/602

4473_1　藝

44 藝苑叢鈔　(清) 王耤(輯)　王耤手寫本　卷 10/629

4474_1　薛

08 薛許昌詩集　(唐) 薛能　清毛扆手校本　卷 12/723

21 薛能　薛許昌詩集　清毛扆手校本　卷 12/723

34 薛濤　薛濤詩　明萬曆三十七年洗墨池刊本　卷 12/694

4477_7　舊

77 舊聞證誤　(宋) 李心傳　清魏錫曾傳鈔宋本　卷 5/309

4480_1　楚

60 楚國文憲公雪樓程先生文集　(元) 程鉅夫　明洪武二十八年興耕書堂刊本　卷 16/911

4480_6　黄

00 黄庚　月屋樵吟　藏園傳鈔清鈔本　卷 16/898
黄庭堅　豫章黄先生文集　明弘治葉天爵刊嘉靖重修本　卷 13/802

24 黄佐　(嘉靖)廣東通志　卷 4/247
黄先生文集　見唐黄先生文集。
黄先生文集　見豫章黄先生文集。
黄先生文集　見金華黄先生文集。

25 黄仲元　黄四如集(有宋福

建莆陽黄仲元四如先生文藁)(四如集) 明嘉靖二十一年黄文炳刊本 卷 15/881
26 黄伯思 東觀餘論 宋刊本 卷 8/463
30 黄宗羲 南雷文案 清康熙刊本 卷 17/1005
31 黄溍 金華黄先生文集 元刊本 卷 16/934
32 黄滔 唐黄先生文集 明萬曆三十四年曹學佺刊本 卷 12/742
40 黄大輿 梅苑 清刊本 卷 20/1173
46 黄楊集 (元)華幼武 明澹生堂鈔本 卷 16/947
47 黄鶴等(註) 集千家註批點杜工部詩集 元刊本 卷 11/681
60 黄四如集 黄仲元 明嘉靖刊本 卷 15/881
90 黄省曾(輯) 唐詩二十六家集明嘉靖三十三年黄氏浮玉山居刊本 卷 18/1037

4480_9 焚

88 焚餘稿 見觀物草廬焚餘稿。

4490_1 蔡

00 蔡襄 宋端明殿學士蔡忠惠公文集 明萬曆陳一元刊本 卷 13/756
17 蔡羽 林屋集 明嘉靖八年刊本 南館集 明嘉靖二十二年刊本 卷 17/988
44 蔡夢弼(箋) 杜工部草堂詩箋 宋刊本 卷 11/678
50 蔡忠惠公文集 見宋端明殿學士蔡忠惠公文集。

4490_4 葉

44 葉夢得 石林奏議 汲古閣影鈔宋刊本 卷 3/206
石林燕語 明正德楊武刊本 卷 7/433
又 明刊殘本 卷 7/435
葉蕡(輯) 四六叢珠(聖宋名賢四六叢珠) 明王寵家鈔本 卷 18/1075
葉棻(輯) 聖宋名賢五百家播芳大全文粹 明鈔本 卷 19/1114
影宋本 卷 19/1112
53 葉盛 水東日記 明弘治湖廣刊本 卷 8/504

4491_0 杜

04 杜詩注　見虞邵庵分類杜詩注。
06 杜諤　春秋會義　清四庫館寫本　卷 1/34
10 杜工部詩集　見集千家註批點杜工部詩集。
杜工部草堂詩箋　（唐）杜甫（著）（宋）蔡夢弼（箋）宋刊本　卷 11/678
杜工部全集　（唐）杜甫　明萬曆劉少彝刊本、清汪琬手評　卷 11/682
11 杜預（注）　春秋經傳集解南宋撫州刊本　卷 1/27
24 杜佑　通典　宋刊本　卷 5/293
25 杜律註　（元）虞集　趙汸（註）　明萬曆刊本　卷 11/686
28 杜牧　樊川文集　明嘉靖刊本　卷 12/722
30 杜審言　杜審言集　明嘉靖任慶雲刊本　卷 11/654
53 杜甫　杜工部全集　明萬曆劉少彝刊本、清汪琬手評　卷 11/682
杜甫　（宋）蔡夢弼（箋）杜工部草堂詩箋　宋刊本　卷 11/678
杜甫　（宋）黄鶴等（註）集千家註批點杜工部詩集　元大德雲衢會文堂刊本　卷 11/681
44 杜荀鶴　唐風集　明鈔本　卷 12/737

4491_4　權

00 權文公文集　權德輿　傳鈔明嘉靖劉大謨刊本　卷 12/693
24 權德輿　權載之文集　清影鈔宋蜀刻本　卷 12/691
權文公文集　傳鈔明嘉靖劉大謨刊本　卷 12/693
權載之文集　（唐）權德輿　清影鈔宋蜀刻本　卷 12/691

桂

44 桂萬榮　棠陰比事　清鈔本　卷 6/356

4499_0　林

26 林和靖詩集　（宋）林逋　明刊本　卷 13/753
33 林逋　林和靖詩集　明刊本　卷 13/753
40 林希逸　鬳齋考工記解

宋刊本 卷 1/23
又 卷 1/24
列子鬳齋口義 宋刊本
卷 10/598
77 林屋集 (明) 蔡羽 明嘉靖八年刊本 卷 17/988
林居漫録 伍袁萃 鈔本
卷 8/507

4593_2 隸
06 隸韻 (宋) 劉球 宋刊本
卷 1/65

4594_4 棲
10 棲霞長春子丘神仙磻溪集 (金) 丘處機 金刊本
卷 15/892

4621_0 觀
27 觀物草廬焚餘稿 (清) 潘檉章 清康熙鈔本
卷 17/1015
50 觀史類編 (宋) 吕祖謙 宋刊本 卷 5/317

4691_4 桯
50 桯史 岳珂 明成化江泝刊本 卷 8/503

4692_7 楊
00 楊齊賢等 分類補註李太白詩 清趙執信手評本
卷 11/670
10 楊爾繩(纂修) 鴻臚寺志 明刊本 卷 5/292
17 楊子器 早朝詩 明鈔本
卷 17/983
20 楊億等 西崑酬唱集 明嘉靖十六年張綖玩珠堂刊本 卷 19/1109
楊倞(注) 纂圖互註荀子 宋刊本 卷 6/324
24 楊升庵集(太史升庵文集) 楊慎 明萬曆刊本
卷 17/986
26 楊侃 兩漢博聞 明鈔本
卷 5/315
37 楊冠卿 客亭類稿 宋刊本 卷 15/862
40 楊太后宫詞 (宋) 楊□□(寧宗楊后) 影刊宋人寫本 卷 15/686
44 楊基 眉菴集 明成化二十一年張習刊本 卷 17/966
60 楊□□(寧宗楊后) 楊太后宫詞 影刊宋人寫本
卷 15/686
88 楊簡 慈湖先生遺書 明嘉

靖四年秦鉞刊本　卷 14/851
94 楊慎　轉注古音略　明李元陽本、顧炎武手評　卷 1/70
異魚圖贊箋附補贊閏集　明末刊本　卷 6/396
太史升庵文集(楊升庵集)　明萬曆十年蔡汝賢刊本　卷 17/986
升庵詩(升庵草書詩)　明萬曆覆刻楊氏手寫本　卷 17/987

4702_7　鳩
00 鳩摩羅什(譯)　妙法蓮華經　北宋刊小字本　卷 10/583
金剛經　宋臨安王念三郎家刊本　卷 10/584

4712_0　切
06 切韻指掌圖　題(宋)司馬光　宋刊本　卷 1/68

4721_2　匏
80 匏翁家藏集　(明)吳寬　明正德三年吳奭刊本　卷 17/983

4722_7　鶴
44 鶴林玉露　(宋)羅大經　明刊小字本　卷 7/450
又　明萬曆七年刊三十八年修本　卷 7/451

4740_1　聲
50 聲畫集　(宋)孫紹遠　明鈔本　卷 18/1065

4742_0　朝
28 朝鮮史略　(朝鮮)失名人　明萬曆四十五年趙宧光等刊本　卷 3/197

4762_0　胡
16 胡珵等　劉先生譚録道護録　傳鈔宋氏榮光樓鈔本　卷 6/344
27 胡仔　苕溪漁隱叢話　宋刊本　卷 20/1161
又　元翠巖精舍本　卷 20/1159
37 胡次和(輯)　太玄經集注　宋刊本　卷 6/362

4762_7　都
43 都城紀勝　(題)灌園耐得翁　永樂大典本　卷 4/253

4772_2　却

57 却掃編　（宋）徐度　清錢氏述古堂鈔本　卷 7/440

4791_4　極

00 極玄集　（唐）姚合(輯)　清何焯手校本　卷 19/1090

4792_0　桐

08 桐譜　（宋）陳翥　明滹南書舍鈔本　卷 6/395

柳

24 柳先生文集　見重校添注音辨唐柳先生文集

26 柳得恭　灤陽録　朝鮮刊本　卷 4/276

燕臺再游録　朝鮮刊本　卷 4/279

30 柳宗元　唐柳先生外集　宋乾道零陵刊本 卷 12/706

河東先生集　明濟美堂刊本　卷 12/710

又　萬曆三十八年桂林翻濟美堂刊本　卷 12/711

（唐）柳宗元　（宋）童宗説等　重校添註音辯唐柳先生文集　宋刊本　卷 12/704

40 柳橋楊先生早朝詩　見早朝詩。　卷 17/983

4816_6　增

22 增刊校正王狀元集註分類東坡先生詩　（宋）蘇軾題　（宋）王十朋(纂集)　宋虞平齋務本書堂刊本　卷 13/786

增修詩話總龜　（宋）阮閱(輯)　明嘉靖二十四年月窗道人刊本　卷 20/1158

4841_7　乾

45 乾坤鑿度　見天一閣奇書。

乾坤清氣　（明）偶桓(輯)　清鈔本　卷 19/1126

77 乾隆六十三年時憲書　卷 6/358

乾隆二十二年春季搢紳　（清）失名人(編)　清刊本　卷 3/220

乾隆石經考異題要　（清）彭元瑞　卷 1/50

乾隆四十四年搢紳全書　（清）失名人(編)　清刊本　卷 3/221

4842_7　翰

44 翰苑新書　見新刊簪纓必用翰苑新書。

翰苑羣書 （宋）洪遵(輯) 明鈔本 卷 5/289
翰苑啓劄雲錦 見名公新編翰苑啓劄雲錦。
翰林珠玉 虞集(撰) 元孫存吾家塾刊本 卷 16/921

4864_0 敬

00 敬齋古今黈 見汪氏叢書七種。

4893_2 松

30 松寥詩 （明）程嘉燧著 明萬曆刊本 卷 17/997
72 松隱文集 （宋）曹勛 清鈔本 卷 14/830
74 松陵文獻 潘檉章 清康熙刊本 卷 4/240
松陵集 （唐）皮日休 陸龜蒙 明弘治十五年劉濟民刊本 卷 19/1097
又 影宋本 卷 19/1098

4895_7 梅

22 梅鼎祚 鹿裘石室集 明刊本 卷 17/990
40 梅堯臣 宛陵先生文集 宋紹興十年宣州刊嘉定重修本 卷 13/763
44 梅苑 （宋）黄大輿 清刊本 卷 20/1173

4942_0 妙

34 妙法蓮華經 （後秦）鳩摩羅什 （譯） 北宋刊小字本 卷 10/583

4980_2 趙

17(宋) 趙孟奎(輯) 分門纂類唐歌詩 影鈔宋刊本 卷 19/1103
29 趙秋谷評點李詩補註 趙秋谷(評) 卷 11/670
30 趙汸(註) 杜律註 明萬曆刊本 卷 11/686
34 趙禎 洪範政鑑 宋淳熙十三年内府鈔本 卷 6/373
72 趙氏二美遺踪 見稗乘。
77 趙與時 賓退録 宋臨南陳宅經籍鋪刊本 卷 7/449
80 趙令畤 侯鯖録
又 清盧文弨手校本 卷 7/426

5

5000_7 事

27 事物紀原集類 （宋）高承

校宋本　　卷 9/552

中

00 中庵集(中庵先生劉文簡公文集)（元）劉敏中　清鈔本　　卷 16/918
中唐十二家詩　（明）蔣孝(輯)　明嘉靖二十九年蔣孝刊本　　卷 18/1035
26 中吳紀聞　（宋）龔明之　清毛扆手校本　　卷 4/253
32 中州集　（金）元好問(輯)　元至大三年平水曹氏進德齋刊本　　卷 19/1119
又　何焯校本　卷 19/1121
又　何焯校元本　　卷 19/1122
77 中興間氣集　（唐）高仲武(輯)　失名人臨何焯評校本　　卷 19/1092

申

27 申叔舟　海東諸國記　朝鮮古活字印本　　卷 3/199

5004_6　史

07 史記(集解)　（漢）司馬遷(著)　（劉宋）裴駰(集解)　宋元百衲本　　卷 2/75
又　明影鈔宋淮南路刊本　　卷 2/80
史記(集解索隱正義)　（漢）司馬遷(著)　（劉宋）裴駰(集解)　（唐）司馬貞(索隱)　（唐）張守節(正義)　元彭寅翁刊本　　卷 2/81
又　明金臺汪諒刊本　　卷 2/82
又　明震澤王延喆刊本　　卷 2/86
26 史伯璿(著)　管窺外編　明成化刊本　　卷 6/347
37 史通　（唐）劉知幾(著)　錢謙益手校本　　卷 5/306
38 史游　急就章(見小學三種)清龔橙手寫本　卷 1/61

5033_3　惠

34 惠洪　見釋惠洪條。

5033_6　忠

00 忠文王紀事實録　謝起巖(著)　　卷 3/213

5040_4　婁

42 婁機　漢隸字源　宋刊本　　卷 1/62

5060_1　書

50 書史會要　(明) 陶宗儀　明洪武九年刊本　卷 6/387

5060_3　春

29 春秋五論　(宋) 吕大珪　明鈔本　卷 1/36

春秋集傳纂例　(唐) 陸淳　明翻宋刊本　卷 1/30

春秋經傳集解　(晉) 杜預 (注) 南宋撫州刊本　卷 1/27

春秋傳注　(清) 嚴啓隆　清初鈔本　卷 1/37

春秋權衡　(宋) 劉敞　明鈔本　卷 1/32

春秋會義　(宋) 杜諤　清四庫館寫本　卷 1/34

春秋繁露　(漢) 董仲舒　明嘉靖三十三年趙維垣刊本　卷 1/41

34 春渚紀聞　(宋) 何薳　明抄宋臨安尹家書籍鋪刊本　卷 7/436

又　清勞格手校本　卷 7/438

5090_3　素

77 素履子　見天一閣奇書。

5090_4　秦

46 秦觀　淮海集　明嘉靖二十四年胡民表刊本　卷 14/822

5090_6　東

00 東方朔　神異經　程榮漢魏叢書本　卷 9/523

十洲記　古今逸史本　卷 9/525

44 東坡先生詩　見王狀元集百家注分類東坡先生詩。

東坡先生詩　見增刊校正王狀元集注分類東坡先生詩。

東坡七集　(宋) 蘇軾　明成化四年程宗刊本　卷 13/777

又　嘉靖十三年江西布政司刊本　卷 13/780

東坡大全集　(宋) 蘇軾　明刊本　卷 13/781

東萊先生詩集、外集　(宋) 吕本中　宋慶元五年江西詩派本　卷 14/837

46 東觀餘論　(宋) 黄伯思　宋刊本　卷 8/463

5106_1　搢

25 搢紳全書　見乾隆搢紳全書。

5206_9 播

44 播芳大全文粹 (聖宋名賢五百家播芳大全文粹) 卷 19/1112

5210_0 蚓

30 蚓竅集 (明)管時敏 明永樂元年刊本 卷 17/973

5310_7 盛

77 盛熙明 法書考 清鈔本 卷 6/386

5320_0 咸

10 咸平集 (宋)田錫 明祁氏淡生堂鈔本 卷 13/747

30 咸淳臨安志 (宋)潛説友(纂修) 宋刊本 卷 4/243

5404_7 披

39 披沙集 (唐)李咸用 楊守敬家影鈔宋刊本 卷 12/743

5504_3 轉

30 轉注古音略 (明)楊慎 明李元陽本、顧炎武手評 卷 1/70

5560_0 曲

31 曲江集 見張曲江集。

34 曲洧舊聞 見汪氏叢書七種。

5560_6 曹

00 曹文貞公詩集 見漢泉漫稿。

26 曹伯啓 漢泉漫稿(漢泉曹文貞公詩集) 清鈔本 卷 16/913

64 曹勛 松隱文集 清鈔本 卷 14/830

77 曹學佺 大明一統名勝志 明崇禎三年刊本 卷 4/225

蜀中廣記 明刊本 卷 4/256

蜀中名勝記 明刊本 卷 4/260

5590_0 耕

77 耕閑集 (宋)孫鋭 清鈔本 卷 15/882

5602_7 揚

17 揚子法言 (漢)揚雄 宋刊本 卷 6/338

又 清何焯校宋本 卷 6/342

揚子法言注 見纂圖互注

揚子法言。
40 揚雄 （晉）郭璞(注) 輶軒使者絶代語釋别國方言直解 宋慶元六年尋陽郡齋刊本 卷 1/55
(漢）揚雄 （晉）李軌(注) 揚子法言 宋刊本 卷 6/338
又 清何焯校宋本卷 6/342
纂圖互註揚子法言 宋刊本 卷 6/341

5602_7 揭

00 揭文安公文集 揭傒斯 明正德十五年揭富文刊本 卷 16/928
揭文安公詩文集 揭傒斯 近代豫章叢書本 卷 16/930
揭文安公文粹 揭傒斯 明天順五年沈琮刊本 卷 16/929
22 揭傒斯 揭曼碩詩集 元後至元六年日新堂刊本 卷 16/925
又 清影鈔元日新堂刊本 卷 16/926
元音獨步揭文安公詩集 清陳墫校本 卷 16/927
揭文安公文集 明正德十五年揭富文刊本 卷 16/928
揭文安公文粹 明天順五年沈琮刊本 卷 16/929
揭文安公詩集文集 近代豫章叢書本 卷 16/930
60 揭曼碩詩集 （元）揭傒斯 元後至元六年日新堂刊本 卷 16/925
又 清影鈔元日新堂刊本 卷 16/926

5701_2 抱

43 抱朴子 （晉）葛洪 明會稽紐氏世學樓鈔本 卷 10/602

5704_7 搜

10 搜玉小集 （唐）失名人(輯) 清何焯評校本 卷 19/1095

5725_7 静

27 静修先生文集 （元）劉因 元至順元年宗文堂刊本 卷 16/908
77 静居集 （明）張羽 明弘治四年張習刊本 卷 17/967

5798_6 賴

30 賴良　大雅集　清鈔本
卷 19/1123

5806_0　輶
51 輶軒使者絶代語釋別國方言直解　(漢) 揚雄 (晉) 郭璞(注)　宋慶元六年尋陽郡齋刊本　卷 1/55

5811_6　蜕
00 蜕庵詩　(元) 張翥　清影鈔明洪武刊本　卷 16/941

6

6010_0　日
86 日知録　(清) 顧炎武　清康熙九年自刻八卷本
卷 8/477

6010_4　墨
44 墨莊漫録　(宋) 張邦基　明人傳鈔唐寅、陸師道校本
卷 7/442
墨藪　題(唐) 韋續　明程榮刊本　卷 6/383
又　明刊本　卷 6/383

6010_7　疊
22 疊山集(謝疊山先生集)　(宋) 謝枋得　明景泰四年黄溥刊本　卷 15/876

6012_7　蜀
17 蜀郡縣古今通釋　見蜀中廣記。
44 蜀檮杌　(宋) 張唐英　清勞權手寫本　卷 3/173
50 蜀中廣記　曹學佺　明刊本　卷 4/256
蜀中名勝記　曹學佺　明刊本　卷 4/260
蜀中邊防記　見蜀中廣記。
蜀中人物記　見蜀中廣記。
蜀中宦游記　見蜀中廣記。
蜀中風俗記　見蜀中廣記。
蜀中詩話　見蜀中廣記。
蜀中畫苑　見蜀中廣記。
蜀中神仙記　見蜀中廣記。
蜀中方物記　見蜀中廣記。
蜀中高僧記　見蜀中廣記。
蜀中著作記　見蜀中廣記。
88 蜀鑑　(宋) 郭允蹈　明刊本　卷 3/155
又　卷 3/156

6015_3　國

20 國秀集（唐人選唐詩）（唐）芮挺章（輯） 清何焯校本 卷 19/1086
50 國史經籍志 （明）焦竑 清康熙傳鈔明徐氏曼山館刊本 卷 5/305

6021_0 四
00 四六叢珠 葉蕡（輯） 明王寵家鈔本 卷 18/1075
30 四家宫詞 （宋）失名人（輯） 宋刊本（原十家今存四家） 卷 18/1031
37 四溟山人集 （明）謝榛 明萬曆二十四年趙府冰玉堂刊本 卷 17/991
47 四朝名臣言行録 （宋）失名人 宋刊巾箱本 卷 3/207
四明尊堯集 （宋）陳瓘 明初刊本 卷 5/307

6040_0 田
86 田錫 咸平集 明祁氏淡生堂鈔本 卷 13/747

早
47 早朝詩 （明）楊子器 明鈔本 卷 17/983

6050_0 甲
50 甲申雜記、聞見近録 （宋）王鞏 宋江西刊本 卷 8/497
80 甲午萬壽慶典檔册 （清）失名人（輯） 清鈔本 卷 5/299

6060_0 昌
27 昌黎先生集 見朱文公校昌黎先生集。

吕
37 吕祖謙 觀史類編 宋刊本 卷 5/317
閫範 明影宋鈔本 卷 5/318
40 吕大珪 春秋五論 明鈔本 卷 1/[illegible]
50 吕本中 東萊先生詩集、外集宋慶元五年江西詩派本 卷 14/837
吕惠卿 莊子義 宋刊本 卷 10/596

6080_1 異
27 異魚圖贊箋附補贊閏集 楊慎 明末刊本 卷 6/396

44 異林　朱謀瑋　明帥廷鏌刊本　卷 8/517

6090_4　果

07 果毅親王使藏日記　(清)允禮稿本　卷 3/218

困

77 困學紀聞　王應麟(輯)元泰定二年慶元路儒學刊本　卷 7/453
又　全祖望手校本卷 7/455
又　錢大昕手校本卷 7/455

6091_4　羅

24 羅先生文集　見豫章羅先生文集
28 羅從彥　豫章羅先生文集　明嘉靖謝鸞刊本　卷 14/835
40 羅大經　鶴林玉露　明刊小字本　卷 7/450
又　明萬曆七年刊三十八年修本　卷 7/451
44 羅椅(輯)　澗谷須溪精選陸放翁詩前後集　明嘉靖刊本　卷 15/859

6240_0　別

60 別國洞冥記　(漢)郭憲　明程榮漢魏叢書本 卷 9/526

6280_0　則

90 則堂集　(宋)家鉉翁　四庫館稿本　卷 15/883

6402_7　晞

72 晞髮集　(宋)謝翺　明萬曆四十六年郭鳴琳刊本　卷 15/879

6404_1　時

30 時憲書　見乾隆六十三年時憲書。

6624_8　嚴

10 嚴可均　全上古三代秦漢六朝文　清光緒刊本　卷 18/1070
08 嚴啓隆　春秋傳注　清初鈔本　卷 1/37
21 嚴衍　資治通鑑補　清刊本　卷 2/125

6702_0　明

04 明詩綜　(清)朱彝尊　卷 19/1129

10 明一統名勝志　見大明一統名勝志。
21 明經世文編　見皇明經世文編。
26 明皇十七事　見稗乘。
明稗類鈔　見續書堂明稗類鈔。
37 明初三家集(静居集、眉菴集、北郭集)　張習刊本　卷 17/969
87 明欽天監(編)　大明萬曆七年大統曆　明刊本 卷 6/358

6706_2　昭
67 昭明太子集　(梁)蕭統　明嘉靖三十四年周滿刊本　卷 11/647
又　近代劉氏玉海堂影宋刊本　卷 11/649

6712_2　野
01 野語祕彙　失名人　卷 3/196
30 野客叢書　(宋)王楙　明嘉靖四十一年王穀祥刊本　卷 8/475

6716_4　路
51 路振　九國志　清鮑廷博舊藏鈔本　卷 3/172

7

7024_1　辟
00 辟雍紀事　(明)盧上銘馮士驊(輯)　清李文田藏舊鈔本　卷 5/291

7121_1　阮
34 阮漢聞(注)　尉繚子標釋　明天啓及朴刊本　卷 6/349
67 阮嗣宗集　(魏)阮籍　明嘉靖范欽刊本　卷 11/636
又　明天啓及朴刊本　卷 11/637
77 阮閲(輯)　增修詩話總龜　明嘉靖二十四年月窗道人刊本　卷 20/1158
88 阮籍　阮嗣宗集　明嘉靖范欽刊本　卷 11/636
又　明天啓及朴刊本　卷 11/637

7121_1　歷
23 歷代宅京記(歷代帝王宅京記、歷代都城宫闕考)　(明)

顧炎武　清張敦仁手校本 卷 4/231
47 歷代都城宮闕考　見歷代宅京記。

7122_0　阿
04 阿計替傳　見南燼紀聞條。
55 阿替計本末　見南燼紀聞附阿替計本末。

7132_7　馬
40 馬大壯　天都載　明萬曆刊本 卷 7/459
71 馬氏南唐書　馬令 卷 2/115
80 馬令　南唐書　明姚咨手寫本 卷 2/115

7178_0　頤
44 頤菴居士集　(宋) 劉應時　明嘉靖四年刊本 卷 15/861

7210_0　劉
00 劉鳶　盤谷集　清傳鈔明初刊本 卷 17/981
劉應時　頤菴居士集　明嘉靖四年刊本 卷 15/861
劉文房文集　見劉隨州集。
劉文簡公文集　見中庵先生劉文簡公文集。
10 劉一止　苕溪集　舊鈔本 卷 14/831
13 劉球　隸韻　宋刊本 卷 1/65
17 劉子　(北齊) 劉晝　敦煌卷子本 卷 7/400
又　明龍川精舍鈔本 卷 7/403
劉子註　(北齊) 劉晝　(唐) 袁孝政(註)　明鈔本黄丕烈手校 卷 7/404
劉子新論　見劉子。
22 劉綠　五石瓠　清鈔本 卷 8/511
24 劉先生譚録道護録　(宋) 胡珵等　傳鈔宋氏榮光樓鈔本 卷 6/344
27 劉向　説苑　宋末刊本 卷 6/335
40 劉克莊(輯)　後村千家詩選　宋刊本 卷 18/1068
46 劉勰　文心雕龍　明嘉靖二十二年佘誨刊本 卷 20/1147
又　明萬曆七年張之象刊本 卷 20/1149
又　明嘉靖十九年汪一元

愧郯録　明岳元聲刊本　卷 8/504

7420_0　附

26 附釋音周禮註疏　(漢) 鄭玄(註)　(唐) 賈公彦(疏)　朝鮮古活字印本　卷 1/22

尉

24 尉繚子標釋　(明) 阮漢聞(注)　明天啓及朴刊本　卷 6/349

7421_4　陸

08 陸放翁詩前後集　見澗谷須溪精選陸放翁詩前後集。

27 陸龜蒙　松陵集　明弘治刊本　卷 19/1097

又　影宋本　卷 19/1098

30 陸宣公奏議　見經進陸宣公奏疏。

30 陸淳　春秋集傳纂例　明翻宋刊本　卷 1/30

38 陸游　南唐書清陸貽典手校本　卷 2/116

家世舊聞　藏園據穴硯齋鈔本刊本　卷 3/208

老學庵筆記　明鈔本　卷 7/447

渭南文集　明正德八年梁喬刊本　卷 15/857

又　明萬曆陳邦瞻刊本　卷 15/858

陸游(宋) 羅椅劉辰翁(輯)　澗谷須溪精選陸放翁詩選前後集　明嘉靖十三年黄漳刊本　卷 15/859

40 陸友　硯北雜志　清孔繼涵手校本　卷 7/456

44 陸贄(宋) 郎曄(注)　經進陸宣公奏議　宋刊本　卷 3/201

72 陸氏南唐書　陸游　卷 2/116

7423_8　陜

10 陜西四鎮軍馬册及會禦事宜　(明) 王瓊　卷 5/300

7529_6　陳

00 陳亮等　宋五家詞　明鈔本　卷 20/1170

陳襄　古靈先生文集　宋刊本　卷 13/757

10 陳聶恒　邊州聞見録　清鈔本　卷 4/261

14 陳瓘　四明尊堯集　明初刊本　卷 5/307

17 陳子龍等　皇明經世文編　明崇禎刊本　卷 19/1125
陳子昂　陳伯玉文集　傳鈔明弘治四年楊澄刊本　卷 11/658
子昂集　明嘉靖四十四年王廷刊本　卷 11/661
21 陳仁子　牧萊脞語　清初影鈔元刊本　卷 16/895
21 陳師道　後山先生集　明弘治十二年馬瞰刊本　卷 13/804
又　顧廣圻手校本　卷 13/808
後山詩注　宋蜀刻本　卷 13/809
26 陳伯玉文集　（唐）陳子昂　傳鈔明弘治四年楊澄刊本　卷 11/658
40 陳克繩　西域遺聞　清鈔本　卷 4/264
41 陳桱　通鑑續編　元至正二十一年顧遜刊本　卷 2/124
陳櫄　負暄野録　毛氏汲古閣鈔本　卷 8/513
44 陳翥　桐譜　明澹南書舍鈔本　卷 6/395
50 陳書　（唐）姚思廉　宋刊本　卷 2/100
陳東　陳少陽先生文集　明天啓五年賀懋忠刊本　卷 14/836
77 陳與郊　浮休雜志　清鈔本　卷 9/581
90 陳少陽先生文集　（宋）陳東　明天啓五年賀懋忠刊本　卷 14/836

7721_0　風
77 風月堂詩話　（宋）朱弁　明鈔本　卷 20/1156
80 風人詩話　卷 8/511

鳳
26 鳳皇臺記事　見稗乘。

7722_0　月
77 月屋樵吟　（元）黄庚　藏園傳鈔清鈔本　卷 16/898

周
09 周麟之　海陵集　卷 14/846
26 周伯琦　近光集、扈從集清初鈔本　卷 16/939
30 周密　澄懷録　明鈔本　卷 8/515
35 周禮　見纂圖互注周禮。

周禮注疏　見附釋音周禮注疏。
40 周南　山房集　清四庫館稿本　卷 15/866
50 周春　西夏書　稿本　卷 2/118
60 周易正義　(唐) 孔穎達(疏)　宋紹興監本　卷 1/3
周易要義　(宋) 魏了翁　宋淳祐十二年魏克愚刊本　卷 1/7
周易乾鑿度　見天一閣奇書。
周易古占法　見天一閣奇書。
周易略例　見天一閣奇書。
周易舉正　見天一閣奇書。
77 周興嗣　千字文(小學三種)　清龔橙寫本　卷 1/61

陶

30 陶宗儀　書史會要　明洪武九年刊本　卷 6/387

7722_7　闞

72 闞氏易傳　見天一閣奇書。

7724_7　履

00 履齋示兒編　(宋) 孫奕　明潘氏如韋館刊本　卷 8/476

7726_7　眉

44 眉菴集　(明) 楊基　明成化二十一年張習刊本　卷 17/966

居

40 居士集　(宋) 歐陽修　宋紹興間衢州刊本　卷 13/768

7740_1　聞

60 聞見近録　(宋) 王鞏　宋本　卷 8/497

7744_0　丹

77 丹邱集　(元) 柯九思　曹元忠輯本手稿　卷 16/924

册

00 册府元龜　(宋) 王欽若(輯)　宋蜀刻本　卷 9/551

7748_2　闕

50 闕史　(唐) 高彦休　清吳志忠校本　卷 9/530

7760_0　閫

88 閫範　吕祖謙　明影宋鈔本　卷 5/318

7778_2　歐
76 歐陽忞　輿地廣記　宋江州刊淳祐朱申重修本 卷 4/223
歐陽文忠公集　歐陽修　明天順程宗刊本　卷 13/771
歐陽行周集　（唐）歐陽詹　清吳翌鳳手校本　卷 12/711
歐陽修　宋祁　新唐書　南宋初小字建本　卷 2/109
歐陽修　徐無黨(註)　五代史記宋刊本　卷 2/113
歐陽修　唐書(新唐書)　卷 2/109
居士集　宋紹興間衢州刊本　卷 13/768
歐陽文忠公集　明天順程宗刊本　卷 13/771
歐陽詹　歐陽行周文集　清吳翌鳳手校本　卷 12/711

7780_1　輿
44 輿地廣記　（宋）歐陽忞　宋江州刊淳祐朱申重修本　卷 4/223

巽
72 巽隱程先生文集　（明）程本立　明嘉靖元年吳德翼刊本　卷 17/979

7810_7　監
50 監本纂圖重言重意互註點校毛詩　（漢）鄭玄(箋)　（漢）毛萇(傳)　宋刊本 卷 1/16

鹽
83 鹽鐵論　（漢）桓寬　明弘治十四年塗禎刊本 卷 6/327
又　明嘉靖三十年倪邦彦刊本　卷 6/333
又　清王昶手校本　卷 6/334

7876_6　臨
22 臨川先生文集　（宋）王安石　宋紹興兩浙西路轉運司刊本　卷 13/775

7922_7　騰
88 騰笑集　（清）朱彝尊　清康熙二十五年自刻本　卷 17/1013

8

8000_0　入
30 入注附音司馬温公資治通

焯手校本　卷 19/1088

8033_3　慈

37 慈湖先生遺書　（宋）楊簡　明嘉靖四年秦鉞刊本
卷 14/851

8040_4　姜

40 姜南　蓉塘詩話　明嘉靖二十六年刊本　卷 20/1167

8055_3　義

22 義豐文集　（宋）王阮　宋淳祐三年王旦刊本
卷 14/849

8060_1　普

92 普燈録　見嘉泰普燈録。

8060_6　曾

17 曾鞏　元豐類稿　宋刊本
卷 13/761
南豐文粹　明嘉靖二十八年安如石刊本　卷 13/762

8073_2　公

60 公是先生文集　（宋）劉敞　清鈔本　卷 13/759

8211_4　鍾

29 鍾嶸　鍾嶸詩品　明嘉靖沈興文繁露堂刊本
卷 20/1151
鍾嶸詩品　（梁）鍾嶸　明嘉靖沈興文繁露堂刊本
卷 20/1151

8315_3　錢

60 錢杲之　離騷集傳　宋刊本　卷 11/635
17 錢子正　緑苔軒詩集　清鈔本　卷 17/962
80 錢曾　述古堂書目　稿本
卷 5/301

8640_0　知

11 知非堂稿　（元）何中　清刊本　卷 16/915
又　清小學齋鈔本
卷 16/915
又　清曹氏倦圃鈔本
卷 16/916

8742_2　鄭

00 鄭玄(註)　纂圖互註周禮　朝鮮古刊本　卷 1/20
鄭玄(註)　(唐) 賈公彦(疏)

附釋音周禮註疏　朝鮮古活字印本　卷 1/22
鄭玄(箋)　監本纂圖重言重意互註點校毛詩　宋刊本　卷 1/16
25 鄭仲夔　偶記　舊鈔本　卷 8/509
34 鄭汝諧　論語意原　明謝肇淛小草齋鈔本　卷 1/43
40 鄭太和(輯)　麟溪集　明永樂刊本　卷 19/1145
80 鄭谷　雲臺編　明鈔本何焯手校　卷 12/736

8822_0　竹

50 竹書紀年　見天一閣奇書。

8860_8　簪

26 簪纓必用翰苑新書　見新刊簪纓必用翰苑新書。

8871_8　篋

50 篋中集　(唐)元結輯　何焯校本、楊守敬校本　卷 19/1087

8877_7　管

30 管窺外編　(元)史伯璿　明成化刊本　卷 6/347
04 管時敏　蚓竅集　明永樂元年刊本　卷 17/973

8890_3　纂

60 纂圖互註荀子　(唐)楊倞(注)　宋刊本　卷 6/324
纂圖互註揚子法言　李軌　宋刊本　卷 6/341
纂圖互註周禮　(漢)鄭玄(註)　朝鮮古刊本　卷 1/20
纂圖重言重意互註點校毛詩　見監本纂圖重言重意互注點校毛詩。

繁

繁勝録(西湖老人繁勝録)　見都城紀勝。

9

9000_0　小

00 小畜集　舊鈔本　卷 13/749
又　卷 13/750
小學三種　龔孝拱(手書)　卷 1/61

9021_1　光

22 光嶽英華詩集　(明)許中麗　明洪武十九年刊本　卷 18/1068

9022_7　常

11 常璩　華陽國志　明嘉靖四十三年劉大昌刊本　卷 3/162

尚

50 尚書注疏　題(漢)孔安國(傳)(唐)孔穎達(疏)　金平水刊本　卷 1/11

尚書纂傳　(元)王天與　影鈔元刊本　卷 1/13

9090_4　米

44 米芾　寶晉英光集　清黄丕烈臨吴翌鳳校宋本　卷 14/824

棠

78 棠陰比事　(宋)桂萬榮　清鈔本　卷 6/356

9182_7　炳

96 炳燭齋隨筆　(明)顧大韶　清鈔本　卷 7/460

9280_0　剡

31 剡源先生文集　(元)戴表元　明刊本　卷 16/899

剡源集　戴表元　清郁氏宜稼堂叢書本、清沈炳垣校　卷 16/903

9503_4　快

10 快雪堂集　(明)馮夢禎　明萬曆四十四年黄汝亨、朱之蕃刊本　卷 17/995

9592_7　精

37 精選皇宋策學繩尺　(宋)失名人(輯)　清鈔本　卷 19/1115

9601_3　愧

97 愧郯録　岳珂　明岳元聲刊本　卷 8/504

佚名作者

(宋)失名人(輯刻)　八經　南宋巾箱本　卷 1/1

(宋)失名人　入注附音司馬温公資治通鑑　宋刊本　卷 2/123

(宋) 失名人　靖康要録　清王宗炎手校本　卷 2/132
(宋) 失名人　孝慈淵聖皇帝要録　清鈔本　卷 2/142
(宋) 失名人　建炎復辟記　明姚咨手寫本　卷 3/175
(宋) 失名人　南燼紀聞、附阿計替本末　清吳允嘉鈔本　卷 3/178
(宋) 失名人　南燼紀聞、竊憤録、續録、阿計替傳、南渡録大略　臨劉履芬校本　卷 3/178
(宋) 失名人　竊憤録、續録　清吳志忠手校本　卷 3/178
失名人　元朝祕史　清顧廣圻手校本　卷 3/190
失名人　蒙古源流　清彭楚克林沁手校本　卷 3/191
失名人　野語祕彙　卷 3/170
(朝鮮) 失名人　朝鮮史略　明萬曆四十五年趙宧光等刊本　卷 3/197
(宋) 失名人　四朝名臣言行録　宋刊巾箱本　卷 3/207
(清) 失名人(編)　乾隆二十二年春季搢紳　清刊本　卷 3/220
(清) 失名人(編)　乾隆四十四年搢紳全書　清刊本　卷 3/221
(明) 失名人(纂修)　瀘州志　傳鈔永樂大典本　卷 4/246
(清) 失名人　藏徵録　清鈔本　卷 4/268
(清) 失名人(輯)　甲午萬壽慶典檔册　清鈔本　卷 5/299
(明) 失名人(輯刻)　十子　明刊本　卷 6/321
(宋) 失名人(輯)　新刊簪纓必用翰苑新書　明萬仁壽堂刊本　卷 9/554
(宋) 失名人(輯)　名公新編翰苑啓劄雲錦　明鈔本　卷 9/555
(明) 失名人(輯)　稗乘　明刻本　卷 10/627
(宋) 失名人(輯)　六朝詩集　明嘉靖刊本　卷 18/1027
(宋) 失名人(輯)　十家宫詞　清康熙二十八年貞曜堂刊本　卷 18/1028
又　影宋本　卷 18/1030
(宋) 失名人(輯)　四家宫詞　宋刊本(原十家今存四家)　卷 18/1031
失名人(輯)　三體宫詞　明

萬曆二十二年吴氏雲棲館刊本 卷 18/1032
又 明萬玉山居刊本 卷 18/1033
失名人(輯) 唐三家集 明姜道生刊本 卷 18/1034
(宋) 失名人(輯) 分門纂類唐宋時賢千家詩選 影鈔宋刊本 卷 18/1067
(唐) 失名人(輯) 搜玉小集 清何焯評校本 卷 19/1095
(明) 失名人(輯) 唐詩增奇集 明弘治正德間刊本 卷 19/1109
(宋) 失名人(輯) 精選皇宋策學繩尺 清鈔本 卷 19/1115
(宋) 失名人(輯) 詩家鼎臠 清鈔本 卷 19/1118
(清) 失名人(輯) 人海詩區集 清鈔本 卷 19/1142

筆劃檢字表

一劃

一 1000_0

二劃

十 4000_0
丁 1020_0
人 8000_0
入 8000_0
八 8000_0
九 4001_7

三劃

大 4003_0
三 1010_1
才 4020_0
于 1040_0
小 9000_0
山 2277_0
子 1740_0
之 3030_7
千 2040_0

四劃

太 4003_0
切 4712_0
王 1010_4
尤 4301_0
天 1043_0
五 1010_7
中 5000_7
丹 7744_0
日 6010_0
分 8022_7
月 7722_0
公 8073_0
升 2440_0
仇 2421_7
毛 2071_0
水 1223_0
方 0022_7
六 0080_0
元 1021_0
孔 1241_0
允 2321_3

五劃

古 4060_0
正 1010_1
玉 1010_3
石 1060_0
北 1111_0
田 6040_0
册 7744_0
申 5000_7
甲 6050_0
四 6021_0
史 5004_6
白 2600_0
皮 4024_7
外 2320_0
丘 7210_1
令 8030_7
永 3023_2
玄 0073_2
弘 1320_2
司 1762_0

六劃

百 1060_0
西 1060_0
列 1220_0
在 4021_4
有 4022_7
考 4420_7
老 4471_1
吕 6060_0
早 6040_0
全 8010_4
曲 5560_0
名 2760_0
朱 2590_0
先 2421_1
竹 8822_0
任 2221_4
伍 2121_7
祁 3722_7
宇 3040_1
米 9090_4
江 3111_0
光 9021_1
阮 7121_1

七劃

杜 4491_0
李 4040_7
却 4772_2
孝 4440_7
阿 7122_0
吳 2643_0
困 6090_4
別 6240_0
快 9503_4
迎 3730_2
何 2122_0
冷 3813_7
沈 3411_2
汪 3111_4
辛 0040_1
宋 3090_4
希 4022_7
邵 1762_7
附 7420_0
岑 2220_7
妙 4942_0

八劃

兩 1022_7
玩 1111_1
武 1314_0
事 5000_7
耶 1712_7
芮 4422_7
花 4421_4
林 4499_0
松 4893_2
杭 4091_7
披 5404_7
抱 5701_2
虎 2121_7

述 3330_9
明 6702_0
昌 6060_0
東 5090_6
果 6090_4
忠 5033_6
牧 2854_0
使 2524_6
岳 7277_2
知 8640_0
金 8010_9
周 7722_0
尚 9022_7
郎 3772_2
宛 3021_7
宗 3090_1
京 0090_6
法 3413_1
河 3112_0
建 1540_4
孟 1710_7
居 7726_4

九劃

政 1814_0
封 4410_0
柳 4792_2
則 6280_0
柯 4192_0
苕 4460_2
范 4411_2
胡 4762_0
咸 5320_6
春 5060_3
馬 7132_7
南 4022_7
陜 7423_8
昭 6706_2
幽 2277_0
貞 2180_6
風 7721_0
保 2629_4
秋 2998_0
皇 2610_4
急 2733_7
後 2224_7
侯 2723_4
俞 8022_0
炳 9182_7
重 2010_4
祝 3621_0
神 3520_6
洪 3418_1
客 3060_4
宫 3060_6
施 0821_2
亭 0020_1
迺 3130_6
逃 3230_1
音 0060_1
姜 8040_4
眉 7726_7
負 1780_6
姚 4241_3

十劃

貢 1080_6
真 4080_1
素 5090_3
耕 5590_0
袁 4073_2
桐 4792_0
桂 4491_4
桓 4191_6
荀 4462_7
草 4440_6
秦 5090_4
蚓 5210_0
都 4762_2
時 6404_1
柴 2190_4
烏 2732_7
倪 2721_7
徐 2829_4
剡 9280_0
殷 2724_7
倭 2224_9
郭 0742_2
涑 3519_6
唐 0026_7
席 0022_7
家 3023_2
容 3060_8
消 3912_7
海 3815_7
浩 3416_1
書 5060_1
孫 1249_3
浮 3214_7
通 3730_2
韋 4050_6
陸 7421_4
陶 7722_0
陳 7529_6

十一劃

雪 1017_7
乾 4841_7
曹 5560_6
桯 4691_4
埜 4410_4
梅 4895_7
華 4450_4
莊 4421_4
黄 4480_6
盛 5310_7
匏 4721_2
崇 2290_1
異 6080_1
晞 6402_7
國 6015_3
野 6712_2
崔 2221_4
婁 5040_4
偶 2622_7
逸 3730_1
常 9022_7
高 0022_7
商 0022_7
鹿 0021_1
麻 0029_4
清 3512_7
淮 3011_4
馮 3112_7
許 0864_0
扈 3021_7
密 3077_2
尉 7420_0
張 1123_2

十二劃

惠 5033_3
朝 4742_0
彭 4212_2
焚 4480_9

極 4791_{4}
棲 4594_{4}
菰 4443_{2}
硯 1661_{6}
雲 1073_{1}
紫 2190_{3}
搜 5704_{7}
揭 5602_{7}
揚 5602_{7}
愧 9601_{3}
棠 9090_{4}
傅 2324_{0}
備 2422_{7}
御 2722_{2}
琴 1120_{7}
程 2691_{4}
棃 2790_{4}
集 2090_{4}
焦 2033_{1}
滋 3813_{2}
渭 3612_{7}
童 0010_{4}
註 0061_{4}
補 3322_{7}
曾 8060_{6}
普 8060_{1}
遂 3830_{3}
巽 7780_{1}

十三劃

聖 1610_{4}
賈 1080_{6}
楚 4480_{1}
楊 4692_{7}
葛 4472_{7}
萬 4442_{7}
葉 4490_{4}
董 4410_{4}
敬 4864_{0}
搢 5106_{1}
虞 2123_{4}
蜀 6012_{7}
路 6716_{4}
蜕 5811_{6}
愛 2024_{7}
稗 2694_{6}
解 2725_{2}
鳩 4702_{7}
滄 3816_{7}
源 3119_{6}
資 3780_{6}
靖 0512_{7}
新 0292_{1}
詩 0464_{1}
義 8055_{3}
慈 8033_{3}
辟 7024_{1}
經 2191_{1}

十四劃

裴 1173_{2}
監 7810_{7}
夢 4420_{7}
蓉 4460_{8}
嘉 4046_{5}
趙 4980_{2}
對 3410_{0}
蒙 4423_{2}
鳳 7721_{0}
僕 2223_{4}
鄱 2762_{2}
管 8877_{7}
漁 3713_{6}
演 3318_{6}
漢 3413_{4}
滹 3114_{9}
鄭 8742_{2}
廣 0028_{6}
寧 3020_{1}
説 0861_{6}
精 9592_{7}
翠 1740_{8}
緑 2793_{2}
聞 7740_{1}
劉 7210_{0}

十五劃

增 4816_{6}
蔡 4490_{1}
蔣 4424_{0}
樊 4443_{0}
歐 7778_{2}
播 5206_{9}
頤 7178_{6}
墨 6010_{4}
論 0862_{7}
諸 0466_{0}
齊 0022_{0}
潛 3516_{1}
潘 3216_{9}
潤 3712_{0}
澄 3211_{8}
賓 3080_{6}
實 3080_{6}
閫 7760_{0}
履 7724_{7}
樂 2290_{4}
篋 8871_{8}
盤 2710_{7}
潁 2198_{6}

十六劃

盧 2121_{7}
燕 4433_{1}
歷 7121_{1}
輶 5806_{0}
静 5225_{7}
賴 5798_{6}
錢 8315_{3}
鮑 2731_{2}
積 2598_{6}
穆 2692_{2}
隸 4593_{2}
翰 4842_{7}
豫 1723_{2}
澹 3716_{1}
輿 7780_{1}

十七劃

霞 1024_{7}
聲 4740_{1}
戴 4385_{0}
韓 4445_{6}
薛 4474_{1}
蕭 4422_{7}
舊 4477_{7}
磻 1266_{9}
臨 7876_{6}
繁 8890_{3}
鍾 8211_{4}
魏 2641_{3}
禮 3521_{8}
謝 0460_{0}

龍 0121_7
鴻 3712_7

十八劃

轉 5504_3
簪 8860_8
邊 3630_2
雙 2040_7
離 0041_4
顏 0128_6
闕 7748_2

邃 3030_3
藏 4425_3

十九劃

藝 4473_1
關 7722_7
羅 6091_4
嚴 6624_8
瀘 3111_7
靡 0021_1
譚 0164_6

二十劃

寶 3080_6
釋 2694_1
蘇 4439_4
騰 7922_7

二十一劃

鶴 4722_7
灌 3411_4
顧 3128_6

續 2498_6

二十二劃

酈 1722_2
聽 1413_1
權 4491_4
纂 8890_3
疊 6010_7
竊 3092_7
龔 0180_1

二十四劃

鹽 7810_7
麟 0925_9

二十五劃

觀 4621_6
蠻 2213_6

二十六劃

灤 3219_4